GOV

普通高等院校“十三五”规划教材
经济与管理类专业系列

NPO

政府与非营利组织会计

刘学华／编著

立信会计出版社
LIXIN ACCOUNTING PUBLISHING HOUSE

图书在版编目(CIP)数据

政府与非营利组织会计/刘学华编著. —上海:立信会计出版社,2019.11(2021.1 重印)
ISBN 978-7-5429-6321-5

Ⅰ.①政… Ⅱ.①刘… Ⅲ.①单位预算会计 Ⅳ.①F810.6

中国版本图书馆 CIP 数据核字(2019)第 259797 号

责任编辑 戎其玉 冯 晶
封面设计 南房间

政府与非营利组织会计
Zhengfu Yu Feiyingli Zuzhi Kuaiji

出版发行	立信会计出版社		
地　　址	上海市中山西路 2230 号	邮政编码	200235
电　　话	(021)64411389	传　　真	(021)64411325
网　　址	www.lixinaph.com	电子邮箱	lixinaph2019@126.com
网上书店	http://lixin.jd.com		http://lxkjcbs.tmall.com
经　　销	各地新华书店		

印　　刷	上海天地海设计印刷有限公司		
开　　本	787 毫米×1092 毫米	1/16	
印　　张	24.75		
字　　数	655 千字		
版　　次	2019 年 11 月第 1 版		
印　　次	2021 年 1 月第 2 次		
版　　次	2101—5200		
书　　号	ISBN 978-7-5429-6321-5/F		
定　　价	53.00 元		

前　言

新修订的《中华人民共和国预算法》对各级政府提出按年度编制以权责发生制为基础的政府综合财务报告的要求。为满足编制权责发生制政府综合财务报告的信息需求，财政部按照《国务院关于批转财政部权责发生制政府综合财务报告制度改革方案的通知》的相关规定，相继出台了《政府会计准则——基本准则》（以下简称《基本准则》）和《政府会计准则第 1 号——存货》《政府会计准则第 2 号——投资》《政府会计准则第 3 号——固定资产投资》《政府会计准则第 4 号——无形资产》《政府会计准则第 5 号——公共基础设施》《政府会计准则第 6 号——政府储备物资》《政府会计准则第 7 号——会计调整》《政府会计准则第 8 号——负债》《政府会计准则第 9 号——财务报表编制和列报》等 9 项政府会计具体准则，以及《〈政府会计准则第 3 号——固定资产〉应用指南》《政府会计制度——行政事业单位会计科目和报表》（以下简称《政府会计制度》）、《政府会计准则制度解释第 1 号》和《政府会计准则制度解释第 2 号》。这些准则和制度的出台，标志着我国政府会计准则体系和制度建设取得积极进展，我国初步建成了统一、科学、规范的以权责发生制为核心的政府会计核算体系，夯实了政府财务报告的编制基础。

为了及时反映、积极宣传和认真贯彻执行我国政府会计核算标准体系改革的最新成果，满足高等院校政府与非营利组织会计教学和相关实务工作者学习和培训的需要，根据《基本准则》、政府会计具体准则与相关应用指南、《政府会计制度》以及政府会计准则制度解释等，我们编写了《政府与非营利组织会计》一书。全书分四篇，分别为政府与非营利组织会计的基本概念、财政总预算会计、行政事业单位会计和民间非营利组织会计，计十四章。在政府会计核算标准体系中，《基本准则》属于“概念框架”，统驭政府会计具体准则和政府会计制度的制定；具体准则主要规定政府发生的经济业务或事项的会计处理原则，应用指南主要对具体准则的实际应用作出操作性规定；会计制度主要规定政府会计科目及其使用说明、报表格式及其编制说明等。会计准则和会计制度相互补充，共同规范政府会计主体的会计核算，保证会计信息质量。因此，本书第一篇依据《基本准则》的内容和逻辑，主要界定政府与非营利组织会计的相关概念，第二篇、第三篇依据具体准则、应用指南、相关制度及准则制度解释，介绍各级政府、行政事业单位会计中的具体业务核算，第四篇相对比较独立，主要依据《民间非营利组织会计制度》和《〈民间非营利组织会计制度〉若干问题的解释》，简要介绍民间非营利组织特殊业务的账务处理。

本教材具有如下主要特点：①编写依据新。本教材严格按照《基本准则》和《政府会计制度》规定编写，充分体现政府会计“双功能”“双基础”“双报告”“平行记账”的核算要求。②结构安排合理。如前所述，本教材共分四篇，分别介绍了政府会计与非营利组织会计的基本概念、财政总预算会计、行政事业单位会计、民间非营利组织会计，覆盖了我国政府与非营利组织会计的各个领域和分支。③内容设计恰当。本教材章节安排精心设计，内容叙述循序渐进，层次分明，尽量避免内容重复交叉。④示例实操性强。本教材列示了大量贴近政府与非营利组织实际业务核算的例子，并结合实例对重点和难点问题进行深入浅出的分析，给读者学习及实务操作提供切实的指导和示范。⑤表述直观易懂。本教材通过列表方式，将某些以繁琐的语言表述的账务处理，用简化的表格体现出来，直观明了，尤其是在行政事业单位会计中，对同一项业务的账务处理，在表格中列出财务会计分录的同时，平行列出相对应的预算会计分录（如果有），充分反映《政府会计制度》所要求的财务会计和预算会计“平行记账”的核算要求，便于对比学习和理解政府会计的记账规则。

本教材主要为高等院校会计学专业和其他财经类专业的本科与专科学生学习“政府与非营利组织会计”课程而编写。当然，本教材也可供高等院校会计学专业的硕士研究生使用。同时，本教材也可作为在职会计人员尤其是在职政府与非营利组织会计人员实际工作、业余学习和培训的参考用书。

本教材由刘学华编著。在本教材编写过程中，笔者参阅了大量的文献资料，在此对相关作者表示诚挚的感谢。同时，笔者还要向中央财经大学、河北经贸大学、中华女子学院的相关教师和专家对本教材在结构、内容等方面提出的宝贵意见表示衷心感谢。最后，还要感谢立信会计出版社冯晶女士为本书出版付出的辛勤劳动。

由于作者的学识和水平有限，不足、疏漏之处在所难免，恳请读者提出批评和建议。

编著者

目 录

第一篇 政府与非营利组织会计的基本概念

第二篇 财政总预算会计

第三篇 行政事业单位会计

第四篇 民间非营利组织会计

第一篇

政府与非营利组织会计的基本概念

第一篇主要依据《政府会计准则——基本准则》，介绍了政府与非营利组织会计的概念与构成体系，核算的四项基本前提，政府会计信息的七项质量要求，权责发生制与收付实现制两项记账基础，政府会计八个会计要素的概念、确认与计量，政府与非营利组织会计的基本恒等式，以及政府与非营利组织会计报告。

第一章　政府与非营利组织会计概述

第一节　政府与非营利组织会计的概念、组成与目标

一、政府与非营利组织会计的概念

政府与非营利组织会计是会计学的基本原理在政府与非营利组织中的应用，是以货币作为主要计量单位，对政府与非营利组织的经济活动或会计事项进行连续、完整、系统地核算和监督的一种专门的管理活动和信息系统，是与企业会计相并列的会计学两大分支之一。在这里，政府组织是指各级政府、各部门、各单位。其中，各部门、各单位是指与本级政府财政部门直接或者间接发生预算拨款关系的国家机关、军队、政党组织、社会团体、事业单位和其他单位。非营利组织是指民间非营利组织，即执行《民间非营利组织会计制度》的相关社会团体、基金会、民办非企业单位和寺院、宫观、清真寺、教堂等。

按照是否以营利为目的，社会组织可以分为营利性组织（如企业）和非营利性组织（如上述政府组织与民间非营利组织）两大类。前者向社会提供私人物品，运行的目的是盈利及其最大化；后者向社会提供公共物品或准公共物品，运行的目的是社会经济以及慈善事业的整体发展，而非盈利。将会计学的基本原理和基本方法，运用在企业中为其实现运行目的服务，即形成企业会计；运用在政府与非营利组织中为其实现运行目的服务，即形成政府与非营利组织会计。

相对于企业会计，政府与非营利组织会计的主要特征是会计核算方法和政府与非营利组织的预算管理要求密切结合。政府与非营利组织会计核算与监督，以经批准的政府与非营利组织预算为基础，以预算收支及其经济活动为主要核算内容。政府与非营利组织会计应当如实反映政府与非营利组织预算收支执行情况及其结果，以满足政府与非营利组织会计信息主要使用者对会计信息的需求。

二、政府与非营利组织会计的组成

政府与非营利组织会计由政府会计和非营利组织会计组成。其中，政府会计可以由财政总预算会计和行政事业单位会计构成，非营利组织会计通常指民间非营利组织会计。按独立法人单位区分，行政事业单位会计可以分为行政单位会计和事业单位会计。

按照我国《政府会计准则——基本准则》的规定，政府会计由政府财务会计和政府预算会计构成（即“双系统”或“双功能”）。其中，政府财务会计是指以权责发生制为基础对政府会计主体发生的各项经济业务或者事项进行会计核算，主要反映和监督政府会计主体财务状况、运行情况和现金流量等的会计；政府预算会计是指以收付实现制为基础对政府会计主体预算执行过程中发生的全部收入和全部支出进行会计核算，主要反映和监督预算收支执行情况的会计。在我国，政府财务会计主要是指行政事业单位财务会计。政府预算会计由政府财政总预

算会计和行政事业单位预算会计组成。因此，行政事业单位会计具体还可以分为行政事业单位财务会计和行政事业单位预算会计。

在政府会计的各组成部分中，财政总预算会计和行政事业单位预算会计之间存在密切关系，前者具主导地位，在业务上指导后者；同时，两者提供的会计信息也存在密切联系，前者向行政事业单位拨款，形成预算支出，后者形成预算收入，两者共同构成了政府预算会计信息系统。行政事业单位财务会计相对独立，但又与行政事业单位预算会计相互衔接，两者在信息反映上需要相互补充。

在我国，民间非营利组织会计相对比较独立，与政府会计联系较少。但是，若民间非营利组织接受政府补助，财政总预算会计信息也会与民间非营利组织会计信息存在相互联系。

三、政府与非营利组织会计的目标

会计目标是会计所要达到的目的，是进行会计活动的出发点和归宿。向谁提供信息、提供哪些信息、如何提供这些信息，这三个方面构成了会计目标的内容。

(一) 政府会计的目标

我国政府会计由政府预算会计和政府财务会计构成，即政府会计应当实现预算会计和财务会计的双重功能。政府会计主体应当编制政府决算报告和政府财务报告，以实现政府预算会计目标和政府财务会计目标。

政府决算报告的目标是向决算报告使用者提供与政府预算执行情况有关的信息，综合反映政府会计主体预算收支的年度执行结果，有助于决算报告使用者进行监督和管理，并为编制后续年度预算提供参考和依据。政府决算报告使用者包括各级人民代表大会及其常务委员会、各级政府及其有关部门、政府会计主体自身、社会公众和其他利益相关者。

政府财务报告的目标是向财务报告使用者提供与政府的财务状况、运行情况(含运行成本，下同)和现金流量等有关信息，反映政府会计主体公共受托责任履行情况，有助于财务报告使用者作出决策或者进行监督和管理。政府财务报告使用者包括各级人民代表大会常务委员会、债权人、各级政府及其有关部门、政府会计主体自身和其他利益相关者。

(二) 民间非营利组织会计的目标

民间非营利组织会计应当编制财务报告。其目标是向财务报告使用者如实反映民间非营利组织的经济资源、债务情况、收入、成本、费用和现金流量等情况的会计信息，反映民间非营利组织管理层的受托责任履行情况，提高民间非营利组织的透明度，增强其社会公信力，以便于财务报告使用者作出决策。民间非营利组织会计财务报告使用者包括捐赠人、会员、债权人、政府监管部门和民间非营利组织自身等。

第二节　政府与非营利组织会计基本前提与记账基础

一、政府与非营利组织会计基本前提

政府与非营利组织会计基本前提是指组织政府与非营利组织会计核算工作必须具备的前提条件。其具体包括会计主体、持续运行、会计分期和货币计量。

(一) 会计主体

会计主体是指政府与非营利组织会计为之服务的特定单位或组织，即政府与非营利组织

会计核算的边界范围。政府与非营利组织会计应当对其自身发生的经济业务或者事项进行会计核算。政府财政总预算会计的主体是各级政府，而不是各级政府的财政部门；行政事业单位会计的主体是各级各类行政事业单位；民间非营利组织会计的主体是相应的法人组织。

（二）持续运行

持续运行是指政府与非营利组织会计主体的经济业务活动能够持续不断地进行下去。政府与非营利组织会计核算应当以政府与非营利组织会计主体持续运行为前提。也就是说，政府与非营利组织会计主体通常是以正常的经济活动作为前提条件去处理数据、加工并传递信息的。若没有持续运行的前提条件，一些公认的会计处理方法将失去存在的基础，政府与非营利组织会计主体也就不能按照正常的会计处理方法进行会计核算。

（三）会计分期

会计分期是将政府与非营利组织会计主体持续运行的时间人为地划分为一定的期间，据以结算账目，编制会计报表。政府会计期间采用月度、季度、半年度和年度。我国政府会计期间采用历年制。为了及时向有关方面提供会计信息，政府会计还可以根据需要提供旬报。分期提供会计信息，有利于将各期的会计信息进行对比分析，提高信息的有用性。

会计期间的划分对政府与非营利组织会计核算有着重要的影响。由于有了会计期间，才产生本期与非本期的区别，从而产生了权责发生制和收付实现制，使得不同类型的政府与非营利组织会计主体有了记账的基础。

（四）货币计量

货币计量是指会计主体的会计核算应该通过货币予以综合反映。它是现代会计最基本的前提条件。如果没有这个前提条件，会计也就失去了其基本特征——价值的核算。政府与非营利组织会计核算应当以人民币作为记账本位币，在发生外币业务时，应当将有关外币折算为人民币进行核算。业务收支以外币为主的政府与非营利组织会计主体，也可以选定某种外币作为记账本位币，但在编制会计报表时，应当按照编报日期的人民币外汇汇率折算为人民币反映。

二、政府与非营利组织会计的记账基础

会计记账基础是指会计确认、计量和报告的基础，主要分为收付实现制和权责发生制两种。其中，收付实现制是指以现金的实际收付为标志来确定本期收入和支出的会计核算基础。凡在当期实际收到的现金收入和支出，均应作为当期的收入和支出；凡是不属于当期的现金收入和支出，均不应当作为当期的收入和支出。权责发生制是指以取得收取款项的权利或支付款项的义务为标志来确定本期收入和费用的会计核算基础。凡是当期已经实现的收入和已经发生的或应当负担的费用，不论款项是否收付，都应当作为当期的收入和费用；凡是不属于当期的收入和费用，即使款项已在当期收付，也不应当作为当期的收入和费用。

在我国，政府与非营利组织会计采用“双基础”。由于政府预算会计以如实反映预算执行情况作为主要会计目标，因此，政府预算会计采用收付实现制，即财政总预算会计和行政事业单位预算会计采用收付实现制核算。由于政府财务会计以如实反映政府财务状况作为主要会计目标，因此政府财务会计采用权责发生制，即行政事业单位财务会计采用权责发生制进行账务处理。由此可以看出，行政事业单位会计同时采用收付实现制和权责发生制。

民间非营利组织会计以如实反映财务状况为主要会计目标，因此，民间非营利组织会计实行权责发生制。

第三节 政府与非营利组织会计信息质量要求

一、政府会计信息质量要求

会计信息质量要求是指会计向信息使用者提供的会计信息应当达到的质量标准。政府会计信息质量的高低直接影响信息使用者能否作出合理、正确的经济和社会等方面的决策。政府会计信息质量要求通常包括可靠性、全面性、相关性、及时性、可比性、可理解性和实质重于形式等。

（一）可靠性

政府会计应当以实际发生的经济业务或者事项为依据进行会计核算，如实反映各项会计要素的情况和结果，保证会计信息真实可靠。政府会计不能扭曲经济业务的内容，对相应的经济业务作出不真实、不客观的记录和反映；也不能以尚未发生或可能发生的经济业务为依据，根据人为的估计进行会计核算；更不能故意编造经济业务的内容，并以此为依据进行会计记录和反映。政府会计信息只有真实客观，才能帮助信息使用者作出正确的评价和决策。

（二）全面性

政府会计应当将发生的各项经济业务或者事项统一纳入会计核算，确保会计信息能够全面反映政府预算执行情况和财务状况、运行情况、现金流量等。政府会计既涉及财政拨款资金的来源和使用，也涉及非财政拨款资金的来源和使用，如事业单位面向市场取得的事业收入的来源和使用；既涉及基本运行经费的来源和使用，也涉及项目经费的来源和使用；既需要反映预算执行情况，也需要反映财务状况和运行成本。故政府会计需要全面反映财政拨款资金收支、非财政拨款资金收支等情况，全面反映财务状况、运行成本等情况。

（三）相关性

政府会计提供的会计信息，应当与反映政府会计主体公共受托责任履行情况以及会计报告使用者决策、监督、管理的需要相关，这有助于报告使用者对政府会计主体过去、现在或者未来的情况作出评价或者预测。近年来，我国政府预算管理方法取得很大进步，预算管理水平不断提高，政府收支综合预算、基本支出预算和项目支出预算等预算内容和方法不断呈现和完善。在此过程中，政府会计也不断进行改革和发展，提供的信息基本满足了相关信息使用者评价和考核行政事业单位公共受托责任履行情况的需要，并为信息使用者作出相应的经济和社会决策提供了有力的信息支持。

（四）及时性

政府会计对已经发生的经济业务或者事项，应当及时进行会计核算，不得提前或者延后。会计信息的价值在于帮助会计信息使用者作出相关决策，具有时效性。即使是可靠、相关的会计信息，若不及时提供，就失去了时效性，对于使用者的效用就大大降低，甚至不再具有实际意义。

（五）可比性

政府会计主体提供的会计信息应当具有可比性。具体讲，同一政府会计主体不同时期发生的相同或者相似的经济业务或者事项，应当采用一致的会计政策，不得随意变更。确需变更的，应当将变更的内容、理由及其影响在附注中予以说明。不同政府会计主体发生的相同或者相似的经济业务或者事项，应当采用一致的会计政策，确保政府会计信息口径一致，相互可比。

具有可比性的政府会计信息将增加其评价和决策的有用性。

（六）可理解性

可理解性是指政府会计提供的会计信息应当清晰明了，便于会计报告使用者理解和使用。政府会计信息只有易于为信息使用者理解，才能帮助信息使用者评价政府受托责任的履行情况，并作出相应的决策。可理解性除了要求政府会计信息本身通俗易懂、清晰明了外，也假设相关信息使用者具有相应的政府会计专业知识。

（七）实质重于形式

政府会计应当按照经济业务或者事项的经济实质进行会计核算，不限于以经济业务或者事项的法律形式为依据。

经济业务的经济实质和法律形式在大多数情况下是相互一致的，但有时也会存在不一致的情况。例如，政府融资租入固定资产的业务，尽管在法律形式上政府只拥有融资租入固定资产的使用权，不拥有融资租入固定资产的所有权，但政府实际控制融资租入的固定资产及其服务能力或经济利益，因此，在会计核算上将融资租入固定资产视同自有固定资产一样确认、计量和报告。按照实质重于形式的质量要求提供的政府会计信息，比纯粹按照法律形式提供的政府会计信息更加具有相关性，从而可以更好地帮助政府会计信息使用者作出合理正确的决策。

二、民间非营利组织会计信息质量要求

虽然民间非营利组织会计核算经济业务的具体内容、会计信息使用者及其信息需求与政府会计存在一些差异，但民间非营利组织会计信息质量要求与政府会计信息质量要求基本相同，也包括上述可靠性、全面性、相关性、及时性、可比性、可理解性和实质重于形式等，故不再详述。

第四节　政府与非营利组织会计要素及其确认与计量

政府与非营利组织会计要素是对政府与非营利组织会计对象的具体分类，也是政府与非营利组织会计报表的构成组件。这里先介绍政府会计要素，民间非营利组织会计要素将在第四篇中介绍。政府会计由政府预算会计和政府财务会计构成，因此，政府会计要素也具体分为政府预算会计要素和政府财务会计要素两大类。

一、政府预算会计要素及其确认与计量原则

政府预算会计要素包括预算收入、预算支出与预算结余。

（一）预算收入

预算收入是指政府会计主体在预算年度内依法取得并纳入预算管理的现金流入。预算收入一般在实际收到时予以确认，以实际收到的金额计量。

（二）预算支出

预算支出是指政府会计主体在预算年度内依法发生并纳入预算管理的现金流出。预算支出一般在实际支付时予以确认，以实际支付的金额计量。

（三）预算结余

预算结余是指政府会计主体预算年度内预算收入扣除预算支出后的资金余额，以及历年

滚存的资金余额。预算结余包括结余资金和结转资金。其中,结余资金是指年度预算执行终了,预算收入实际完成数扣除预算支出和结转资金后剩余的资金;结转资金是指预算安排项目的支出年终尚未执行完毕或者因故未执行,且下年需要按原用途继续使用的资金。

政府预算会计要素之间的平衡关系为:

预算收入 － 预算支出 ＝ 预算结余

符合预算收入、预算支出和预算结余定义及其确认条件的项目应当列入政府决算报表。

二、政府财务会计要素及其确认与计量属性

政府财务会计要素包括资产、负债、净资产、收入和费用五个。

(一) 资产

1. 资产的概念与分类

资产是指政府会计主体过去的经济业务或者事项形成的,由政府会计主体控制的,预期能够产生服务潜力或者带来经济利益流入的经济资源。其中,服务潜力是指政府会计主体利用资产提供公共产品和服务以履行政府职能的潜在能力;经济利益流入表现为现金及现金等价物的流入,或者现金及现金等价物流出的减少。

政府会计主体的资产按照流动性,分为流动资产和非流动资产。其中,流动资产是指预计在 1 年内(含 1 年)耗用或者可以变现的资产,包括货币资金、短期投资、应收及预付款项、存货等;非流动资产是指流动资产以外的资产,包括固定资产、在建工程、无形资产、长期投资、公共基础设施、政府储备资产、文物文化资产、保障性住房和自然资源资产等。

2. 资产的确认与计量属性

符合资产定义的经济资源,在同时满足以下条件时,确认为资产:一是与该经济资源相关的服务潜力很可能实现或者经济利益很可能流入政府会计主体;二是该经济资源的成本或者价值能够可靠地计量。

资产的计量属性主要包括历史成本、重置成本、现值、公允价值和名义金额。其中,在历史成本计量下,资产按照取得时支付的现金金额或者支付对价的公允价值计量;在重置成本计量下,资产按照现在购买相同或者相似资产所需支付的现金金额计量;在现值计量下,资产按照预计从其持续使用和最终处置中所产生的未来净现金流入量的折现金额计量;在公允价值计量下,资产按照市场参与者在计量日发生的有序交易中,出售资产所能收到的价格计量;无法采用上述计量属性的,采用名义金额(即人民币 1 元)计量。

政府会计主体在对资产进行计量时,一般应当采用历史成本;采用重置成本、现值、公允价值计量的,应当保证所确定的资产金额能够持续、可靠地计量。

(二) 负债

1. 负债的概念与分类

负债是指政府会计主体过去的经济业务或者事项形成的,预期会导致经济资源流出政府会计主体的现时义务。其中,现时义务是指政府会计主体在现行条件下已承担的义务。未来发生的经济业务或者事项形成的义务不属于现时义务,不应当确认为负债。现时义务包括法定义务和推定义务。其中,法定义务是指因合同、法律法规或其他司法解释等产生的义务;推定义务是指根据政府会计主体以往的习惯做法、已公布的政策或者已公开的承诺或声明,政府会计主体向其他方表明其将承担并且其他方也合理预期政府会计主体将履行的相关义务。

政府会计主体的负债按照流动性，分为流动负债和非流动负债。其中，流动负债是指预计在1年内(含1年)偿还的负债，包括应付及预收款项、应付职工薪酬、应缴款项等；非流动负债是指流动负债以外的负债，包括长期应付款、应付政府债券和政府依法担保形成的债务等。

2. 负债的确认与计量属性

符合负债定义的义务，在同时满足以下条件时，确认为负债：一是履行该义务很可能导致含有服务潜力或者经济利益的经济资源流出政府会计主体；二是该义务的金额能够可靠地计量。

负债的计量属性主要包括历史成本、现值和公允价值。在历史成本计量下，负债按照因承担现时义务而实际收到的款项或者资产的金额，或者承担现时义务的合同金额，或者按照为偿还负债预期需要支付的现金计量；在现值计量下，负债按照预计期限内需要偿还的未来净现金流出量的折现金额计量；在公允价值计量下，负债按照市场参与者在计量日发生的有序交易中，转移负债所需支付的价格计量。

政府会计主体在对负债进行计量时，一般应当采用历史成本。采用现值、公允价值计量的，应当保证所确定的负债金额能够持续、可靠地计量。

(三) 净资产

净资产是指政府会计主体资产扣除负债后的净额。净资产金额取决于资产和负债的计量。

(四) 收入

1. 收入的概念

收入是指报告期内导致政府会计主体净资产增加的、含有服务潜力或者经济利益的经济资源的流入。

2. 收入的确认

收入的确认应当同时满足以下条件：一是与收入相关的含有服务潜力或者经济利益的经济资源很可能流入政府会计主体；二是含有服务潜力或者经济利益的经济资源流入会导致政府会计主体资产增加或者负债减少；三是流入金额能够可靠地计量。

(五) 费用

1. 费用的概念

费用是指报告期内导致政府会计主体净资产减少的、含有服务潜力或者经济利益的经济资源的流出。

2. 费用的确认

费用的确认应当同时满足以下条件：一是与费用相关的含有服务潜力或者经济利益的经济资源很可能流出政府会计主体；二是含有服务潜力或者经济利益的经济资源流出会导致政府会计主体资产减少或者负债增加；三是流出金额能够可靠地计量。

在政府财务会计要素中，资产、负债、收入和费用要素都有特定的内涵。净资产要素没有特定的内涵，它只是资产减负债后的差额。资产、负债和净资产之间的平衡关系为：

$$资产 - 负债 = 净资产$$

政府会计主体在业务运作的过程中，会取得一定数额的收入，同时也会发生一定数额的费用。收入减去费用后的差额为盈余或亏损。盈余或亏损是净资产的组成部分。

收入 − 费用 = 盈余或亏损(净资产的增加或减少)

符合资产、负债定义和确认条件的项目与净资产,应当列入资产负债表;符合收入、费用定义和确认条件的项目,应当列入收入费用表。

综上,政府会计要素共有八个,其中预算会计要素三个,财务会计要素五个。三个预算会计要素构成政府预算会计报表或政府决算报表,五个财务会计要素构成政府财务会计报表。

第五节 政府与非营利组织会计报告

政府与非营利组织财务报告是政府与非营利组织会计工作的最终产品,是全面、系统地反映政府与非营利组织经济活动及其结果的报告性书面文件,是考核政府与非营利组织财务业绩的重要依据,也是政府与非营利组织解除财务受托责任的书面信息载体。

一、政府决算报告和政府财务报告

根据《政府会计准则——基本准则》的规定,政府会计主体应当编制政府决算报告和政府财务报告。

(一) 政府决算报告

政府决算报告是综合反映政府会计主体年度预算收支执行结果的文件。政府决算报告应当包括政府决算报表和其他应当在决算报告中反映的相关信息和资料。政府决算报告的具体内容及编制要求等,由财政部另行规定。在现行实务中,政府决算报表分别由财政总预算会计报表和行政事业单位预算会计报表组成。其中,前者反映一级政府层面财政预算执行情况,后者反映行政事业单位预算执行情况。并且,后者按政府部门汇总后,形成政府部门预算会计报表,反映政府部门预算执行情况。

财政总预算会计报表主要包括一般公共预算执行情况表、政府性基金预算执行情况表、国有资本经营预算执行情况表、财政专户管理资金收支情况表、专用基金收支情况表等;行政事业单位预算会计报表至少包括预算收入支出表、预算结转结余变动表和财政拨款预算收入支出表等。

政府决算报告的编制主要以收付实现制为基础,以预算会计核算生成的数据为准。

(二) 政府财务报告

政府财务报告是反映政府会计主体某一特定日期的财务状况和某一会计期间的运行情况和现金流量等信息的文件。政府财务报告应当包括财务报表和其他应当在财务报告中披露的相关信息和资料。

政府财务报告包括政府综合财务报告和政府部门财务报告。其中,政府综合财务报告是指由政府财政部门编制的,反映各级政府整体财务状况、运行情况和财政中长期可持续性的报告,即各级政府财政总预算会计编制的财务报告;政府部门财务报告是指政府各部门、各单位按规定编制的财务报告,即各级各类行政事业单位财务会计编制的财务报告。

在政府财务报告中,财务报表是对政府会计主体的财务状况、运行情况和现金流量等有关信息的结构性表述。财务报表由会计报表及其附注构成。会计报表一般包括资产负债表、收入费用表和净资产变动表。单位可根据实际情况自行选择编制现金流量表。

政府财务报告的编制主要以权责发生制为基础,以财务会计核算生成的数据为准。

二、民间非营利组织财务报告

民间非营利组织财务报告是反映民间非营利组织某一特定日期的财务状况和某一会计期间的运行情况和现金流量等信息的文件。民间非营利组织财务报告应当包括财务报表和其他应当在财务报告中披露的相关信息和资料。

民间非营利组织财务报表包括会计报表和附注。会计报表包括资产负债表、业务活动表或收入费用表、现金流量表三个种类。其中,资产负债表反映民间非营利组织在某一特定时日资产、负债和净资产的情况;业务活动表反映民间非营利组织在某一特定期间收入和费用的实际发生情况;现金流量表反映民间非营利组织在某一特定期间不同种类业务活动的现金流入和流出的情况。

复习思考题

1. 什么是政府与非营利组织会计？相对企业会计来说,政府与非营利组织会计的主要特征是什么？
2. 政府与非营利组织会计的构成如何？
3. 政府与非营利组织会计核算的基本前提包括哪些？
4. 政府会计信息质量要求有哪些？
5. 政府与非营利组织会计记账基础是如何规定的？
6. 政府会计的会计要素有哪几个？会计要素之间的关系如何？
7. 什么是政府会计的财务报表和预算会计报表？具体各有哪些种类？

选择题

1. 下列项目中,属于政府与非营利组织会计组成体系的是(　　)。
   A. 行政单位会计　B. 事业单位会计　C. 民间非营利组织会计　D. 企业会计
2. 下列专业会计中,不采用收付实现制基础的是(　　)。
   A. 行政单位会计　B. 民间非营利组织会计　C. 财政总预算会计　D. 事业单位会计
3. 会计学按运用领域或行业的分支可以分为(　　)。
   A. 企业会计　B. 政府会计　C. 财政总预算会计　D. 民间非营利组织会计
4. 下列项目中,属于政府会计信息的使用者的是(　　)。
   A. 人民代表大会　B. 政府及其有关部门　C. 政府债券的投资者　D. 政府公共产品的受益人
5. 下列项目中,属于政府会计信息质量要求的是(　　)。
   A. 可靠性　B. 全面性　C. 相关性　D. 可比性
6. 下列项目中,属于政府财务会计要素的是(　　)。
   A. 资产　B. 负债　C. 所有者权益　D. 净资产
7. 下列关于政府会计要素之间关系的表述中,正确的是(　　)。
   A. 资产＝负债 ＋所有者权益　B. 资产－负债＝净资产
   C. 收入－费用＝利润　D. 收入－费用＝净资产的变动
8. 下列项目中,属于政府财务会计编制的会计报表是(　　)。
   A. 资产负债表　B. 收入费用表
   C. 净资产变动表　D. 现金流量表

第二篇

财政总预算会计

第二篇主要根据《财政总预算会计制度》和现行《政府收支分类科目》，对财政总预算会计的资产、负债、净资产、收入、支出、结转结余和会计报表进行了全面、系统的介绍。随着新修订的《中华人民共和国预算法》的实施，政府举债管理模式和公共财政管理体制不断完善，与此相适应，《财政总预算会计制度》对于政府举债和债权或股权投资所发生的财政资金收付纳入预算管理，并按照收付实现制和权责发生制的原则，以“双分录”形式对政府的债务、债权或股权业务进行记录，以反映政府依法承担的义务和享有的权利。

第二章 财政总预算会计概述

第一节 财政总预算会计的概念、特点与工作任务

一、财政总预算会计的概念

（一）财政总预算及其组成体系

政府预算是指政府年度预算收支计划。按照预算编制主体不同，政府预算可分为部门预算和财政总预算。其中，部门预算是以政府部门作为预算主体来编制的年度预算收支计划，如省教育厅部门预算、省公安厅部门预算，市教育局部门预算、市公安局部门预算等。财政总预算是以一级政府作为预算主体来编制的年度预算收支计划。下面主要介绍什么是财政总预算。

在财政总预算中，预算主体为一级政府，可以是中央、省（自治区、直辖市）、市（设区的市、自治州）、县（自治县、不设区的市、市辖区）、乡（民族乡、镇）（以下简称中央、省、市、县、乡）等政府；预算收入为一级政府纳入年度预算的财政资金流入，主要有税务收入、非税收入、债务收入、转移性收入等种类；预算支出是一级政府纳入年度预算的财政资金流出，主要有一般公共服务支出、外交支出、公共安全支出、教育支出、科学技术支出、医疗卫生支出、金融支出、转移性支出、债务还本支出等种类。

按照预算级次分类，我国财政总预算实行五级预算，即实行一级政府、一级财政预算、一级财政总预算，设立中央、省、市、县、乡五级政府、五级财政预算、五级财政总预算。每级财政总预算都是本级财政预算和下级财政总预算的汇总，各级政府的财政总预算经过逐级汇总，最后至国家层面，便形成整个国家的财政总预算。如省财政总预算是由省本级预算（即省直属各部门财政预算）和省辖市财政总预算组成；国家总预算由中央本级预算（即中央所属各部门财政预算）和各省财政总预算组成。

按照预算功能分类，我国财政总预算实行"四位一体"的复式预算（指将各种财政收支按其性质分别编入两个或两个以上的预算），即一般公共预算、政府性基金预算、国有资本经营预算和社会保险基金预算。四种预算功能定位不同，各自保持完整性和独立性。其中：①一般公共预算是指政府凭借国家政治权利筹集以税收为主体的财政收入，安排用于保障和改善民生、推动社会经济发展、维护国家安全、维持国家机构正常运转等方面的财政收支预算。这是最基本的一种预算，它涉及政府活动的各个领域，在政府财政资金总额占据最大的份额。②政府性基金预算是指政府依照法律、行政法规的规定在一定期限内向特定对象征收、收取或者以其他方式筹集的资金，专项用于特定公共事业发展的财政收支预算。与一般公共预算相比，这种预算处于补充地位，是对一般公共预算资金不足的领域进行的必要补充，并且都具有专款专用的性质。③国有资本经营预算是指国家以所有者身份依法取得国有资本收益，并安排使用于国有企业改革、国有经济结构调整等方面的财政收支预算。它主要适用于国有资本经营领域，为

国有资本能够实现保值增值和结构调整提供稳定的资金保障。④社会保险基金预算是指对社会保险缴款、一般公共预算安排和其他方式筹集的资金，专项用于社会保险的财政收支预算。与其他三种预算不同，社会保险基金预算中的资金实际上是政府受托管的资金，其应归参加社会保险的公民所有，用于向参加社会保险的公民支付养老金、医疗费等社会保险领域。

按照预算内容分类，我国财政总预算有收入预算和支出预算两种。在现行实务中，我国财政预算收入与支出分类，以财政部每年制定发布的《政府收支分类科目》为依据，具体收入与支出科目分别按上述四种预算制定。收入科目按照来源渠道设置，分设类、款、项、目四级，各级科目在内容上逐级细化、具化（如“税收收入——增值税——国内增值税——国有企业增值税”）。支出科目同时按照支出功能和支出经济用途设置。支出的功能分类科目分设类、款、项三级，各级科目在内容上逐级细化、具化（如“一般公共服务支出——人大事务——行政运行”）；支出的经济分类科目分设类、款两级，两级科目在内容上逐级细化、具化（如“机关工资福利支出——工资奖金津贴补贴”）。收入预算和支出预算的具体分类，是政府财政总预算会计核算的基础和主要依据。有关收支科目设置的详细内容，具体见本书第四章。

（二）财政总预算会计的概念及其组成体系

财政总预算会计是各级政府财政核算、反映、监督政府一般公共预算资金、政府性基金预算资金、国有资本经营预算资金，以及财政专户管理资金、专用基金和代管资金等资金活动的一门专业会计，是政府会计的一个分支。

财政总预算会计是我国政府财政总预算的重要组成部分，其组成体系与政府财政总预算组成体系一致。各级政府财政总预算设立相应的财政总预算会计，负责核算、反映和监督本级政府财政总预算的执行，因此，财政总预算会计也相应划分为中央、省、市、县、乡五级。各级财政总预算会计在编制完成本级财政总预算执行情况的信息后，不仅需要向本级政府和本级人民代表大会报告，而且还需要向上级财政总预算部门报告，供上级财政总预算会计汇总财政总预算执行情况的信息，直至形成全国财政总预算执行情况的信息。

二、财政总预算会计的特点

财政总预算会计的特点主要体现在核算的主体、核算的依据、核算的对象、核算的内容和核算的基础等几个方面。具体讲述如下：

（1）核算的主体是一级政府，如中央、省、市、县、乡等政府。财政总预算会计反映的会计信息是以一级政府作为特定的空间范围的。各级政府的财政总预算是相对独立完整的，相应的财政总预算会计信息也是相对独立完整的。这里应明确的是，财政总预算会计主体不是各级财政部门，因为财政总预算各项收支的安排、使用，是国家各级政府的职权范围，而财政部门作为行政单位，只是代表政府执行预算，管理财政收支。

（2）核算的主要依据是财政总预算的编制形式和收支分类。目前，我国的政府财政总预算实行“四位一体”的复式预算，各种类的预算相对独立完整。为如实反映各种类预算的执行情况，财政总预算会计需要分别为相应种类的财政总预算核算其相对独立完整的收支内容。

财政总预算收支分类反映政府财政总预算收支的内容，具体表现为财政总预算收支科目。财政总预算收支科目是财政总预算会计设置会计核算科目的直接依据。政府财政总预算的编制形式和内容总体上决定了财政总预算会计核算的形式和内容。财政总预算的编制形式和内容发生变化，财政总预算会计随之发生相应的变化。

（3）核算的对象是财政总预算资金的运动，具体包括财政总预算资金的收入、支出及其结余等内容。由于财政总预算只是对所取得的财政资金进行分配，因此，财政总预算会计中没有诸如库存现金、库存物品、固定资产、无形资产等相关资产的核算内容。由财政总预算会计分配使用财政资金而形成的上述资产，在相应的行政事业单位会计中核算。由于财政总预算会计围绕财政资金的收入和分配业务进行，因此，财政总预算会计也没有成本核算的内容。目前，与单位成本或费用相关的内容，在行政事业单位会计中安排处理；与一级政府成本或费用相关的内容，在权责发生制政府综合财务报告中安排处理。

(4) 核算的内容主要是财政总预算的实际执行情况和结果。政府财政总预算由总预算收入和总预算支出两部分内容组成。财政总预算会计主要予以记录和反映政府财政总预算收支执行情况和结果。除上述两者外，财政总预算会计的核算内容还有国库存款、其他国库存款、与上级往来、与下级往来、应收股利、股权投资、应收地方政府债券转贷款、应付长期政府债券等资产和负债的内容。因此，财政总预算会计核算内容与财政总预算的内容并不完全一致，前者比后者的内容要广泛一些。

(5) 核算的基础一般是采用收付实现制，但部分经济业务或者事项应当按照规定采用权责发生制进行核算。例如，对于年终国库集中支付结余资金，应当按照规定采用权责发生制处理，在确认预算支出的同时，确认一项应付国库集中支付结余负债。但地方各级财政部门除国库集中支付结余外，不得采用权责发生制列支。权责发生制列支也只限于年末采用，平时不得采用。

(6) 对某些经济业务采用“双分录”会计处理方法。现行的《财政总预算会计制度》对政府债券发行、政府债券转贷、政府债券还本、政府股权投资、应收股利、政府借入主权外债、借入主权外债转贷、政府偿还主权外债等业务实行“双分录”会计处理方法，实现了同时提供有关收入、支出、资产、负债等多层次信息的目标。例如，以政府发行债券业务为例，政府财政发行政府债券时，一方面形成政府的收入，另一方面也形成政府的负债。因此，政府财政发行政府债券取得债券发行收入时，应当按照收付实现制确认债务收入，借记“国库存款”科目，贷记“债务收入”科目；同时，按照权责发生制确认应付政府债券负债，借记“代偿债净资产——应付短期政府债券”科目，贷记“应付短期政府债券”科目。“双分录”会计处理方法可以有效地多层次反映政府财政预算信息，满足各方面的信息需求。

三、财政总预算会计的工作任务

财政总预算会计的工作任务主要包括：

(1) 进行会计核算，即办理政府财政各项收支、资产负债的会计核算工作，反映政府财政预算执行情况和财务状况。

(2) 严格财政资金收付调度管理，即组织办理财政资金的收付、调拨，在确保资金安全性、规范性、流动性前提下，合理调度管理资金，提高资金使用效益。

(3) 规范账户管理，即加强对国库单一账户、财政专户、零余额账户和预算单位银行账户等的管理。

(4) 实行会计监督，参与预算管理，即通过会计核算和反映，进行预算执行情况分析，并对总预算、部门预算和单位预算执行实行会计监督。

(5) 协调预算收入征收部门、国家金库、国库集中收付代理银行、财政专户开户银行和其他有关部门之间的业务关系。

(6) 组织本地区财政总决算、部门决算编审和汇总工作。

(7) 组织和指导下级政府财政总预算会计工作。

第二节 财政总预算会计制度与会计科目表

一、财政总预算会计制度

财政部于 2015 年 10 月 10 日修订的《财政总预算会计制度》，共 13 章 63 条。其主要内容分为总则、会计信息质量要求、资产、负债、净资产、收入、支出、会计科目、会计结账和结算、总会计报表、信息化管理、会计监督、附则。该制度适用于中央、省、市、县、乡等各级政府财政部门的财政总预算会计。同时该制度对财政总预算中一般公共预算收支、政府性基金预算收支和国有资本经营预算收支的会计核算方法进行规范。社会保险基金预算资金会计核算不适用该制度，由财政部另行规定。

二、财政总预算会计科目表

财政总预算会计科目是对财政总预算会计要素作进一步分类的一种方法。它是财政总预算会计设置账户、核算和归集经济业务的依据，也是汇总和检查财政总预算资金活动情况及其结果的依据。按照财政总预算会计要素的类别，财政总预算会计科目可分为资产、负债、净资产、收入和支出五类。各级财政总预算会计统一适用的会计科目表如表 2-1 所示。

表 2-1　各级财政总预算会计统一适用的会计科目表

序号	科目编号	会计科目名称	序号	科目编号	会计科目名称
一、资产类			二、负债类		
1	1001	国库存款	16	2001	应付短期政府债券
2	1003	国库现金管理存款	17	2011	应付国库集中支付结余
3	1004	其他财政存款	18	2012	与上级往来
4	1005	财政零余额账户存款	19	2015	其他应付款
5	1006	有价证券	20	2017	应付代管资金
6	1007	在途款	21	2021	应付长期政府债券
7	1011	预拨经费	22	2022	借入款项
8	1021	借出款项	23	2026	应付地方政府债券转贷款
9	1022	应收股利	24	2027	应付主权外债转贷款
10	1031	与下级往来	25	2045	其他负债
11	1036	其他应收款	26	2091	已结报支出
12	1041	应收地方政府债券转贷款	三、净资产类		
13	1045	应收主权外债转贷款	27	3001	一般公共预算结转结余
14	1071	股权投资	28	3002	政府性基金预算结转结余
15	1081	待发国债	29	3003	国有资本经营预算结转结余

（续表）

序号	科目编号	会计科目名称	序号	科目编号	会计科目名称
30	3005	财政专户管理资金结余	40	4007	专用基金收入
31	3007	专用基金结余	41	4011	补助收入
32	3031	预算稳定调节基金	42	4012	上解收入
33	3033	预算周转金	43	4013	地区间援助收入
34	3081	资产基金	44	4021	调入资金
	308101	应收地方政府债券转贷款	45	4031	动用预算稳定调节基金
	308102	应收主权外债转贷款	46	4041	债务收入
	308103	股权投资	47	4042	债务转贷收入
	308104	应收股利	五、支出类		
35	3082	待偿债净资产	48	5001	一般公共预算本级支出
	308201	应付短期政府债券	49	5002	政府性基金预算本级支出
	308202	应付长期政府债券	50	5003	国有资本经营预算本级支出
	308203	借入款项	51	5005	财政专户管理资金支出
	308204	应付地方政府债券转贷款	52	5007	专用基金支出
	308205	应付主权外债转贷款	53	5011	补助支出
	308206	其他负债	54	5012	上解支出
四、收入类			55	5013	地区间援助支出
36	4001	一般公共预算本级收入	56	5021	调出资金
37	4002	政府性基金预算本级收入	57	5031	安排预算稳定调节基金
38	4003	国有资本经营预算本级收入	58	5041	债务还本支出
39	4005	财政专户管理资金收入	59	5042	债务转贷支出

各级财政总预算会计应当按照下列规定运用会计科目：

（1）各级财政总预算会计应当对有关法律、法规允许进行的经济活动，按照本制度的规定使用会计科目进行核算；不得以本制度规定的会计科目及使用说明作为进行有关经济活动的依据。

（2）各级财政总预算会计应当按照本制度的规定设置和使用会计科目，不需使用的总账科目可以不用；在不影响会计处理和编报会计报表的前提下，各级财政总预算会计可以根据实际情况自行增设本制度规定以外的明细科目，或者自行减少、合并本制度规定的明细科目。

（3）各级财政总预算会计应当使用本制度统一规定的会计科目编号，不得随意打乱重编。

复习思考题

1. 什么是财政总预算？其组成体系如何？
2. 什么是财政总预算会计？其组成体系如何？

3. 财政总预算会计有哪些特点？财政总预算会计的哪些业务应采用“双分录”的会计处理方法？
4. 财政总预算会计的任务是什么？
5. 财政总预算会计科目分为哪五类？使用时应当遵循哪些要求？

选择题

1. 下列项目中，不属于财政总预算会计核算内容的是（　　）。
   A. 收入　B. 支出　C. 国库存款　D. 库存现金
2. 下列项目中，属于财政总预算编制主体的是（　　）。
   A. 省政府　B. 市政府　C. 县政府　D. 省公安厅
3. 下列项目中，不属于各级财政总预算会计核算的是（　　）。
   A. 固定资产　B. 各类财政资金收支
   C. 财政债权债务的发生和结算　D. 上下级财政间的结算
4. 下列项目中，属于我国各级政府的财政总预算的是（　　）。
   A. 一般公共预算　B. 政府性基金预算
   C. 国有资本经营预算　D. 社会保险基金预算
5. 下列项目中，在财政总预算会计中采用“双分录”会计记录方法的是（　　）。
   A. 政府债券转贷　B. 政府债券发行
   C. 政府债券还本　D. 政府股权投资

第三章　财政总预算会计的资产、负债与净资产

第一节　财政总预算会计的资产

财政总预算会计的资产是指政府财政占有或控制的，能以货币计量的经济资源。它具体包括财政存款、有价证券、借出款项、暂付及应收款项、应收转贷款、股权投资与应收股利、预拨经费、在途款和待发国债等。

一、财政存款

财政存款是指政府财政部门代表政府管理的国库存款、国库现金管理存款以及其他财政存款等。财政存款的支配权属于同级政府财政部门，并由财政总预算会计负责管理，统一在国库或选定的银行开立存款账户，统一收付，不得透支，不得提取现金。

（一）财政存款的账户管理制度——国库单一账户管理制度

财政存款实行国库单一账户管理制度。所谓国库单一账户管理制度，是指将政府所有财政性资金集中在国库或国库指定的代理银行开设账户，所有财政收入直接缴入这一账户，所有财政支出直接通过这一账户进行拨付的财政资金管理制度。实行国库单一账户管理制度，对于从根本上解决有关部门滥设过渡账户、随意截留和挪用财政资金的问题，提高财政资金使用效率和效益，具有重要的现实意义。

在国库单一账户管理制度下，为加强财政资金的管理，财政部门设置一系列专门的银行账户，主要包括财政部门开设的银行账户、财政部门为预算单位开设的银行账户以及特设银行账户。

1. 财政部门开设的银行账户

（1）国库存款账户。该账户为在中国人民银行开设的国库单一账户，用于记录、核算和反映纳入预算管理的财政收入和支出活动，并用于与财政部门在商业银行开设的财政零余额账户以及财政部门为预算单位在商业银行开设的预算单位零余额账户进行清算，实现支付。

（2）财政零余额账户。该账户为在商业银行开设的财政部门零余额账户，用于财政直接支付以及与国库单一账户进行清算。该账户为过渡性质的账户。代理银行在根据财政部门开具的支付指令向有关货品或劳务供应商支付款项，并按日向国库单一账户申请清算后，该账户的余额即为零。因此，该账户被称为财政零余额账户。

（3）财政专户。该账户在商业银行开设，用于记录、核算和反映实行财政专户管理的资金收入和支出，并用于财政专户管理资金日常收支清算。

2. 财政部门为预算单位开设的银行账户

（1）预算单位零余额账户。该账户主要是财政部门为预算单位在商业银行开设的零余额账户。该账户用于财政授权支付，以及与国库单一账户进行清算。该账户为过渡性质的账户，

是预算单位的一个授权支付用款额度。代理银行在根据预算单位开具的支付指令向有关货品或劳务供应商支付款项,并按日向国库单一账户申请清算后,该账户的余额即为零。因此,该账户被称为预算单位零余额账户。

(2) 财政汇缴零余额账户。该账户也可简称为财政汇缴专户,是财政部门为预算单位在商业银行开设的零余额账户。该账户用于反映预算单位作为执收单位收取的应当汇缴财政国库或财政专户的财政性资金收入。由于执收单位收取的相关收费等财政性资金收入应当在汇总缴入财政汇缴零余额账户后的当日即转入财政国库存款账户或财政专户,财政汇缴零余额账户每日汇缴后的余额为零,因此,该账户被称为财政汇缴零余额账户。

3. 特设银行账户

特设银行账户是指经国务院和省级人民政府批准或授权财政部门开设的特殊过渡性专户。该账户用于核算和反映预算单位的特殊专项支出活动,并用于与国库单一账户进行清算。一般情况下,该账户为实存资金账户。

(二) 财政存款的核算

财政存款主要包括国库存款、国库现金管理存款和其他财政存款。

1. 国库存款的核算

国库存款是指政府财政存放在国库单一账户的款项。

为了核算国库存款业务,财政总预算会计应设置"国库存款"总账科目。本科目期末借方余额反映国库存款的结存数。

财政总预算会计收到预算收入时,根据国库报来的预算收入日报表入账,借记"国库存款"科目,贷记有关预算收入等科目;收到国库存款利息收入时,借记"国库存款"科目,贷记"一般公共预算本级收入"科目;收到缴入国库的来源不清的款项时,借记"国库存款"科目,贷记"其他应付款"等科目。国库存款减少时,按照实际支付的金额,借记有关预算支出科目,贷记"国库存款"科目。

【例3-1】 某省财政总预算会计某日发生如下业务:

(1) 财政总预算会计收到中国人民银行国库报来的"预算收入日报表"等凭证,列明当日共收到财政预算收入 220 000 元。其中,一般公共预算本级收入 150 000 元,政府性基金预算本级收入 70 000 元。财政总预算会计与中国人民银行报来的有关凭证核对无误。根据上述业务,省财政总预算会计应编制的会计分录为:

借:国库存款	220 000	
贷:一般公共预算本级收入		150 000
政府性基金预算本级收入		70 000

(2) 财政总预算会计收到财政国库支付执行机构报来的预算支出结算清单,财政国库支付执行机构以财政直接支付的方式,支付有关预算单位的属于一般公共预算本级支出的款项共计 100 000 元,属于政府性基金预算本级支出的款项共计 36 000 元。财政总预算会计与中国人民银行报来的财政直接支付申请划款凭证及其他有关凭证核对无误。根据上述业务,省财政总预算会计应编制的会计分录为:

借:一般公共预算本级支出	100 000	
政府性基金预算本级支出	36 000	
贷:国库存款		136 000

2. 国库现金管理存款的核算

国库现金管理存款是指政府财政实行国库现金管理业务存放在商业银行的款项。国库现金管理是指在确保国库现金安全和资金支付需要的前提下，为提高财政资金效益，运用金融工具有效运作库款的管理活动。之所以需要进行国库现金管理，是因为国库存款计付利息太低（国库存款计付利息利率按单位活期存款利率计付）。

为了核算国库现金管理存款业务，财政总预算会计应设置"国库现金管理存款"总账科目。本科目期末借方余额反映政府财政实行国库现金管理业务持有的存款。

按照国库现金管理有关规定，将库款转存商业银行时，按照存入商业银行的金额，借记"国库现金管理存款"科目，贷记"国库存款"科目；国库现金管理存款收回国库时，按照实际收回的金额，借记"国库存款"科目，按照原存入商业银行的存款本金金额，贷记"国库现金管理存款"科目，按照两者的差额，贷记"一般公共预算本级收入"科目。

【例3-2】　某省财政总预算会计根据国库现金管理的有关规定，将库款10 000 000元转存商业银行。转存期满后，国库现金管理存款收回国库，实际收到金额1 012 000元。根据上述业务，省财政总预算会计应编制的会计分录为：

（1）将库款转存商业银行时。

借：国库现金管理存款	10 000 000	
贷：国库存款		10 000 000

（2）国库现金管理存款收回国库时。

借：国库存款	10 120 000	
贷：国库现金管理存款		10 000 000
一般公共预算本级收入		120 000

财政部门使用财政预算结余资金购买有价证券并获得相应的利息收入，是财政部门对国库现金进行管理的一种方式。

3. 其他财政存款的核算

其他财政存款是政府财政未列入"国库存款""国库现金管理存款"科目反映的各项存款。它主要包括未设国库的乡镇财政在专业银行的预算资金存款、由财政部指定存入专业银行的专用基金存款、经批准开设的特设账户存款、未纳入预算并实行财政专户管理的资金存款等。

为了核算其他财政存款业务，财政总预算会计应设置"其他财政存款"总账科目。本科目应当按照资金性质和存款银行等进行明细核算。本科目期末借方余额反映政府财政实行国库现金管理业务持有的存款。

财政专户收到款项时，按照实际收到的金额，借记"其他财政存款"科目，贷记有关科目。其他财政存款产生的利息收入，除规定作为专户资金收入外，其他利息收入都应缴入国库纳入一般公共预算管理。取得其他财政存款利息收入时，按照实际获得的利息金额，根据以下情况分别处理：①按规定作为专户资金收入的，借记"其他财政存款"科目，贷记"应付代管资金"或有关收入科目。②按规定应缴入国库的，借记"其他财政存款"科目，贷记"其他应付款"科目。将其他财政存款利息收入缴入国库时，借记"其他应付款"科目，贷记"其他财政存款"科目；同时，借记"国库存款"科目，贷记"一般公共预算本级收入"科目。其他财政存款减少时，按照实际支付的金额，借记有关科目，贷记"其他财政存款"科目。

【例3-3】　某省财政收到按规定实行财政专户管理的教育收费共计150 000元；通过财

政专户向某教育单位拨付教育收费100 000元。省财政总预算会计应编制的会计分录为：

(1) 收到按规定实行财政专户管理的教育收费时。

借：其他财政存款	150 000	
贷：财政专户管理资金收入		150 000

(2) 通过财政专户向某教育单位拨付教育收费时。

借：财政专户管理资金支出	100 000	
贷：其他财政存款		100 000

目前，纳入财政专户管理的资金主要是教育收费。纳入财政专户管理的资金，一旦纳入财政预算管理，需要缴入财政国库，应当及时将相应资金从“其他财政存款”科目转入“国库存款”科目。

二、有价证券

有价证券是指政府财政按有关规定取得并持有的政府债券。政府购买有价证券是对财政资金进行管理的一种方式。

为了核算有价证券业务，财政总预算会计应设置“有价证券”总账科目。本科目应按有价证券种类和资金性质设置明细账。本科目期末借方余额反映政府财政持有的有价证券金额。

购入有价证券时，按照实际支付的金额，借记“有价证券”科目，贷记“国库存款”“其他财政存款”等科目；转让或到期兑付有价证券时，按照实际收到的金额，借记“国库存款”“其他财政存款”等科目，按照该有价证券的账面余额，贷记“有价证券”科目，按其差额，贷记“一般公共预算本级收入”等科目。

【例3-4】 某市财政按规定动用闲置的一般公共预算结余资金购买政府债券100 000元。到期兑付本息103 000元，其中，利息收入3 000元。市财政总预算会计应编制的会计分录为：

(1) 市财政按规定动用闲置的一般公共预算结余资金购买政府债券时。

借：有价证券——某公债	100 000	
贷：国库存款		100 000

(2) 用一般公共预算结余购买的有价证券到期兑付本息时。

借：国库存款——一般预算存款	103 000	
贷：有价证券——某公债		100 000
一般公共预算本级收入		3 000

三、借出款项

借出款项是指政府财政按照对外借款管理相关规定借给预算单位临时急需的，并需按期收回的款项。

为了核算借出款项业务，财政总预算会计应设置“借出款项”总账科目。本科目应当按照借款单位等进行明细核算。本科目期末借方余额反映政府财政借给预算单位尚未收回的款项。

将款项借出时，按照实际支付的金额，借记“借出款项”科目，贷记“国库存款”等科目；收回借款时，按照实际收到的金额，借记“国库存款”等科目，贷记“借出款项”科目。

【例3-5】 某市财政因所属某单位临时急需资金，市财政紧急借给一般公共预算款项

200 000 元，期限 10 天。到期后，市财政全额收回了该笔借出的款项。市财政总预算会计应编制的会计分录为：

（1）借出款项时。

借：借出款项　　200 000
　贷：国库存款　　200 000

（2）到期收回借款时。

借：国库存款　　200 000
　贷：借出款项　　200 000

借出款项属于债权，财政总预算会计要对借出款项及时办理清理、结算，不得长期挂账。

四、暂付及应收款项

暂付及应收款项是指政府财政业务活动中形成的债权，包括与下级往来和其他应收款等。暂付及应收款项应当及时清理结算，不得长期挂账。

（一）与下级往来

与下级往来是指本级政府财政与下级政府财政的往来待结算款项。

在平时上下级财政之间，由于财政资金周转调度的需要，往往会发生下级财政向上级财政借款周转的业务；在年终财政体制结算中，也会发生下级财政向上级财政上解资金或上级财政向下级财政补助资金的业务。上述业务属于上下级财政间的待结算业务。对于上级财政来说，这类业务即属于与下级往来业务。

各级政府间的一般转移支付业务和专项转移支付业务，都会形成与下级往来和与上级往来的核算内容。与下级往来业务和与上级往来业务相对应。

为核算与下级往来业务，财政总预算会计应设置“与下级往来”科目。本科目应当按照下级政府财政、资金性质等进行明细核算。本科目是往来性质的科目，期末借方余额反映下级政府财政欠本级政府财政的款项；期末贷方余额反映本级政府财政欠下级政府财政的款项。本科目如发生贷方余额，在编制资产负债表时应以负数反映。

借给下级政府财政款项时，借记“与下级往来”科目，贷记“国库存款”科目；体制结算中应当由下级政府财政上交的收入数，借记“与下级往来”科目，贷记“上解收入”科目；借款收回、转作补助支出或体制结算应当补助下级政府财政的支出，借记“国库存款”“补助支出”等有关科目，贷记“与下级往来”科目；发生上解多交应当退回的，按照应当退回的金额，借记“上解收入”科目，贷记“与下级往来”科目；发生补助多补应当退回的，按照应当退回的金额，借记“与下级往来”科目，贷记“补助支出”科目。

【例 3-6】 某市财政发生下列业务：同意甲县财政申请，临时借用一般公共预算款项 150 000 元；年终，在财政体制结算中，计算出所属乙县财政应上解本市财政一般公共预算款项500 000 元；在财政体制结算中，将借给所属甲县的款项 150 000 元转作对该县的补助支出；收到所属下级乙县应上解的一般公共预算款项 500 000 元。市财政总预算会计应编制的会计分录为：

（1）同意临时借用甲县财政一般公共预算款项时。

借：与下级往来——甲县财政　　150 000
　贷：国库存款　　150 000

(2) 年终，在财政体制结算中计算出所属乙县财政应上解本市财政一般公共预算款项时。

借：与下级往来——乙县财政　　500 000

　　贷：上解收入　　500 000

(3) 在财政体制结算中，将借给所属甲县的款项转作对该县的补助支出时。

借：补助支出　　150 000

　　贷：与下级往来——甲县财政　　150 000

(4) 收到所属下级乙县应上解的一般公共预算款项时。

借：国库存款　　500 000

　　贷：与下级往来——乙县财政　　500 000

各级政府的一般转移支付和专项转移支付业务，都会形成与下级往来和与上级往来的核算内容。关于上级往来的核算详见本章第二节。

(二) 其他应收款

其他应收款是指政府财政临时发生的其他应收、暂付、垫付款项。项目单位拖欠外国政府和国际金融组织贷款本息和相关费用导致相关政府财政履行担保责任，代偿的贷款本息费，也属于其他应收款核算的范畴。

为了核算其他应收款业务，财政总预算会计应设置“其他应收款”总账科目。本科目应当按照资金性质、债务单位等进行明细核算。本科目应及时清理结算；年终，原则上应无余额。

发生其他应收款项时，借记“其他应收款”科目，贷记“国库存款”“其他财政存款”等科目；收回或转作预算支出时，借记“国库存款”“其他财政存款”或有关支出科目，贷记“其他应收款”科目；政府财政对使用外国政府和国际金融组织贷款资金的项目单位履行担保责任，代偿贷款本息费时，借记“其他应收款”科目，贷记“国库存款”“其他财政存款”等科目；政府财政行使追索权，收回项目单位贷款本息费时，借记“国库存款”“其他财政存款”等科目，贷记“其他应收款”科目；政府财政最终未收回项目单位贷款本息费，经核准列支时，借记“一般公共预算本级支出”等科目，贷记“其他应收款”科目。

【例3-7】 某市财政借给所属某预算单位临时急需的一笔资金300 000元；而后按程序将借给某预算单位临时急需的资金按程序全数转作一般公共预算支出。市财政总预算会计应编制会计分录如下：

(1) 借给所属某预算单位临时急需资金时。

借：其他应收款　　300 000

　　贷：国库存款　　300 000

(2) 将借给某预算单位临时急需的资金按程序全数转作一般公共预算支出时。

借：一般公共预算本级支出　　300 000

　　贷：其他应收款　　300 000

政府财政对使用外国政府和国际金融组织贷款资金的项目单位履行担保责任，代偿贷款本息费时的账务处理，参见本节“应收主权外债转贷款”的账务处理。

根据现行地方政府债券预算管理的相关规定，省政府为政府债券的发行主体，具体发行工作由省级财政部门负责。市县级政府确需发行政府债券的，应纳入本省政府债券规模内管理，由省级财政部门代办发行，并统一办理还本付息。当市县级财政暂时无力偿付债券本息时，省财政先垫付资金代其偿付，此时，市县财政总预算会计作“其他应付款”核算，省财政总预算会计作“其他应收款”核算，之后省与市县财政再进行结算。与此相关的“其他应付款”和“其他应收款”核算的举例在本节“应收转贷款”中有详细介绍。

五、应收转贷款

应收转贷款是指政府财政将借入的资金转贷给下级政府财政的款项。它包括应收地方政府债券转贷款、应收主权外债转贷款等。

（一）应收地方政府债券转贷款

应收地方政府债券转贷款是指本级政府财政转贷给下级政府财政的地方政府债券资金。本级政府财政在向下级政府财政转贷地方政府债券款项时，形成应收地方政府债券转贷款；与此相对应，下级政府财政形成应付地方政府债券转贷款。本级政府财政在向下级政府财政转贷地方政府债券款项后，下级政府财政除了应当按照要求使用转贷款项外，还应当按期偿付转贷款项本息。关于应付地方政府债券转贷款的核算，具体参见本章第二节。

为了核算应收地方政府债券转贷款业务，财政总预算会计应设置“应收地方政府债券转贷款”总账科目。本科目下应当设置“应收地方政府一般债券转贷款”和“应收地方政府专项债券转贷款”明细科目，其下分别设置“应收本金”和“应收利息”两个明细科目，并按照转贷对象进行明细核算。本科目期末借方余额反映政府财政应收未收的地方政府债券转贷款本金和利息。

应收地方政府债券转贷款的主要账务处理如表 3-1 所示。

表 3-1　应收地方政府债券转贷款的主要账务处理

业务事项和内容	账务处理
1. 向下级政府财政转贷地方政府债券资金	借：债务转贷支出[转贷的金额] 　　贷：国库存款 同时， 借：应收地方政府债券转贷款[到期应收回的转贷本金] 　　贷：资产基金——应收地方政府债券转贷款
2. 期末确认地方政府债券转贷款的应收利息	借：应收地方政府债券转贷款 　　贷：资产基金——应收地方政府债券转贷款
3. 收回下级政府财政偿还的转贷款本息	借：国库存款 　　贷：其他应付款或其他应收款[收回的金额] 借：资产基金——应收地方政府债券转贷款 　　贷：应收地方政府债券转贷款[收回转贷款本金及已确认应收利息]
4. 扣缴下级政府财政的转贷款本息	借：与下级往来 　　贷：其他应付款或其他应收款[扣缴的金额] 借：资产基金——应收地方政府债券转贷款 　　贷：应收地方政府债券转贷款[扣缴转贷款本金及已确认应收利息]

从表 3-1 中可以看出，本级政府财政转贷给下级政府财政地方政府债券款项时，应当采用“双分录”会计记录方法。即按照收付实现制确认债务转贷支出，同时，按照权责发生制确认应收地方政府债券转贷款债权。本级政府财政收回地方政府债券转贷款项时，不形成本级政府财政的收入，而形成应向地方政府债券投资者偿付债券本息的负债。

【例 3-8】　某省财政向所属某市财政转贷地方政府债券资金 1 000 000 元。期末，确认地方政府债券转贷款的应收利息，根据债务管理部门计算出的转贷款本期应收未收利息金额200 000元。到期后，收回下级政府财政偿还的转贷款本息1 240 000元。省财政总预算会计应编制会计分录如下：

（1）向所属某市财政转贷地方政府债券资金时。

借：债务转贷支出　　1 000 000
　贷：国库存款　　1 000 000

同时，

借：应收地方政府债券转贷款——应收地方政府一般债券转贷款（应收本金）　　1 000 000
　贷：资产基金——应收地方政府债券转贷款　　1 000 000

（2）期末确认地方政府债券转贷款的应收利息时。

借：应收地方政府债券转贷款——应收地方政府一般债券转贷款（应收利息）　　200 000
　贷：资产基金——应收地方政府债券转贷款　　200 000

（3）收回下级政府财政偿还的转贷款本息时。

借：国库存款　　1 240 000
　贷：其他应付款　　1 240 000

同时，

借：资产基金——应收地方政府债券转贷款　　1 240 000
　贷：应收地方政府债券转贷款——应收地方政府一般债券转贷款（应收本金）　　1 000 000
　　——应收地方政府一般债券转贷款（应收利息）　　240 000

关于兑付省级政府债券投资者的款项的账务处理请参见“其他应付款”的账务处理。

（二）应收主权外债转贷款

应收主权外债转贷款是指本级政府财政转贷给下级政府财政的外国政府和国际金融组织贷款等主权外债的资金。

主权外债是指由国务院授权机构代表政府以国家信用向他国政府和国际金融组织举借的债务。关于借入主权外债的账务处理在本章第二节中的“借入款项”介绍。本级政府财政在向下级政府财政转贷主权外债款项时，形成应收主权外债转贷款；与此相对应地，下级政府财政形成应付主权外债转贷款，具体见本章第二节中的“应付转贷款”的相关内容。

为了核算应收主权外债转贷款，财政总预算会计应设置“应收主权外债转贷款”总账科目。本科目下应当设置“应收本金”和“应收利息”两个明细科目，并按照转贷对象进行明细核算。本科目期末借方余额反映政府财政应收未收的主权外债转贷款本金和利息。

应收主权外债转贷款的主要账务处理如表3-2所示。

表3-2　应收主权外债转贷款的主要账务处理

业务事项和内容		账务处理
1. 本级政府财政向下级政府财政转贷主权外债资金，且主权外债最终还款责任由下级政府财政承担	本级政府财政支付转贷资金	借：债务转贷支出［转贷的金额］ 　贷：其他财政存款 借：应收主权外债转贷款［到期应收回的转贷本金］ 　贷：资产基金——应收主权外债转贷款

（续表）

业务事项和内容		账务处理
1. 本级政府财政向下级政府财政转贷主权外债资金，且主权外债最终还款责任由下级政府财政承担	外方将贷款资金直接支付给用款单位或供应商	借：债务转贷支出[转贷的金额] 　　贷：债务收入或债务转贷收入 借：应收主权外债转贷款[实际持有的债权金额] 　　贷：资产基金——应收主权外债转贷 同时， 借：代偿债净资产 　　贷：借入款项或应付主权外债转贷款
2. 期末确认应收主权外债转贷款的应收利息		借：应收主权外债转贷款[本期应收未收的利息金额] 　　贷：资产基金——应收地方政府债券转贷款
3. 收回下级政府财政偿还的应收主权外债转贷款本息		借：其他财政存款 　　贷：其他应付款或其他应收款[收回的金额] 借：资产基金——应收主权外债转贷款 　　贷：应收主权外债转贷款[收回的转贷款本金及已确认的应收利息]
4. 扣缴下级政府财政的转贷款本息		借：与下级往来 　　贷：其他应付款或其他应收款[扣缴的金额] 借：资产基金——应收主权外债转贷款 　　贷：应收主权外债转贷款[扣缴的转贷款本金及已确认的应收利息]

从表 3-2 可以看出，与应收地方政府债券转贷款的核算相同，应收主权外债转贷款的核算同样需要编制“双分录”。

【例 3-9】 某省政府财政将向某国际金融组织贷款的一部分资金计 500 000 元转贷给所属某市政府财政，用以具体落实在该市范围内的相应建设项目。根据贷款约定，贷款期限为 3 年，省政府财政每年应向市政府收取主权外债转贷款的利息为 6 000 元。贷款到期，省政府财政按时收到下级市政府财政支付的省政府主权外债转贷款本金和利息共计 518 000 元。省财政总预算会计应编制会计分录如下：

（1）将向某国际金融组织贷款转贷给所属某市政府财政时。

借：债务转贷支出	500 000	
贷：其他财政存款		500 000

同时，

借：应收主权外债转贷款——应收本金	500 000	
贷：资产基金——应收主权外债转贷款		500 000

（2）省政府财政每年应向市政府收取主权外债转贷款的利息时。

借：应收主权外债转贷款	6 000	
贷：资产基金——应收主权外债转贷款——应收利息		6 000

（3）贷款到期，省财政按时收到下级市政府财政支付的省政府主权外债转贷款本金和利息时。

借：其他财政存款	518 000	
贷：其他应付款		518 000

同时，

借：资产基金——应收主权外债转贷款　518 000
　贷：应收主权外债转贷款——应收本金　500 000
　　　——应收利息　18 000

六、股权投资与应收股利

（一）股权投资

股权投资是指政府持有的各类股权投资。它包括国际金融组织股权投资、投资基金股权投资和企业股权投资等。

为核算股权投资业务，财政总预算会计应设置“股权投资”科目。本科目应当按照“国际金融组织股权投资”“投资基金股权投资”“企业股权投资”设置一级明细科目，在一级明细科目下，可根据管理需要，按照被投资主体进行明细核算。对每一被投资主体还可按“投资成本”“收益转增投资”“损益调整”“其他权益变动”进行明细核算。本科目期末借方余额反映政府持有的各种股权投资金额。

股权投资一般采用权益法进行核算。股权投资的主要账务处理如表 3-3 所示。

表 3-3　股权投资的主要账务处理

业务事项和内容		账务处理
1. 国际金融组织股权投资	政府财政代表政府认缴国际金融组织股本	借：一般公共预算本级支出［实际支付的金额］ 　贷：国库存款 借：股权投资［股权投资成本］ 　贷：资产基金——股权投资
	从国际金融组织撤出股本	借：国库存款［收回的金额］ 　贷：一般公共预算本级支出 借：资产基金——股权投资 　贷：股权投资［实际撤出的股份］
2. 投资基金股权投资	政府财政对投资基金进行股权投资	借：一般公共预算本级支出［实际支付的金额］ 　贷：国库存款 借：股权投资（投资成本）［实际支付的金额］ 借或贷：股权投资（其他权益变动）［差额］ 　贷：资产基金——股权投资［在投资基金中占有的份额］
	年末，根据政府财政在被投资基金当期净利润或净亏损中占有的份额	借或贷：股权投资（损益调整） 　贷或借：资产基金——股权投资
	政府财政将归属财政的收益留作基金滚动使用	借：股权投资（收益转增投资） 　贷：股权投资（损益调整）
	被投资基金宣告发放现金股利或利润	借：应收股利［按照应上缴政府财政的部分］ 　贷：资产基金——应收股利 借：资产基金——股权投资［上述相同的金额］ 　贷：股权投资（损益调整）

（续表）

业务事项和内容		账务处理
2. 投资基金股权投资	被投资基金发生除净损益以外的其他权益变动	借或贷：股权投资——其他权益变动[按照政府财政持股比例计算应享有的部分] 贷或借：资产基金——股权投资
	投资基金存续期满、清算或政府财政从投资基金退出需收回出资	借：国库存款[实际收回的金额] 贷：一般公共预算本级支出[原实际出资部分] 一般公共预算本级收入[差额] 借：资产基金——股权投资 贷：股权投资[减少的在被投资基金中占有的权益金额]
3. 企业股权投资	企业股权投资的账务处理，根据管理条件和管理需要，参照投资基金股权投资的账务处理	

1. 国际金融组织股权投资

【例3-10】 假定中央财政代表中国政府向亚洲基础设施投资银行投入股本金折合人民币50 000 000元。中央财政总预算会计应编制的会计分录为：

借：一般公共预算本级支出 50 000 000
　贷：国库存款 50 000 000

同时，

借：股权投资——国际金融组织股权投资(投资成本) 50 000 000
　贷：资产基金——股权投资 50 000 000

2. 投资基金股权投资

政府投资基金是指由各级政府通过预算安排，以单独出资或与社会资本共同出资设立，采用股权投资等市场化方式，引导社会各类资本投资经济社会发展的重点领域和薄弱环节，支持相关产业和领域发展的基金。政府投资基金是政策性基金，不是商业性基金，它不以盈利为目的，但也不是通过非市场化方式无偿转让。

【例3-11】 某市政府为支持本市创新创业活动，决定出资设立创新创业投资引导基金。根据当年预算安排，该市政府使用一般公共预算资金向由某投资管理公司负责日常投资运作的市创新创业投资引导基金拨付款项5 000 000元，作为对该引导基金的投资。当年年末，该创新创业投资引导基金向市财政报告当年共实现投资收益200 000元。经相关决策机构研究决定，将一部分投资收益计100 000元留作基金滚动使用。市财政总预算会计应编制的会计分录如下：

(1) 根据当年预算安排，使用一般公共预算资金作为引导基金的投资时。

借：一般公共预算本级支出 5 000 000
　贷：国库存款 5 000 000

同时，

借：股权投资——投资基金股权投资(投资成本) 5 000 000
　贷：资产基金——股权投资 5 000 000

(2) 当年年末，创新创业投资引导基金向市财政报告当年实现投资收益时。

借：股权投资——投资基金股权投资(损益调整)　　200 000
　　贷：资产基金——股权投资　　200 000

(3) 经相关决策机构研究决定，将一部分投资收益留作基金滚动使用时。

借：股权投资——投资基金股权投资(收益转增投资)　　100 000
　　贷：股权投资——损益调整　　100 000

3. 企业股权投资

企业股权投资的账务处理，根据管理条件和管理需要，参照上述投资基金股权投资的账务处理。

【例 3-12】 某市政府财政为支持甲国有企业战略性重组和产业结构调整，推动国有资本投向重点行业和关键领域，根据经批准的预算，使用国有资本经营预算资金向某国有企业拨付款项 5 000 000 元，作为对该国有企业注入的资本金，占有 5%的股权。市财政总预算会计应编制的会计分录如下：

借：国有资本经营预算本级支出　　5 000 000
　　贷：国库存款　　5 000 000

同时，

借：股权投资——企业股权投资(投资成本)　　5 000 000
　　贷：资产基金——股权投资　　5 000 000

(二) 应收股利

应收股利是指政府因持有股权投资应当收取的现金股利或利润。

为核算应收股利业务，财政总预算会计应设置“应收股利”科目。本科目期末借方余额反映政府尚未收回的现金股利或利润。持有股权投资期间被投资主体宣告发放现金股利或利润的，按应上缴政府财政的部分，借记“应收股利”科目，贷记“资产基金——应收股利”科目；按照相同的金额，借记“资产基金——股权投资”科目，贷记“股权投资(损益调整)”科目；实际收到现金股利或利润，借记“国库存款”等科目，贷记有关收入科目；按照相同的金额，借记“资产基金——应收股利”科目，贷记“应收股利”科目。本科目应当按照被投资主体进行明细核算。

【例 3-13】 承[例 3-12]，某市政府持有甲国有企业的股权。甲国有企业宣告发放现金股利 150 000 元，该市政府财政按持股比例应分得其中的 7 500 元。市财政总预算会计应编制的会计分录为：

借：应收股利　　7 500
　　贷：资产基金——应收股利　　7 500

同时，

借：资产基金——股权投资　　7 500
　　贷：股权投资——企业股权投资(损益调整)　　7 500

七、预拨经费

预拨经费是指政府财政在年度预算执行中预拨出应在以后各月列支以及会计年度终了前预拨出的下年度预算资金。它主要包括以下两项内容：一是年度预算执行中预拨给用款单位应在以后各期列支的经费；二是年度终了前预拨给用款单位下年度的经费款。

为核算预拨经费业务，财政总预算会计应设置“预拨经费”科目。本科目应当按照预拨经费种类、预算单位等进行明细核算。本科目借方余额反映政府财政年末尚未转列支出或尚待收回的预拨经费数。

拨出款项时，借记“预拨经费”科目，贷记“国库存款”科目；转列支出或收回预拨款项时，借记“一般公共预算本级支出”“政府性基金预算本级支出”“国库存款”等科目，贷记“预拨经费”科目。

【例3-14】　某县财政尚未实行国库集中支付制度改革。该县财政于20×9年1月按照经批准的预算采用实拨资金方式预拨给其所属甲单位2月份的日常运行经费60 000元；县财政2月份经审核后，将预拨给上述所属甲单位的日常运行经费60 000元转为一般公共预算本级支出。县财政总预算会计应编制的会计分录为：

（1）1月份按照经批准的预算采用实拨资金方式预拨给其所属甲单位2月份的日常运行经费时。

借：预拨经费——甲单位	60 000	
贷：国库存款		60 000

（2）2月份经审核将预拨给所属甲单位的日常运行经费转为一般公共预算本级支出时。

借：一般公共预算本级支出	60 000	
贷：预拨经费——甲单位		60 000

预拨经费是财政部门预拨给预算单位但尚未列为预算支出待结算的款项，是在财政实拨资金方式下的业务内容。随着我国财政国库集中支付制度的改革，上述预拨经费业务将逐渐消失。

八、在途款

在途款是指在规定的决算清理期和库款报解整理期内收到的应属于上年度收入和收回上年不应列支的款项。为清理和核实1年的财政收支，保证属于当年的财政收支能全部反映到当年的财政决算中，根据规定，年度终了后，国库应设置决算清理期（7天）和库款报解整理期（10天）。在决算清理期和库款报解整理期内，财政总预算会计收到的属于上年度的收入应当记入上年度账，上年度已拨付的不属于上年度的支出应当予以收回。设置库款报解期的目的是正确反映各财政年度财政收支的数额。

为了核算在途款业务，财政总预算会计应设置“在途款”总账科目。本科目只在决算清理期和库款报解整理期内使用，且一次处理完毕。本科目不需要设置明细账。本科目的期末借方余额表示本年度政府财政持有的在途款。在记入新年度账上后，本科目无余额。

决算清理期和库款报解整理期内收到属于上年度收入时，在上年度账务中，借记“在途款”科目，贷记有关收入科目；收回属于上年度拨款或支出时，在上年度账务中，借记“在途款”科目，贷记“预拨经费”或有关支出科目；冲转在途款时，在本年度账务中，借记“国库存款”科目，贷记“在途款”科目。

【例3-15】　某市财政在库款报解整理期内收到国库报来预算收入日报表及其附件，列示所属上年度的一般公共预算本级收入40 000元。市财政总预算会计应编制会计分录为：

（1）在上年度账上。

借：在途款　　40 000

　　贷：一般公共预算本级收入　　40 000

（2）在本年度新账上。

借：国库存款　　40 000

　　贷：在途款　　40 000

【例3-16】 某市财政在决算清理期内收到国库报来的收回上年度单位预拨款60 000元。市财政总预算会计应编制会计分录为：

（1）在上年度账上。

借：在途款　　60 000

　　贷：预拨经费　　60 000

（2）在本年新账上。

借：国库存款　　60 000

　　贷：在途款　　60 000

九、待发国债

待发国债是指为弥补中央财政预算收支差额，中央财政预计发行国债与实际发行国债之间的差额。

为核算待发国债业务，财政总预算会计应设置“待发国债”科目。年度终了，实际发行国债收入用于债务还本支出后，小于为弥补中央财政预算收支差额，中央财政预计发行国债时，按两者的差额，借记“待发国债”科目，贷记相关科目；实际发行国债收入用于债务还本支出后，大于为弥补中央财政预算收支差额，中央财政预计发行国债时，按两者的差额，借记相关科目，贷记“待发国债”科目。本科目期末借方余额反映中央财政尚未使用的国债发行额度。

【例3-17】 年度终了，经计算，中央财政实际发行国债收入用于债务还本支出后，大于为弥补中央财政预算收支差额，两者的差额为530 000元。中央财政总预算会计应编制的会计分录为：

借：应付长期政府债券　　530 000

　　贷：待发国债　　530 000

第二节　财政总预算会计的负债

财政总预算会计的负债是指政府财政承担的能以货币计量、需以资产偿付的债务。它具体包括应付国库集中支付结余、暂收及应付款项、借入款项、应付政府债券、应付转贷款、应付代管资金、其他负债等。

一、应付国库集中支付结余

（一）应付国库集中支付结余的概念

应付国库集中支付结余是指国库集中支付中，按照财政部门批复的部门预算，当年未支而需结转下一年度支付的款项采用权责发生制列支后形成的债务。它包括行政事业单位基本支出经费结余、项目支出经费结余等。

国库集中支付结余是预算单位国库集中支付预算指标数与实际支出数的差额，是预算单位尚未使用的预算资金额度。如果预算单位经批准的可使用预算资金额度由于政策性因素或用款进度等原因在当年未支用，但需要结转下一年度支付使用，此时，财政总预算会计需要采用权责发生制基础确认一项支出，同时，确认一项应付国库集中支付结余负债。预算单位按经批准的预算在第二年度实际支付使用上一年度末结转下来的国库集中支付结余资金时，财政总预算会计转销应付国库集中支付结余负债。

（二）应付国库集中支付结余的核算

为了核算应付国库集中支付结余业务，财政总预算会计应设置"应付国库集中支付结余"总账科目。本科目应当根据管理需要，按照政府收支分类科目等进行相应明细核算。年末，对当年形成的国库集中支付结余采用权责发生制列支时，借记"一般公共预算本年支出"等科目，贷记"应付国库集中支付结余"科目。以后年度实际支付国库集中支付结余资金时，分以下情况处理：①按原结转预算科目支出的，借记"应付国库集中支付结余"科目，贷记"国库存款"科目。②调整支出预算科目的，应当按原结转预算科目作冲销处理，借记"应付国库集中支付结余"科目，贷记"一般公共预算本年支出"等科目。同时，按实际支出预算科目作列支账务处理，借记"一般公共预算本年支出"等科目，贷记"国库存款"科目。本科目期末贷方余额反映政府财政尚未支付的国库集中支付结余。

【例3-18】 某年年末，某省税务部门的信息系统建设专项任务尚未完成，在该专项任务上存在尚未使用的国库集中支付结余资金250 000元，资金性质为一般公共预算资金。该笔专项结余资金由省税务部门在次年继续用于信息系统建设专项任务。次年1月，省税务部门按照经批准的单位预算，通过财政国库集中支付方式将该笔专项结余资金全部用于该专项任务。根据上述经济业务，省财政总预算会计应编制的会计分录如下：

（1）年末，对当年形成的国库集中支付结余采用权责发生制列支时。

借：一般公共预算本级支出——税务部门信息系统建设专项	250 000	
贷：应付国库集中支付结余		250 000

（2）次年，实际支付国库集中支付结余资金时。

借：应付国库集中支付结余	250 000	
贷：国库存款		250 000

预算单位在次年使用上年结余资金时，财政总预算会计尽管拨付财政预算资金，但不确认预算支出，而是冲减上年年终记录的应付国库集中支付结余的数额。

二、暂收及应付款项

暂收及应付款项是指政府财政业务活动中形成的债务，包括与上级往来和其他应付款等。暂收及应付款项应当及时清理结算。

（一）与上级往来

与上级往来是本级财政与上级财政之间由于财政资金的借款周转以及年终财政体制结算发生的应补助、应上解财政资金等事项而形成的待结算款项。与上级往来业务和与下级往来业务相对应。

为核算与上级往来业务，财政总预算会计应设置"与上级往来"总账科目。本科目应当按照往来款项的类别和项目等进行明细核算。本级政府财政从上级政府财政借入款或体制结算中发生应上交上级政府财政款项时，借记“国库存款”“上解支出”等科目，贷记“与上级往来”科目；本级政府财政归还借款、转作上级补助收入或体制结算中应由上级补给款项时，借记“与上级往来”科目，贷记“国库存款”“补助收入”等科目。本科目期末贷方余额反映本级政府财政欠上级政府财政的款项；借方余额反映上级政府财政欠本级政府财政的款项。本科目应及时清理结算，年终未能结清的余额，结转下年。本科目是往来性质的科目，如发生借方余额，在编制资产负债表时，应以负数反映。

【例3-19】 某市财政在财政体制结算中，应上缴省财政一般公共预算款项1 000 000元。同时，在财政体制结算中，省财政应对本市财政提供一般公共预算款项补助500 000元。市财政总预算会计应编制的会计分录为：

(1)在财政体制结算中，应上缴省财政一般公共预算款项时。

借：上解支出　　1 000 000
　　贷：与上级往来　　1 000 000

(2) 在财政体制结算中，省财政应对本市财政提供一般公共预算款项补助时。

借：与上级往来　　500 000
　　贷：补助收入　　500 000

(二) 其他应付款

其他应付款是指政府财政临时发生的暂收、应付和收到的不明性质款项。税务机关代征入库的社会保险费、项目单位使用并承担还款责任的外国政府和国际金融组织贷款，也属于其他应付款的内容。

为核算其他应付款业务，财政总预算会计应设置“其他应付款”科目。本科目应当按照债权单位或资金来源等进行明细核算。本科目期末贷方余额反映政府财政尚未结清的其他应付款项。

收到暂存款项时，借记“国库存款”“其他财政存款”等科目，贷记“其他应付款”科目；将暂存款项清理退还或转作收入时，借记“其他应付款”科目，贷记“国库存款”“其他财政存款”或有关收入科目。社会保险费代征入库时，借记“国库存款”科目，贷记“其他应付款”科目。社会保险费国库缴存社保基金财政专户时，借记“其他应付款”科目，贷记“国库存款”科目。收到项目单位承担还款责任的外国政府和国际金融组织贷款资金时，借记“其他财政存款”科目，贷记“其他应付款”科目；付给项目单位时，借记“其他应付款”科目，贷记“其他财政存款”科目。收到项目单位偿还贷款资金时，借记“其他财政存款”科目，贷记“其他应付款”科目；付给外国政府和国际金融组织项目单位还款资金时，借记“其他应付款”科目，贷记“其他财政存款”科目。

【例3-20】 某省财政政府性基金预算存款账户收到甲单位性质不明的缴款20 000元。经查明，上述性质不明的款项中，有5 000元属于误入，予以退回，其余转作政府性基金预算本级收入。省财政总预算会计应编制的会计分录为：

(1) 政府性基金预算存款账户收到甲单位性质不明的缴款时。

借：国库存款　　20 000
　　贷：其他应付款——甲单位　　20 000

(2) 处理上述性质不明的款项时。

借：其他应付款——某单位　　20 000
　　贷：政府性基金预算本级收入　　15 000
　　　　国库存款　　5 000

关于项目单位使用并承担还款责任的外国政府和国际金融组织贷款偿付涉及其他应付款的核算，可进参见本章第二节中的有关内容。

三、借入款项

借入款项是指政府财政部门以政府名义向外国政府、国际金融组织等借入的款项，以及通过经国务院批准的其他方式借款形成的负债。

为了核算借入款项业务，财政总预算会计应设置“借入款项”科目。本科目应当设置“应付本金”“应付利息”明细科目，分别对借入款项的应付本金和利息进行明细核算，还应当按照债权人进行明细核算。债务管理部门应当设置相应的辅助账，详细记录每笔借入款项的期限、借入日期、偿还及付息情况等。本科目期末贷方余额反映本级政府财政尚未偿还的借入款项本金和利息。

下面以借入主权外债说明借入款项的主要账务处理，其他借入款项账务处理参照借入主权外债业务的账务处理进行。

借入主权外债的主要账务处理如表 3-4 所示。

表 3-4　　借入主权外债的主要账务处理

<table>
<tr><th colspan="2">业务事项和内容</th><th>账务处理</th></tr>
<tr><td colspan="2">1. 本级政府财政收到借入的主权外债资金</td><td>借：其他财政存款
　　贷：债务收入
按照实际承担的债务金额，
借：待偿债净资产——借入款项
　　贷：借入款项</td></tr>
<tr><td rowspan="3">2. 本级政府财政借入主权外债，且由外方将贷款资金直接支付给用款单位或供应商</td><td>本级政府财政承担还款责任，贷款资金由本级政府财政同级部门(单位)使用</td><td>借：一般公共预算本级支出
　　贷：债务收入
按照实际承担的债务金额，
借：待偿债净资产——借入款项
　　贷：借入款项</td></tr>
<tr><td>本级政府财政承担还款责任，贷款资金由下级政府财政同级部门(单位)使用</td><td>借：补助支出
　　贷：债务收入
按照实际承担的债务金额，
借：待偿债净资产——借入款项
　　贷：借入款项</td></tr>
<tr><td>下级政府财政承担还款责任，贷款资金由下级政府财政同级部门(单位)使用</td><td>借：债务转贷支出
　　贷：债务收入
按照实际承担的债务金额，
借：待偿债净资产——借入款项
　　贷：借入款项
借：应收主权外债转贷款
　　贷：资产基金——应收主权外债转贷款</td></tr>
<tr><td colspan="2">3. 期末确认借入主权外债的应付利息</td><td>借：待偿债净资产——借入款项
　　贷：借入款项</td></tr>
</table>

（续表）

业务事项和内容	账务处理
4. 偿还本级政府财政承担的借入主权外债本金	借：债务还本支出 　　贷：国库存款/其他财政存款等 按照实际偿还的本金金额， 借：借入款项 　　贷：待偿债净资产——借入款项
5. 偿还本级政府财政承担的借入主权外债利息	借：一般公共预算本级支出 　　贷：国库存款/其他财政存款等 实际偿还利息金额中属于已确认的应付利息部分， 借：借入款项 　　贷：待偿债净资产——借入款项
6. 偿还下级政府财政承担的借入主权外债的本息	借：其他应付款/其他应收款 　　贷：国库存款/其他财政存款等 按照实际偿还的本金及已确认的应付利息金额， 借：借入款项 　　贷：待偿债净资产——借入款项
7. 被上级政府财政扣缴借入主权外债的本息	借：其他应收款 　　贷：与上级往来 按照实际扣缴的本金及已确认的应付利息金额， 借：借入款项 　　贷：待偿债净资产——借入款项 列报支出时，对应由本级政府财政承担的还本支出， 借：债务还本支出 　　贷：其他应收款 对应由本级政府财政承担的利息支出， 借：一般公共预算本级支出 　　贷：其他应收款
8. 债权人豁免本级政府财政承担偿还责任的借入主权外债本息	借：借入款项 　　贷：待偿债净资产——借入款项
9. 债权人豁免下级政府财政承担偿还责任的借入主权外债本息	借：借入款项 　　贷：待偿债净资产——借入款项 同时， 借：资产基金——应收主权外债转贷款 　　贷：应收主权外债转贷款
10. 其他借入款项	参照本科目使用说明中借入主权外债业务的账务处理

从表3-4可以看出，政府财政借入主权外债，财政总预算会计按实际借入的金额，一方面，按收付实现制确认债务收入，另一方面，按权责发生制确认未来需要偿还的现时债务。因此，借入主权外债也需要编制“双分录”。

【例3-21】 某省财政收到向某国际金融组织借入的一笔3年期的主权外债款项1 200 000元，借款用途为该省范围内的生态环境保护。年末，省财政确认该笔借入主权外债的应付利息3 000元。次年，省财政向该国际金融组织支付本级政府财政承担的借入主权外债年度利息3 000元。由于该生态环境保护项目实施效果良好，该国际金融组织经评估豁免了由该省政府财政承担偿还责任的最后1年借款利息3 000元。借款到期，省财政向该国际金融组织偿还借入主权外债本金1 200 000元。省财政总预算会计应编制的会计分录为：

（1）收到向某国际金融组织借入的主权外债款项时。

借：其他财政存款　　1 200 000
　　贷：债务收入　　1 200 000

同时，

借：待偿债净资产——借入款项　　1 200 000
　　贷：借入款项——应付本金　　1 200 000

（2）年末，省财政确认该笔借入主权外债的应付利息时。

借：待偿债净资产——借入款项　　3 000
　　贷：借入款项——应付利息　　3 000

（3）次年，省财政向国际金融组织支付本级政府财政承担的借入主权外债年度利息时。

借：一般公共预算本级支出　　3 000
　　贷：国库存款　　3 000

同时，

借：借入款项——应付利息　　3 000
　　贷：待偿债净资产——借入款项　　3 000

（4）经评估豁免由该省政府财政承担偿还责任的最后1年借款利息时。

借：待偿债净资产——借入款项　　3 000
　　贷：借入款项——应付利息　　3 000

（5）借款到期，省财政向该国际金融组织偿还借入主权外债本金时。

借：债务还本支出　　1 200 000
　　贷：国库存款　　1 200 000

同时，

借：借入款项——应付本金　　1 200 000
　　贷：待偿债净资产——借入款项　　1 200 000

省政府财政也可以将借入的一部分主权外债款项转贷给所属市政府财政，由市政府财政分担相应生态环境保护项目的资金数额。这样，就会产生“债务转贷支出”“应收主权外债转贷款”等相应业务，其账务处理详见本章第一节中“应收转贷款”的账务处理。

四、应付政府债券

（一）政府债券的概念与种类

应付政府债券是指政府财政采用发行政府债券方式筹集资金而形成的负债。政府债券是政府筹集财政资金的重要方式。政府债券按照发行和偿还主体，可分为国债和地方政府债券。

国债是指由中央政府发行和偿还的政府债券。目前我国国债有储蓄国债和记账式国债两大品种。

地方政府债券是指由省级地方政府发行和偿还的政府债券。按照预算管理方式，地方政府债券分为一般债券和专项债券两大品种。前者是指省政府为没有收益的公益性项目发行的、约定一定期限内主要以一般公共预算收入还本付息的政府债券,应纳入地方政府的一般公共预算管理;后者是指省政府为有一定收益的公益性项目发行的、约定一定期限内以公益性项目对应的政府性基金或专项收入还本付息的政府债券,应纳入地方政府的政府性基金预算管理。

此外,按照偿还期限不同,政府债券可分为短期政府债券和长期政府债券。其中,前者是指偿还期限为 1 年或者不超过 1 年的政府债券;后者是指偿还期限超过 1 年的政府债券。

(二) 应付短期政府债券

应付短期政府债券是指政府财政部门以政府名义发行的期限不超过 1 年(含 1 年)的国债和地方政府债券。

为了核算应付短期政府债券业务,财政总预算会计应设置“应付短期政府债券”科目。本科目下应当设置“应付国债”“应付地方政府一般债券”“应付地方政府专项债券”等一级明细科目,在一级明细科目下,再分别设置“应付本金”“应付利息”明细科目,分别核算政府债券的应付本金和利息。本科目期末贷方余额反映政府财政尚未偿还的短期政府债券本金和利息。债务管理部门应当设置相应的辅助账,详细记录每期政府债券金额、种类、期限、发行日、到期日、票面利率、偿还本金及付息情况等。

应付短期政府债券的主要账务处理如表 3-5 所示。

表 3-5　　应付短期政府债券的主要账务处理

业务事项和内容	账务处理
1. 实际收到短期政府债券发行收入	借:国库存款 借或贷:有关支出科目[发行收入和发行额的差额] 贷:债务收入 借:待偿债净资产——应付短期政府债券[本金] 贷:应付短期政府债券
2. 期末确认短期政府债券的应付利息	借:待偿债净资产——应付短期政府债券[利息] 贷:应付短期政府债券
3. 实际支付本级政府财政承担的短期政府债券利息	借:一般公共预算本级支出/政府性基金预算本级支出 贷:国库存款 实际支付利息金额中属于已确认的应付利息部分, 借:应付短期政府债券 贷:待偿债净资产——应付短期政府债券
4. 实际偿还本级政府财政承担的短期政府债券本金	借:债务还本支出 贷:国库存款 借:应付短期政府债券 贷:待偿债净资产——应付短期政府债券
5. 省级财政部门采用定向承销方式发行短期地方政府债券置换存量债务	借:债务还本支出[置换本级政府存量债务额度] 贷:债务收入 借:待偿债净资产——应付短期政府债券 贷:应付短期政府债券

地方政府目前在发行置换债券置换原先银行贷款等存量债务时,需要对发行的置换债券采用“双分录” 的会计处理方法,以完整反映偿还债务本金、取得债务收入、发生债券负债、以

及需要保留用于偿债的净资产数额等信息。

【例 3-22】 中央政府财政在国内发行一批 1 年期国债，面值为 1 000 000 万元，按面值承销，利率为 1.2%，按承销债券面值的 0.05% 支付债券发行手续费共计 500 万元（1 000 000×0.05%）。每月末确认短期政府债券的应付利息 1 000 万元（1 000 000×1.2%÷12）。年末，支付 1 年的国债利息 12 000 万元，偿还 1 年期国债本金 1 000 000 万元。中央财政总预算会计应编制的会计分录为（金额单位：万元）：

（1）在国内发行一批 1 年期国债时。

借：国库存款	1 000 000	
贷：债务收入		1 000 000

同时，

借：待偿债净资产——应付短期政府债券	1 000 000	
贷：应付短期政府债券——应付国债（应付本金）		1 000 000

（2）支付债券发行手续费时。

借：一般公共预算本级支出	500	
贷：国库存款		500

（3）每月末确认短期政府债券的应付利息时。

借：待偿债净资产——应付短期政府债券	1 000	
贷：应付短期政府债券——应付国债（应付利息）		1 000

（4）年末，支付 1 年的国债利息时。

借：一般公共预算本级支出	12 000	
贷：国库存款		12 000

同时，

借：应付短期政府债券——应付国债（应付利息）	12 000	
贷：待偿债净资产—应付短期政府债券		12 000

（5）到期偿还 1 年期国债本金时。

借：债务还本支出	1 000 000	
贷：国库存款		1 000 000

同时，

借：应付短期政府债券——应付国债（应付本金）	1 000 000	
贷：待偿债净资产——应付短期政府债券		1 000 000

（三）应付长期政府债券

应付长期政府债券是指政府财政部门以政府名义发行的期限超过 1 年的国债和地方政府债券。

为了核算应付长期政府债券业务，财政总预算会计应设置“应付长期政府债券”科目。本科目下应当设置“应付国债”“应付地方政府一般债券”“应付地方政府专项债券”等一级明细科目，在一级明细科目下，再分别设置“应付本金”“应付利息”明细科目，分别核算政府债券的应付本金和利息。本科目期末贷方余额反映政府财政尚未偿还的长期政府债券本金和利息。债务管理部门应当设置相应的辅助账，详细记录每期政府债券金额、种类、期限、发行日、到期日、票面利率、偿还本金及付息情况等。

应付长期政府债券的主要账务处理如表 3-6 所示。

表 3-6　　　　应付长期政府债券的主要账务处理

业务事项和内容	账务处理
1. 实际收到长期政府债券发行收入	借：国库存款 借或贷：有关支出科目[发行收入和发行额的差额] 贷：债务收入 借：待偿债净资产——应付长期政府债券[本金] 贷：应付长期政府债券
2. 期末确认长期政府债券的应付利息	借：待偿债净资产——应付长期政府债券[利息] 贷：应付长期政府债券
3. 实际支付本级政府财政承担的长期政府债券利息	借：一般公共预算本级支出/政府性基金预算本级支出 贷：国库存款 实际支付利息金额中属于已确认的应付利息部分， 借：应付长期政府债券 贷：待偿债净资产——应付长期政府债券
4. 实际偿还本级政府财政承担的长期政府债券本金	借：债务还本支出 贷：国库存款 借：应付长期政府债券 贷：待偿债净资产——应付长期政府债券
5. 本级政府财政偿还下级政府财政承担的地方政府债券本息	借：其他应付款/其他应收款 贷：国库存款 借：应付长期政府债券 贷：待偿债净资产——应付长期政府债券
6. 省级财政部门采用定向承销方式发行长期地方政府债券置换存量债务	借：债务还本支出[置换本级政府存量债务额度] 债务转贷支出[置换下级政府存量债务额度] 贷：债务收入[置换存量债务的总额度] 借：待偿债净资产——应付长期政府债券 贷：应付长期政府债券[置换存量债务的总额度] 同时， 借：应收地方政府债券转贷款[置换下级政府存量债务额度] 贷：资产基金——应收地方政府债券转贷款

【例 3-23】 中央政府财政发生的相关业务及其财政总预算会计应编制的会计分录如下（金额单位：万元）：

(1) 中央政府财政发行一批 5 年期电子式储蓄国债，票面年利率为 4.0%，实际发行债券面值金额为 5 000 万元，实际收到债券发行收入 5 000 万元，实际债券发行额为 5 000 万元，经确认的到期应付债券本金金额为 5 000 万元。该期债券每年支付一次利息，到期偿还本金并支付最后 1 年利息。

实际收到长期政府债券发行收入时，

借：国库存款　　　　5 000

　贷：债务收入　　　　5 000

同时，

借：待偿债净资产——应付长期政府债券　　5 000
　　贷：应付长期政府债券——应付国债（应付本金）　　5 000

（2）中央政府财政向相关债券承销团成员按承销债券面值的 0.1% 支付债券发行手续费共计 5 万元（5 000×0.1%）。

向债券承销团成员支付债券发行手续费时，

借：一般公共预算本级支出　　5
　　贷：国库存款　　5

（3）债券发行 3 个月后到达年末，该期债券计算 3 个月的应计利息 50 万元（5 000×4.0%÷4）。

期末确认长期政府债券的应付利息时，

借：待偿债净资产——应付长期政府债券　　50
　　贷：应付长期政府债券——应付国债（应付利息）　　50

（4）债券发行 1 年后，支付该期债券 1 年的利息 200 万元（5 000×4.0%）。

实际支付长期政府债券利息时，

借：一般公共预算本级支出　　200
　　贷：国库存款　　200

同时，

借：应付长期政府债券——应付国债（应付利息）　　50
　　贷：待偿债净资产——应付长期政府债券　　50

（5）5 年后，该期债券偿还本金 5 000 万元并支付最后 1 年利息 200 万元。

实际偿付长期政府债券本金并支付最后 1 年利息时，

借：债务还本支出　　5 000
　　一般公共预算本级支出　　200
　　贷：国库存款　　5 200

同时，

借：应付长期政府债券—应付国债（应付利息）　　50
　　贷：待偿债净资产——应付长期政府债券　　50

借：应付长期政府债券—应付国债（应付本金）　　5 000
　　贷：待偿债净资产——应付长期政府债券　　5 000

【例 3-24】 20×8 年 6 月 1 日，甲省采用定向承销方式发行一般置换债券 10.5 亿元债券，依法用于偿还截至 20×9 年年末政府债务余额中本级政府负有偿还责任的存量债务的本金 8 亿元，利息 0.4 亿元，置换所属乙市政府存量债务的本金 2 亿元，利息 0.1 亿元。根据上述业务，甲省财政总预算会计应编制的会计分录为（金额单位：万元）：

借：债务还本支出　　84 000
　　债务转贷支出　　21 000
　　贷：债务收入　　105 000

根据债务管理部门转来的相关资料，按照置换存量债务的总额度，

借：待偿债净资产——应付地方政府债券转贷款　　105 000
　　贷：应付地方政府债券转贷款——应收地方政府一般债券转贷款（应收本金）　　100 000
　　　　——应收地方政府一般债券转贷款（应收利息）　　5 000

同时，按照置换下级政府存量债务额度，

借：应收地方政府债券转贷款——应收地方政府一般债券转贷款(应收本金) 20 000
——应收地方政府一般债券转贷款(应收利息) 1 000
贷：资产基金——应收地方政府债券转贷款 21 000

五、应付转贷款

应付转贷款是指地方政府财政向上级政府财政借入转贷资金而形成的负债，包括应付地方政府债券转贷款和应付主权外债转贷款等。

(一) 应付地方政府债券转贷款

应付地方政府债券转贷款是指地方政府财政从上级政府财政借入地方政府债券转贷资金而形成的负债。在业务内容上，应付地方政府债券转贷款与应收地方政府债券转贷款相对应。即地方政府财政从上级政府财政借入地方政府债券转贷资金时，上级政府财政形成应收地方政府债券转贷款，本级政府财政形成应付地方政府债券转贷款。应收地方政府债券转贷款的核算详见本章第一节中的相关内容。

为了核算应付地方政府债券转贷款业务，财政总预算会计应设置“应付地方政府债券转贷款”科目。本科目下应当设置“应付地方政府一般债券转贷款”和“应付地方政府专项债券转贷款”一级明细科目，在一级明细科目下再分别设置“应付本金”和“应付利息”两个明细科目，分别对应付本金和利息进行明细核算。本科目期末贷方余额反映本级政府财政尚未偿还的地方政府债券转贷款的本金和利息。

应付地方政府债券转贷款的主要账务处理如表 3-7 所示。

表 3-7 应付地方政府债券转贷款的主要账务处理

业务事项和内容	账务处理
1. 收到上级政府财政转贷的地方政府债券资金	借：国库存款 　　贷：债务转贷收入 按照到期应偿还的转贷款本金金额， 借：待偿债净资产——应付地方政府债券转贷款 　　贷：应付地方政府债券转贷款
2. 期末确认地方政府债券转贷款的应付利息	借：待偿债净资产——应付地方政府债券转贷款 　　贷：应付地方政府债券转贷款
3. 偿还本级政府财政承担的地方政府债券转贷款本金	借：债务还本支出 　　贷：国库存款 按照实际偿还的本金金额， 借：应付地方政府债券转贷款 　　贷：待偿债净资产——应付地方政府债券转贷款
4. 偿还本级政府财政承担的地方政府债券转贷款的利息	借：一般公共预算本级支出/政府性基金预算本级支出 　　贷：国库存款 实际支付利息金额中属于已确认的应付利息部分， 借：应付地方政府债券转贷款 　　贷：待偿债净资产——应付地方政府债券转贷款

（续表）

业务事项和内容	账务处理
5. 偿还下级政府财政承担的地方政府债券转贷款的本息	借：其他应付款/其他应收款 　贷：国库存款 按照实际偿还的本金及已确认的应付利息金额， 借：应付地方政府债券转贷款 　贷：待偿债净资产——应付地方政府债券转贷款
6. 被上级政府财政扣缴地方政府债券转贷款本息	借：其他应收款 　贷：与上级往来 按照实际扣缴的本金及已确认的应付利息金额， 借：应付地方政府债券转贷款 　贷：待偿债净资产——应付地方政府债券转贷款 列报支出时，对本级政府财政承担的还本支出， 借：债务还本支出 　贷：其他应收款 对本级政府财政承担的利息支出， 借：一般公共预算本级支出/政府性基金预算本级支出 　贷：其他应收款
7. 省级以下（不含省级）财政部门采用定向承销方式发行地方政府债券置换存量债务	借：债务还本支出［置换本级政府存量债务额度］ 　　债务转贷支出［置换下级政府存量债务额度］ 　贷：债务转贷收入［置换存量债务总额度］ 按照置换存量债务的总额度， 借：待偿债净资产——应付地方政府债券转贷款 　贷：应付地方政府债券转贷款 同时，按照置换下级政府存量债务额度， 借：应收地方政府债券转贷款 　贷：资产基金——应收地方政府债券转贷款

【例 3-25】 某市财政收到省财政发行一批地方政府一般债券的转贷款项 500 000 元，转贷期为 3 年，用以支持该市政府的一项公共设施建设。该转贷款项每年利息费用为 8 000 元，且每年支付一次利息。到期偿还由市政府财政承担的省政府债券转贷款本金。市财政总预算会计应编制的会计分录为：

（1）收到省政府财政转贷的地方政府债券资金时。

借：国库存款　　500 000
　贷：债务转贷收入　　500 000

同时，

借：待偿债净资产——应付地方政府债券转贷款　　500 000
　贷：应付地方政府债券转贷款——应付地方政府一般债券转贷款（应付本金）　　500 000

（2）每年确认省政府债券转贷款的应付利息时。

借：待偿债净资产——应付地方政府债券转贷款　　8 000
　贷：应付地方政府债券转贷款——应付地方政府一般债券转贷款（应付利息）　　8 000

（3）按时支付由市政府财政承担的省政府债券转贷款利息时。

借：一般公共预算本级支出　　8 000
　贷：国库存款　　8 000

同时，

借：应付地方政府债券转贷款——应付地方政府一般债券转贷款(应付利息)　　8 000
　　贷：待偿债净资产——应付地方政府债券转贷款　　8 000

(4) 按时偿还由市政府财政承担的省政府债券转贷款本金时。

借：债务还本支出　　500 000
　　贷：国库存款　　500 000

同时，

借：应付地方政府债券转贷款——应付地方政府一般债券转贷款(应付本金)　　500 000
　　贷：待偿债净资产——应付地方政府债券转贷款　　500 000

市政府财政从上级省政府财政借入的地方政府债券转贷款资金，若再转贷给所属下级县政府财政，相应的县政府财政应当按时向上级市政府财政偿还由其承担的地方政府债券转贷款本息。市政府财政按时收到的所属县政府财政偿还的地方政府债券转贷款本息资金，应当先确认为负债，记入“其他应付款”科目，到时向上级省政府偿还。如果市政府财政未按时收到由所属县政府财政偿还的地方政府债券转贷款本息资金，市政府财政应当先代所属县政府财政向省政府财政偿还到期地方政府债券转贷款本息，应先确认为债权，记入“其他应收款”科目，之后再与县政府财政进行结算。

(二) 应付主权外债转贷款

应付主权外债转贷款是指本级政府财政从上级政府财政借入的主权外债转贷款。

为了核算应付主权外债转贷款业务，财政总预算会计应设置“应付主权外债转贷款”科目。本科目下应当设置“应付本金”和“应付利息”两个明细科目，分别对应付本金和利息进行明细核算。本科目期末贷方余额反映本级政府财政尚未偿还的主权外债转贷款本金和利息。

应付主权外债转贷款的主要账务处理如表 3-8 所示。

表 3-8　　应付主权外债转贷款的主要账务处理

<table>
<tr><th colspan="2">业务事项和内容</th><th>账务处理</th></tr>
<tr><td colspan="2">1. 收到上级政府财政转贷的主权外债资金</td><td>借：其他财政存款
　　贷：债务转贷收入
按照实际承担的债务金额，
借：待偿债净资产——应付主权外债转贷款
　　贷：应付主权外债转贷款</td></tr>
<tr><td rowspan="2">2. 从上级政府财政借入主权外债转贷款，且由外方将贷款资金直接支付给用款单位或供应商</td><td>本级政府财政承担还款责任，贷款资金由本级政府财政同级部门(单位)使用</td><td>借：一般公共预算本级支出
　　贷：债务转贷收入
按照实际承担的债务金额，
借：待偿债净资产——应付主权外债转贷款
　　贷：应付主权外债转贷款</td></tr>
<tr><td>本级政府财政承担还款责任，贷款资金由下级政府财政同级部门(单位)使用</td><td>借：补助支出
　　贷：债务转贷收入
按照实际承担的债务金额，
借：待偿债净资产——应付主权外债转贷款
　　贷：应付主权外债转贷款</td></tr>
</table>

（续表）

<table>
<tr><th colspan="2">业务事项和内容</th><th>账务处理</th></tr>
<tr><td>2. 从上级政府财政借入主权外债转贷款，且由外方将贷款资金直接支付给用款单位或供应商</td><td>下级政府财政承担还款责任，贷款资金由下级政府财政同级部门（单位）使用</td><td>借：债务转贷支出
　贷：债务转贷收入
按照实际承担的债务金额，
借：待偿债净资产——应付主权外债转贷款
　贷：应付主权外债转贷款
同时，
借：应收主权外债转贷款
　贷：资产基金——应收主权外债转贷款</td></tr>
<tr><td colspan="2">3. 期末确认主权外债转贷款的应付利息</td><td>借：待偿债净资产——应付主权外债转贷款
　贷：应付主权外债转贷款</td></tr>
<tr><td colspan="2">4. 偿还本级政府财政承担的借入主权外债转贷款的本金</td><td>借：债务还本支出
　贷：其他财政存款
按照实际偿还的本金金额，
借：应付主权外债转贷款
　贷：待偿债净资产——应付主权外债转贷款</td></tr>
<tr><td colspan="2">5. 偿还本级政府财政承担的借入主权外债转贷款的利息</td><td>借：一般公共预算本级支出
　贷：其他财政存款
实际偿还利息金额中属于已确认的应付利息部分，
借：应付主权外债转贷款
　贷：待偿债净资产——应付主权外债转贷款</td></tr>
<tr><td colspan="2">6. 偿还下级政府财政承担的借入主权外债转贷款的本息</td><td>借：其他应付款/其他应收款
　贷：其他财政存款
按照实际偿还的本金及已确认的应付利息金额，
借：应付主权外债转贷款
　贷：待偿债净资产——应付主权外债转贷款</td></tr>
<tr><td colspan="2">7. 被上级政府财政扣缴借入主权外债转贷款的本息</td><td>借：其他应收款
　贷：与上级往来
按照被扣缴的本金及已确认的应付利息金额，
借：应付主权外债转贷款
　贷：待偿债净资产——应付主权外债转贷款
列报支出时，对本级政府财政承担的还本支出，
借：债务还本支出
　贷：其他应收款
对本级政府财政承担的利息支出，
借：一般公共预算本级支出
　贷：其他应收款</td></tr>
<tr><td rowspan="2">8. 上级政府财政豁免主权外债转贷款本息</td><td>豁免本级政府财政承担偿还责任的主权外债转贷款本息</td><td>按照豁免转贷款的本金及已确认的应付利息金额，
借：应付主权外债转贷款
　贷：待偿债净资产——应付主权外债转贷款</td></tr>
<tr><td>豁免下级政府财政承担偿还责任的主权外债转贷款本息</td><td>按照豁免转贷款的本金及已确认的应付利息金额，
借：应付主权外债转贷款
　贷：待偿债净资产——应付主权外债转贷款
同时，
借：资产基金——应收主权外债转贷款
　贷：应收主权外债转贷款</td></tr>
</table>

1. 收到上级政府财政转贷的主权外债资金

【例3-26】 某省政府向某国际金融组织贷款5 000 000元，用于该省范围内的公共基础设施建设。该省政府将相应贷款的一部分资金计2 000 000元转贷给所属某市政府财政，用以具体落实在该市范围内的相应建设项目。根据约定，相应贷款的期限为5年，每年的贷款利息为22 000元，该市政府应按期向省政府偿付贷款本息。根据上述经济业务，市财政总预算会计应编制的会计分录为：

(1) 收到上级省政府财政转贷的主权外债资金时。

借：其他财政存款　　2 000 000
　贷：债务转贷收入　　2 000 000

同时，

借：待偿债净资产——应付主权外债转贷款　　2 000 000
　贷：应付主权外债转贷款——应付本金　　2 000 000

(2) 每年确认市政府主权外债转贷款的应付利息时。

借：待偿债净资产——应付主权外债转贷款　　22 000
　贷：应付主权外债转贷款——应付利息　　22 000

(3) 按时向上级省政府财政支付主权外债转贷款利息时。

借：一般公共预算本级支出　　22 000
　贷：其他财政存款　　22 000

同时，

借：应付主权外债转贷款——应付利息　　22 000
　贷：待偿债净资产——应付主权外债转贷款　　22 000

(4) 若上级省政府主权外债转贷款到期，市政府财政未按时偿还贷款本金，被省政府财政扣缴时。

借：其他应收款　　2 000 000
　贷：与上级往来　　2 000 000

同时，

借：应付主权外债转贷款——应付本金　　2 000 000
　贷：待偿债净资产——应付主权外债转贷款　　2 000 000

(5) 列报债务还本支出时。

借：债务还本支出　　2 000 000
　贷：其他应收款　　2 000 000

被上级省政府财政扣缴后，市政府财政可以从上级省政府财政获得的其他财政补助资金数额相应减少。

2. 上级财政对主权外债转贷款的豁免

【例3-27】 中央财政对甲省主权外债转贷款豁免计5 800万元，其中，豁免应有省级财政承担偿还责任的主权外债转贷款本金4 000万元，利息640万元；豁免应有所辖A市财政承担偿还责任的主权外债转贷款本金1 000万元，利息160万元。根据上述业务，有关账务处理如下：

(1) 豁免应有本级财政承担偿还责任的主权外债转贷款本息。

根据债务管理部门转来的相关资料，按照豁免转贷款的本金及已确认的应付利息金额，省财政总预算会计应编制的会计分录为：

借：应付主权外债转贷款——应付本金　　40 000 000
　　　　　　　　　　　——应付利息　　6 400 000
　贷：待偿债净资产——应付主权外债转贷款　　46 400 000

(2) 豁免应有下级政府财政承担偿还责任的主权外债转贷款本息。

根据债务管理部门转来的相关资料，按照豁免转贷款的本金及已确认的应付利息金额，省级政府财政总预算会计应编制的会计分录为：

借：应付主权外债转贷款——应付本金　　10 000 000
　　　　　　　　　　　——应付利息　　1 600 000
　贷：待偿债净资产——应付主权外债转贷款　　11 600 000

同时，

借：资产基金——应收主权外债转贷款　　11 600 000
　贷：应收主权外债转贷款——应付本金　　10 000 000
　　　　　　　　　　　　——应付利息　　1 600 000

六、应付代管资金

应付代管资金是指政府财政代为管理的、使用权属于被代管主体的资金。

为了核算应付代管资金业务，财政总预算会计应设置“应付代管资金”科目。本科目应当根据管理需要进行相关明细核算。本科目期末贷方余额反映政府财政尚未支付的代管资金。

收到代管资金时，借记“其他财政存款”等科目，贷记“应付代管资金”科目；支付代管资金时，借记“应付代管资金”科目，贷记“其他财政存款”等科目；代管资金产生的利息收入按照相关规定仍属于代管资金的，借记“其他财政存款”等科目，贷记“应付代管资金”科目。

【例 3-28】 某县为建立健全村级各项财务管理制度，实行“村账乡代管”制度。某乡财政发生如下业务：收到甲村交来承包费收入金额 50 000 元；甲村向乡财政总预算会计报销有关支出5 000元；乡财政总预算会计代管的甲村资金产生的利息收入共计 300 元。根据上述业务，乡财政总预算会计应编制的会计分录为：

(1) 收到甲村交来承包费收入时。

借：其他财政存款　　50 000
　贷：应付代管资金——甲村　　50 000

(2) 甲村向乡财政总预算会计报销有关支出时。

借：应付代管资金——甲村　　5 000
　贷：其他财政存款　　5 000

(3) 乡财政总预算会计代管的甲村资金产生利息收入时。

借：其他财政存款　　300
　贷：应付代管资金——甲村　　300

【例 3-29】 某市财政对市级行政事业单位等预算单位的有关非财政拨款收入进行财政

代管。有关业务如下：财政代管银行存款账户收到预算单位缴入的代管资金6 500元；有关预算单位使用财政代管资金，财政部门通过财政代管银行存款账户为其支付代管资金2 500元。市财政总预算会计应编制的会计分录如下：

（1）财政代管银行存款账户收到预算单位缴入的代管资金时。

借：其他财政存款　　6 500

　　贷：应付代管资金　　6 500

（2）有关预算单位使用财政代管资金时。

借：应付代管资金　　2 500

　　贷：其他财政存款　　2 500

七、其他负债

其他负债是指政府财政因有关政策明确要求其承担支出责任的事项而形成的应付未付款项。

为了核算其他负债业务，财政总预算会计应设置“其他负债”科目。本科目应当按照债权单位和项目等进行明细核算。本科目贷方余额反映政府财政承担的尚未支付的其他负债余额。

有关政策已明确政府财政承担的支出责任，按照确定应承担的负债金额，借记“待偿债净资产”科目，贷记“其他负债”科目；实际偿还负债时，借记有关支出等科目，贷记“国库存款”等科目，同时，按照相同的金额，借记“其他负债”科目，贷记“待偿债净资产”科目。

第三节　财政总预算会计的净资产

财政总预算会计核算的净资产是指政府财政资产减去负债的差额。其主要包括一般公共预算结转结余、政府性基金预算结转结余、国有资本经营预算结转结余、财政专户管理资金结余、专用基金结余、预算周转金与预算稳定调节基金、资产基金与待偿债净资产等。财政总预算会计的结转结余将在本书第四章介绍，下面先介绍净资产的其他几项内容。

一、预算周转金与预算稳定调节基金

（一）预算周转金

预算周转金是指政府财政为调剂预算年度内季节性收支差额，保证及时用款而设置的周转资金。各级财政需要设置相应的预算周转金，以便平衡季节性预算收支，保证按计划及时供应预算资金。预算周转金应根据《中华人民共和国预算法》要求设置。

为核算预算周转金业务，财政总预算会计应设置“预算周转金”总账科目。本科目贷方余额反映预算周转金实有数。

设置和补充预算周转金时，借记“一般公共预算结转结余”科目，贷记“预算周转金”科目；将预算周转金调入预算稳定调节基金时，借记“预算周转金”科目，贷记“预算稳定调节基金”科目。

【例3-30】　年终，某市财政从本市政府财政一般公共预算结转结余中补充预算周转金500 000元，并将预算周转金400 000元调入预算稳定调节基金。市财政总预算会计应编制的

会计分录如下：

（1）从本市政府财政一般公共预算结转结余中补充预算周转金时。

借：一般公共预算结转结余　　500 000

　贷：预算周转金　　500 000

（2）将预算周转金调入预算稳定调节基金时。

借：预算周转金　　400 000

　贷：预算稳定调节基金　　400 000

（二）预算稳定调节基金

预算稳定调节基金是指为实现宏观调控目标保持年度间政府预算的衔接和稳定，各级政府财政设置的用于弥补以后年度一般公共预算资金不足的储备资金。各级政府性基金预算、国有资本经营预算和社会保险基金预算不得设置预算稳定调节基金。

为核算预算稳定调节基金业务，财政总预算会计应设置"预算稳定调节基金"总账科目。本科目期末贷方余额反映可以动用的预算稳定调节基金数额。

使用超收收入或一般公共预算结余补充预算稳定调节基金时，借记"安排预算稳定调节基金"科目，贷记"预算稳定调节基金"科目；将预算周转金调入预算稳定调节基金时，借记"预算周转金"科目，贷记"预算稳定调节基金"科目；调用预算稳定调节基金时，借记"预算稳定调节基金"科目，贷记"动用预算稳定调节基金"科目。

【例3-31】 年终，某市财政发生财政超收，即财政收入大于财政支出，决定将一部分超收安排预算稳定调节基金，安排金额为135 000元。市财政总预算会计应编制会计分录如下：

借：安排预算稳定调节基金　　135 000

　贷：预算稳定调节基金　　135 000

【例3-32】 年终，某市财政发生财政短收，即财政收入小于财政支出，决定调入以前年度从财政超收中安排的一部分预算稳定调节基金，调入金额为24 500元。市财政总预算会计应编制会计分录如下：

借：预算稳定调节基金　　24 500

　贷：动用预算稳定调节基金　　24 500

二、资产基金与待偿债净资产

（一）资产基金

资产基金是指政府财政持有的应收地方政府债券转贷款、应收主权外债转贷款、股权投资和应收股利等资产（与其相关的资金收支纳入预算管理）在净资产中占用的金额。

为了核算资产基金业务，财政总预算会计应设置"资产基金"科目。本科目下应当设置"应收地方政府债券转贷款""应收主权外债转贷款""股权投资""应收股利"等明细科目，进行明细核算。本科目期末贷方余额反映政府财政持有应收地方政府债券转贷款、应收主权外债转贷款、股权投资和应收股利等资产（与其相关的资金收支纳入预算管理）在净资产中占用的金额。

资产基金的账务处理参阅"应收地方政府债券转贷款""应收主权外债转贷款""股权投资"和"应收股利"等科目的使用说明。其具体核算举例请参考本章第一节相关例题。

（二）待偿债净资产

待偿债净资产是指政府财政承担应付短期政府债券、应付长期政府债券、借入款项、应付地方政府债券转贷款、应付主权外债转贷款、其他负债等负债(与其相关的资金收支纳入预算管理)而相应需在净资产中冲减的金额。

为了核算待偿债净资产业务,财政总预算会计应设置“待偿债净资产”科目。本科目下应当设置“应付短期政府债券”“应付长期政府债券”“借入款项”“应付地方政府债券转贷款”“应付主权外债转贷款”“其他负债”等明细科目,进行明细核算。本科目期末借方余额,反映政府财政承担应付政府债券、借入款项、应付地方政府债券转贷款、应付主权外债转贷款和其他负债等负债(与其相关的资金收支纳入预算管理)而相应需冲减净资产的金额。

待偿债净资产的账务处理参阅“应付短期政府债券”“应付长期政府债券”“借入款项”“应付地方政府债券转贷款”“应付主权外债转贷款”和“其他负债”等科目的使用说明。核算举例请参考本章第二节中的有关例题。

复习思考题

1. 什么是财政总预算会计的资产?包括哪些内容?
2. 什么是国库单一存款制度?国库单一账户体系由哪些账户组成?各账户的用途分别是什么?
3. 什么是财政存款?主要包括哪些内容?应当如何核算?
4. 什么是借出款项?应当如何核算?
5. 什么是有价证券?其管理和核算的要求是什么?
6. 什么是暂付及应收款项?应当如何核算?
7. 什么是在途款?应当如何核算?
8. 什么是预拨经费?其管理的基本要求是什么?
9. 什么是应收转贷款?应当如何核算?
10. 什么是应收股利?应当如何核算?
11. 什么是股权投资?应当如何核算?
12. 什么是财政总预算会计的负债?财政总预算会计中的负债包括哪些内容?
13. 什么是应付国库集中支付结余?应当如何核算?
14. 什么是与上级往来和其他应付款?应当如何核算?
15. 什么是借入款项?应当如何核算?
16. 什么是应付政府债券?应当如何核算?
17. 什么是应付转贷款?应当如何核算?
18. 什么是其他负债和应付代管资金?应当如何核算?
19. 什么是预算周转金?预算周转金的来源渠道有哪些?应当如何核算?
20. 什么是预算稳定调节基金?各级财政为什么要设置预算稳定调节基金?
21. 什么是安排预算稳定调节基金?应当如何核算?
22. 什么是资产基金?主要核算哪些内容?
23. 什么是待偿债净资产?主要核算哪些内容?

选择题

1. 在国库单一账户体系中,下列各项中,不属于财政部门开设的银行账户的是(　　)。
   A. 国库存款账户　　B. 财政部门零余额账户
   C. 预算单位零余额账户　　D. 财政专户
2. 在国库单一账户体系中,下列各项中,属于实存财政资金的银行账户是(　　)。
   A. 国库存款账户　　B. 财政部门零余额账户

C. 预算单位零余额账户　　D. 财政汇缴零余额账户

3. 下列各项中，与预算单位零余额账户进行清算的银行账户是(　　)。

A. 财政部门零余额账户　　B. 国库存款账户

C. 财政汇缴零余额账户　　D. 预算单位自行开设的银行存款账户

4. 财政总预算会计贷记“国库存款”科目时，借记的不会是(　　)科目。

A. “一般公共预算本级支出”　　B. “政府性基金预算本级支出”

C. “债务还本支出”　　D. “固定资产”

5. 下列各项中，属于国库单一账户体系中的银行账户的有(　　)。

A. 国库存款账户　　B. 财政部门零余额账户

C. 财政专户　　D. 预算单位银行存款账户

6. 本级政府财政承担的政府一般债券利息支出，财政总预算会计应记入的科目有(　　)科目。

A. “一般公共预算本级支出”　　B. “政府性基金预算本级支出”

C. “国有资本经营预算本级支出”　　D. “债务还本支出”

7. 本级政府财政归还借款、转作上级补助收入或体制结算中应由上级补给款项时，借记(　　)科目，贷记“国库存款”“补助收入”等科目。

A. “与上级往来”　　B. “与下级往来”　　C. “其他应收款”　　D. “其他应付款”

8. “待偿债净资产”科目属于净资产类科目，其期末余额(　　)。

A. 在贷方　　B. 在借方　　C. 在借方或贷方　　D. 为零

9. 下列各项中，属于“资产基金”总账科目的明细科目的有(　　)科目。

A. “应收地方政府债券转贷款”　　B. “应收股利”

C. “应收主权外债转贷款”　　D. “股权投资”

10. 下列各项中，属于“待偿债净资产”总账科目的明细科目的有(　　)科目。

A. “应付短期政府债券”　　B. “应付地方政府债券转贷款”

C. “应付长期政府债券”　　D. “借入款项”

练习题

(一) 某省财政发生如下经济业务：

(1) 收到中国人民银行国库报来的预算收入日报表等凭证，当日收到预算收入共计 123 400 元。其中，一般公共预算本级收入 112 000 元，政府性基金预算本级收入 11 400 元。

(2) 财政国库支付执行机构以财政直接支付的方式，通过财政零余额账户支付有关预算单位的款项共计 36 000 元。其中，属于一般公共预算本级支出的款项共计 29 000 元，属于政府性基金预算本级支出的款项共计 7 000 元。

(3) 财政国库支付执行机构收到代理银行报来的财政支出日报表，有关预算单位通过财政授权支付方式从预算单位零余额账户中支付属于一般公共预算本级支出的款项共计 30 000 元。

(4) 财政国库执行机构汇总编制当日预算支出结算清单。其中，当日财政国库支付执行机构支付属于一般公共预算本级支出的款项共计 32 000 元。

(5) 财政总预算会计通过财政国库账户向所属下级财政转贷债务收入 25 000 元。

(6) 通过财政国库向中央财政上缴由本级政府承担的地方政府债券还本资金共计 20 000 元。

(7) 收到实行财政专户管理的资金收入共计 3 500 元。

(8) 通过财政专户向有关单位拨付财政专户管理资金共计 4 000 元。

(9) 在上下级财政资金结算中，应补助所属某市财政款项 80 000 元。

(10) 以国库存款拨付与下级往来款项 80 000 元。

(11) 在上下级财政资金结算中，应获得所属某市财政上解财政资金 6 000 元。

(12) 收到与下级往来款项 6 000 元。

(13) 因所属某预算单位特殊情况急需资金，临时借给该预算单位一般公共预算款项 15 000 元。

(14) 在国库存款报解整理期内收到属于上年度的一般公共预算本级收入 18 000 元。

(15) 经研究，对借给某预算单位的 15 000 元款项落实预算，转作一般公共预算本级支出。

(16) 用一般公共预算结余资金购买中央财政发行的某类国债 50 000 元。

(17) 使用一般公共预算资金向省创新创业投资引导基金公司拨付款项 2 000 000 元，作为对该基金公司的股权投资。

(18) 基金公司报告实现投资收益，省财政确认相应收益 100 000 元。

(19) 将一部分基金公司的投资收益 40 000 元留作基金滚动使用。

(20) 基金公司宣告现金股利，省财政确认相应收益 34 000 元。

(21) 收到基金公司宣告的现金股利 34 000 元，该股利收入纳入省财政一般公共预算本级收入。

要求：根据以上经济业务，为该省财政总预算会计编制有关的会计分录。

(二) 某市财政于 20×9 年发生如下经济业务：

(1) 根据财政体制结算规定计算出的本级财政应向上级某省财政上解的预算款项计 75 500 元。其中，一般公共预算款项 63 300 元，政府性基金预算款项 12 200 元。

(2) 以国库存款上缴与上级往来款项 75 500 元。

(3) 根据财政体制结算规定计算出的本级财政应获得上级某省财政补助的一般公共预算款项计 15 200 元。

(4) 收到与上级往来的款项 15 200 元。

(5) 因财政预算资金周转的需要，向上级某省财政借入一般公共预算款项 30 000 元。

(6) 向上级某省财政偿还因财政预算资金周转的需要而借入一般公共预算款项 30 000 元。

(7) 年末，市税务部门的信息化建设尚在进行中。由于用款进度的原因，当年未能实现支出 50 000 元，形成国库集中支付结余资金 50 000 元，资金性质为一般公共预算资金。市财政经分析后决定，市税务部门的信息化建设结余资金 50 000 元在次年继续用于相关的专项普查活动。

(8) 上级某省财政发行一批地方政府一般债券。同时，其向本市财政转贷 500 000 元，用以支持本市政府的一项公共设施建设。该转贷款项每年利息费用为 6 000 元，转贷期限为 2 年，每年支付一次利息。

要求：根据以上经济业务，为该市财政总预算会计编制有关的会计分录。

第四章 财政总预算会计的收入、支出与结转结余

第一节 财政总预算会计的收入

财政总预算会计的收入是指政府财政为实现政府职能。根据法律法规等所筹集的资金，它包括一般公共预算本级收入、政府性基金预算本级收入、国有资本经营预算本级收入、专用基金收入、财政专户管理资金收入、债务收入、债务转贷收入、转移性收入等。

一、一般公共预算本级收入

(一) 一般公共预算本级收入的概念和分类

一般公共预算本级收入是指政府财政筹集的纳入本级一般公共预算管理的税收收入和非税收入。一般公共预算本级收入是各级政府最主要的财力来源。

财政总预算会计核算的一般公共预算本级收入，应当按《政府收支分类科目》中的一般公共预算收入科目进行分类，并且仅包括一般公共预算收入科目中的“税收收入”和“非税收入”科目，不包括“债务收入”和“转移性收入”科目。一般公共预算收入科目依次分为类、款、项、目四级，四级科目逐级递进，内容也逐级细化。一般而言，《政府收支分类科目》每年都会根据经济社会发展的情况修改，以适应预算管理的需要。

根据《政府收支分类科目》，一般公共预算收入的类级科目、款级科目的设置情况如下。

1. 税收收入

税收收入是政府从开征的各种税收中取得的收入，是财政收入的最主要的来源。本科目下设 19 个款级科目，即增值税、消费税、企业所得税、企业所得税退税、个人所得税、资源税、城市维护建设税、房产税、印花税、城镇土地使用税、土地增值税、车船税、船舶吨税、车辆购置税、关税、耕地占用税、契税、烟叶税、其他税收收入等。

税收收入类级科目按税种设置款级科目，以便反映一级政府在各税种上取得的财政收入信息。在增值税、消费税、企业所得税、城市维护建设税、房产税、城镇土地使用税、土地增值税等税种下按国有企业、集体企业、股份制企业、联营企业、港澳台和外商企业、私营企业等企业所有者性质设置若干项级或目级科目。这有利于反映各种税收收入的来源结构，或各种所有制企业对一级政府财政收入的贡献。其他税种按照各自的特点设置项级和目级科目。

2. 非税收入

非税收入是指各级政府及其所属部门和单位依法利用行政权力、政府信誉、国家资源、国有资产或提供特定公共服务征收、收取、提取、募集的除税收和政府债务收入以外的财政收入。本科目下设 8 个款级科目，即专项收入、行政事业性收费收入、罚没收入、国有资本经营收入、国有资源(资产)有偿使用收入、捐赠收入、政府住房基金收入、其他收入等。

非税收入类级科目按收入来源渠道设置上述 8 个款级科目。其中，专项收入款级科目再按其种类设置项级和目级科目，以便专款专用。行政事业性收费款级科目按公安、法院、财政、税务、教育、卫生等设置项级科目；项级科目下按收费性质设置目级科目。这有利于反映收费部门和收费项目，便于监督和管理。罚没收入款级科目按一般、缉私和缉毒设置项级科目，按罚没主体设置目级科目，如一般罚没收入项级科目下设置公安、法院、证监会等目级科目。这样，罚没收入科目既可以反映罚没的种类，也可以反映执法的主体，有利于监督和管理。其他几项款级科目都按收入的来源渠道设置项级和目级科目，以便反映一级政府从相应渠道获得的财政收入。

（二）一般公共预算本级收入方式和程序

在国库单一账户制度下，财政收入的收缴分为直接缴库和集中汇缴两种收缴方式。

1. 直接缴库

直接缴库是指缴款单位或缴款人按有关法律、法规规定，直接将应缴收入缴入国库单一账户的收缴方式。在直接缴库方式下，直接缴库的税收收入，由纳税人或税务代理人提出纳税申报，经征收机关审核无误后，由纳税人通过开户银行将税款缴入财政国库单一账户。财政总预算会计根据国库单一账户入库数额，作出相应的会计处理，确认国库存款的增加，并确认相应的预算收入等。

直接缴库的非税收入，比照上述程序缴入财政国库存款账户。

2. 集中汇缴

集中汇缴是指由征收机关按有关法律、法规规定，将所收的应缴收入汇总缴入国库单一账户的收缴方式。在集中汇缴方式下，小额零散税收和法律另有规定的应缴非税收入，尤其是非税收收入中的现金缴款，由征收机关于收缴收入的当日汇总缴入国库单一账户。财政总预算会计根据国库存款账户的入账数额，作出相应的会计处理，确认国库存款的增加，并确认相应的预算收入等。

非税收入中的现金缴款，比照上述程序缴入财政国库存款账户。

（三）一般公共预算收入的列报基础

根据现行财政总预算会计制度的规定，一般公共预算本级收入应当按照实际收到的金额入账。财政总预算会计凭中国人民银行国库报来的预算收入日报表及其所附有关凭证，列报一般公共预算本级收入。即一般公共预算本级收入采用收付实现制确认。这样，一般公共预算本级收入的确认数额比较接近于财政可以调度使用的财政资金数额，这与政府预算采用收付实现制基础编制的主要原因相符合。一般公共预算收入日报表的参考格式如表 4-1 所示。

表 4-1　　一般公共预算收入日报表

20×9 年 3 月 10 日　　单位：元

预算科目编号				预算科目名称	本日收入金额
类	款	项	目		
101	01	01	01	税收收入——增值税——国内增值税——国有企业增值税	50 000
	02	01	03	税收收入——消费税——国内消费税——股份制企业消费税	24 000
103	04	01	01	非税收入——行政事业性收费收入——公安行政事业性收费收入——外国人签证费	2 000
	05	01	04	非税收入——罚没收入——一般罚没收入——工商罚没收入	5 000
				本日收入合计	81 000

已建乡（镇）国库的地区，乡（镇）财政的本级收入以乡（镇）国库收到数为准。未建乡（镇）国库的地区，乡（镇）财政的本级收入以乡（镇）财政总预算会计收到县级财政返回数额为准。县（含县本级）以上各级财政的各项预算收入（含固定收入与共享收入）以缴入基层国库数额为准。

（四）一般公共预算本级收入的核算

为核算一般公共预算本级收入业务，财政总预算会计应设置“一般公共预算本级收入”总账科目。本科目应根据《政府收支分类科目》设置相应的明细科目。本科目平时余额在贷方，反映一般公共预算本级收入累计数。年终结账后，本科目应无余额。

财政总预算会计收到款项时，根据当日预算收入日报表所列一般公共预算本级收入数，借记“国库存款”科目，贷记“一般公共预算本级收入”科目；如果当日的收入数为负数，则以红字或负数记入；年终结账时，将“一般公共预算本级收入”科目的贷方余额转入“一般公共预算结转结余”科目，即借记“一般公共预算本级收入”科目，贷记“一般公共预算结转结余”科目。

1. 收到税收收入

【例 4-1】 某省财政总预算会计收到中国人民银行国库报来的一般公共预算本级收入日报表以及所附收入凭证，列示当日一般公共预算本级收入 780 000 元。其中，“税收收入——增值税——国内增值税” 450 000 元，“税收收入——企业所得税——国有保险企业所得税” 150 000 元，“税收收入——个人所得税——个人所得税”150 000 元，“税收收入——房产税——私营企业房产税”30 000 元。省财政总预算会计应编制的会计分录为：

借：国库存款	780 000	
贷：一般公共预算本级收入		780 000

同时，在“一般公共预算本级收入”总账科目的贷方登记明细账如下：

增值税	450 000
企业所得税	150 000
个人所得税	150 000
房产税	30 000

2. 收到非税收收入

【例 4-2】 某市财政总预算会计收到中国人民银行国库报来的一般公共预算本级收入日报表以及所附收入凭证，列示当日一般公共预算本级收入 170 000 元。其中，“非税收入——行政事业性收费收入——公安行政事业性收费收入”55 000 元，“非税收入——罚没收入——一般罚没收入”35 000 元，“非税收入——国有资本经营收入——利润收入”60 000 元，“非税收入——国有资源（资产）有偿使用收入——场地和矿区使用费收入”20 000 元。市财政总预算会计应编制的会计分录为：

借：国库存款	170 000	
贷：一般公共预算本级收入		170 000

同时，在“一般公共预算本级收入”总账科目的贷方登记明细账如下：

行政事业性收费收入	55 000
罚没收入	35 000
国有资本经营收入	60 000
国有资源（资产）有偿使用收入	20 000

年终，财政总预算会计将“一般公共预算本级收入”科目贷方余额全数转入“一般公共预算结转结余”科目，同时结清一般公共预算本级收入明细科目的余额。

非税收入实行收支两条线的管理办法，即非税收入各执收单位应当将按规定收取的非税收入及时足额地上缴财政，财政将收到的非税收入统一纳入政府预算。各执收单位在开展业务活动中需要使用的财政资金，应当纳入单位预算。财政部门依据经批准的单位预算，向相关单位拨付财政资金。在收支两条线的管理方法下，非税收入各执收单位实际执收的非税收入数额，与其实际可以使用的财政资金数额没有关系。

二、政府性基金预算本级收入

（一）政府性基金预算本级收入的概念与分类

政府性基金预算本级收入是指政府财政筹集的纳入本级政府性基金预算管理的非税收入。其中，政府性基金是指各级人民政府及其所属部门根据法律、行政法规和中共中央、国务院文件规定，为支持特定公共基础设施建设和公共事业发展，向公民、法人和其他组织无偿征收的具有专项用途的财政资金。政府性基金预算纳入政府的财政预算。

财政总预算会计核算的政府性基金预算本级收入，应当按照《政府收支分类科目》中的政府性基金预算收入科目进行分类，并且仅包括政府性基金预算收入科目中的“非税收入”科目，不包括“债务收入”和“转移性收入”科目。按照《政府收支分类科目》，政府性基金预算收入科目分设类、款、项、目四级，各级科目逐级递进，内容也逐级细化。

根据现行《政府收支分类科目》，政府性基金预算收入科目下的非税收入类级科目下设 2 个款级科目，即政府性基金收入和专项债券对应项目专项收入。其中，政府性基金收入款级科目下按政府性基金的种类或项目名称设置若干个项级科目，如农网还贷资金收入、铁路建设基金收入、民航发展基金收入、港口建设费收入、旅游发展基金收入、国家电影事业发展专项资金收入、国有土地收益基金收入、国有土地开发资金收入等。项级科目下设若干个目级科目，如在农网还贷资金收入项级科目下设中央农网还贷资金收入和地方农网还贷资金收入 2 个目级科目；在彩票公益金收入项级科目下设福利彩票公益金收入和体育彩票公益金收入 2 个目级科目。

政府性基金预算本级收入的收缴方式和程序及列报基础等，均比照一般公共预算本级收入。政府性基金预算收入日报表的格式如同一般公共预算收入日报表。

（二）政府性基金预算收入的核算

为核算政府性基金预算本级收入业务，财政总预算会计应设置“政府性基金预算本级收入”科目。本科目应按《政府收支分类科目》中的政府性基金预算本级收入科目设置明细账。本科目平时余额在贷方，反映当年政府性基金预算本级收入累计数。年终结账后，本科目应无余额。

财政总预算会计收到款项时，根据当日预算收入日报表所列政府性基金预算本级收入数，借记“国库存款”科目，贷记“政府性基金预算本级收入”科目；年终结账时，将本科目贷方余额全数转入“政府性基金预算结转结余”科目，借记“政府性基金预算本级收入”科目，贷记“政府性基金预算结转结余”科目。

【例 4-3】 某市财政总预算会计收到中国人民银行国库报来的预算收入日报表以及所附收入凭证，列示当日政府性基金预算本级收入 1 100 000 元。其中，“非税收入——政府性基金收入——农网还贷资金收入”150 000 元，“非税收入——政府性基金收入——国有土地使用权出让收入”500 000 元，“非税收入——政府性基金收入——旅游发展基金收入”450 000 元。

市财政总预算会计应编制的会计分录为：

借：国库存款 1 100 000
　　贷：政府性基金预算本级收入 1 100 000

同时，在“政府性基金预算本级收入”总账科目的贷方登记明细账如下：

农网还贷资金收入	150 000
国有土地使用权出让收入	500 000
旅游发展基金收入	450 000

政府性基金预算本级收入属于政府的非税收入，应当按照政府非税收入的基本管理要求进行管理。例如，政府性基金收入应当依法征收，征收的款项应当及时足额缴入国库，全额纳入财政预算，实行收支两条线管理等。政府性基金实行中央一级审批制度，遵循统一领导、分级管理的原则。各级财政部门是政府性基金管理的职能部门。政府性基金预算编制遵循“以收定支、专款专用、收支平衡、结余结转下年安排使用”的原则。

年终，财政总预算会计应将“政府性基金预算本级收入”科目贷方余额全数转入“政府性基金预算结转结余”科目，同时结清所有政府性基金预算本级收入明细账的余额。

三、国有资本经营预算本级收入

（一）国有资本经营预算本级收入的概念与分类

国有资本经营预算本级收入是指政府财政筹集的纳入本级国有资本经营预算管理的非税收入。

财政总预算会计核算的国有资本经营预算本级收入，应当按照《政府收支分类科目》中的国有资本经营预算收入科目进行分类，并且仅包括国有资本经营预算收入科目中的非税收入科目，不包括转移性收入科目。国有资本经营预算收入科目分设类、款、项、目四级，各级科目逐级递进，内容也逐级细化。

根据现行《政府收支分类科目》，国有资本经营预算收入科目下的非税收入类级科目下设1个款级科目，即国有资本经营收入。款级科目下按国有资本经营收入的来源渠道设置项级科目和目级科目。其中，项级科目级科目包括利润收入，股利、股息收入，产权转让收入，清算收入，其他国有资本经营预算收入等。

国有资本经营预算本级收入的收缴方式和程序及列报基础等，均比照一般公共预算本级收入。国有资本经营预算收入日报表的格式同一般公共预算收入日报表。

（二）国有资本经营预算本级收入的核算

为核算国有资本经营预算本级收入业务，财政总预算会计应设置“国有资本经营预算本级收入”总账科目。本科目应当根据《政府收支分类科目》中国有资本经营预算收入科目的规定进行明细核算。本科目平时余额在贷方，反映当年国有资本经营预算本级收入的累计数。年终结账后，本科目无余额。

财政总预算会计收到款项时，根据当日预算收入日报表所列国有资本经营预算本级收入数，借记“国库存款”等科目，贷记“国有资本经营预算本级收入”科目；年终结账时，本科目贷方余额全数转入“国有资本经营预算结转结余”科目，借记“国有资本经营预算本级收入”科目，贷记“国有资本经营预算结转结余”科目。

【例4-4】 某市财政收到中国人民银行国库报来的预算收入日报表。其中，国有资本经营收入合计 1 250 000 元,具体为:"非税收入——国有资本经营收入——利润收入——电力企业利润收入"250 000 元,"非税收入——国有资本经营收入——股利股息收入——国有控股公司股利股息收入"500 000 元,"非税收入——国有资本经营收入——产权转让收入——国有股权股份转让收入" 500 000 元。该市财政总预算会计应编制的会计分录为:

借:国库存款	1 250 000	
贷:国有资本经营预算本级收入		1 250 000

同时,在"国有资本经营预算本级收入"总账科目的贷方登记明细账如下:

利润收入——电力企业利润收入	250 000
股利股息收入——国有控股公司股利股息收入	500 000
产权转让收入——国有股权股份转让收入	500 000

年终,财政总预算会计将"国有资本经营预算本级收入"科目贷方余额全数转入"国有资本经营预算结转结余"科目;同时,应结清所有国有资本经营预算本级收入科目的明细账。

四、专用基金收入

(一) 专用基金收入的概念与管理要求

专用基金是指财政总预算会计管理的各项具有专门用途的资金,如粮食风险基金等。专用基金收入是财政部门按规定设置或取得的作为专用基金管理的资金收入。

专用基金收入专款专用,不得随意改变用途,且必须做到先收后支,量入为支。专用基金收入一般需要通过开设银行存款专户进行储存,单独管理。

(二) 专用基金收入的核算

为核算专用基金收入业务,财政总预算会计应设置"专用基金收入"科目。本科目应根据专用基金的种类设置明细账。本科目平时余额在贷方,反映本年专用基金收入的累计数。年终结账后,本科目无余额。

通过预算支出安排取得专用基金收入转入财政专户的,借记"其他财政存款"科目,贷记"专用基金收入"科目;同时,借记"一般公共预算本级支出"等科目,贷记"国库存款""补助收入"等科目。退回专用基金收入时,借记"专用基金收入"科目,贷记"其他财政存款"科目;通过预算支出安排取得专用基金收入仍存在国库的,借记"一般公共预算本级支出"等科目,贷记"专用基金收入"科目;年终结账时,本科目贷方余额全数转入"专用基金结余"科目,借记"专用基金收入"科目,贷记"专用基金结余"科目。

【例 4-5】 某市财政从省财政取得粮食风险基金 500 000 元,相应款项已存入农业发展银行"粮食风险基金"财政专户。市财政总预算会计应编制的会计分录为:

借:其他财政存款	500 000	
贷:专用基金收入——粮食风险基金——中央财政拨入		500 000

同时,

借:一般公共预算本级支出	500 000	
贷:补助收入		500 000

【例 4-6】 某市财政从一般公共预算支出中安排专用基金 200 000 元,以增加粮食风险基金的数额,相应款项已从财政国库转入农业发展银行"粮食风险基金"财政专户。市财政总预算会计应编制的会计分录为:

借：一般公共预算本级支出　　200 000
　贷：国库存款　　200 000

同时，

借：其他财政存款　　200 000
　贷：专用基金收入——粮食风险基金——本级一般公共预算安排　　200 000

根据国家有关规定，中央和地方政府应当建立粮食风险基金。粮食风险基金统一通过中国农业发展银行的粮食风险基金专户拨付。粮食风险基金收入主要来源于上级政府的专项拨款以及本级政府的预算安排，中央政府对地方粮食风险基金进行补助，地方财政应相应配套粮食风险基金。除此之外，粮食风险基金银行存款的利息收入应当增加粮食风险基金的本金，不能挪作他用。粮食风险基金主要用于对种粮农民进行直接补贴等方面。

年终，财政总预算会计将“专用基金收入”账户贷方余额全数转入“专用基金结余”账户。同时，应结清所有专用基金收入明细账的余额。

五、财政专户管理资金收入

(一) 财政专户管理资金收入的概念

财政专户管理资金收入是指政府财政纳入财政专户管理的教育收费等资金收入。

按照《政府收支分类科目》，目前反映教育部门教育收费的科目主要有公办幼儿园保育费、住宿费，普通高中学费、住宿费，中等职业学校学费、住宿费，高等学校学费、住宿费、委托培养费，函大电大夜大及短训班培训费等。教育部门收取的各种教育收费属于教育行政事业性收费收入，相应款项缴入财政专户，实行财政专户管理。

其他相关部门(如公安、法院、财政、审计、税务、海关、体育、卫生等行政单位)的教育收费，分别在相应的行政事业性收费收入科目下开设教育收费明细科目，反映相应部门收取的缴入财政专户、实行专项管理的教育收费。

教育收费属于政府的非税收收入，相应的款项应缴入财政部在商业银行开设的财政专户。

(二) 财政专户管理资金收入的核算

为核算财政专户管理资金收入业务，财政总预算会计应设置“财政专户管理资金收入”科目。本科目应当按照《政府收支分类科目》中收入分类科目规定进行明细核算；同时，根据管理需要，按部门(单位)等进行明细核算。本科目平时余额在贷方，反映本年财政专户管理资金收入的累计数。年终结账后，本科目无余额。

财政总预算会计收到财政专户管理资金时，借记“其他财政存款”科目，贷记“财政专户管理资金收入”科目；年终结账时，本科目贷方余额全数转入“财政专户管理资金结余”科目，借记“财政专户管理资金收入”科目，贷记“财政专户管理资金结余”科目。

【例 4-7】 某市财政收到财政专户管理的资金收入共计 325 000 元。其中，“非税收入——教育行政事业性收费收入——高等学校学费”215 000 元，“非税收入——教育行政事业性收费收入——高等学校住宿费”85 000 元，“非税收入——卫生行政事业性收费收入——教育收费”25 000 元。市财政总预算会计应编制的会计分录为：

借：其他财政存款　　325 000
　贷：财政专户管理资金收入　　325 000

同时，在“财政专户管理资金收入”总账科目的贷方登记明细账如下：

教育行政事业性收费收入——高等学校学费	215 000
教育行政事业性收费收入——高等学校住宿费	85 000
卫生行政事业性收费收入——教育收费	25 000

年终，财政总预算会计应将“财政专户管理资金收入”总账科目贷方余额全数转入“财政专户管理资金结余”总账科目；同时，应结清所有财政专户管理资金收入明细账的余额。

六、债务收入

(一) 债务收入的概念与分类

债务收入是指政府财政根据法律法规等规定，通过发行债券、向外国政府和国际金融组织借款等方式筹集的纳入预算管理的资金收入。债务收入形成政府可以安排使用的公共资金，列入政府公共财政预算收入；同时，债务收入还形成政府需要偿还的债务，应当作为政府的负债予以记录。

财政总预算会计核算的债务收入，应当按照《政府收支分类科目》中一般公共预算收入和政府性基金预算收入科目下的债务收入科目进行分类。按照现行《政府收支分类科目》，债务收入是与税收收入、非税收入、转移性收入等并列的类级科目。债务收入科目设置的具体情况如下。

1. 一般公共预算收入中债务收入科目

一般公共预算收入中债务收入类级科目下设置 2 个款级科目：

(1) 中央政府债务收入。本科目反映中央政府取得的债务收入，下设 2 个项级科目，即中央政府国内债务收入和中央政府国外债务收入，分别反映中央政府从国内和国外或境外取得的债务收入。其中，中央政府国外债务收入科目再分设 3 个目级科目，即中央政府境外发行主权债券收入、中央政府向外国政府借款收入、中央政府向国际组织借款收入，分别反映中央政府国外债务收入的资金来源。

(2) 地方政府债务收入。本科目反映地方政府取得的债务收入，下设 1 个项级科目，即一般债务收入。项级科目下再分设 3 个目级科目，即地方政府一般债券收入、地方政府向外国政府借款收入、地方政府向国际组织借款收入，分别反映地方政府一般债务收入的资金来源。

2. 政府性基金预算收入中债务收入科目

政府性基金预算收入中债务收入类级科目下设 1 个款级科目，即地方政府债务收入。款级科目下再设置 1 个项级科目，即专项债务收入。该项级科目下再分设若干目级科目，如国际电影事业发展专项资金债务收入、国有土地使用权出让金债务收入、彩票公益金债务收入、城市基础设施配套费债务收入、车辆通行费债务收入等，分别反映以相应政府性基金收入为偿债来源举借的专项债务收入。

(二) 债务收入的核算

为了核算债务收入业务，财政总预算会计应设置“债务收入”总账科目。本科目核算政府财政按照国家法律、国务院规定以发行债券等方式取得的，以及向外国政府、国际金融组织等机构借款取得的纳入预算管理的债务收入。本科目应当按照《政府收支分类科目》中“债务收入”科目的规定进行明细核算。本科目平时余额在贷方，反映债务收入的累计数。年终结账后，本科目无余额。

债务收入的核算应采用“双分录”形式，一方面按收付实现制原则确认政府的债务收入，另一方面按权责发生制原则确认政府的应付债务。债务收入的主要账务处理请参见本书表 3-4、表3-5 和表 3-6，具体举例请参见本书第三章[例 3-23]至[例 3-26]。

七、债务转贷收入

(一) 债务转贷收入的概念和分类

债务转贷收入是指省级以下财政收到的来自上级财政转贷的债务收入。按照地方政府债券预算管理的相关办法，地方政府债券收入可以用于省级直接支出，也可以转贷市、县级政府使用。市、县级政府使用省级政府债券收入的，由省级财政转贷，纳入市、县级财政预算。

债务转贷收入与债务收入并不完全相同。前者是债务收入的资金在上下级政府之间的转移，属于政府间的转移性收入，上下级政府财力总数不变；后者是政府面向社会取得的资金收入，不是资金在上下级政府之间的转移，不属于政府间的转移性收入，上下级政府财力总数会增加。两者的共同点在于都是政府可供使用的财政资金流入，未来都需要偿还并支付相应的利息费用。

财政总预算会计核算的债务转贷收入，应当按照《政府收支分类科目》中一般公共预算收入和政府性基金预算收入科目下的债务转贷收入科目进行分类。按照现行《政府收支分类科目》，债务转贷收入属于转移性收入类级科目下的一个款级科目。其具体科目的设置情况如下。

1. 一般公共预算收入中债务转贷收入科目

一般公共预算收入中债务转贷收入款级科目下设 1 个项级科目，即地方政府一般债务转贷收入，反映下级政府收到的上级政府转贷的一般债务收入。该项级科目下再分设 3 个目级科目，即地方政府一般债务转贷收入、地方政府向外国政府借款转贷收入、地方政府向国际组织借款转贷收入，分别反映地方政府一般债务转贷收入的资金来源。

2. 政府性基金预算收入中债务转贷收入科目

政府性基金预算收入中债务转贷收入款级科目下设 1 个项级科目，即地方政府专项债券收入。反映下级政府收到的上级政府转贷的专项债务收入。该项级科目下再分设若干个目级科目，如国际电影事业发展专项资金债务转贷收入、国有土地使用权出让金债务转贷收入、彩票公益金债务转贷收入、城市基础设施配套费债务转贷收入、车辆通行费债务转贷收入等，分别反映下级政府收到的上级政府转贷的相应政府性基金专项债务收入。

(二) 债务转贷收入的核算

为核算债务转贷收入业务，财政总预算会计应设置“债务转贷收入”科目。本科目核算省级以下(不含省级)政府财政收到上级政府财政转贷的债务收入。本科目下应当设置“地方政府一般债务转贷收入”“地方政府专项债务转贷收入”2 个明细科目。本科目平时余额在贷方，反映债务转贷收入的累计数。年终结账后，本科目无余额。

债务转贷收入的核算也应采用“双分录”形式，一方面按收付实现制原则确认下级政府收到的上级政府转贷的债务收入，另一方面按权责发生制原则确认下级政府应付上级政府的债务。债务转贷收入的主要账务处理请参见本书表 3-7 和表 3-8，具体举例请参见本书第三章[例 3-27]和第四章[例 4-9]、[例 4-10]等。

八、转移性收入

(一) 转移性收入的概念与分类

在财政总预算会计中，转移性收入是指在各级政府财政之间进行资金调拨以及在本级政府财政不同类型资金之间调剂所形成的收入。它包括补助收入、上解收入、调入资金和地区间援助收入等。

按照《政府收支分类科目》,转移性收入是与税收收入、非税收入、债务收入相并列的一个收入种类,属于类级科目。按照政府财政总预算的种类,转移性收入还可以分别有属于一般公共预算的转移性收入、属于政府性基金预算的转移性收入、属于国有资本经营预算中的转移性收入。

1. 一般公共预算中的转移性收入分类

根据现行《政府收支分类科目》,一般公共预算中的转移性收入类级科目下设 6 个款级科目:

(1) 返还性收入。本科目反映下级政府收到上级政府的返还性收入,下设 3 个项级科目,即增值税税收返还收入、消费税税收返还收入、所得税基数返还收入,分别反映不同来源渠道的返还性收入。

(2) 一般性转移支付收入。本科目反映政府间一般性转移支付收入,下设若干个项级科目,如体制补助收入、均衡性转移支付收入、县级基本财力保障机制奖补资金收入、结算补助收入、革命老区转移支付收入、民族地区转移支付收入、边境地区转移支付收入等,分别反映下级政府收到上级政府相应原因的一般性转移补助收入。

(3) 专项转移支付收入。本科目反映政府间专项转移支付收入,下设若干个项级科目,即一般公共服务、外交、国防、公共安全、教育、科学技术、文化体育与传媒、社会保障与就业、医疗卫生与计划生育、节能环保、城乡社区等科目,分别反映下级政府收到上级政府相应专项补助收入。

(4) 上解收入。本科目反映上级政府收到下级政府的上解收入,下设 2 个项级科目,即体制上解收入与专项上解收入,分别反映上级政府收到下级政府相应原因的转移性上解收入。

(5) 调入资金。本科目反映不同性质资金之间的调入收入,下设 1 个项级科目,即调入一般公共预算资金,反映从其他预算调入一般公共预算的资金。项级科目下再分设 3 个目级科目,即调入预算稳定调节基金、从政府性基金预算调入一般公共预算、从国有资本经营预算调入一般公共预算,分别反映调入一般公共预算的资金来源渠道。

(6) 接受其他地区援助收入。本科目反映受援方政府接受的可统筹使用的各类援助、捐赠等资金收入。

2. 政府性基金预算中的转移性收入分类

根据现行《政府收支分类科目》,政府性基金预算中的转移性收入类级科目下设 2 个款级科目:

(1) 政府性基金转移收入。本科目反映政府性基金的转移收入,下设 2 个项级科目,即政府性基金补助收入、政府性基金上解收入,分别反映下级政府收到的上级政府性基金补助收入,以及上级政府收到的下级政府性基金上解收入。

(2) 调入资金。本科目反映不同性质资金之间的调入收入,下设 2 个项级科目,即政府性基金预算调入资金、调入专项收入,分别反映从其他预算调入政府性基金预算的资金,以及地方政府为弥补基金收入不足从公益性项目单位调入的用于偿付债务本金的收入。调入专项收入项级科目下又设若干目级科目,如国家电影事业发展专项资金调入专项收入、国有土地使用权出让金调入专项收入、彩票公益金调入专项收入、车辆通行费调入专项收入等,分别反映地方政府为弥补相关政府性基金收入不足从有关公益性项目单位调入的用于偿付债务本金的收入。

3. 国有资本经营预算中的转移性收入分类

根据现行《政府收支分类科目》,国有资本经营预算中的转移性收入类级科目下设 1 个款级科目，即国有资本经营预算转移支付收入，反映下级政府收到上级政府的国有资本经营预算转移支付收入。

现行《政府收支分类科目》将债务转贷收入列入转移性收入类别，而《财政总预算会计制度》将债务转贷收入列入与债务收入并列的收入类别。

（二）转移性收入的核算

为了核算转移性收入业务，现行《财政总预算会计制度》设置了“补助收入”“上解收入”“调入资金”“地区间援助收入”和“动用预算稳定调节基金”等会计总账科目。《财政总预算会计制度》设置的转移性收入会计科目与《政府收支分类科目》中设置的转移性收入科目的比较情况如表 4-2 所示。

表 4-2　　转移性收入会计科目与政府收支分类科目的比较

财政总预算会计核算科目	政府预算收支分类科目
补助收入	返还性收入、一般性转移支付收入、专项转移支付收入、政府性基金补助收入、国有资本经营预算转移支付收入
上解收入	上解收入、政府性基金上解收入
调入资金	调入资金
地区间援助	接受其他地区援助收入
动用预算稳定调节基金	调入资金

1. 补助收入

补助收入是指上级财政按财政体制规定或因专项需要补助给本级政府的款项，包括上级税收返还、转移支付等。补助收入为上级财政对本级财政的财力转移，补助收入会减少上级财政的财力，增加本级财政的财力，但不会增加或减少上级和本级财政的财力总和，因此，上级政府财政在编制本级政府与下级政府财政的合并报表时，需要将本级政府的“补助支出”科目与下级政府的“补助收入”科目进行抵消。

为了核算补助收入业务，财政总预算会计应设置“补助收入”科目。本科目下应当按照不同的资金性质设置“一般公共预算补助收入”“政府性基金预算补助收入”等明细科目。本科目平时余额在贷方，反映取得的上级补助收入累计数。年终结账后，本科目应无余额。

补助收入的主要账务处理如表 4-3 所示。

表 4-3　　补助收入的主要账务处理

业务事项和内容	账务处理
1. 收到上级政府财政拨入的补助款	借：国库存款/其他财政存款 　　贷：补助收入
2. 专项转移支付资金实行特设专户管理的，政府财政应当根据上级政府财政下达的预算文件确认补助收入	年度当中收到资金时， 借：其他财政存款 　　贷：与上级往来 年度终了时， 借：与上级往来 　　贷：补助收入

（续表）

业务事项和内容	账务处理
3. 从“与上级往来”科目转入本科目	借：与上级往来 　　贷：补助收入
4. 有主权外债业务的财政部门，贷款资金由本级政府财政同级部门（单位）使用，且贷款的最终还款责任由上级政府财政承担	本级政府财政部门收到贷款资金时， 借：其他财政存款 　　贷：补助收入 外方将贷款资金直接支付给供应商或用款单位时， 借：一般公共预算本级支出 　　贷：补助收入
5. 年终与上级政府财政结算	按照尚未收到的补助款金额， 借：与上级往来 　　贷：补助收入 退还或核减补助收入， 借：补助收入 　　贷：国库存款/与上级往来
6. 年终结账	借：补助收入 　　贷：一般公共预算结转结余 　　　　政府性基金预算结转结余

【例 4-8】 某市财政收到中国人民银行国库报来的预算收入日报表，当日收到省一般公共预算转移性收入为 300 000 元，具体为“转移性收入——返还性收入——增值税税收返还收入”300 000 元。市总预算会计应编制的会计分录为：

借：国库存款　　300 000
　　贷：补助收入　　300 000

同时，在“补助收入”总账科目的贷方登记明细账如下：

返还性收入——增值税税收返还收入　　300 000

【例 4-9】 某市财政根据财政体制结算，计算应取得上级省财政的补助收入 700 000 元，具体为：“转移性收入——一般性转移支付收入——均衡性转移支付收入”500 000 元，“转移性收入——政府性基金转移收入——政府性基金补助收入”200 000 元。市总预算会计应编制的会计分录为：

借：与上级往来　　700 000
　　贷：补助收入　　700 000

同时，在“补助收入”总账科目的贷方登记明细账如下：

一般性转移支付收入——均衡性转移支付收入　　500 000
政府性基金转移收入——政府性基金补助收入　　200 000

年终，财政总预算会计将“补助收入”科目贷方余额 1 000 000 元（其中，属于一般公共预算的补助收入800 000 元，属于政府性基金预算的补助收入 200 000 元）分别转入“一般公共预算结转结余”“政府性基金预算结转结余”科目。同时，财政总预算会计应结清所有补助收入明细科目。

2. 上解收入

上解收入是指按照财政体制规定由下级政府财政上交给本级政府财政的款项。上解收入为下级财政对本级财政的财力转移。上解收入会减少下级财政的财力，增加本级财政的财力，但不会增加或减少上级和本级财政的财力总和。

为核算上解收入业务，财政总预算会计应设置“上解收入”科目。本科目下应当按照不同资金性质设置“一般公共预算上解收入”“政府性基金预算上解收入”等明细科目。同时，还应当按照上解地区进行明细核算。本科目平时余额在贷方，反映下级财政上解本级财政收入累计数。年终结账后，本科目应无余额。

收到下级政府财政的上解款时，借记“国库存款”等科目，贷记“上解收入”科目；年终与下级政府财政结算时，根据预算文件，按照尚未收到的上解款金额，借记“与下级往来”科目，贷记“上解收入”科目；退还或核减上解收入时，借记“上解收入”科目，贷记“国库存款”“与下级往来”等科目；年终结账时，本科目贷方余额应根据不同资金性质分别转入对应的结转结余科目，借记“上解收入”科目，贷记“一般公共预算结转结余”“政府性基金预算结转结余”等科目。

【例 4-10】 某省财政收到中国人民银行国库报来的一般公共预算收入日报表。其中，当日收到所属某市一般公共预算转移性收入合计 350 000 元，具体为：“转移性收入——上解收入——体制上解收入”200 000 元，“转移性收入——上解收入——专项上解收入”100 000 元，“转移性收入——政府性基金转移收入——政府性基金上解收入”50 000 元。财政总预算会计应编制的会计分录为：

借：国库存款	350 000	
贷：上解收入——体制上解收入		200 000
——专项上解收入		100 000
——政府性基金上解收入		50 000

【例 4-11】 某省财政确认应收下级某市财政的上解收入 120 000 元，具体为：“转移性收入——上解收入——体制上解收入”100 000 元，“转移性收入——政府性基金转移收入——政府性基金上解收入”20 000 元。财政总预算会计应编制的会计分录为：

借：与下级往来	120 000	
贷：上解收入——体制上解收入		100 000
——政府性基金上解收入		20 000

年终，财政总预算会计将“上解收入”科目贷方余额按资金性质分别转入“一般公共预算结转结余”和“政府性基金预算结转结余”科目。同时，应结清所有上解收入科目的明细科目。

3. 调入资金

调入资金是指政府财政为平衡某类预算收支、从其他类型预算资金及其他渠道调入的资金。调入资金可以发生在一般公共预算中，也可以发生在政府性基金预算中。调入资金的目的是平衡一般公共预算或政府性基金预算。如果一般公共预算发生缺口，为平衡一般公共预算，可以考虑从政府性基金预算结余调入一部分资金，形成一般公共预算调入资金。政府性基金的情况也是如此。

为核算调入资金的业务，财政总预算会应设置“调入资金”总账科目。本科目下应当按照不同资金性质设置“一般公共预算调入资金”“政府性基金预算调入资金”等明细科目。本科目平时余额在贷方，反映调入资金的累计数。年终结账后，本科目无余额。

财政总预算会计从其他类型预算资金及其他渠道调入一般公共预算时，按照调入的资金金额，借记“调出资金——政府性基金预算调出资金”“国库存款”等科目，贷记“调入资金——一般公共预算调入资金”科目；从其他类型预算资金及其他渠道调入政府性基金预算时，按照调入的资金金额，借记“调出资金——一般公共预算调出资金”“国库存款”等科目，贷记“调入资金——政府性基金预算调入资金”科目；年终结账时，本科目贷方余额分别转入相应的结转结余科目，借记“调入资金”科目，贷记“一般公共预算结转结余”“政府性基金预算结转结余”等科目。

【例 4-12】 某市财政为平衡一般预算，经批准从政府性基金预算结余中调入资金 150 000 元。财政总预算会计应编制的会计分录为：

借：调出资金——政府性基金预算调出资金	150 000	
贷：调入资金——一般公共预算调入资金		150 000

一般公共预算与政府性基金预算是两个相对独立的政府财政总预算种类。财政资金在两种不同性质资金之间的调剂使用时，一方记录的调入资金与另一方记录的调出资金相等，一级政府财政资金的总额没有变化。

【例 4-13】 某市财政为弥补车辆通行费收入不足从公益性项目单位调入用于偿付专项债务本金的资金 50 000 元，款项已存入财政国库。财政总预算会计应编制的会计分录为：

借：国库存款	50 000	
贷：调入资金——政府性基金预算调入资金		50 000

年终，财政总预算会计将“调入资金”科目贷方余额分别转入“一般公共预算结转结余”“政府性基金预算结转结余”总账科目。同时，应结清所有调入资金明细分类科目。

4. 地区间援助收入

地区间援助收入是指受援方政府财政收到援助方政府财政转来的可统筹使用的各类援助、捐赠等资金收入。受援方政府接受援助方政府提供地区间援助资金的原因，可能是受援方政府因发生严重的自然灾害从而导致财政困难。地区间援助资金应当纳入预算管理。

为核算地区间援助收入业务，财政总预算会计应设置“地区间援助收入”总账科目。本科目应按援助地区及管理要求进行明细核算。本科目平时余额在贷方，反映当年收到的地区间援助收入累计数。年终结账后，本科目应无余额。

财政总预算会计收到援助方政府财政转来的资金时，借记“国库存款”科目，贷记“地区间援助收入”科目；年终结账时，本科目贷方余额全数转入“一般公共预算结转结余”科目，借记“地区间援助收入”科目，贷记“一般公共预算结转结余”科目。

【例 4-14】 甲市财政收到乙市财政转来的可统筹使用的援助资金 250 000 元，适用的预算科目为“转移性收入——接受其他地区援助收入”。财政总预算会计应编制的会计分录为：

借：国库存款	250 000	
贷：地区间援助收入——接受其他地区援助收入——乙市财政		250 000

年终，财政总预算会计将“地区间援助收入”总账科目贷方余额转入“一般公共预算结转结余”总账科目。同时，结清所有调入资金明细分类科目。

5. 动用预算稳定调节基金

动用预算稳定调节基金是指为弥补财政短收年份预算执行收支缺口，调用的预算稳定调节基金。

为核算动用预算稳定调节基金业务，财政总预算会计应设置“动用预算稳定调节基金”总账科目。本科目核算政府财政为弥补本年度预算资金的不足，调用的预算稳定调节基金。本科目平时余额在贷方，反映动用预算稳定调节基金的累计数。年终结账后，本科目无余额。

调用预算稳定调节基金时，借记“预算稳定调节基金”科目，贷记“动用预算稳定调节基金”

科目；年终结账时，本科目贷方余额全数转入“一般公共预算结转结余”科目，借记“动用预算稳定调节基金”科目，贷记“一般公共预算结转结余”科目。

【例 4-15】 某省财政年终发现本年财政收入小于财政支出，发生财政短收，政府财政为弥补本年度预算资金的不足决定调用预算稳定调节基金 6 000 000 元，适用“转移性收入——调入资金——调入一般公共预算资金”。省财政总预算会计应编制的会计分录为：

借：预算稳定调节基金　　6 000 000

　贷：动用预算稳定调节基金　　6 000 000

年终结账，财政总预算会计将“动用预算稳定调节基金”科目贷方余额 6 000 000 元结转“一般公共预算结转结余”科目。

“动用预算稳定调节基金”科目属于收入类科目，但是带来国库存款的增加。通过动用预算稳定调节基金，以前年度积累的预算稳定调节基金减少，当年的财政总预算收入增加，当年的收支缺口减少。

第二节　财政总预算会计的支出

财政总预算会计的支出是指政府为实现政府职能，对财政资金的分配和使用。主要包括一般公共预算本级支出、政府性基金预算本级支出、国有资本经营预算本级支出、专用基金支出、财政专户管理资金支出、债务还本支出、债务转贷支出、转移性支出等。

一、一般公共预算本级支出

（一）一般公共预算本级支出的概念与分类

一般公共预算本级支出是指政府财政管理的由本级政府使用的列入一般公共预算的支出。一般公共预算本级支出是政府对集中的一般公共预算收入有计划地进行分配和使用而发生的支出。其中，一般公共预算收入包括税收收入、非税收入、债务收入和转移性收入等种类。同时，一般公共预算本级支出是由本级政府使用的支出，而不是转移给上级政府或下级政府的支出，也不是向其他地区援助的支出。

财政总预算会计核算的一般公共预算本级支出，应当同时按照《政府收支分类科目》中的一般公共预算支出功能分类科目和政府预算支出经济分类科目进行分类。

1. 一般公共预算本级支出功能分类科目

财政总预算会计核算的一般公共预算本级支出，应当按照《政府收支分类科目》中的一般公共预算本级支出功能分类科目进行分类，并且仅包括其中的一般公共服务支出、外交支出、国防支出、公共安全支出、教育支出等反映财政财政资金由本级财政使用的相关科目，不包括其中的国债还本相关科目和转移性支出科目。

根据现行《政府收支分类科目》，一般公共预算支出科目分设类、款、项三级，各级科目逐级递进，内容也逐级细化。其中类级科目、款级科目的设置情况如下：

（1）一般公共服务类。本科目反映政府提供一般公共服务的支出，下设 28 个款级科目，即人大事务、政协事务、政府办公厅（室）及相关机构事务、发展与改革事务、统计信息事务、财政事务、税收事务、审计事务、海关事务、人力资源事务、纪检监察事务、商贸事务、知识产权事务、工商行政管理事务、质量技术监督与检验检疫事务、民族事务、宗教事务、港澳台侨事务、档案事务、民主党派及工商联事务、群众团体事务、党委办公厅及相关机构事务、宣传事务、组织事务、统战事务、对外联络事务、其他共产党事务支出、其他一般公共服务支出。

(2) 外交支出类。本科目反映政府外交事务支出，下设 8 个款级科目，即外交管理事务、驻外机构、对外援助、国际组织、对外合作与交流、对外宣传、边界勘界联检、其他外交支出。

(3) 国防支出类。本科目反映政府用于现役部队、国防后备力量、国防动员等方面的支出，下设 5 个款级科目，即现役部队、国防科研事业、专项工程、国防动员、其他国防支出。

(4) 公共安全支出类。本科目反映政府维护社会公共安全方面的支出，下设 12 个款级科目，即武装警察、公安、国家安全、检察、法院、司法、监狱、强制隔离戒毒、国家保密、缉私警察、海警、其他公共安全支出。

(5) 教育支出类。本科目反映政府教育事务支出，下设 9 个款级科目，即教育管理事务、普通教育、职业教育、成人教育、广播电视教育 、留学教育、特殊教育、进修及培训、教育附加及基金支出、其他教育支出。

(6) 科学技术支出类。本科目反映用于科学技术方面的支出，下设 10 个款级科目，即科学技术管理事务、基础研究、应用研究、技术研究与开发、科技条件与服务、社会科学、科学技术普及、科技交流与合作、科技重大专项、其他科学技术支出。

(7) 文化体育与传媒支出类。本科目反映政府在文化、文物、体育、广播影视、新闻出版等方面的支出，下设 5 个款级科目，即文化、文物、体育、新闻出版广播影视、其他文化体育与传媒支出。

(8) 社会保障和就业支出类。本科目反映政府在社会保障和就业方面的支出，下设 20 个款级科目，即人力资源和社会保障管理事务、民政管理事务、补充全国社会保障基金、行政事业单位离退休、企业改革补助、就业补助、抚恤、退役安置、社会福利、残疾人事业、自然灾害生活救助、红十字事业、最低生活保障、临时救助、特困人员救助供养、补充道路交通事故社会救助基金、其他生活救助、财政对基本养老保险基金的补助、财政对其他社会保险基金的补助、其他社会保障和就业支出。

(9) 医疗卫生与计划生育支出类。本科目反映政府医疗卫生方面的支出，下设 12 个款级科目，即医疗卫生与计划生育管理事务、公立医院、基层医疗卫生机构、公共卫生、中医药、计划生育事务、食品和药品监督管理事务、行政事业单位医疗、财政对基本医疗保险基金的补助、医疗救助、优抚对象医疗、其他医疗卫生与计划生育支出。

(10) 节能环保支出类。本科目反映政府环境保护支出，下设 15 个款级科目，即环境保护管理事务、环境监测与监察、污染防治、自然生态保护、天然林保护、退耕还林、风沙荒漠治理、退牧还草、已垦草原退耕还草、能源节约利用、污染减排、可再生能源、循环经济、能源管理事务、其他环境保护支出。

(11) 城乡社区支出类。本科目反映政府城乡社区事务支出，下设 6 个款级科目，即城乡社区管理事务、城乡社区规划与管理、城乡社区公共设施、城乡社区环境卫生、建设市场管理与监督、其他城乡社区事务支出。

(12) 农林水支出类。本科目反映政府农林水事务支出，下设 10 个款级科目，即农业、林业、水利、南水北调、扶贫、农业综合开发、农村综合改革、普惠金融发展支出、目标价格补贴、其他农林水支出。

(13) 交通运输支出类。本科目反映政府交通运输方面的支出，下设 7 个款级科目，即公路水路运输、铁路运输、民用航空运输、成品油价格改革对交通运输的补贴、邮政业支出、车辆购置税支出、其他交通运输支出。

(14) 资源勘探信息等支出类。本科目反映政府对采掘电力信息等事务支出，下设 8 个款级科目，即资源勘探开发、制造业、建筑业、工业和信息产业监管支出、安全生产监管、国有资产监管、支持中小企业发展和管理支出、其他采掘信息等事务支出。

(15) 商业服务业等支出类。本科目反映商业服务业等方面的支出，下设 4 个款级科目，即商业流通事务、旅游业管理与服务支出、涉外发展服务支出、其他商业服务业等支出。

(16) 金融支出类。本科目反映金融保险业监管等事务方面的支出，下设 5 个款级科目，即金融部门行政支出、金融部门监管支出、金融发展支出、金融调控支出、其他金融支出。

(17) 援助其他地区支出类。本科目反映援助方政府安排并管理的对其他地区各类援助、捐赠等资金支出，下设 9 个款级科目，即一般公共服务、教育、文化体育与传媒、医疗卫生、节能环保、农业、交通运输、住房保障、其他支出。

(18) 国土海洋气象等支出类。本科目反映政府用于国土资源、海洋、测验、地震、气象等公益服务事业方面的支出，下设 6 个款级科目，即国土资源事务、海洋管理事务、测绘事务、地震事务、气象事务、其他国土海洋气象等支出。

(19) 住房保障支出类。本科目反映政府用于住房方面的支出，下设 3 个款级科目，即保障性安居工程支出、住房改革支出、城乡社区住宅。

(20) 粮油物资储备支出类。本科目反映政府用于粮油物资储备方面的支出，下设 6 个款级科目，即粮油事务、物资事务、能源储备、粮油储备、重要商品储备，其他重要商品储备支出。

(21) 预备费类。本科目反映预算中安排的预备费。

(22) 其他支出类。本科目反映不能划分到上述功能科目的其他政府支出。

(23) 债务付息支出类。本科目反映用于偿付债务利息所发生的支出，下设 3 个款级科目，即中央政府国内债务付息支出、中央政府国外债务付息支出、地方政府一般债务付息支出。

(24) 债务发行费用支出类。本科目反映用于债务发行兑付费用的支出，下设 3 个款级科目，即中央政府国内债务发行费用支出、中央政府国外债务发行费用支出、地方政府一般债务发行费用支出。

上述一般公共预算本级支出的分类方法，称为按职能或功能分类的方法，所形成的一般公共预算本级支出科目也相应称为一般公共预算本级支出功能分类科目，它们着重反映政府在做什么。在以上各支出科目中，由于“债务付息支出”和“债务发行费用支出”科目通常难以划分至具体的政府功能，从而区别于其他有关功能分类科目。

2. 一般公共预算本级支出的经济分类

财政总预算会计核算的一般公共预算本级支出，还应当按照《政府收支分类科目》中的政府预算支出经济分类科目进行分类，并且也仅包括其中的机关工资福利支出、机关商品和服务支出、机关资本性支出、对事业单位经常性补助、对事业单位资本性补助等反映财政资金由本级政府使用的相关科目，不包括其中的转移性支出和债务还本支出相关科目。

政府预算支出经济分类按照预算法的要求设置类、款两级，类级科目 15 个，款级科目 60 个。具体科目设置情况如下：

(1) 机关工资福利支出类。本科目反映机关和参照公务员法管理的事业单位(以下简称参公事业单位)的工资福利支出，下设 4 个款级科目，即工资奖金津补贴、社会保障缴费、住房公积金、其他工资福利支出。

(2) 机关商品和服务支出类。本科目反映机关和参公事业单位的商品和服务支出，下设

10个款级科目,即办公经费、会议费、培训费、专用材料购置费、委托业务费、公务接待费、因公出国(境)费用、公务用车运行维护费、维修(护)费、其他商品和服务支出。

(3) 机关资本性支出(一)类。本科目反映机关和参公事业单位资本性支出,下设7个款级科目,即房屋建筑物购建、基础设施建设、公务用车购置、土地征迁补偿和安置支出、设备购置、大型修缮、其他资本性支出。切块由发展改革部门安排的基本建设支出中机关和参公事业单位资本性支出不在此科目反映。

(4) 机关资本性支出(二)类。本科目反映切块由发展改革部门安排的基本建设支出中机关和参公事业单位资本性支出,下设6个款级科目,即房屋建筑物购建、基础设施建设、公务用车购置、设备购置、大型修缮、其他资本性支出。

(5) 对事业单位经常性补助类。本科目反映对事业单位(不含参公事业单位)的经常性补助支出,下设3个款级科目,即工资福利支出、商品和服务支出、其他对事业单位补助。

(6) 对事业单位资本性补助类。本科目反映对事业单位(不含参公事业单位)的资本性补助支出,下设2个款级科目,即资本性支出(一)、资本性支出(二)。

(7) 对企业补助类。本科目反映政府对各类企业的补助支出,对企业资本性支出不在此科目反映,下设3个款级科目,即费用补贴、利息补贴、其他对企业补助。

(8) 对企业资本性支出类。本科目反映政府对各类企业的资本性支出,下设2个款级科目,即对企业资本性支出(一)、对企业资本性支出(二)。

(9) 对个人和家庭的补助类。本科目反映政府用于对个人和家庭的补助支出,下设5个款级科目,即社会福利和救助、助学金、个人农业生产补贴、离退休费、其他对个人和家庭补助。

(10) 对社会保障基金补助类。本科目反映政府对社会保险基金的补助以及补充全国社会保障基金的支出,下设2个款级科目,即对社会保险基金补助、补充全国社会保障基金。

(11) 债务利息及费用支出类。本科目反映政府债务利息及费用支出,下设4个款级科目,即国内债务付息、国外债务付息、国内债务发行费用、国外债务发行费用。

(12) 其他支出类。本科目反映不能划分到上述经济科目的其他支出,下设4个款级科目,即赠与、国家赔偿费用支出、对民间非营利组织和群众性自治组织补贴、其他支出。

在现行《政府收支分类科目》中,"支出功能分类科目"与"支出经济分类科目"是两套相互并列的政府支出科目体系。它们分别从不同的角度对政府的支出进行了全面系统的分类,并且还可以相互配合,同时对有关的支出进行反映。例如,某公安部门购买了一批办公用品,用作日常行政运行。该购买办公用品的支出可以同时在"一般公共预算支出——公共安全——公安——行政运行"科目和"机关商品和服务支出——办公费"科目中反映。前者反映为政府的功能支出或职能支出,后者反映为政府的经济支出或用途支出。

这里需要强调的是,政府支出的分类不是一成不变的,随着人们对政府向社会提供的公共物品种类认识的深化,以及政府在不同时期、不同经济环境下财政支出重点的变化,政府支出的分类也会随之发生变化。

(二) 国库单一账户制度下的财政支出支付方式和程序

在国库单一账户制度下,财政支出的支付方式分为财政直接支付和财政授权支付两种。

1. 财政直接支付

财政直接支付是指由财政部门开具支付令,通过国库单一账户体系,直接将财政资金支付到收款人(即商品和劳务供应者)或用款单位账户的支付方式。实行财政直接支付的支出主要包括工资支出、工程采购支出、物品和劳务采购支出、转移支出等。财政直接支付的具体支出项目，由财政部门在确定部门预算时确定。

在财政直接支付方式下，预算单位按照批复的预算和资金使用计划，向财政国库支付执行机构提出支付申请，经财政国库支付执行机构审核无误后，向代理银行发出支付令，并通知中国人民银行办理资金清算手续，将资金划给代理银行。也就是通过代理银行进入全国银行清算系统实时清算，财政资金从国库单一账户划拨到收款人的银行账户。

财政总预算会计根据财政国库支付执行机构报来的预算支出结算清单，经与中国人民银行报来的财政直接支付申请划款凭证核对无误后，作出相应的会计处理，确认国库存款的减少，并确认相应的预算支出。

在财政直接支付方式下，财政部门选择有关的商业银行作为代理银行，并在相应的代理银行开设财政零余额账户，用以办理财政直接支付业务。财政零余额账户不是实存财政资金的账户，它只是财政部门与代理银行间的一个临时结算过渡账户。每日终了，该账户的余额为零。

2. 财政授权支付

财政授权支付是指预算单位根据财政部门的授权，自行开具支付令，通过国库单一账户体系将资金支付到货品或劳务供应者账户的支付方式。实行财政授权支付的支出主要包括未纳入财政直接支付的购买支出和零星支出（如差旅费支出、交通费支出、劳务费支出、咨询费支出、奖励性支出等）。财政授权支付的具体支出项目，由财政部门在确定部门预算时确定。

在财政授权支付方式下，预算单位按照批复的预算和资金使用计划，向财政国库支付执行机构申请授权支付的月度用款限额，财政国库支付执行机构将批准后的限额通知代理银行和预算单位，并通知中国人民银行国库部门。预算单位在月度用款限额内，自行开具支付令，通过财政国库支付执行机构转由代理银行向收款人付款，并与国库单一账户清算。

财政总预算会计根据财政国库支付执行机构报来的预算支出结算清单，经与中国人民银行报来的财政授权支付申请划款凭证及其他有关凭证核对无误后，作出相应的会计处理，确认国库存款的减少，并确认相应的预算支出。

在财政授权支付方式下，财政部门选择有关的商业银行作为代理银行，并在相应的代理银行开设预算单位零余额账户，用以办理财政授权支付业务。预算单位零余额账户也不是实存财政资金的账户，它也只是财政部门与代理银行间的一个临时结算过渡账户。每日终了，该账户的余额也为零。

在财政国库集中支付过程中，“预算支出结算清单”的参考格式如表 4-4 所示。

表 4-4　　　　预算支出结算清单　　　　单位：元

支出功能分类科目		政府预算支出经济分类科目		预算部门		支出总计	财政直接支付	财政授权支付
编号	名称	编号	名称	编号	名称			
20106	一般公共服务支出——财政事务	501	机关工资福利支出	（略，下同）	省财政厅	15 000	15 000	
20201	公共安全支出——法院	502	机关商品和服务支出		省法院	800		800
20503	教育支出——职业教育	504	对事业单位经常性补助		省教育厅	55 000	55 000	
	合计					70 800	70 000	800

国库支付执行机构负责人：×××　　　　国库支付执行机构经办人：×××

财政实拨资金是指财政部门通过国库存款账户将财政资金实际拨付到预算单位在商业银

行开设的银行存款账户上,供预算单位使用的财政资金支付方式。在这种支付方式下,预算单位根据单位预算向财政部门提交"预算经费请拨单",申请拨付预算经费。经财政部门审核批准后,财政总预算会计将财政资金从中国人民银行国库存款账户拨付到预算单位在商业银行开设的基本存款账户。预算单位在使用财政资金时,从其银行存款账户中通过提取现金或者转账的方式,将款项支付给货品或劳务供应商。在这种支付方式下,当财政资金从国库存款账户拨付到预算单位的基本存款账户时,财政总预算会计作出相应的会计处理,确认国库存款的减少,并确认相应的预算支出。该支付方式下,预算单位在商业银行开设的基本存款账户为实存财政资金账户。

(三) 一般公共预算本级支出的列报基础

财政总预算会计一般采用收付实现制确认和列报一般公共预算支出,即一般公共预算本级支出通常在财政总预算会计从财政国库拨付财政资金时确认和列报。具体来说,在财政直接支付方式下,财政总预算会计应根据财政国库支付执行机构每日报来的"预算支出结算清单",在与中国人民银行报来的"财政直接支付申请划款凭证"核对无误后,列报预算支出。在财政授权支付方式下,财政总预算会计应根据财政国库支付执行机构每日报来的"预算支出结算清单",在与中国人民银行报来的"财政授权支付申请划款凭证"核对无误后,列报预算支出。在财政实拨资金支付方式下,财政总预算会计应根据经审核批准的"预算经费请拨单",按实际财政拨款数列报预算支出。

根据现行《财政总预算会计制度》的规定,年末可采用权责发生制将国库集中支付结余列支入账。地方各级财政部门除国库集中支付结余外,不得采用权责发生制列支。权责发生制列支只限于年末采用,平时不得采用。

(四) 一般公共预算本级支出的核算

为核算一般公共预算本级支出业务,财政总预算会计应设置"一般公共预算本级支出"总账科目。本科目应当根据《政府收支分类科目》中支出功能分类科目设置明细科目。同时,根据管理需要,按照支出经济分类科目、部门等进行明细核算。本科目平时余额在借方,反映一般公共预算本级支出累计数。年终结账后,本科目应无余额。

1. 实际发生一般公共预算本级支出

实际发生一般公共预算本级支出时,财政总预算会计借记"一般公共预算本级支出"科目,贷记"国库存款""其他财政存款"等科目。

(1) 行政运行与事业运行支出。在政府收支分类科目中,行政运行科目反映行政单位(包括实行公务员管理的事业单位)的基本支出。基本支出是指为保障机构正常运转、完成日常工作任务而发生的人员支出和公用支出。行政单位的人员经费支出应当通过财政直接支付的方式直接支付给职工个人,即应当通过银行卡的形式发放,不发放现金。行政运行的经费应当定期优先保证支付,以确保行政单位日常业务的正常运行。事业运行科目反映事业单位(不包括实行公务员管理的事业单位)的基本支出。以财政部为例,财政部所属中国注册会计师协会、中国会计学会、全国预算与会计研究会、财政科学研究院等事业单位发生的基本支出可归入事业运行科目。

【例4-16】 某市财政总预算会计收到财政国库支付执行机构报来的预算支出结算清单,财政国库支付执行机构以财政直接支付的方式,通过财政零余额账户支付有关预算单位的属于一般公共预算本级支出的款项共计170 000元。具体支付情况为:"一般公共服务支出——人大事务——行政运行(机关工资福利支出)"60 000元,"一般公共服务支出——发展与改革事务——行政运行(机关商品和服务支出)"60 000 元,"一般公共服务支出——财政事务——事业运行(对事业单位经常性补助)"50 000 元。财政总预算会计根据财政国库支付执行机构报来的预算支出结算清单,经与中国人民银行报来的财政直接支付申请划款凭证及其他有关凭证核对无误后,列报一般公共预算支出。财政总预算会计应编制的会计分录为:

借:一般公共预算本级支出　　170 000
　贷:国库存款　　170 000

同时,在"一般公共预算本级支出"总账科目的借方登记明细账如下:

一般公共服务支出——人大事务——行政运行(机关工资福利支出)　　60 000
一般公共服务支出——发展与改革事务——行政运行(机关商品和服务支出)　　60 000
一般公共服务支出——财政事务——事业运行(对事业单位经常性补助)　　50 000

(2) 专项支出。在保证相关职能部门日常运行的基础上,政府还需要有针对性地开展相应的专项活动,以完成相关的专门任务,实现有关的专门目的或目标。由此,项级科目还会再根据各政府职能的具体专项活动进行设置。例如,财政事务款级科目下设置预算改革业务、财政国库业务、财政监察等项级科目,税收事务款级科目下设置税务办案、税务登记证及发票管理、税务宣传等项级科目,以分别反映各专项活动或专门职能的支出,上述支出都属于项目支出。项目支出是指行政事业单位在基本支出之外为完成特定行政和事业发展目标所发生的支出。对于行政事业单位的项目支出在相关项目支出科目中核算和反映。

【例 4-17】 某市财政总预算会计收到国库支付执行机构报来的预算支出结算清单,有关预算单位通过财政直接支付方式支付属于一般公共预算本级支出的款项共计 110 000 元。具体支付情况为:"一般公共服务支出——税收事务——税务宣传(机关商品和服务支出)"60 000 元,"公共安全支出——法院——信息化建设(机关资本性支出)"50 000 元。财政总预算会计根据财政国库支付执行机构报来的预算支出结算清单,经与中国人民银行报来的财政直接支付申请划款凭证及其他有关凭证核对无误后,列报一般公共预算支出。财政总预算会计应编制的会计分录为:

借:一般公共预算本级支出　　110 000
　贷:国库存款　　110 000

同时,在"一般公共预算本级支出"总账科目的借方登记明细账如下:

一般公共服务——税收事务——税务宣传(机关商品和服务支出)　　60 000
公共安全支出——法院——信息化建设(机关资本性支出)　　50 000

(3) 公益事业支出。公益性事业支出通常主要是指教育、科技、文化、文物、体育、广播影视、医疗卫生等行业的支出。政府收支分类科目为这些行业设置了专门的支出功能分类科目,如普通教育款级科目下设置小学教育、初中教育、高中教育、高等教育等项级科目;文化款级科目下设置图书馆、文化展示及纪念机构、文化活动等项级科目。通过这些科目的归集和核算,政府在相应社会公益行业方面的支出数额可以得到全面完整的反映。

【例 4-18】 某市财政总预算会计收到国库支付执行机构报来的预算支出结算清单,有关预算单位通过财政直接支付方式支付属于一般公共预算本级支出的款项共计 90 000 元。具体支付情况为:"教育——职业教育——职业高中教育(对事业单位经常性补助)"40 000 元,"文化体育与传媒支出——文化——图书馆(对事业单位资本性补助)"50 000 元。财政总预算会计根据财政国库支付执行机构报来的预算支出结算清单,经与中国人民银行报来的财政直接支付申请划款凭证及其他有关凭证核对无误后，列报一般公共预算支出。财政总预算会计应编制的会计分录为：

借：一般公共预算本级支出　　90 000
　贷：国库存款　　90 000

同时，在“一般公共预算本级支出”总账科目的借方登记明细账如下：

教育——职业教育——职业高中教育(对事业单位经常性补助)　　40 000
文化体育与传媒——文化——图书馆(对事业单位资本性补助)　　50 000

(4) 政府采购。政府采购是指各级政府为开展日常政务活动以及为满足向社会公众提供公共服务的需要，在财政的监督下，以法定的方式和方法从国内外市场上购买所需货物、工程和服务的一种经济行为。按照政府采购制度的规定，各单位所需的货物、工程和服务，被纳入政府集中采购目录，通过编制政府采购预算，实行政府集中采购，并由财政部门直接向供应商支付货款。相对于预算单位自行采购，政府采购更加公开、公正和透明。

【例 4-19】 某市财政总预算会计收到国库支付执行机构报来的预算支出结算清单，财政国库支付执行机构以财政直接支付方式为相关预算单位采用政府集中采购方式购买货物、工程和服务支付财政预算资金共计 220 000 元。具体支付情况为：“一般公共服务支出——审计事务——行政运行(机关商品和服务支出)”40 000 元，“文化体育与传媒支出——文化——博物馆(对事业单位经常性补助)”50 000 元，“医疗卫生支出——公立医院——综合医院(对事业单位资本性补助)”130 000 元。财政总预算会计根据财政国库支付执行机构报来的预算支出结算清单，经与中国人民银行报来的财政直接支付申请划款凭证及其他有关凭证核对无误后，列报一般公共预算支出。财政总预算会计应编制的会计分录为：

借：一般公共预算本级支出　　220 000
　贷：国库存款　　220 000

同时，在“一般公共预算本级支出”总账科目的借方登记明细账如下：

一般公共服务支出——审计事务——行政运行(机关商品和服务支出)　　40 000
文化体育与传媒支出——文化——博物馆(对事业单位经常性补助)　　50 000
医疗卫生支出——公立医院——综合医院(对事业单位资本性补助)　　130 000

2. 年终按权责发生制处理的一般公共预算本级支出

年度终了，对纳入国库集中支付管理的、当年未支而需结转下一年度支付的款项(国库集中支付结余)，采用权责发生制确认支出时，借记“一般公共预算本级支出”科目，贷记“应付国库集中支付结余”科目。

【例 4-20】 某市财政总预算会计年终核定当年确实无法实现拨款、按规定应留归预算单位在下一年度继续使用的本年终预算结转和结余资金共计 150 000 元。具体拨付情况为：“文化体育与传媒支出——文化——文化创作与保护(对事业单位经常性补助)”50 000 元，“社会保障与就业支出——企业改革补助(对企业补助)”100 000 元。财政总预算会计应编制的会计分录为：

借：一般公共预算本级支出　　150 000
　贷：应付国库集中支付结余　　150 000

同时，在“一般公共预算本级支出”总账科目的借方登记明细账如下：

文化体育与传媒支出——文化——文化创作与保护(对事业单位经常性补助) 50 000
社会保障与就业支出——企业改革补助(对企业补助) 100 000

在财政实拨资金支付方式下,财政总预算会计以拨作支,即以实际拨付数确认预算支出,借记“一般公共预算本级支出”科目,贷记“国库存款”科目。预算单位在实际使用了财政资金后,仍然需要向财政部门核销。目前,这种财政资金支付方式已经很少使用。

年终结账时,“一般公共预算本级支出”科目借方余额应全数转入“一般公共预算结转结余”科目,借记“一般公共预算结转结余”科目,贷记“一般公共预算本级支出”科目。同时,结清所有一般公共预算本级支出的明细账。

二、政府性基金预算本级支出

(一) 政府性基金预算支出的概念与分类

政府性基金预算本级支出是指政府财政管理的由本级政府使用的列入政府性基金预算的支出。与一般公共预算本级支出相比,政府性基金预算支出具有专款专用的特征,并纳入政府预算管理。

财政总预算会计核算的政府性基金预算本级支出,应当同时按照《政府收支分类科目》中的政府性基金预算支出功能分类科目和政府预算支出经济分类科目进行分类。

按照《政府收支分类科目》,政府性基金预算支出功能分类科目分设类、款、项三级,各级科目逐级递进,内容也逐级细化。现行政府性基金预算支出的功能分类的类、款级科目如下:

(1) 文化体育与传媒支出。本科目反映政府在文化、文物、体育、广播影视、新闻出版等方面的支出,下设 1 个款级科目,即国家电影事业发展专项资金对应专项债务收入安排的支出。

(2) 社会保障和就业支出。本科目反映政府在社会保障和就业方面的支出,下设 2 个款级科目,即大中型水库移民后期扶持基金支出、小型水库移民扶助基金支出。

(3) 节能环保支出。本科目反映政府节能环保支出,下设 2 个款级科目,即可再生能源电价附加收入安排的支出、废弃电器电子产品处理基金支出。

(4) 城乡社区支出。本科目反映政府城乡社区事务支出,下设 5 个款级科目,即国有土地使用权出让收入安排的支出、城市公用事业附加安排的支出、反映用公用事业附加收入安排的支出、国有土地收益基金支出、农业土地开发资金支出、城市基础设施配套费安排的支出。

(5) 农林水支出。本科目反映政府农林水事务支出,下设 4 个款级科目,即新菜地开发建设基金支出、大中型水库库区基金支出、三峡水库库区基金支出、国家重大水利工程建设基金支出。

(6) 交通运输支出。本科目反映交通运输和邮政业方面的支出,下设 6 个款级科目,即海南省高等级公路车辆通行附加费安排的支出、车辆通行费安排的支出、港口建设费安排的支出、铁路建设基金支出、船舶油污损害赔偿基金支出、民航发展基金支出等。

(7) 资源勘探电力信息等支出。本科目反映资源勘探、制造业、建筑业、电力信息等方面的支出,下设 6 个款级科目,即工业和信息产业监管、散装水泥专项资金支出、新型墙体材料专项基金支出、农网还贷资金支出、山西省煤炭可持续发展基金支出、电力改革预留资产变现收入安排的支出。

(8) 商业服务业等支出。本科目反映商业服务业等方面的支出,下设 1 个款级科目,即旅游发展基金支出。

(9) 其他支出。本科目反映不能划分到上述功能科目的其他政府支出,下设 3 个款级科目,即其他政府性基金及对应专项债务收入安排的支出、彩票发行销售机构业务费安排的支出、彩票公益金安排及对应专项债务收入安排的支出。

(10) 债务付息支出。本科目反映用于归还债务利息所发生的支出,下设1个款级科目,即地方政府专项债务付息支出。

(11) 债务发行费用支出。本科目反映用于归还债务发行兑付费用的支出,下设1个款级科目,即地方政府专项债务发行费用支出。

在以上有关政府性基金支出的款级科目下,再分设若干项级科目。例如,在农网还贷资金支出款级科目下,再分设中央农网还贷资金支出、地方农网还贷资金支出等项级科目。

政府性基金预算本级支出经济分类科目的设置情况如同一般公共预算本级支出经济分类科目的设置情况。

政府性基金预算支出的支付方式和程序、列报基础等,均比照一般公共预算支出。

(二) 政府性基金预算本级支出的核算

为核算政府性基金预算本级支出业务,总预算会计应设置“政府性基金预算本级支出”科目。本科目应当按照《政府收支分类科目》中支出功能分类科目设置明细科目。同时,根据管理需要,按照支出经济分类科目、部门等进行明细核算。本科目平时余额在借方,反映政府性基金预算本级支出的累计数。年终结账后,本科目无余额。

实际发生政府性基金预算本级支出时,借记“政府性基金预算本级支出”科目,贷记“国库存款”科目;年度终了时,对纳入国库集中支付管理的、当年未支而需结转下一年度支付的款项(国库集中支付结余);采用权责发生制确认支出时,借记“政府性基金预算本级支出”科目,贷记“应付国库集中支付结余”科目;年终结账时,本科目借方余额应全数转入“政府性基金预算结转结余”科目,借记“政府性基金预算结转结余”科目,贷记“政府性基金预算本级支出”科目。

【例4-21】 某市财政总预算会计收到财政国库支付执行机构报来的预算支出结算清单,财政国库支付执行机构以财政直接支付的方式,通过财政零余额账户存款账户支付有关预算单位的属于政府性基金预算支出的款项共计215 000元。具体支付情况为:“文化体育与传媒支出——国家电影事业发展专项资金及对应专项债务收入安排的支出——资助城市影院(对事业单位资本补助)”40 000元,“城乡社区支出——国有土地使用权出让收入及对应专项债务收入安排的支出——廉租住房支出(机关资本性支出)”50 000元,“社会保障和就业支出——大中型水库移民后期扶持基金自出——基础设施建设和经济发展(债务利息及费用支出)”50 000元,“交通运输支出——车辆通行费及对应专项债务收入安排的支出——公路还贷”45 000元,“资源勘探信息等支出——农网还贷资金支出——地方农网还贷资金支出(债务利息及费用支出)”30 000元。财政总预算会计经与中国人民银行财政直接支付划款凭证核对无误后,列报政府性基金预算支出。财政总预算会计应编制的会计分录为:

借:政府性基金预算本级支出	215 000	
贷:国库存款		215 000

同时,在“政府性基金预算本级支出”总账科目的借方登记明细账如下:

文化体育与传媒支出——国家电影事业发展专项资金及对应专项债务收入安排的支出——资助城市影院(对事业单位资本补助)	40 000
城乡社区支出——国有土地使用权出让收入及对应专项债务收入安排的支出——廉租住房支出	50 000
社会保障和就业支出——大中型水库移民后期扶持基金自出——基础设施建设和经济发展	50 000
交通运输支出——车辆通行费及对应专项债务收入安排的支出——公路还贷	45 000
资源勘探信息等支出——农网还贷资金支出——地方农网还贷资金支出	30 000

政府性基金预算支出的主要用途是城乡公共设施的建设和维护、社会公益事业等，如公路的建设和养护、污水处理设施的建设和运营、保障性住房的建设、水库建设、城市影院的建设和运行、城市防洪设施的建设和维护、农村电网改造、社会福利事业、体育事业等。因此，政府性基金预算支出科目中通常没有一般公共服务支出、外交、国防、公共安全等通常全额由一般公共预算保障的科目。

年终，财政总预算会计应将“政府性基金预算本级支出”科目的借方余额全数转入“政府性基金预算结转结余”科目。

三、国有资本经营预算本级支出

(一) 国有资本经营预算本级支出的概念与分类

国有资本经营预算本级支出是指政府财政管理的由本级政府使用的列入国有资本经营预算的支出。按支出性质，国有资本经营预算本级支出可分为资本性支出、费用性支出和其他支出等。其中，资本性支出是指根据产业发展规划、国有经济布局和结构调整、国有企业发展要求以及国家战略、安全等需要安排的支出。费用性支出是指用于弥补国有企业改革成本等方面的支出。国有资本经营预算单独编制，预算支出按照当年预算收入规模安排，不列赤字。

财政总预算会计核算的国有资本经营预算本级支出，应当同时按照现行《政府收支分类科目》中国有资本经营预算支出功能分类科目和政府预算支出经济分类科目进行分类。国有资本经营预算支出科目分设类、款、项三级，各级科目逐渐递进，内容也逐渐细化。

按照现行《政府收支分类科目》，国有资本经营预算支出功能分类科目分设类、款级科目如下：

(1) 社会保障和就业支出。本科目反映政府在社会保障和就业方面的支出，下设 1 个款级科目，即补充全国社会保障基金。

(2) 国有资本经营预算支出。本科目反映用国有资本经营预算收入安排的支出，下设 5 个款级科目，即解决历史遗留问题及改革成本支出、国有企业资本金注入、国有企业政策补贴、金融国有资本经营预算支出、其他国有资本经营预算支出。

在以上有关国有资本经营预算支出的款级科目下，再分设若干项级科目。例如，在国有企业资本金注入款级科目下，再分设若干项级科目，如国有经济结构调整支出、公益性设施投资支出、前瞻性战略性产业发展支出、生态环境保护支出、支持科技进步支出、保障国家经济安全支出等，分别反映用国有资本经营预算收入安排的国有企业资本金注入支出的具体用途。

国有资本经营预算本级支出经济分类科目的设置情况与一般公共预算本级支出、政府性基金预算本级支出经济分类科目的设置情况相同。

国有资本经营预算本级支出的支付方式和程序、列报基础等，均比照一般公共预算本级支出。

(二) 国有资本经营预算本级支出的核算

为核算国有资本经营预算本级支出业务，财政总预算会计应设置“国有资本经营预算本级支出”总账科目。本科目应当按照《政府收支分类科目》中支出功能分类科目设置明细科目。同时，根据管理需要，按照支出经济分类科目、部门等进行明细核算。本科目平时余额在借方，反映国有资本经营预算本级支出的累计数。年终结账后，本科目无余额。

实际发生国有资本经营预算本级支出时，借记“国有资本经营预算本级支出”科目，贷记“国库存款”科目；年度终了时，对纳入国库集中支付管理的、当年未支而需结转下一年度支付的款项(国库集中支付结余)；采用权责发生制确认支出时，借记“国有资本经营预算本级支出”

科目，贷记“应付国库集中支付结余”科目；年终结账时，本科目借方余额应全数转入“国有资本经营预算结转结余”科目，借记“国有资本经营预算结转结余”科目，贷记“国有资本经营预算本级支出”科目。

【例4-22】 某市财政总预算会计收到财政国库支付执行机构报来的预算支出结算清单，财政国库支付执行机构以财政直接支付的方式，通过财政零余额账户存款账户支付有关预算单位的属于国有资本经营预算本级支出的款项共计70 000元。具体支付情况为：“国有企业政策性补贴——国有企业产业升级与发展支出(对企业补助)”40 000元，“国有企业资本金注入——国有经济结构调整支出(对企业资本性支出)”30 000元。财政总预算会计经与中国人民银行财政直接支付划款凭证核对无误后，列国有资本经营预算本级支出。财政总预算会计应编制的会计分录为：

借：国有资本经营预算本级支出　　70 000
　贷：国库存款　　70 000

同时，在“政府性基金预算本级支出”总账科目的借方登记明细账如下：

国有企业政策性补贴——国有企业产业升级与发展支出(对企业补助)　　40 000
国有企业资本金注入——国有经济结构调整支出(对企业资本性支出)　　30 000

年终，将“国有资本经营预算本级支出”科目的借方余额转入“国有资本经营预算结转结余”科目。同时，结清所有国有资本经营预算本级支出明细账。

四、专用基金支出

(一) 专用基金支出的概念

专用基金支出是各级财政用专用基金收入安排的支出，目前主要是用粮食风险基金收入安排的支出。财政总预算会计在安排各项专用基金支出时，应按规定的用途拨付，并做到先收后支，量入为出。同时，财政总预算会计应当在开设的相应财政专户中拨付使用专用基金。

(二) 专用基金支出的核算

为核算专用基金支出业务，财政总预算会计应设置“专用基金支出”总账科目。本科目应当根据专用基金的种类设置明细科目。同时，根据管理需要，按部门等进行明细核算。本科目平时余额在借方，反映专用基金支出累计数。年终结账后，本科目无余额。

发生专用基金支出时，借记“专用基金支出”科目，贷记“其他财政存款”等有关科目；退回专用基金支出时，作相反的会计分录；年终结账时，本科目借方余额全数转入“专用基金结余”科目，借记“专用基金结余”科目，贷记“专用基金支出”科目。

【例4-23】 某县财政从粮食风险基金财政专户拨付资金600 000元，对种粮农民进行直接补贴。财政总预算会计应编制的会计分录为：

借：专用基金支出——粮食风险基金——对种粮农民的直接补贴　　600 000
　贷：其他财政存款　　600 000

粮食风险基金的使用范围主要是：对种粮农民的直接补贴(通常占到50%)，省级储备粮油的利息费用补贴，政策性挂账的利息补贴，包括陈化粮挂账利息支出、改革前按保护价购进的库存粮食销售发生的差价亏损等。

年终，将“专用基金支出”账户借方余额转入“专用基金结余”账户，并结清所有专用基金支出明细账。

五、财政专户管理资金支出

(一) 财政专户管理资金支出的概念与管理要求

财政专户管理资金支出是指用未纳入预算并实行财政专户管理的资金安排的支出，目前主要是用各种教育收费安排的支出。

各种教育收费由各教育单位按规定标准收取，并按规定缴入财政专户，实行收支两条线管理。教育收费的内容请参见本章第一节中“财政专户管理资金收入”的相关内容。各种教育收费应当纳入教育单位的部门预算，实行预算管理。各种教育收费应当按预算规定的用途使用。例如，普通高中学费、住宿费和考试考务费应当分别安排用于普通高中的教学活动开支、学生住宿费用开支和考试考务活动开支。财政部门通常采用返还教育收费的方式向有关教育单位拨付财政专户资金，并监督其按部门预算的规定用途使用。

尽管教育收费的收入科目按照收费单位所属预算部门，可以有教育、公安、法院、财政、审计等行政事业性收费收入，但用教育收费安排的支出均属于教育支出，如属于普通教育、职业教育、成人教育等支出，它们不属于公安、法院、财政和审计事务等支出。

(二) 财政专户管理资金支出的核算

为核算财政专户管理资金支出业务，财政总预算会计应设置“财政专户管理资金支出”总账科目。本科目应当按照《政府收支分类科目》中支出功能分类科目设置相应明细科目。同时，根据管理需要，按照支出经济分类科目、部门(单位)等进行明细核算。本科目平时余额在借方，反映当年财政专户管理资金支出的累计数。年终结账后，本科目应无余额。

发生财政专户管理的资金支出时，借记“财政专户管理资金支出”科目，贷记“其他财政存款”等科目；年终结账时，将本科目借方余额全数转入“财政专户管理资金结余”科目，借记“财政专户管理资金结余”科目，贷记“财政专户管理资金支出”科目。

【例4-24】 某市财政通过财政专户向有关教育单位拨付教育收费共计275 000元。具体为“教育支出——普通教育——高等教育——某高等学校”275 000元。财政总预算会计应编制的会计分录为：

借：财政专户管理资金支出	275 000	
贷：其他财政存款		275 000

同时，在“财政专户管理资金支出”总账科目的借方登记明细账如下：

教育支出——普通教育——高等教育——某高等学校	275 000

年终，将“财政专户管理资金支出”总账科目借方余额全数转入“财政专户管理资金结余”科目。同时，结清所有财政专户管理资金支出明细账的余额。

六、债务还本支出

(一) 债务还本支出的概念与分类

债务还本支出是指政府财政偿还本级政府承担的债务本金支出。由于政府债务收入存在不同的来源渠道，如中央政府向国际组织借款、地方政府向国际组织借款、中央政府发行债券、地方政府发行债券等，因此，偿还债务本金的具体内容也有所不同。

财政总预算会计核算的债务还本支出，应当同时按照《政府收支分类科目》中支出功能分类科目和政府预算支出经济分类科目进行分类。

(二) 债务还本支出的功能分类

按照《政府收支分类科目》中的支出功能分类科目进行分类，财政总预算会计核算的债务还本支出应当分别一般公共预算支出科目和政府性基金预算支出科目下的债务还本支出科目进行分类。

1. 一般公共预算支出科目中的债务还本支出科目

按照现行《政府收支分类科目》，一般公共预算支出科目中的债务还本支出类级科目下设款级科目、项级科目，各级科目逐级递进，内容也逐级细化。一般公共预算支出科目中的债务还本支出类级科目下设 3 个款级科目：中央政府国内债务还本支出、中央政府国外债务还本支出、地方政府一般债务还本支出。其中，"地方政府一般债务还本支出"款级科目下设 3 个项级科目，即地方政府一般债券还本支出、地方政府向国外政府借款还本支出、地方政府向国际组织借款还本支出，分别反映中央政府用于归还国内、国外债务本金以及地方政府用于归还相应种类一般债务本金所发生的支出。

2. 政府性基金预算支出科目中的债务还本支出科目

按照现行《政府收支分类科目》，政府性基金预算支出科目的债务还本支出类级科目下设 1 个款级科目，即地方政府专项债务还本支出。该款级科目按照政府基金的种类，分设若干项级科目，如国家电影发展专项资金债务还本支出、国有土地使用权出让金债务还本支出、车辆通行费债务还本支出等，分别反映地方政府用于归还相应政府性基金债务本金所发生的支出。

(三) 债务还本支出的经济分类

按照现行《政府收支分类科目》，政府预算支出经济分类科目中设债务还本支出类级科目，下设 2 个款级科目，即国内债务还本、国外债务还本，分别反映用于国内、国外债务还本的支出。

(四) 债务还本支出的核算

为核算债务还本支出业务，财政总预算会计应设置"债务还本支出"总账科目。本科目核算政府财政偿还本级政府财政承担的纳入预算管理的债务本金支出。本科目应当根据《政府收支分类科目》中"债务还本支出"有关规定设置明细科目。本科目平时余额在借方，反映本级政府财政债务还本支出的累计数。年终结账后，本科目应无余额。

债务还本支出的主要账务处理请参见本书表 4-1、表 4-2 和表 4-3。

【例 4-25】 某市财政发生如下业务：

(1) 通过财政国库偿还本级政府财政承担的 1 年期应付短期政府债券本金共计 850 000 元。市财政总预算应编制的会计分录为：

借：债务还本支出	850 000	
贷：国库存款		850 000

同时，

借：应付短期政府债券	850 000	
贷：待偿债净资产		850 000

同时，在"债务还本支出"总账科目的借方登记明细账如下：

地方政府一般债务还本支出——地方政府一般债券还本支出	850 000

(2) 未按时通过财政国库向省财政上缴应由本级政府承担的地方政府专项债券转贷款本金 350 000 元，省财政部门通过年终结算扣缴了相应款项。该市财政部门通过核实，列报相应支出 350 000 元。市财政总预算会计应编制的会计分录为：

① 被省级政府财政扣缴应有本级政府承担的地方政府专项债券转贷款本金时。

借：其他应收款　350 000

　　贷：与上级往来　350 000

同时，

借：应付地方政府债券转贷款　350 000

　　贷：待偿债净资产——应付地方政府债券转贷款　350 000

② 列报由本级政府财政承担的还本支出时。

借：债务还本支出　350 000

　　贷：其他应收款　350 000

同时，在“债务还本支出”总账科目的借方登记明细账如下：

地方政府专项债务还本支出——城市公用事业附加债务还本支出　350 000

市县财政部门未按时上缴地方政府债务本金，省级财政部门通过年终结算扣缴时，市县财政部门先作为与上级往来处理。列报支出时，再作债务还本支出处理。

(3) 年终，“债务还本支出”总账科目借方余额为 1 200 000 元，其中，属于一般债务还本支出 850 000 元，属于专项债务还本支出 350 000 元，将其分别转入“一般公共预算结转结余”和“政府性基金预算结转结余”科目。市财政总预算会计应编制的会计分录为：

借：一般公共预算结转结余　850 000

　　政府性基金预算结转结余　350 000

　　贷：债务还本支出　1 200 000

同时，财政总预算会计应结清所有债务还本支出明细账的余额。

七、债务转贷支出

(一) 债务转贷支出的概念和分类

债务转贷支出是指本级政府财政向下级政府财政转贷的债务支出。

按照地方政府债务预算管理的相关办法，省级政府通过举债取得的债务收入可以用于省级直接支出，也可以转贷给市、县级政府使用。债务转贷支出属于财政资金在上下级政府之间的转移。债务转贷支出与债务转贷收入相互对应。

财政总预算会计核算的债务转贷支出，应当同时按照《政府收支分类科目》中支出功能分类科目和政府预算支出经分类科目进行分类。

(二) 债务转贷支出的功能分类

按照《政府收支分类科目》中的支出功能分类科目进行分类，财政总预算会计核算的债务转贷支出，应当分别一般公共预算支出科目和政府性基金预算支出科目下的债务转贷支出科目进行分类。

1. 一般公共预算支出科目中的债务转贷支出科目

按照现行《政府收支分类科目》，一般公共预算支出科目中的转移性支出类级科目下分设债务转贷支出款级科目。债务转贷支出款级科目下设 3 个项级科目，即地方政府一般债券转贷支出、地方政府向国外政府借款转贷支出、地方政府向国际组织借款转贷支出，分别反映本级政府向下级政府转贷的相关一般债务支出。

2. 政府性基金预算支出科目中的债务转贷支出科目

按照现行《政府收支分类科目》,政府性基金预算支出科目的转移性支出类级科目下分设债务转贷支出款级科目。该款级科目按照政府基金的种类,分设若干项级科目,如国家电影发展专项资金债务转贷支出、国有土地使用权出让金债务转贷支出、车辆通行费债务转贷支出等,分别反映本级政府向下级政府转贷的相应政府性基金专项债务支出。

(三) 债务转贷支出的经济分类

按照现行《政府收支分类科目》,政府预算支出经济分类科目中的转移性支出类级科目下分设债务转贷支出款级科目,反映上下级政府间的债务转贷支出。

(四) 债务转贷支出的核算

为核算债务转贷支出业务,财政总预算会计应设置“债务转贷支出”总账科目。本科目下应当设置“地方政府一般债务转贷支出”“地方政府专项债务转贷支出”明细科目,同时还应当按照转贷地区进行明细核算。本科目平时余额在借方,反映债务转贷支出的累计数。结账后,本科目无余额。

债务转贷支出的主要账务处理请参见本书表 4-4 和表 4-5。

【例 4-26】 某省财政通过财政国库向所属某市财政拨付地方政府一般债券转贷资金 90 000元,用于支持在该市的一项公益性建设项目。省财政总预算会计应编制的会计分录为:

借:债务转贷支出——地方政府一般债务转贷支出——某市财政	90 000	
贷:国库存款		90 000

同时,

借:应收地方政府债券转贷款	90 000	
贷:资产基金——应收地方政府债券转贷款		90 000

年终,将“债务转贷支出”科目借方余额全数转入“一般公共预算结转结余”科目。同时,结清所有债务转贷支出明细账的余额。

八、转移性支出

(一) 转移性支出的概念与分类

转移性支出是指在各级财政之间进行资金调拨以及在本级财政不同类型的资金之间进行资金调剂所形成的支出,包括补助支出、上解支出、调出资金、地区间援助支出等。例如,上级政府财政支付给下级政府财政的一般性转移支付、专项转移支付,本级政府从政府性基金预算中调出一部分结余资金给一般公共预算使用等,都会形成转移性支出,与此相对应的一方便形成转移性收入。

财政总预算会计核算的转移性支出,应当同时按照现行《政府收支分类科目》中支出功能分类科目和政府预算支出经济分类科目进行分类。

1. 转移性支出的功能分类

财政总预算会计核算的转移性支出,按照现行《政府收支分类科目》中支出功能分类科目进行分类,应当分别一般公共预算的转移性支出、属于政府性基金预算的转移性支出、属于国有资本经营预算的转移性支出进行分类。

(1) 一般公共预算中的转移性支出分类。根据现行《政府收支分类科目》,一般公共预算中的转移性支出与一般公共预算中的转移性收入相对应,下设 7 个款级科目,即返还性支出、一般性转移支付、专项转移支付、上解支出、调出资金、援助其他地区支出。

(2) 政府性基金预算中的转移性支出分类。根据现行《政府收支分类科目》,政府性基金预算中的转移性支出与政府性基金预算中的转移性收入对应,下设2个款级科目,即政府性基金转移支付、调出资金。

(3) 国有资本经营预算中的转移性支出分类。根据现行《政府收支分类科目》,国有资本经营预算中的转移性支出与国有资本经营预算中的转移性收入对应,下设2个款级科目,即国有资本经营预算转移支付、调出资金。

2. 转移性支出的经济分类

根据现行《政府收支分类科目》,政府预算支出经济分类科目中设置转移性支出类级科目,下设3个款级科目:上下级政府间转移性支出、援助其他地区支出、调出资金。

与债务转贷收入的情况相似,现行《政府收支分类科目》将债务转贷支出列入转移性支出类别。但现行《财政总预算会计制度》没有将债务转贷支出列入转移性支出类别,而是将债务转贷支出单独列为一个支出种类。

在现行《政府收支分类科目》中,相关政府预算支出功能分类科目、政府预算支出经济分类科目都是内容相对独立完整的支出科目体系。在政府预算支出经济分类科目中,转移性支出是与机关工资福利支出、机关商品和服务支出、机关资本性支出、对事业单位经常性补助、对事业单位资本性补助等相并列的类级科目。

转移性支出与转移性收入相对应,它们的基本管理要求也一样。转移性支出应当纳入政府预算,实行预算管理。

(二) 转移性支出的核算

为了核算转移性支出业务,现行《财政总预算会计制度》设置了“补助支出”“上解支出”“调出资金”“安排预算稳定调节基金”和“地区间援助支出”等总账科目。上述这些转移性支出核算会计科目与《政府收支分类科目》中设置的转移性支出预算科目的比较情况如表4-5所示。

表4-5 转移性支出核算会计科目与政府预算科目的比较

<table>
<tr><th>财政总预算会计核算科目</th><th>政府预算支出功能分类科目</th><th>政府预算支出
经济分类科目</th></tr>
<tr><td>补助支出</td><td>返还性支出、一般性转移支付、专项转移支付、政府性基金补助支出、国有资本经营预算转移支付</td><td rowspan="2">上下级政府间转移性支出</td></tr>
<tr><td>上解支出</td><td>上解支出</td></tr>
<tr><td>地区间援助支出</td><td>援助其他地区支出</td><td>援助其他地区支出</td></tr>
<tr><td>调出资金</td><td>调出资金</td><td>调出资金</td></tr>
<tr><td>安排预算稳定调节基金</td><td>调出资金</td><td>调出资金</td></tr>
</table>

1. 补助支出

补助支出是指本级政府财政按财政体制规定或因专项需要补助给下级政府财政的款项,包括对下级的税收返还、转移支付等。补助支出会减少本级财政的财力,增加下级财政的财力,但不会增加或减少下级和本级财政的财力总和。补助支出与补助收入相对应。

为了核算补助支出业务,财政总预算会计设置“补助支出”总账科目。本科目下应当按照不同资金性质设置“一般公共预算补助支出”“政府性基金预算补助支出”等明细科目,同时还应当按照补助地区进行明细核算。本科目平时余额在借方，反映补助支出的累计数。年末结账后，本科目无余额。

补助支出的主要账务处理如表 4-6 所示。

表 4-6 补助支出的主要账务处理

业务事项和内容	账务处理
1. 发生补助支出或从“与下级往来”科目转入	借：补助支出 　贷：国库存款/其他财政存款/与下级往来
2. 专项转移支付资金实行特设专户管理，本级政府财政应当根据本级政府财政下达的预算文件确认补助支出	借：补助支出 　贷：国库存款/与下级往来
3. 有主权外债业务的财政部门，贷款资金由下级政府财政同级部门（单位）使用，且贷款最终还款责任由本级政府财政承担的，本级政府财政部门支付贷款资金	借：补助支出 　贷：其他财政存款 外方将贷款资金直接支付给用款单位或供应商， 借：补助支出 　贷：债务收入/债务转贷收入 按照实际支付的金额， 借：待偿债净资产 　贷：借入款项/应付主权外债转贷款
4. 年终与下级政府财政结算	按照尚未拨付的补助金额， 借：补助支出 　贷：与下级往来 退还或核减补助支出， 借：国库存款/与下级往来 　贷：补助支出
5. 年终结账	借：一般公共预算结转结余/政府性基金预算结转结余 　贷：补助支出

【例 4-27】 某省财政与其所属某市财政年终进行财政体制结算，经计算，省财政应给予所属市财政补助款项 150 000 元，相应适用“转移性支出——一般性转移支付——体制补助支出（上下级政府间转移性支出）”。省财政总预算会计应编制的会计分录为：

借：补助支出　　150 000

　贷：与下级往来　　150 000

同时，在“补助支出”总账科目的借方登记明细账如下：

一般公共预算补助支出——一般性转移支出——体制补助支出——某市（上下级政府间转移性支出）　　150 000

当下级财政收不抵支时，上级财政应对其收不抵支的部分给予相应的补贴。财政体制结算通常可以在年终进行，次年拨款。此时，财政总预算会计采用权责发生制，在年终确认相应的补助支出。

【例 4-28】 某省财政通过财政直接支付的方式，为所属某市财政支付一笔一般公共预算资金 450 000 元，用于专项补助该市在医疗卫生方面发生的专项采购支出，相应适用“转移性支出——专项转移支付——医疗卫生与计划生育（上下级政府间转移性支出）”预算科目。同时，通过财政直接支付的方式，从属于政府性基金收入的国有土地使用权出让收入中拨出一笔资金 500 000 元，专项用于支持所属省管某县生态环境保护建设，适用"转移性支出——政府性基金转移支付——政府性基金补助支出（上下级政府间转移性支出）"预算科目。省财政总预算会计应编制的会计分录为：

借：补助支出　　950 000
　贷：国库存款　　950 000

同时，在"补助支出"总账科目的借方登记明细账如下：

一般公共预算补助支出——专项转移支付——医疗卫生与计划生育
——某市（上下级政府间转移性支出）　　450 000
政府性基金预算补助支出——政府性基金转移支付——政府性基金补助支出
——某县（上下级政府间转移性支出）　　500 000

年终，将"补助支出"总账科目借方余额中属于一般公共预算补助支出和属于政府性基金预算补助支出，分别转入"一般公共预算结转结余"和"政府性基金预算结转结余"科目。同时，结清所有补助支出明细账。

2. 上解支出

上解支出是指本级政府财政按财政管理体制的规定上交给上级财政的款项。上解支出会减少本级财政的财力，增加上级财政的财力，但不会增加或减少本级和上级财政的财力总和。上解支出与上解收入相对应。

为核算上解支出业务，财政总预算会计应设置"上解支出"总账科目。本科目下应当按照不同资金性质设置"一般公共预算上解支出""政府性基金预算上解支出"等明细科目。本科目平时余额一般在借方，反映本级财政上解上级财政支出的累计数。年终结账后，本科目无余额。

发生上解支出时，借记"上解支出"科目，贷记"国库存款""与上级往来"等科目；年终与上级政府财政结算时，按照尚未支付的上解金额，借记"上解支出"科目，贷记"与上级往来"科目；退还或核减上解支出时，借记"国库存款""与上级往来"等科目，贷记"上解支出"科目；年终结账时，本科目借方余额应根据不同资金性质分别转入对应的结转结余科目，借记"一般公共预算结转结余""政府性基金预算结转结余"等科目，贷记"上解支出"科目。

【例 4-29】 某市财政按财政管理体制规定通过财政国库向上级省财政上解款项350 000元，其中，属于体制上解款项 300 000 元，适用"转移性支出——上解支出——体制上解支出（上下级政府间转移性支出）"预算科目；属于专项上解款项 50 000 元，适用"转移性支出——上解支出——专项上解支出（上下级政府间转移性支出）"预算科目。市财政总预算会计应编制的会计分录为：

借：上解支出　　350 000
　贷：国库存款　　350 000

同时，在"上解支出"总账科目的借方登记明细账如下：

一般公共预算上解支出——体制上解支出（上下级政府间转移性支出）　　300 000
一般公共预算上解支出——专项上解支出（上下级政府间转移性支出）　　50 000

年终，将"上解支出"科目借方余额中属于一般公共预算上解支出的借方余额和属于政府性基金预算上解支出的借方余额，分别转入"一般公共预算结转结余"和"政府性基金预算结转结余"科目。同时，结清所有上解支出明细账。

3. 调出资金

调出资金是指政府财政为平衡预算收支、从某类资金向其他类型预算调出的资金。调出资金的目的是平衡一般公共预算或政府性基金预算。若一般公共预算发生缺口，为平衡一般预算，可以考虑从政府性基金预算结余调出一部分资金至一般公共预算。调出资金不影响上下级财政的财力，也不影响本级财政的财力总量，但会影响本级财政不同性质财政性质资金的数额。调出资金业务与调入资金业务是对应的。

为了核算调出资金业务，财政总预算会计应设置“调出资金”总账科目。本科目下应当设置“一般公共预算调出资金”“政府性基金预算调出资金”等明细科目。本科目平时余额一般在借方，反映本级财政调出资金的累计数。年终结转后，本科目无余额。

从一般公共预算调出资金时，按照调出的金额，借记“调出资金”科目（一般公共预算调出资金），贷记“调入资金”相关明细科目；从政府性基金预算调出资金时，按照调出的金额，借记“调出资金”科目（政府性基金预算调出资金），贷记“调入资金”相关明细科目；年终结账时，本科目借方余额分别转入相应的结转结余科目，借记“一般公共预算结转结余”“政府性基金预算结转结余”和“国有资本经营预算结转结余”等科目，贷记“调出资金”科目。

【例 4-30】 某省财政为平衡一般公共预算，从政府性基金预算结余中调出一笔资金600 000元至一般公共预算，适用的预算科目为“转移性支出——调出资金——政府性基金预算调出资金”。财政总预算会计应编制的会计分录为：

借：调出资金——政府性基金预算调出资金	600 000	
贷：调入资金——一般公共预算调入资金		600 000

年终，将“调出资金——政府性基金预算调出资金”科目借方余额600 000元转入“政府性基金预算结转结余”科目。同时，结清所有调出资金明细账的余额。

4. 地区间援助支出

地区间援助支出是指援助方政府安排用于受援方政府财政部门统筹使用的各种援助、捐赠等资金支出。地区间援助支出与地区间援助收入相互对应。

为核算地区间援助支出业务，财政总预算会计应设置“地区间援助支出”总账科目。本科目应当按照受援地区及管理需要进行相应明细核算。发生地区间援助支出时，借记“地区间援助支出”科目，贷记“国库存款”科目；年终结账时，本科目借方余额全数转入“一般公共预算结转结余”科目，借记“一般公共预算结转结余”科目，贷记“地区间援助支出”科目。本科目平时余额在借方，反映地区间援助支出的累计数。结账后，本科目无余额。

【例 4-31】 甲省财政通过财政国库向乙省财政拨付地区间援助资金2 500 000元，供乙省财政统筹安排使用，以缓解其临时财政困难，适用“转移性支出——援助其他地区支出（援助其他地区支出）”预算科目。甲省财政总预算会计应编制的会计分录为：

借：地区间援助支出——援助其他地区支出——乙省财政	2 500 000	
贷：国库存款		2 500 000

年终结账时，将“地区间援助支出”总账科目借方余额全数转入“一般公共预算结转结余”科目。同时，结清所有地区间援助支出明细账的余额。

5. 安排预算稳定调节基金

安排预算稳定调节基金是指从财政超收收入中安排的预算稳定调节基金。通过预算稳定调节基金，各年的财政收入可以相互调节，政府财政运行更加平稳。安排预算稳定调节基金与动用预算稳定调节基金相互对应。

为了核算调出资金业务，财政总预算会计应设置“安排预算稳定调节基金”科目。本科目核算政府财政按照有关规定安排的预算稳定调节基金。补充预算稳定调节基金时，借记“安排预算稳定调节基金”科目，贷记“预算稳定调节基金”科目；年终结账时，本科目借方余额全数转入“一般公共预算结转结余”科目，借记“一般公共预算结转结余”科目，贷记“安排预算稳定调节基金”科目。本科目平时余额在借方，反映安排预算稳定调节基金的累计数。结账后，本科目无余额。

【例4-32】 某市财政年终发生财政超收，即财政收入大于财政支出，决定安排预算稳定调节基金60 000元，适用的预算科目为“转移性支出——调出资金——补充预算稳定调节基金”。财政总预算会计应编制的会计分录为：

借：安排预算稳定调节基金	60 000	
贷：预算稳定调节基金		60 000

年终结账时，将“安排预算稳定调节基金”总账科目借方余额为60 000元全数转入“一般公共预算结转结余”科目。

“安排预算稳定调节基金”科目为支出类科目，但它不会带来国库存款的减少。它会使当年的财政总预算支出增加，当年的财政收支结余减少，累计的预算稳定调节基金增加。

第三节　财政总预算会计的结转结余

结转结余是政府各种性质的财政资金收支执行的结果，在数量上等于各种性质财政资金的收入减去支出的差额。结转结余是各级财政下年度可以结转使用或重新安排使用的资金。财政总预算会计核算的结转结余包括一般公共预算结转结余、政府性基金预算结转结余、国有资本经营预算结转结余、专用基金结转结余和财政专户管理资金结转结余。按照现行财政预算资金管理方式，各种性质的财政资金分别管理，各自平衡，各种性质的财政资金结转结余也应相对独立，不得混淆。财政总预算会计核算的各项结转结余应每年结算一次，平时不结转。

一、一般公共预算结转结余

一般公共预算结转结余是指政府财政执行一般公共预算的结果，在数量上等于一般公共预算收入与一般公共预算支出相抵后的差额。其中，前者包括一般公共预算本级收入、一般公共预算补助收入、一般公共预算上解收入、一般公共预算调入资金、一般债务收入、一般债务转贷收入、地区间援助收入和动用预算稳定调节基金等；后者包括一般公共预算本级支出、一般公共预算补助支出、一般公共预算上解支出、一般公共预算调出资金、一般债务还本支出、一般债务转贷支出、地区间援助支出和安排预算稳定调节基金等。

为核算一般公共预算结转结余业务，财政总预算会计应设置“一般公共预算结转结余”总账科目。本科目年终贷方余额反映一般公共预算收支相抵后的滚存结转结余。

一般公共预算结转结余每年年终结算一次，平时不结算。一般公共预算结转结余的主要账务处理如下：

(1) 年终结账时，将一般公共预算的有关收入科目贷方余额转入本科目的贷方，借记“一般公共预算本级收入”“补助收入(一般公共预算补助收入)”“上解收入(一般公共预算上解收入)”“地区间援助收入”“调入资金(一般公共预算调入资金)”“债务收入(地方政府一般债务收入)”“债务转贷收入(地方政府一般债务转贷收入)”“动用预算稳定调节基金”等科目,贷记“一般公共预算结转结余”科目;将一般公共预算的有关支出科目借方余额转入本科目的借方,借记“一般公共预算结转结余”科目,贷记“一般公共预算本级支出”“上解支出(一般公共预算上解支出)”“补助支出(一般公共预算补助支出)”“地区间援助支出”“调出资金(一般公共预算调出资金)”“安排预算稳定调节基金”“债务转贷支出(地方政府一般债务转贷支出)”“债务还本支出(一般债务还本支出)”等科目。

(2) 设置和补充预算周转金时,借记“一般公共预算结转结余”科目,贷记“预算周转金”科目。

【例4-33】 某省财政年终结账时,有关一般公共预算类收支科目的余额如下:“一般公共预算本级收入”科目914 000元,“补助收入(一般公共预算补助收入)”科目260 000元,“上解收入(一般公共预算上解收入)”科目13 000元,“地区间援助收入”科目4 000元,“调入资金(一般公共预算调入资金)”科目11 000元,“债务收入(地方政府一般债务收入)”科目120 000元,“动用预算稳定调节基金”类科目9 000元,一般公共预算收入合计1 331 000元;“一般公共预算本级支出”科目920 000元,“上解支出(一般公共预算上解支出)”科目80 000元,“补助支出(一般公共预算补助支出)”科目230 000元,“债务转贷支出(地方政府一般债务转贷支出)”科目40 000元,“债务还本支出(一般债务还本支出)”科目60 000元,一般公共预算类支出合计1 330 000元。将上述一般公共预算类收支科目的余额转入“一般公共预算结转结余”科目。省财政总预算会计应编制的其会计分录为:

借:一般公共预算本级收入	914 000	
补助收入——一般公共预算补助收入	260 000	
上解收入——一般公共预算上解收入	13 000	
调入资金——一般公共预算调入资金	11 000	
债务收入——地方政府一般债务收入	120 000	
动用预算稳定调节基金	9 000	
地区间援助收入	4 000	
贷:一般公共预算结转结余		1 331 000

同时,结清所有一般公共预算类收入科目的明细账的余额。

借:一般公共预算结转结余	1 330 000	
贷:一般公共预算本级支出		920 000
补助支出——一般公共预算补助支出		230 000
上解支出——一般公共预算上解支出		80 000
债务转贷支出——地方政府一般债务转贷支出		40 000
债务还本支出——一般债务还本支出		60 000

同时,结清所有一般公共预算类支出科目的明细账。

该省财政“一般公共预算收入”减去“一般公共预算支出”后的差额为1 000元(1 331 000－1 330 000),即为当年一般公共预算结转结余的数额。这1 000元中包含了债务收入、债务还本支出、转移性收支等内容。

对于财政结转结余资金,财政总预算会计在年终确认一般公共预算本级支出的同时,记录在“应付国库集中支付结余”总账科目中。其核算具体见本书第三章第二节中“应付国库集中支付结余”的核算和本章第二节中“年终按权责发生制处理的一般公共预算本级支出”的核算。

二、政府性基金预算结转结余

政府性基金预算结转结余是指各级财政执行政府性基金预算收支的执行结果，在数量上等于政府性基金预算收入与支出相抵后的差额。其中，前者包括政府性基金预算本级收入、专项债务收入、专项债务转贷收入和属于政府性基金预算的补助收入、上解收入、调入资金等；后者包括政府性基金预算本级支出、专项债务还本支出、专项债务转贷支出和属于政府性基金预算的补助支出、上解支出、调出资金等。政府性基金预算结转结余每年年终结算一次，平时不结转。

为了核算政府性基金预算结转结余业务，总预算会计应设置“政府性基金预算结转结余”总账科目。本科目应当根据管理需要，按照政府性基金的种类进行明细核算。本科目年终贷方余额反映政府性基金预算收支相抵后的滚存结转结余。

年终结账时，应将政府性基金预算的有关收入科目贷方余额按照政府性基金种类分别转入本科目下相应明细科目的贷方，借记“政府性基金预算本级收入”“补助收入（政府性基金预算补助收入）”“上解收入（政府性基金预算上解收入）”“调入资金（政府性基金预算调入资金）”“债务收入（专项债务收入）”“债务转贷收入（地方政府专项债务转贷收入）”等科目，贷记“政府性基金预算结转结余”科目；将政府性基金预算的有关支出科目借方余额按照政府性基金种类分别转入本科目下相应明细科目的借方，借记“政府性基金预算结转结余”科目，贷记“政府性基金预算本级支出”“上解支出（政府性基金预算上解支出）”“补助支出（政府性基金预算补助支出）”“调出资金（政府性基金预算调出资金）”“债务还本支出（专项债务还本支出）”“债务转贷支出（地方政府专项债务转贷支出）”等科目。

【例4-34】 某市财政年终结算时有关政府性基金预算类收支科目的余额如下：政府性基金预算本级收入525 600元，补助收入（政府性基金补助收入）81 400元，上解收入（政府性基金上解收入）1 200元，政府性基金预算收入合计608 200元；政府性基金预算本级支出576 300元，补助支出（政府性基金补助支出）2 100元，上解支出（政府性基金上解支出）2 500元，调出资金（政府性基金调出资金）23 000元，政府性基金预算类支出合计603 900元。

将上述政府性基金预算收支科目的余额转入“政府性基金预算结转结余”科目。相关账务处理如下：

借：政府性基金预算本级收入	525 600	
补助收入——政府性基金补助收入	81 400	
上解收入——政府性基金上解收入	1 200	
贷：政府性基金预算结转结余		608 200

同时，结清所有政府性基金预算类收入科目的明细账。

借：政府性基金预算结转结余（水利建设基金）	603 900	
贷：政府性基金预算本级支出		576 300
补助支出——政府性基金补助支出		2 100
上解支出——政府性基金上解支出		2 500
调出资金——政府性基金调出资金		23 000

同时，结清所有政府性基金预算类支出科目的明细账。

该市财政政府性基金预算收入减去政府性基金预算支出后的差额为4 300元（608 200—603 900），即为当年政府性基金预算结转结余。

与一般公共预算结转结余是收支综合结余不同，政府性基金预算结余是各个种类的政府性基金收支结余，如农网还贷资金结余、水利建设基金结余等。有多少个种类的政府性基金，就会有多少个种类的政府性基金预算结余。各种类政府性基金预算结余之和即为政府性基金预算结转结余总数。

与一般公共预算一样，政府性基金预算也存存在年终收支结余和收支结转的情况，具体参见一般公共预算结转结余的介绍。

三、国有资本经营预算结转结余

国有资本经营预算结转结余是指国有资本经营预算收支的执行结果，在数量上等于国有资本经营预算收入减去国有资本经营预算支出后的差额。其中，前者包括国有资本经营预算本级收入、国有资本经营预算转移支付收入等；后者包括国有资本经营预算本级支出、国有资本经营预算转移支付支出和国有资本经营预算调出资金。国有资本经营预算结转结余每年年终结算一次，平时不结算。

为核算国有资本经营预算结余业务，财政总预算会计应设置“国有资本经营预算结转结余”总账科目。本科目年终贷方余额反映国有资本经营预算收支相抵后的滚存结转结余。

年终结账时，应将国有资本经营预算的有关收入科目贷方余额转入本科目贷方，借记“国有资本经营预算本级收入”等科目，贷记“国有资本经营预算结转结余”科目；将国有资本经营预算的有关支出科目借方余额转入本科目借方，借记“国有资本经营预算结转结余”科目，贷记“国有资本经营预算本级支出”“调出资金——国有资本经营预算调出资金”等科目。

【例 4-35】 某市财政年终结账时，有关国有资本经营预算收支科目余额具体为：国有资本经营预算收入科目的贷方余额为 152 000 元，国有资本经营类预算支出科目的借方余额为 149 000 元。将上述国有资本经营预算类收支科目余额转入“国有资本经营预算结转结余”科目，市财政总预算会计应编制的会计分录为：

借：国有资本经营预算本级收入	152 000	
贷：国有资本经营预算结转结余		152 000

同时，结清所有国有资本经营预算本级收入科目的明细账。

借：国有资本经营预算结转结余	149 000	
贷：国有资本经营预算本级支出		149 000

同时，结清所有国有资本经营预算本级支出科目的明细账。

该市财政国有资本经营预算类收入减去国有资本经营预算类支出后的差额为 3 000 元（152 000－149 000），即为该市国有资本经营预算结转结余。

国有资本经营预算不同于政府性基金预算。国有资本经营预算是一个各种收入综合安排使用的预算，其结转结余也是一个综合结转结余。

四、专用基金结余

专用基金结余是指政府财政管理的专用基金收支的执行结果，在数量上等于专用基金收入与专用基金支出相抵后的差额。专用基金结余每年年终结算一次，平时不结算。

为核算专用基金结余业务，财政总预算会计应设置“专用基金结余”总账科目。本科目应当根据专用基金的种类进行明细核算。本科目年终贷方余额反映政府财政管理的专用基金收支相抵后的滚存结余。

年终结账时，将专用基金的有关收入科目贷方余额转入本科目贷方，借记“专用基金收入”科目，贷记“专用基金结余”科目；将专用基金的有关支出科目借方余额转入本科目借方，借记“专用基金结余”科目，贷记“专用基金支出”科目。

【例 4-36】 某省财政年终结账时，“专用基金收入——粮食风险基金”科目的贷方余额为 50 000 元，“专用基金支出——粮食风险基金”科目的借方余额为 49 500 元。结转专用基金收入和专用基金支出科目余额时，省财政总预算会计应编制的会计分录为：

借：专用基金收入——粮食风险基金　　50 000

　　贷：专用基金结余——粮食风险基金　　50 000

同时，

借：专用基金结余——粮食风险基金　　49 500

　　贷：专用基金支出——粮食风险基金　　49 500

该省财政粮食风险专用基金收入减去粮食风险专用基金支出后的差额为 500 元（50 000 —49 500），即粮食风险专用基金结余为 500 元。

五、财政专户管理资金结余

财政专户管理资金结余是指政府财政管理的财政专户管理的教育收费等资金收支的执行结果，在数量上等于财政专户管理资金收入减去财政专户管理资金支出后的差额。财政专户管理资金结余每年年终结算一次，平时不结算。

为了核算财政专户管理资金结余业务，财政总预算会计应设置“财政专户管理资金结余”总账科目。本科目应当根据管理需要，按照部门（单位）等进行明细核算。本科目年终贷方余额反映政府财政纳入财政专户管理的教育收费等资金收支相抵后的滚存结余。

年终结账时，将财政专户管理资金的有关收入科目贷方余额转入本科目贷方，借记“财政专户管理资金收入”等科目，贷记“财政专户管理资金结余”科目；将财政专户管理资金的有关支出科目借方余额转入本科目借方，借记“财政专户管理资金结余”科目，贷记“财政专户管理资金支出”等科目。

【例 4-37】 某市财政年终结账时，“财政专户管理资金收入”科目的贷方余额为 38 000 元，其中甲单位 20 000 元，乙单位 18 000 元；“财政专户管理资金支出”科目的借方余额为 37 700 元，其中甲单位 19 800 元，乙单位 17 900 元。财政总预算会计应编制的会计分录为：

借：财政专户管理资金收入——甲单位　　20 000

　　　　　　　　　　　　——乙单位　　18 000

　　贷：财政专户管理资金结余——甲单位　　20 000

　　　　　　　　　　　　　　——乙单位　　18 000

同时，财政总预算会计应结清所有财政专户管理资金收入明细账的余额。

借：财政专户管理资金结余——甲单位　　19 800

　　　　　　　　　　　　——乙单位　　17 900

　　贷：财政专户管理资金支出——甲单位　　19 800

　　　　　　　　　　　　　　——乙单位　　17 900

同时，财政总预算会计应结清所有财政专户管理资金支出明细账的余额。

由于财政专户管理资金通常需要返还给缴款单位，因此，财政总预算会计通常需要为每个缴款单位结算出财政专户管理资金年终结余数额。该市财政专户管理资金收入减去财政专户管理资金支出后的差额为300元(38 000—37 700),即财政专户管理资金结余为300元,其中甲单位结余200元(20 000—19 800),乙单位结余100元(18 000—17 900)。

复习思考题

1. 什么是财政总预算会计的收入?具体包括哪些内容?
2. 什么是一般公共预算本级收入?一般公共预算本级收入是如何分类的?按照现行《政府收支分类科目》,一般公共预算本级收入科目共分设几级?
3. 一般公共预算本级收入的收缴方式和程序是怎样的?
4. 什么是政府性基金预算本级收入?按照现行的《政府收支分类科目》,政府性基金预算本级收入可分成哪些主要类别?
5. 什么是国有资本经营预算本级收入?按照现行的《政府收支分类科目》,国有资本经营预算本级收入可分成哪些主要类别?
6. 什么是专用基金收入?什么是财政专户管理资金收入?
7. 什么是转移性收入?按照现行的《政府收支分类科目》,一般公共预算本级收入科目下设置了哪几个转移性收入的款级科目?它主要包括哪几项内容?如何进行核算?
8. 什么是债务收入?什么是债务转贷收入?两者有什么相同和不同的地方?
9. 什么是财政总预算会计的支出?财政总预算会计核算的支出包括哪些内容?
10. 什么是一般公共预算本级支出?按照现行的《政府收支分类科目》,其可分成哪些主要类别?其管理的基本要求有哪些?
11. 在财政国库集中支付方式下,财政支出的支付方式有哪两种?两种支付方式的概念和支付程序分别是怎样的?
12. 什么是政府性基金预算本级支出?按照现行的《政府收支分类科目》,政府性基金预算本级支出可分成哪些主要类别?
13. 什么是国有资本经营预算本级支出?按照现行的《政府收支分类科目》,国有资本经营预算支出可分成哪些主要类别?
14. 一般公共预算本级支出的列报基础是怎样的?举例说明。
15. 什么是专用基金支出?
16. 什么是财政专户管理资金支出?
17. 什么是债务还本支出?什么是债务转贷支出?两者有什么相同和不同的地方?
18. 什么是转移性支出?按照现行的《政府收支分类科目》,转移性支出可分成哪些主要类别?
19. 什么是财政总预算会计的净资产?具体包括哪些内容?
20. 什么是财政总预算会计的结余?财政总预算会计的结余包括哪些种类?
21. 什么是一般公共预算结转结余?如何核算?
22. 什么是政府性基金预算结转结余?如何核算?政府性基金预算结转结余与一般公共预算结转结余在核算时有什么不同?
23. 什么是国有资本经营预算结转结余?应当如何核算?
24. 什么是专用基金结余?如何核算?
25. 什么是财政专户管理资金结余?如何核算?

选择题

1. 下列项目中,不反映在“一般公共预算本级收入”总账科目中的是(　　)。
   A. 增值税　　B. 消费税　　C. 城市维护建设税　　D. 债券发行收入

2. 下列项目中，不属于“一般公共预算本级收入”总账科目中的非税收入的是（　　）。
A. 行政事业性收费收入　B. 罚没收入　C. 国有资本经营收入　D. 上级补助收入
3. 按照现行的《政府收支分类科目》，下列项目中属于一般公共服务支出的科目是（　　）。
A. 财政事务　B. 公共安全支出　C. 教育管理事务　D. 民政管理事务
4. 按照现行的《政府收支分类科目》，下列项目中属于公益事业支出的科目是（　　）。
A. 医疗卫生管理事务　B. 教育管理事务　C. 普通教育　D. 科学技术管理事务
5. 按照现行的《政府收支分类科目》，下列项目中属于反映行政单位基本支出的科目是（　　）。
A. 预算改革业务　B. 财政国库业务　C. 信息化建设　D. 行政运行
6. 下列项目中，可能与“一般公共预算本级支出”总账科目的对应科目是（　　）科目。
A. “国库存款”　B. “应付国库集中支付结余”
C. “一般公共预算结转结余”　D. “与下级往来”
7. 年终结账时，“债务还本支出”总账科目中的专项债务还本数额应当转入（　　）科目。
A. “一般公共预算结转结余”　B. “政府性基金预算结转结余”
C. “国有资本经营预算结转结余”　D. “财政专户管理资金结余”
8. 下列项目中，属于政府预算支出经济分类科目的有（　　）。
A. 一般公共服务支出　B. 教育支出　C. 机关工资福利支出　D. 机关商品和服务支出
9. 下列项目中，不属于一般公共预算收入的是（　　）。
A. 一般公共预算本级收入　B. 一般公共预算补助收入
C. 政府性基金预算本级收入　D. 一般公共预算债务收入
10. 年终结账时，下列各项中不转入“一般公共预算结转结余”总账科目的是（　　）科目。
A. “一般公共预算本级收入”　B. “一般公共预算本级支出”
C. “补助收入”　D. “预算稳定调节基金”
11. 下列各项结余中，属于财政总预算会计核算的净资产的是（　　）。
A. 一般公共预算结转结余　B. 政府性基金预算结转结余
C. 国有资本经营预算结转结余　D. 财政专户管理资金结余
12. 下列各项支出中，应转入“一般公共预算结转结余”科目的支出有（　　）。
A. 一般公共预算本级支出　B. 政府性基金预算本级支出
C. 一般公共预算补助支出　D. 一般债务还本支出

练习题

（一）某市财政于20×9年10月收到如下收入，款项均已存入国库或财政专户：增值税收入423 300元，消费税收入55 200元，企业所得税收入668 800元，城市维护建设税收入34 600元，行政事业性收费收入12 800元，罚没收入31 700元，纳入一般公共财政预算的国有资本经营收入76 300元，国有资源（资产）有偿使用收入51 300元，上级财政一般性转移支付收入153 300元，下级财政专项转移支付收入3 600元，债券转贷收入56 000元，收到政府住房基金收入52 400元，收到彩票公益金收入75 500元，国有土地使用权出让收入225 300元，纳入国有资本经营预算的利润收入123 000元，纳入国有资本经营预算的清算收入98 600元，纳入财政专户资金管理的中等职业学校学费收入76 400元，纳入财政专户资金管理的普通高中住宿费收入36 300元，纳入财政专户资金管理的体育彩票销售机构的业务费用收入800元，从政府性基金预算结余中调出一笔资金20 000元至一般公共财政预算。

要求：根据以上经济业务，为该市财政总预算会计编制有关的会计分录。

（二）某省财政于20×9年发生如下经济业务：

（1）以财政直接支付的方式，通过财政零余额账户支付有关预算单位的属于一般公共预算本级支出的款项共计57 000元。具体支付情况为：“一般公共服务支出——税收事务——行政运行”11 000元，“一般公共服务支出——审计事务——行政运行”16 000元，“教育支出——普通教育——高等教育”20 000元，“医疗卫生与计划生育支出——公立医院——综合医院”10 000 元。

(2) 年终核定当年确实无法实现拨款、按规定应留归预算单位在下一年度继续使用的本年终一般公共预算国库集中支付结余资金共计 45 000 元。具体情况为:“文化体育与传媒支出——文物——文物保护”30 000 元,“农林水支出——农业——农业生产支持补贴”15 000 元。

(3) 以财政直接支付的方式,通过财政零余额账户支付有关预算单位的属于政府性基金预算本级支出的款项共计 45 000 元。具体支付情况为:“彩票公益金及对应专项债务收入安排的支出——用于社会福利的彩票公益金支出”35 000 元,“彩票公益金及对应专项债务收入安排的支出——用于教育事业的彩票公益金支出”10 000 元。

(4) 年终核定当年确实无法实现拨款、按规定应留归预算单位在下一年度继续使用的本年终国有资本经营预算国库集中支付结余资金共计 90 000 元。具体情况为:“国有企业政策性补贴”90 000 元。

(5) 通过财政专户向有关教育单位拨付教育收费共计 85 000 元。具体拨付情况为:“教育支出——普通教育——高等教育——某高等学校”35 000 元,“教育支出——职业教育——高等职业教育——某高等职业学校”50 000 元。

(6) 使用粮食风险基金对省级储备粮油的利息费用进行补贴,从粮食风险基金财政专户拨付资金 45 000 元。

(7) 通过财政国库向所属某市财政拨付一般公共预算资金共计 200 000 元。其中,属于向该市财政拨付的均衡性转移支付资金 160 000 元,适用“一般性转移支付——均衡性转移支付支出”预算科目;属于向该市财政拨付的专项用于节能环保方面的资金 40 000 元,相应适用“专项转移支付——节能环保”预算科目。

(8) 通过财政直接支付的方式,为所属某市财政支付一笔政府性基金预算资金 65 000 元,用于专项补助该市政府在城乡社区建设方面发生的专项采购支出,适用“政府性基金转移支付——政府性基金补助支出”预算科目。

(9) 按财政管理体制规定通过财政国库向中央财政上解款项共计 40 000 元,具体为体制上解款项,适用“上解支出——体制上解支出”预算科目。

(10) 与所属某市财政进行年终结算,经计算,应给予所属该市财政结算补助款项 45 000 元,相应适用“一般性转移支付——结算补助支出”预算科目。

(11) 年终发生公共财政超收,即财政收入大于财政支出,决定安排预算稳定调节基金 30 000 元。

(12) 通过财政国库偿还本级政府财政承担的省政府长期债券本金共计 300 000 元。其中,“地方政府一般债务还本支出——地方政府一般债券还本支出”200 000 元,“地方政府专项债务还本支出——车辆通行费债务还本支出”100 000 元。

(13) 发行一批地方政府一般债券。同时,其向所属下级某市财政转贷 125 000 元,用以支持该市政府的一项环保公共设施建设。

要求:根据以上经济业务,为该市财政总预算会计编制有关的会计分录。同时,登记有关支出账户的明细账。

(三) 某市财政于 20×9 年年终进行结账。有关收入类和支出类科目的余额资料如表 4-7 所示。

表 4-7　　有关收入类和支出类科目余额表　　金额单位:元

有关收入类科目名称	贷方金额	有关支出类科目名称	借方金额
一般公共预算本级收入	1 246 000	一般公共预算本级支出	1550 000
债务转贷收入	500 000	债务还本支出	300 000
债务收入	244 000	债务支出	210 000
补助收入(一般性公共预算补助收入)	732 000	补助支出(一般性公共预算补助支出)	430 000
上解收入(一般性公共预算上解收入)	110 000	上解支出(一般性公共预算上解支出)	148 000

（续表）

有关收入科目名称	贷方金额	有关支出科目名称	借方金额
调入资金（一般性公共预算调入资金）	46 000	安排预算稳定调节资金	196 000
一般公共预算类收入合计	2 878 000	一般公共预算类支出合计	2 834 000
政府性基金预算本级收入	1 051 200	政府性基金预算本级支出	1 152 600
补助收入（政府性基金预算补助收入）	162 800	补助支出（政府性基金预算补助支出）	4 200
上解收入（政府性基金预算上解收入）	2 400	上解支出（政府性基金预算上解支出）	5 000
		调出资金（政府性基金预算调出资金）	46 000
政府性基金预算类收入合计	1 216 400	政府性基金预算类支出合计	1 207 800
国有资本经营预算本级收入	304 000	国有资本经营预算本级支出	298 000
国有资本经营预算收入合计	304 000	国有资本经营预算支出合计	298 000
专用基金收入	52 640	专用基金支出	52 360
专用基金收入合计	52 640	专用基金支出合计	52 360
财政专户管理资金收入	179 660	财政专户管理资金支出	179 100
财政专户管理资金收入合计	179 660	财政专户管理资金支出合计	179 100

要求：根据以上资料，为该市财政总预算会计编制有关年终结账的会计分录，并分别计算一般预算结转结余、政府性基金预算结转结余、国有资本经营预算结转结余、专用基金结余和财政专户管理资金结余的数额。

第五章　财政总预算会计报表

第一节　资产负债表

财政总预算会计报表是反映政府财政预算执行结果和财务状况的书面文件。它主要包括资产负债表、收入支出表、一般公共预算执行情况表、政府性基金预算执行情况表、国有资本经营预算执行情况表、财政专户管理资金收支情况表、专用基金收支情况表等会计报表和附注。下面先介绍资产负债表。

一、资产负债表及其格式

资产负债表是反映政府财政在某一特定日期财务状况的报表。按照编报的时间，资产负债表可分为月报和年报两种，分别反映月末和年末一级政府财政的实际财力状况。

财政总预算会计编制的资产负债表采用了“资产＝负债＋净资产”的平衡公式。按照资产、负债和净资产分类、分项列示。其格式如表 5-1 所示。

表 5-1　　资 产 负 债 表

会财政 01 表

编制单位：某事业单位　　20×9 年 12 月 31 日　　单位：万元

资 产	年初余额	期末余额	负债和净资产	年初余额	期末余额
流动资产：			流动负债：		
国库存款		532	应付短期政府债券		
国库现金管理存款		25	应付利息		15
其他财政存款		50	应付国库集中支付结余		29
有价证券		10	与上级往来		123
在途款		15	其他应付款		16
预拨经费		22	应付代管资金		
借出款项		13	一年内到期的非流动负债		86
应收股利		23	流动负债合计		269
应收利息			非流动负债：		
与下级往来		116	应付长期政府债券		
其他应收款		31	借入款项		
流动资产合计		837	应付地方政府债券转贷款		215
非流动资产：			应付主权外债转贷款		

（续表）

资 产	年初余额	期末余额	负债和净资产	年初余额	期末余额
应收地方政府债券转贷款			其他负债		
应收主权外债转贷款			非流动负债合计		215
股权投资		188	负债合计		484
待发国债			一般公共预算结转结余		115
非流动资产合计		188	政府性基金预算结转结余		226
			国有资本经营预算结转结余		122
			财政专户管理资金结余		66
			专用基金结余		7
			预算稳定调节基金		82
			预算周转金		28
			资产基金		211
			减：待偿债净资产		316
			净资产合计		541
资产总计		1 025	负债和净资产总计		1 025

二、资产负债表的编制方法

资产负债表“年初余额”栏内各项数字，应当根据上年末资产负债表“期末余额”栏内数字填列。如果本年度资产负债表规定的各个项目的名称和内容同上年度不相一致，应对上年年末资产负债表各项目的名称和数字按照本年度的规定进行调整，填入本表“年初余额”栏内。

资产负债表“期末余额”栏各项目的内容和填列方法如下所述。

（一）资产类项目

(1) 根据总账科目期末借方余额直接填列的资产项目。比如“国库存款”“国库现金管理存款”“其他财政存款”“有价证券”“在途款”“预拨经费”“借出款项”“应收股利”“其他应收款”“股权投资”“待发国债”“与下级往来”(如为贷方余额则以“－”号填列)等项目。

(2) 根据明细科目期末借方余额分析合计填列的资产项目。比如“应收利息”项目，应当根据“应收地方政府债券转贷款”科目和“应收主权外债转贷款”科目下“应收利息”明细科目的期末余额合计数填列；“应收地方政府债券转贷款”“应收主权外债转贷款”项目，应当根据“应收地方政府债券转贷款”“应收主权外债转贷款”科目下“应收本金”明细科目的期末余额填列。

（二）负债类项目

(1) 根据总账科目期末贷方余额直接填列的负债项目。比如“应付国库集中支付结余”“其他应付款”“应付代管资金”“其他负债”“与上级往来”(如为借方余额则以“－”号填列等项目)等项目。

(2) 根据总账科目和明细科目期末贷方余额分析计算填列的负债项目。比如“应付短期政府债券”“应付长期政府债券”“应付地方政府债券转贷款”“应付主权外债转贷款”“借入款项”等项目，应当根据“应付短期政府债券”“应付长期政府债券”“应付主权外债转贷款”“借入款项”各科目下的“应付本金”明细科目的期末余额填列；“应付利息”项目，应当根据“应付短期政府债券”“借入款项”“应付地方政府债券转贷款”“应付主权外债转贷款”科目下的“应付利息”明细科目期末余额，以及属于分期付息到期还本的“应付长期政府债券”的“应付利息”明细科目期末余额计算填列；“一年内到期的非流动负债”项目，应当根据“应付长期政府债券”“借入款项”“应付地方政府债券转贷款”“应付主权外债转贷款”“其他负债”等科目的期末余额及债务管理部门提供的资料分析填列。

（三）净资产类项目

在净资产类项目中，“一般公共预算结转结余”“政府性基金预算结转结余”“国有资本经营预算结转结余”“财政专户管理资金结余”“专用基金结余”“预算稳定调节基金”“预算周转金”“资产基金”等项目，应根据各项目期末贷方余额直接填列；而“待偿债净资产”项目应当根据“待偿债净资产”科目的期末借方余额以“－”号填列。

最后，应明确的是，在资产负债表中，资产项目中的“应收股利”“应收利息”“应收地方政府债券转贷款”“应收主权外债转贷款”“股权投资”等项目，与净资产项目中的“资产基金”项目在金额上相互联系。负债项目中的“应付短期政府债券”“应付利息”“一年内到期的非流动负债”“应付长期政府债券”“借入款项”“应付地方政府债券转贷款”“应付主权外债转贷款”“其他负债”等项目，与净资产项目中的“待偿债净资产”项目在金额上相互联系。

【例 5-1】 某市财政于 20×9 年年终转账后，有关总账账户的余额如下：

(1) 资产类账户的借方余额共计 1 025 万元。其中，国库存款 532 万元，国库现金管理存款 25 万元，其他财政存款 50 万元，有价证券 10 万元，与下级往来 116 万元，借出款项 13 万元，应收股利 23 万元，其他应收款 31 万元，在途款 15 万元，预拨经费 22 万元，股权投资 188 万元。

(2) 负债类账户的贷方余额共计 484 万元。其中，应付利息 15 万元，应付国库集中支付结余 29 万元，其他应付款 16 万元，与上级往来 123 万元，应付地方政府债券转贷款 301 万元（其中一年内到期的部分为 86 万元）。

(3) 净资产类账户的贷方余额共计 541 万元。其中，一般公共预算结转结余 115 万元，政府性基金预算结转结余 226 万元，国有资本经营预算结转结余 122 万元，专用基金结余 7 万元，财政专户管理资金结余 66 万元，预算周转金 28 万元，预算稳定调节基金 82 万元，资产基金 211 万元，待偿债净资产－316 万元。

根据以上资料编制的该事业单位年末资产负债表参见表 5-1。

第二节 收入支出表

一、收入支出表及其格式

收入支出表是反映政府财政在某一会计期间各类财政资金收入、支出、结转结余情况的报表。收入支出表根据资金性质按照收入、支出、结转结余的构成分类、分项列示。收入支出表按月度和年度编制。

收入支出表的一般格式如表 5-2 所示。

表 5-2　　　　　　　　**收 入 支 出 表**

会财政 02 表

编制单位：　　　　　　　　____年____月　　　　　　　　单位：元

项目	一般公共预算		政府性基金预算		国有资本经营预算		财政专户管理资金		专用基金	
	本月数	本年累计数	本月数	本年累计数	本月数	本年累计数	本月数	本年累计数	本月数	本年累计数
年初结转结余										
收入合计										
本级收入										
其中：来自预算安排的收入	—	—	—	—	—	—	—	—		
补助收入					—	—	—	—	—	—
上解收入					—	—	—	—	—	—
地区间援助收入			—	—	—	—	—	—	—	—
债务收入					—	—	—	—	—	—
债务转贷收入					—	—	—	—	—	—
动用预算稳定调节基金			—	—	—	—	—	—	—	—
调入资金					—	—	—	—	—	—
支出合计										
本级支出										
其中：权责发生制列支							—	—	—	—
预算安排专用基金的支出			—	—	—	—	—	—	—	—
补助支出					—	—	—	—	—	—
上解支出					—	—	—	—	—	—
地区间援助支出			—	—	—	—	—	—	—	—
债务还本支出					—	—	—	—	—	—
债务转贷支出					—	—	—	—	—	—
安排预算稳定调节基金			—	—	—	—	—	—	—	—
调出资金							—	—	—	—
结余转出			—	—	—	—	—	—	—	—
其中：增设预算周转金			—	—	—	—	—	—	—	—
年末结转结余										

注：表中有“—”的部分不必填列。

二、收入支出表的编制方法

(一) 收入支出表中“本月数”栏反映各项目的本月实际发生数

在编制年度收入支出表时，应将本栏改为“上年数”栏，反映上年度各项目的实际发生数；

如果本年度收入支出表规定的各个项目的名称和内容同上年度不一致，应对上年度收入支出表各项目的名称和数字按照本年度的规定进行调整，填入本年度收入支出表的“上年数”栏。

收入支出表中“本年累计数”栏反映各项目自年初起至报告期末止的累计实际发生数。编制年度收入支出表时，应当将本栏改为“本年数”。

(二) 收入支出表中“本月数”栏各项目的内容和填列方法

1. 年初结转结余项目

“年初结转结余”项目，反映政府财政本年初各类资金结转结余金额。本项目应当根据各类资金结转结余科目的年初余额填列。

2. 收入类项目

(1)“收入合计”项目，反映政府财政本期取得的各类资金的收入合计金额。本项目应当根据各类资金收入的“本级收入”项目的金额合计填列。

(2)“本级收入”项目，反映政府财政本期取得的各类资金的本级收入金额。本项目应当根据各项资金收入科目的本期发生额填列。

(3)“补助收入”项目，反映政府财政本期取得的各类资金的补助收入金额。其中，一般公共预算的“补助收入”应当根据“补助收入”科目下的“一般公共预算补助收入”明细科目的本期发生额填列；政府性基金预算的“补助收入”应当根据“补助收入”科目下的“政府性基金预算补助收入”明细科目的本期发生额填列。

(4)“上解收入”项目，反映政府财政本期取得的各类资金的上解收入金额。其中，一般公共预算的“上解收入”应当根据“上解收入”科目下的“一般公共预算上解收入”明细科目的本期发生额填列；政府性基金预算的“上解收入”应当根据“上解收入”科目下的“政府性基金预算上解收入”明细科目的本期发生额填列。

(5)“地区间援助收入”项目，反映政府财政本期取得的地区间援助收入金额。本项目应当根据“地区间援助收入”科目的本期发生额填列。

(6)“债务收入”项目，反映政府财政本期取得的债务收入金额。其中，一般公共预算的“债务收入”应当根据“债务收入”科目下除“专项债务收入”以外的其他明细科目的本期发生额填列；政府性基金预算的“债务收入”应当根据“债务收入”科目下的“专项债务收入”明细科目的本期发生额填列。

(7)“债务转贷收入”项目，反映政府财政本期取得的债务转贷收入金额。其中，一般公共预算的“债务转贷收入”应当根据“债务转贷收入”科目下“地方政府一般债务转贷收入”明细科目的本期发生额填列；政府性基金预算的“债务转贷收入”应当根据“债务转贷收入”科目下的“地方政府专项债务转贷收入”明细科目的本期发生额填列。

(8)“动用预算稳定调节基金”项目，反映政府财政本期调用的预算稳定调节基金金额。本项目应当根据“动用预算稳定调节基金”科目的本期发生额填列。

(9)“调入资金”项目，反映政府财政本期取得的调入资金金额。其中，一般公共预算的“调入资金”应当根据“调入资金”科目下“一般公共预算调入资金”明细科目的本期发生额填列；政府性基金预算的“调入资金”应当根据“调入资金”科目下“政府性基金预算调入资金”明细科目的本期发生额填列。

3. 支出类项目

(1)“支出合计”项目，反映政府财政本期发生的各类资金的支出合计金额。本项目应当根据各类资金的“本级支出”项目的金额合计填列。

(2)“补助支出”项目,反映政府财政本期发生的各类资金的补助支出金额。其中,一般公共预算的“补助支出”应当根据“补助支出”科目下的“一般公共预算补助支出”明细科目的本期发生额填列;政府性基金预算的“补助支出”应当根据“补助支出”科目下的“政府性基金预算补助支出”明细科目的本期发生额填列。

(3)“上解支出”项目,反映政府财政本期发生的各类资金的上解支出金额。其中,一般公共预算的“上解支出”应当根据“上解支出”科目下的“一般公共预算上解支出”明细科目的本期发生额填列;政府性基金预算的“上解支出”应当根据“上解支出”科目下的“政府性基金预算上解支出”明细科目的本期发生额填列。

(4)“地区间援助支出”项目,反映政府财政本期发生的地区间援助支出金额。本项目应当根据“地区间援助支出”科目的本期发生额填列。

(5)“债务还本支出”项目,反映政府财政本期发生的债务还本支出金额。其中,一般公共预算的“债务还本支出”应当根据“债务还本支出”科目下除“专项债务还本支出”以外的其他明细科目的本期发生额填列;政府性基金预算的“债务还本支出”应当根据“债务还本支出”科目下的“专项债务还本支出”明细科目的本期发生额填列。

(6)“债务转贷支出”项目,反映政府财政本期发生的债务转贷支出金额。其中,一般公共预算的“债务转贷支出”应当根据“债务转贷支出”科目下“地方政府一般债务转贷支出”明细科目的本期发生额填列;政府性基金预算的“债务转贷支出”应当根据“债务转贷支出”科目下的“地方政府专项债务转贷支出”明细科目的本期发生额填列。

(7)“安排预算稳定调节基金”项目,反映政府财政本期安排的预算稳定调节基金金额。本项目应当根据“安排预算稳定调节基金”科目的本期发生额填列。

(8)“调出资金”项目,反映政府财政本期发生的各类资金的调出资金金额。其中,一般公共预算的“调出资金”应当根据“调出资金”科目下“一般公共预算调出资金”明细科目的本期发生额填列;政府性基金预算的“调出资金”应当根据“调出资金”科目下“政府性基金预算调出资金”明细科目的本期发生额填列;国有资本经营预算的“调出资金”应当根据“调出资金”科目下“国有资本经营预算调出资金”明细科目的本期发生额填列。

(9)“增设预算周转金”项目,反映政府财政本期设置和补充预算周转金的金额。本项目应当根据“预算周转金”科目的本期贷方发生额填列。

4. 年末结转结余项目

“年末结转结余”项目,反映政府财政本年末的各类资金的结转结余金额。其中,一般公共预算的“年末结转结余”应当根据“一般公共预算结转结余”科目的年末余额填列;政府性基金预算的“年末结转结余”应当根据“政府性基金预算结转结余”科目的年末余额填列;国有资本经营预算的“年末结转结余”应当根据“国有资本经营预算结转结余”科目的年末余额填列;财政专户管理资金的“年末结转结余”应当根据“财政专户管理资金结余”科目的年末余额填列;专用基金的“年末结转结余”应当根据“专用基金结余”科目的年末余额填列。

第三节　预算执行情况表

财政总预算会计编制的预算执行情况表是反映各级政府财政年度预算收支执行情况的报表。一般由一般公共预算执行情况表、政府性基金预算执行情况表、国有资本经营预算执行情况表、财政专户管理资金收支情况表、专用基金收支情况表等组成。财政总预算会计编制预算执行情况表年报，要求根据财政部届时制定的有关规定办理。

一、一般公共预算执行情况表

一般公共预算执行情况表是反映政府财政在某一会计期间一般公共预算收支执行结果的报表，按照《政府收支分类科目》中一般公共预算收支科目列示。一般公共预算执行情况表应当按旬、月度和年度编制。旬报、月报的报送期限及编报内容应当根据上级政府财政具体要求和本行政区域预算管理的需要办理。

一般公共预算执行情况表的参考格式如表 5-3 所示。

表 5-3　　　　一般公共预算执行情况表

会财政 03-1 表

编制单位：　　　　　____年____月____旬　　　　　单位：元

项　目	本月(旬)数	本年(月)累计数
一般公共预算本级收入		
101 税收收入		
10101 增值税		
1010101 国内增值税		
……		
一般公共预算本级支出		
201 一般公共服务支出		
20101 人大事务		
2010101 行政运行		
……		

一般公共预算执行情况表的编制说明：

(1)“一般公共预算本级收入”项目及所属各明细项目，应当根据“一般公共预算本级收入”科目及所属各明细科目的本期发生额填列。在该表中，预算科目一般需要填列到“一般公共预算本级收入”科目的“项”级科目，对于诸如“增值税”等科目还需要填列到“目”级科目。

(2)“一般公共预算本级支出”项目及所属各明细项目，应当根据“一般公共预算本级支出”科目及所属各明细科目的本期发生额填列。

二、政府性基金预算执行情况表

政府性基金预算执行情况表是反映政府财政在某一会计期间政府性基金预算收支执行结果的报表，按照《政府收支分类科目》中政府性基金预算收支科目列示。政府性基金预算执行情况表应当按旬、月度和年度编制。旬报、月报的报送期限及编报内容应当根据上级政府财政具体要求和本行政区域预算管理的需要办理。

政府性基金预算执行情况表的一般格式如表 5-4 所示。

表 5-4　　政府性基金预算执行情况表

会财政 03-2 表

编制单位：　　　　____年____月____旬　　　　单位：元

项　目	本月(旬)数	本年(月)累计数
政府性基金预算本级收入		
10301 政府性基金收入		
1030102 农网还贷资金收入		
103010201 中央农网还贷资金收入		
……		
政府性基金预算本级支出		
206 科学技术支出		
20610 核电站乏燃料处理处置基金支出		
2061001 乏燃料运输		
……		

政府性基金预算执行情况表的编制说明：

(1)"政府性基金预算本级收入"项目及所属各明细项目,应当根据"政府性基金预算本级收入"科目及所属各明细科目的本期发生额填列。

(2)"政府性基金预算本级支出"项目及所属各明细项目,应当根据"政府性基金预算本级支出"科目及所属各明细科目的本期发生额填列。

三、国有资本经营预算执行情况表

国有资本经营预算执行情况表是反映政府财政在某一会计期间国有资本经营预算收支执行结果的报表,按照《政府收支分类科目》中国有资本经营预算收支科目列示。国有资本经营预算执行情况表应当按旬、月度和年度编制。旬报、月报的报送期限及编报内容应当根据上级政府财政具体要求和本行政区域预算管理的需要办理。

国有资本经营预算执行情况表的一般格式如表 5-5 所示。

表 5-5　　国有资本经营预算执行情况表

会财政 03-3 表

编制单位：　　　　____年____月____旬　　　　单位：元

项目	本月(旬)数	本年(月)累计数
国有资本经营预算本级收入		
10306 国有资本经营收入		
1030601 利润收入		
103060103 烟草企业利润收入		
……		

（续表）

项目	本月(旬)数	本年(月)累计数
国有资本经营预算本级支出		
208 社会保障和就业支出		
20804 补充全国社会保障基金		
2080451 国有资本经营预算补充社保基金支出		
……		

国有资本经营预算执行情况表的编制说明：

(1)“国有资本经营预算本级收入”项目及所属各明细项目，应当根据“国有资本经营预算本级收入”科目及所属各明细科目的本期发生额填列。

(2)“国有资本经营预算本级支出”项目及所属各明细项目，应当根据“国有资本经营预算本级支出”科目及所属各明细科目的本期发生额填列。

四、财政专户管理资金收支情况表

财政专户管理资金收支情况表是反映政府财政在某一会计期间纳入财政专户管理的财政专户管理资金全部收支情况的报表，按照相关政府收支分类科目列示。财政专户管理资金收支情况表应当按月度和年度编制。

财政专户管理资金收支情况表的一般格式如表 5-6 所示。

表 5-6　　财政专户管理资金收支情况表

会财政 04 表

编制单位：　　　　____年　　　　单位：元

项　目	本月数	本年累计数
财政专户管理资金收入		
教育行政事业收费收入		
——公办幼儿园保育费		
——公办幼儿园住宿费		
——普通高中学费		
——普通高中住宿费		
——中等职业学校学费		
——中等职业学校住宿费		
——高等学校学费		
——高等学校住宿费		
公安行政事业性收费收入——教育收费		
财政专户管理资金支出		
普通教育		
——学前教育		

（续表）

项 目	本月数	本年累计数
——高中教育		
——高等教育		
职业教育		
——初等职业教育		
——职业高中教育		
——高等职业教育		

财政专户管理资金收支情况表的编制说明：

(1)“财政专户管理资金收入”项目及所属各明细项目，应当根据“财政专户管理资金收入”科目及所属各明细科目的本期发生额填列。

(2)“财政专户管理资金支出”项目及所属各明细项目，应当根据“财政专户管理资金支出”科目及所属各明细科目的本期发生额填列。

五、专用基金收支情况表

专用基金收支情况表是反映政府财政在某一会计期间专用基金全部收支情况的报表，按照不同类型的专用基金分别列示。专用基金收支情况表应当按月度和年度编制。

专用基金收支情况表的一般格式如表 5-7 所示。

表 5-7　　专用基金收支情况表

会财政 05 表

编制单位：　　____年　　单位：元

项 目	本月数	本年累计数
专用基金收入		
粮食风险基金		
……		
专用基金支出		
粮食风险基金		
——对种粮农民的直接补贴		
——储备粮油的利息费用补贴		
……		

专用基金收支情况表的编制说明：

(1)“专用基金收入”项目及所属各明细项目，应当根据“专用基金收入”科目及所属各明细科目的本期发生额填列。

(2)“专用基金支出”项目及所属各明细项目，应当根据“专用基金支出”科目及所属各明细科目的本期发生额填列。

六、附注

附注是指对在会计报表中列示项目的文字描述或明细资料，以及对未能在会计报表中列示项目的说明。附注应当至少按年度编制。

财政总预算会计报表附注应当至少披露下列内容：遵循《财政总预算会计制度》的声明；本级政府财政预算执行情况和财务状况的说明；会计报表中列示的重要项目的进一步说明，包括其主要构成、增减变动情况等；或有负债情况的说明；有助于理解和分析会计报表的其他需要说明的事项。

复习思考题

1. 什么是财政总预算会计报表？财政总预算会计报表主要包括哪些种类？
2. 什么是财政总预算会计的资产负债表？
3. 什么是预算执行情况表？预算执行情况表包括哪些？
4. 什么是一般公共预算执行情况表？如何编制一般公共预算执行情况表？
5. 什么是政府性基金预算执行情况表？如何编制政府性基金预算执行情况表？
6. 什么是国有资本经营预算执行情况表？如何编制国有资本经营预算执行情况表？
7. 什么是财政专户管理资金收支情况表？如何编制财政专户管理资金收支情况表？
8. 什么是专用基金收支情况表？如何编制专用基金收支情况表？

选择题

1. 下列项目中，应纳入财政总预算会计资产负债表的项目是（　　）。
   A. 动用预算稳定调节基金　　B. 安排预算稳定调节基金
   C. 预算稳定调节基金　　D. 调入资金
2. 在一般公共预算执行情况表中，下列各项中属于本级收入合计的项目是（　　）。
   A. 税收收入　　B. 行政事业性收费收入
   C. 罚没收入　　D. 动用预算稳定调节基金
3. 在资产负债表中，下列各项中与资产基金项目在金额上存在内在联系的资产项目是（　　）。
   A. 国库存款　　B. 其他财政存款
   C. 应收股利　　D. 与下级往来
4. 在收入支出表中，下列各项中不减少本级政府一般公共预算财力总数的项目是（　　）。
   A. 安排预算稳定调节基金　　B. 本级支出
   C. 补助支出　　D. 债务还本支出
5. 下列各项中，属于财政总预算会计报表的是（　　）。
   A. 资产负债表　　B. 收入支出表
   C. 一般公共预算执行情况表　　D. 政府性基金预算执行情况表
6. 下列各项中，属于财政总预算会计编制的预算执行情况表的是（　　）。
   A. 一般公共预算执行情况表　　B. 政府性基金预算执行情况表
   C. 国有资本经营预算执行情况表　　D. 财政专户管理资金收支情况表
7. 下列各项中，财政总预算会计收入支出表中的项目包括（　　）。
   A. 年初结转结余　　B. 收入合计　　C. 支出合计　　D. 结余转出

8. 下列各项中，在收入支出表中的“政府性基金预算”栏不必填列的项目包括（　　）。
   A. 补助收入　　B. 地区间援助收入　　C. 补助支出　　D. 结余转出
9. 下列各项中，在一般公共预算执行情况表中不需要反映的内容是（　　）。

A. 一般公共预算本级收入　　　　B. 补助收入
C. 债务收入　　　　D. 债务还本支出

10. 下列项目中，与净资产类项目中的“资产基金”项目在金额上相互联系的是(　　)。
A. 应收股利　　B. 应收利息　　C. 股权投资　　D. 应收主权外债转贷款

11. 下列项目中，与负债类项目中的“待偿债净资产”项目在金额上相互联系的是(　　)。
A. 应付短期政府债券　　B. 应付利息　　C. 借入款项　　D. 应付主权外债转贷款

练习题

(一) 某市财政于20×9年年终转账后，有关总账账户的余额如下：

(1) 资产类账户的借方余额共计2 050万元。其中，国库存款1 064万元，国库现金管理存款50万元，其他财政存款100万元，有价证券20万元，与下级往来232万元，借出款项26万元，应收股利46万元，其他应收款62万元，在途款30万元，预拨经费44万元，股权投资376万元。

(2) 负债类账户的贷方余额共计968万元。其中，应付利息30万元，应付国库集中支付结余58万元，其他应付款32万元，与上级往来246万元，应付地方债券转贷款602万元(其中一年内到期的部分为172万元)。

(3) 净资产类账户的贷方余额共计1 082万元。其中，一般公共预算结转结余230万元，政府性基金预算结转结余452万元，国有资本经营预算结转结余244万元，专用基金结余14万元，财政专户管理资金结余132万元，预算周转金56万元，预算稳定调节基金164万元，资产基金422万元，待偿债净资产−632万元。

要求：根据以上资料编制年末资产负债表。

(二) 某市财政20×9年年末有关收入类和支出类账户结账前的本期发生额如表5-8所示。

表5-8　　有关收入类和支出类账户本期发生额表

单位：元

账户名称	贷方	账户名称	借方
一般公共预算类收入账户：		一般公共预算类支出账户：	
一般公共预算本级收入	195 680	一般公共预算本级支出	222 720
补助收入	128 840	补助支出	119 200
上解收入	50 000	上解支出	50 000
地区间援助收入		地区间援助支出	
债务收入		债务还本支出	92 400
债务转贷收入	107 200	债务转贷支出	
动用预算稳定调节基金		动用预算稳定调节基金	800
调入资金	1 400	调入资金	
一般公共预算类收入合计	483 120	一般公共预算类支出合计	485 120
政府性基金预算类收入账户：		政府性基金预算类支出账户：	
政府性基金预算本级收入	84 800	政府性基金预算本级支出	115 200
补助收入	39 200	补助支出	5 080
上解收入		上解支出	
债务收入		债务支出	
债务转贷收入	30 400	债务转贷支出	31 200
调入资金		调出资金	1 400
政府基金预算类收入合计	154 400	政府基金预算类支出合计	152 880

（续表）

账户名称	贷方	账户名称	借方
国有资本经营预算收入账户：		国有资本经营预算支出账户：	
国有资本经营预算本级收入	74 600	国有资本经营预算本级支出	75 560
		调出资金	
国有资本经营预算收入合计	74 600	国有资本经营预算支出合计	75 560
财政专户管理资金收入	36 800	财政专户管理资金支出	37 320
专用基金收入	80	专用基金支出	120

（1）各项结转结余的年初数额为：一般公共预算结转结余 6 600 元，政府性基金预算结转结余 7 520 元，国有资本经营预算结转结余 5 840 元，财政专户管理资金结余 3 160 元，专用基金结余 320 元。

（2）当年权责发生制列支的情况为：一般公共预算 1 440 元，政府性基金预算 840 元，国有资本经营预算 600 元。

（3）当年通过一般公共预算安排的专用基金支出为 80 元。

（4）当年一般公共预算结余转出为 400 元。

要求：根据以上资料，为该市财政总预算会计编制 20×9 年度的收入支出表。

第三篇

行政事业单位会计

第三篇依据《政府会计制度》,对行政事业单位的资产、负债、收入、费用、净资产,以及预算收入、预算支出、预算结余等业务的会计核算进行了全新的解读。《政府会计制度》的颁布和实施,是建立政府会计核算标准体系的重要成果。《政府会计制度》依据《基本准则》的要求,构建了行政事业单位"财务会计和预算会计适度分离并相互衔接"的会计核算模式。所谓"适度分离",是指适度分离政府预算会计和财务会计功能,决算报告和财务报告功能,全面反映政府会计主体的预算执行信息和财务信息。其主要体现在:"双功能",即在同一会计核算系统中实现财务会计和预算会计双重功能,通过资产、负债、净资产、收入、费用五个要素进行财务会计核算,通过预算收入、预算支出和预算结余三个要素进行预算会计核算;"双基础",即财务会计采用权责发生制,预算会计采用收付实现制,国务院另有规定的,依照其规定;"双报告",即通过财务会计核算形成财务报告,通过预算会计核算形成决算报告。所谓"相互衔接",是指在同一会计核算系统中政府预算会计要素和相关财务会计要素相互协调,决算报告和财务报告相互补充,共同反映政府会计主体的预算执行信息和财务信息。其主要体现在单位财务会计与预算会计的"平行记账",即对于纳入部门预算管理的现金收支业务,在进行财务会计核算的同时也应当进行预算会计核算。对于其他业务,仅需要进行财务会计核算。这种会计核算模式兼顾了现行部门决算报告制度的需要,又能满足部门编制权责发生制财务报告的要求,对于规范政府会计行为,夯实政府会计主体预算和财务管理基础,强化政府绩效管理具有深远的影响。

第六章 行政事业单位会计概述

第一节 行政事业单位及其会计概念与特点

一、行政事业单位及其种类

(一) 行政单位及其种类

在行政单位会计中,行政单位是进行国家行政管理、组织经济建设和文化建设、维护社会公共秩序的单位,主要包括:①国家立法机关,如各级人民代表大会及其常务委员会机关。②国家行政(执法)机关,如各级人民政府及其所属工作机构。③国家政治协商机关,如中国人民政治协商会议各级委员会机关。④国家司法机关,如最高人民法院、地方各级法院等审判机关。⑤国家法律监督机关,如最高人民检察院、地方各级人民检察院等检察机关。⑥列为行政编制并接受财政拨款的政党组织和社会团体,其中,政党组织如中国共产党各级机关及各民主党派和工商联的各级机关,社会团体如共青团各级机关、妇联各级机关等。

总体来说,行政单位承担着经济调节、市场监管、社会管理、公共服务等各种职能,尽管名称不尽相同,但它们有一个共同的特点,就是它们都属于社会非物质生产部门,不能在市场上通过货物或服务的交换获得足够的资金,它们开展业务活动所需的资金主要由财政预算安排。行政单位的支出是典型地、纯粹地为了满足社会公共需要。为此,对行政单位来说,执行单位预算,按照预算取得和使用财政资金,使财政资金发挥其应有的社会效益,是它们组织会计核算时必须遵循的基本要求。

(二) 事业单位及其种类

在事业单位会计中,事业单位泛指由政府举办的各级各类向社会提供公益服务的组织。按照不同的行业,常见的事业单位主要包括以下种类:①教育事业单位,如中小学、高等学校等。②医疗卫生事业单位,如各级各类公立医院,包括综合医院、中医院、专科医院、政府举办的城市社区卫生服务中心、乡镇卫生院等。③文化事业单位,如各类公共图书馆、文化馆、纪念馆、剧场、剧团等。④文物事业单位,如各级各类公共博物馆、博物院等。⑤科学事业单位,如各级各类科学院、研究院、研究所等。⑥广播电视事业单位,如各级政府举办的广播台、电视台等。⑦体育事业单位,如各级政府举办的体育馆、体育场等。

事业单位是经济社会发展中提供公益服务的主要载体。根据职责任务、服务对象和资源配置方式等情况,将从事公益服务的事业单位细分为两类:承担义务教育、基础性研究、公共文化、公共卫生及基层的基本医疗服务等基本公益服务,不能或不宜由市场配置资源的,划分为公益一类;承担高等教育、非营利医疗等公益服务,可部分由市场配置资源的,划分为公益二类。

事业单位的主要特点是具有公益属性:事业单位不具有行政职能,不从事社会管理工作,从而区别于行政单位；事业单位不以营利为目的，不从事生产经营活动，从而区别于营利性企业；事业单位以成本或者低于成本的价格向社会公众提供公益性服务，所需资金部分来源于财政补助，部分来源于公益性服务收费。除此之外，事业单位一般都由政府举办，其开展业务活动所需资金纳入政府预算，由此，事业单位也区别于民间非营利组织或社会组织。与民间非营利组织相对比，事业单位有时也称为公立非营利组织。

在实务中，大多数事业单位有其主管行政单位，或者是相应主管行政单位的附属单位。例如，教育事业单位的主管行政单位通常是教育行政单位，文化事业单位的主管行政单位通常是文化行政单位，等等。尽管如此，事业单位具有独立的法人资格，对所从事的事业活动独立地承担法律责任。政府通过举办事业单位，可以更好地向社会公众提供公益服务。事业单位从事的社会公益活动是政府职能的延伸。从这一意义上讲，事业单位也是广义的政府组织。

二、行政事业单位会计及其特点

行政事业单位会计（有时也称为单位会计）是适用于单位财务活动的一门专业会计，是政府会计的一个分支。单位会计核算应当具备财务会计与预算会计双重功能，实现财务会计与预算会计适度分离并相互衔接，全面、清晰地反映单位财务信息和预算执行信息。单位财务会计核算实行权责发生制；单位预算会计核算实行收付实现制，国务院另有规定的，依照其规定。单位会计核算的目标是向会计信息使用者提供与单位财务状况、事业成果、预算执行情况等有关的会计信息，反映单位受托责任的履行情况，有助于会计信息使用者进行管理、监督和决策。单位会计信息使用者包括人民代表大会、政府及其有关部门、举办单位或上级单位、债权人、单位自身和其他会计信息使用者。据此，单位会计具有如下主要特点。

1. 单位会计的主体：各级各类单位

单位应当对其自身发生的经济业务或者事项进行会计核算。单位自身发生的经济业务或事项与同级财政总预算发生的经济业务或事项之间，既有重叠的地方，也有相互独立的地方。例如，同级政府财政为单位支付日常人员经费，同级政府财政总预算会计应确认支出，单位会计也确认支出。但如果同级财政为单位支付购办公设备的款项，同级政府财政总预算会计应记录支出，单位会计在记录支出的同时，还应记录固定资产。单位对设备计提折旧，同级政府财政总预算会计没有相应的经济业务或事项，但单位需要记录相应的经济业务或事项。再如，事业单位利用取得的事业收入支付日常办公经费，事业单位会计形成支出，但财政总预算会计不形成支出。事业单位取得的非财政资金收入和发生的非财政资金支出，事业单位会计应确认相应的收入和支出，但对财政总预算会计来说，既没有收入，也没有支出。

2. 单位预算会计：反映单位预算执行情况

单位预算会计在反映单位预算执行情况时，采用的会计核算方法需要与相应的预算编制方法一致，只有这样，预算数与会计核算的决算数才具有可比性，会计核算的结果才能反映预算执行情况。由于单位预算区分基本支出预算和项目支出预算，基本支出预算又区分人员经费预算和日常公用经费预算，各种预算又分别安排财政拨款收入和其他等相关收入，因此，单位预算会计需要按照预算管理的相应要求，分别为各种预算组织会计核算，以分别反映各种预算的执行情况。单位预算会计核算单位预算执行情况，若没有相应的预算，也就没有相应的单位预算会计核算。

3. 单位财务会计：反映单位财务状况

单位财务会计中的资产、负债和净资产三个会计要素构筑了单位财务状况。单位的资产不仅包括库存现金、银行存款、零余额账户用款额、应收账款等货币性资产，还包括存货、固定资产、在建工程、无形资产等非货币性资产。有些行政单位的资产还包括政府储备物资、公共基础设施等特殊种类的资产。有些事业单位的资产还包括短期投资、长期投资等种类。单位的负债包括应缴财政款、应付职工薪酬、应交增值税、其他未交税金、应付及暂存款项、预提费用等。有些事业单位还包括短期借款、长期借款等。单位的净资产不仅包括累计盈余、无偿调拨净资产，事业单位还包括专用基金、权益法调整等。这与财政总预算会计的资产、负债和净资产的种类有很大的不同。单位财务会计如实反映单位的财务状况，有利于加强对单位资产、负债和净资产的管理。

4. 会计核算模式：财务会计和预算会计适度分离并相互衔接

所谓“适度分离”，是指适度分离行政事业单位预算会计和财务会计功能，决算报告和财务报告功能，全面反映行政事业单位的预算执行信息和财务信息。其主要体现在“双功能”“双基础”“双报告”。其中，“双功能”是指在同一会计核算系统中实现财务会计和预算会计双重功能，通过资产、负债、净资产、收入、费用五个要素进行财务会计核算，通过预算收入、预算支出和预算结余三个要素进行预算会计核算；“双基础”是指财务会计采用权责发生制，预算会计采用收付实现制，国务院另有规定的，依照其规定；“双报告”是指通过财务会计核算形成财务报告，通过预算会计核算形成决算报告。

所谓“相互衔接”，是指在同一会计核算系统中，行政事业单位预算会计要素和相关财务会计要素相互协调，决算报告和财务报告相互补充，共同反映行政事业单位的预算执行信息和财务信息。其主要体现在“平行记账”方法。“平行记账”方法是指单位对于纳入部门预算管理的现金收支业务，在采用财务会计核算的同时应当进行预算会计核算；对于其他业务，仅需进行财务会计核算。为实现单位会计的“双目标”，同时反映单位财务状况和预算执行情况，单位会计对纳入部门预算管理的现金收支业务，采用在财务会计中记账的同时也在预算会计中登记的“平行记账”方法。例如，某行政单位以财政直接支付方式购入一项固定资产，在财务会计中，借记“固定资产”科目，贷记“财政拨款收入”科目；同时，在预算会计中，借记“行政支出”科目，贷记“财政拨款预算收入”科目。而对于不涉及预算执行情况的其他业务或事项，单位仅需要在财务会计中记录。例如，单位计提固定资产折旧时，在财务会计中，借记“业务活动费用”科目，贷记“固定资产累计折旧”科目，因不涉及预算执行情况，在预算会计中不记录。

“平行记账”方法针对的是纳入部门预算管理的现金收支业务。据此，实务中的经济业务或事项是否需要采用“平行记账”，可以按照以下两点判断：一是业务是否是现金收支业务；二是业务是否纳入部门预算管理。只有同时满足以上两点，才需要采用“平行记账”。在实务中，典型的不纳入部门预算管理的现金收支业务，如受托代理的款项、应当上缴国库或财政专户的款项、应当转拨其他单位的款项、暂收款业务等，这些款项收支时不需要“平行记账”，仅在财务会计中记录即可。

第二节　行政事业单位会计科目与会计报表

一、行政事业单位会计科目

（一）行政事业单位会计科目表

行政事业单位会计科目是对行政事业单位会计要素所作的进一步分类。它是行政事业单位会计设置账户、核算和归集经济业务的依据，也是汇总和检查单位资金活动情况及其结果的依据。

为了规范单位会计核算，提高会计信息质量，2017 年 10 月 24 日，财政部正式发布了《政府会计制度》，对单位会计科目进行了规范和说明。单位会计科目包括财务会计科目和预算会计科目。财务会计科目包括资产类、负债类、净资产类、收入类和费用类科目；预算会计科目包括预算收入类科目、预算支出类科目和预算结余类科目。行政事业单位统一适用的财务会计和预算会计科目表如表 6-1 和表 6-2 所示。

表 6-1　　财务会计科目表

序号	科目编号	科目名称	序号	科目编号	科目名称
	一、资产类		26	1703	研发支出
1	1001	库存现金	27	1801	公共基础设施
2	1002	银行存款	28	1802	公共基础设施累计折旧(摊销)
3	1011	零余额账户用款额度	29	1811	政府储备物资
4	1021	其他货币资金	30	1821	文物文化资产
5	1101	短期投资	31	1831	保障性住房
6	1201	财政应返还额度	32	1832	保障性住房累计折旧
7	1211	应收票据	33	1891	受托代理资产
8	1212	应收账款	34	1901	长期待摊费用
9	1214	预付账款	35	1902	待处理财产损溢
10	1215	应收股利		二、负债类	
11	1216	应收利息	36	2001	短期借款
12	1218	其他应收款	37	2101	应交增值税
13	1219	坏账准备	38	2102	其他应交税费
14	1301	在途物品	39	2103	应缴财政款
15	1302	库存物品	40	2201	应付职工薪酬
16	1303	加工物资	41	2301	应付票据
17	1401	待摊费用	42	2302	应付账款
18	1501	长期股权投资	43	2303	应付政府补贴款
19	1502	长期债券投资	44	2304	应付利息
20	1601	固定资产	45	2305	预收账款
21	1602	固定资产累计折旧	46	2307	其他应付款
22	1611	工程物资	47	2401	预提费用
23	1613	在建工程	48	2501	长期借款
24	1701	无形资产	49	2502	长期应付款
25	1702	无形资产累计摊销	50	2601	预计负债

（续表）

序号	科目编号	科目名称	序号	科目编号	科目名称
51	2901	受托代理负债	64	4601	非同级财政拨款收入
	三、净资产类		65	4602	投资收益
52	3001	累计盈余	66	4603	捐赠收入
53	3101	专用基金	67	4604	利息收入
54	3201	权益法调整	68	4605	租金收入
55	3301	本期盈余	69	4609	其他收入
56	3302	本年盈余分配		五、费用类	
57	3401	无偿调拨净资产	70	5001	业务活动费用
58	3501	以前年度盈余调整	71	5101	单位管理费用
	四、收入类		72	5201	经营费用
59	4001	财政拨款收入	73	5301	资产处置费用
60	4101	事业收入	74	5401	上缴上级费用
61	4201	上级补助收入	75	5501	对附属单位补助费用
62	4301	附属单位上缴收入	76	5801	所得税费用
63	4401	经营收入	77	5901	其他费用

表 6-2　　预算会计科目表

序号	科目编号	科目名称	序号	科目编号	科目名称
	一、预算收入类		14	7501	对附属单位补助支出
1	6001	财政拨款预算收入	15	7601	投资支出
2	6101	事业预算收入	16	7701	债务还本支出
3	6201	上级补助预算收入	17	7901	其他支出
4	6301	附属单位上缴预算收入		三、预算结余类	
5	6401	经营预算收入	18	8001	资金结存
6	6501	债务预算收入	19	8101	财政拨款结转
7	6601	非同级财政拨款预算收入	20	8102	财政拨款结余
8	6602	投资预算收益	21	8201	非财政拨款结转
9	6609	其他预算收入	22	8202	非财政拨款结余
	二、预算支出类		23	8301	专用结余
10	7101	行政支出	24	8401	经营结余
11	7201	事业支出	25	8501	其他结余
12	7301	经营支出	26	8701	非财政拨款结余分配
13	7401	上缴上级支出			

(二) 单位财务会计与预算会计“平行记账”之会计科目的对应关系

1. 货币资金类科目与资金结存类科目的对应关系

单位财务会计货币资金类科目与预算会计资金结存类科目的对应关系如表 6-3 所示。

表 6-3　　货币资金类科目与资金结存类科目的对应关系

<table>
<tr><th>序号</th><th>财务会计科目</th><th>预算会计科目</th><th>说　　明</th></tr>
<tr><td rowspan="3">(1)</td><td>库存现金</td><td rowspan="3">资金结存
——货币资金</td><td rowspan="5">财务会计设置了五个货币资金类会计科目,预算会计在核算相关预算收支出时,设置了“资金结存”这一会计科目来应对,并分别设置三个明细科目。预算会计这样设置资金结存类会计科目,既与预算会计预算资金管理的做法一致,也与财务会计相关货币资金类科目相呼应</td></tr>
<tr><td>银行存款</td></tr>
<tr><td>其他货币资金</td></tr>
<tr><td>(2)</td><td>零余额账户用款额度</td><td>资金结存
——零余额账户用款额度</td></tr>
<tr><td>(3)</td><td>财政应返还额度</td><td>资金结存
——财政应返还额度</td></tr>
</table>

2. 收入类与预算收入类科目的对应关系

单位财务会计收入(包括借款)类科目与预算会计预算收入类科目的对应关系如表 6-4 所示。

表 6-4　　收入类科目与预算收入类科目的对应关系

<table>
<tr><th>序号</th><th>财务会计科目</th><th>预算会计科目</th><th>说　　明</th></tr>
<tr><td rowspan="7">(1)</td><td>财政拨款收入</td><td>财政拨款预算收入</td><td rowspan="9">①预算会计收入类科目的名称只是在财务会计收入类科目名称上添加了“预算”二字。②财务会计将“捐赠收入”“利息收入”“租金收入”“其他收入”分别设置为总账科目,而预算会计将上述四项内容的预算收入都归集在“其他预算收入”一个总账科目内核算。③财务会计将单位借款确认为负债类要素,这符合财务会计惯例;而预算会计将单位借款确认为“债务预算收入”,这与政府预算编制与管理相吻合</td></tr>
<tr><td>事业收入</td><td>事业预算收入</td></tr>
<tr><td>上级补助收入</td><td>上级补助预算收入</td></tr>
<tr><td>附属单位上缴收入</td><td>附属单位上缴预算收入</td></tr>
<tr><td>经营收入</td><td>经营预算收入</td></tr>
<tr><td>非同级财政拨款收入</td><td>非同级财政拨款预算收入</td></tr>
<tr><td>投资收益</td><td>投资预算收益</td></tr>
<tr><td>(2)</td><td>捐赠收入、利息收入
租金收入、其他收入</td><td>其他预算收入</td></tr>
<tr><td>(3)</td><td>短期借款、长期借款</td><td>债务预算收入</td></tr>
</table>

3. 费用类与预算支出类科目的对应关系

单位财务会计费用(包括投资和归还借款)类科目与预算会计预算支出类科目的对应关系如表 6-5 所示。

表 6-5　　费用类科目和预算支出类科目的对应关系

序号	财务会计科目	预算会计科目	说明
（1）	业务活动费用	行政支出、事业支出	①支出类科目的名称只是将费用类科目名称的“费用”调整为“支出”（“所得税费用”科目除外），这与政府会计要素分类相吻合。②“所得税费用”未调整为“所得税支出”，这与预算会计对事业单位实际缴纳单位所得税直接冲减“非财政拨款结余（累计结余）”的会计处理相一致。③预算会计将事业单位因发生投资所流出的货币资金以“投资支出”来予以确认，是收付实现制原则的体现。④预算会计将事业单位因归还借款而流出的货币资金确认为“债务还本支出”，则与因借款而流入的货币资金确认为“债务预算收入”相对应
	单位管理费用	事业支出	
	经营费用	经营支出	
	上缴上级费用	上缴上级支出	
	对附属单位补助费用	对附属单位补助支出	
	其他费用	其他支出	
（2）	所得税费用	非财政拨款结余（累计盈余）	
（3）	短期投资、长期股权投资、长期债权投资	投资支出	
（4）	短期借款、长期借款	债务还本支出	

综上所述，根据行政事业单位会计采用的“平行记账”方法，财务会计科目和预算会计科目在财务会计和预算会计中的对应关系可概括如下。

第一，单位取得纳入部门预算管理的现金收入时，在财务会计中，借记相关现金科目，如“库存现金”“银行存款”“零余额账户用款额度”“财政应返还额度”等科目，贷记相关收入、相关应收项目及相关负债类科目，如“财政拨款收入”“事业收入”“经营收入”“上级补助收入”“附属单位上缴收入”“非同级财政拨款收入”“投资收益”“其他收入”“应收票据”“应收账款”“应收股利”“应收利息”“预收账款”“短期借款”“长期借款”等科目；同时，在预算会计中，借记相关资金结存类科目，如“资金结存——货币资金/零余额账户用款额度/财政应返还额度”等科目，贷记相关预算收入类科目，如“财政拨款预算收入”“事业预算收入”“经营预算收入”“上级补助预算收入”“附属单位上缴预算收入”“非同级财政拨款预算收入”“投资预算收益”“其他预算收入”“债务预算收入”等科目。

第二，单位发生纳入部门预算管理的现金支出时，在财务会计中，借记相关费用类科目、相关非现金资产类科目及相关负债类科目，如“业务活动费用”“单位管理费用”“经营费用”“上缴上级费用”“对附属单位补助费用”“其他费用”等费用科目，如“库存商品”“预付账款”“短期投资”“长期股权投资”“长期债权投资”“固定资产”“无形资产”“在建工程”“政府储备物资”等非现金资产类科目，以及“应付票据”“应付账款”“应付职工薪酬”“应付政府补贴款”“其他应交税费”“短期借款”“长期借款”等负债类科目，贷记相关货币资金类科目，如“库存现金”“银行存款”“其他货币资金”“零余额账户用款额度”“财政应返还额度”“财政拨款收入（财政直接支付）”等科目；同时，在预算会计中，借记相关预算支出类科目，如“行政支出”“事业支出”“经营支出”“上级补助支出”“附属单位上缴支出”“非同级财政拨款支出”“投资支出”“其他支出”“债务还本支出”等科目，贷记资金结存类等科目，如“资金结存——货币资金/零余额账户用款额度/财政应返还额度”“财政拨款预算收入”（财政直接支付）等科目。

第三，对于其他业务，仅需进行财务会计核算。

（1）赊购资产业务。单位赊购资产时，借记相关资产类科目，如“库存物品”“固定资产”“无形资产”等科目，贷记相关负债类科目，如“应付票据”“应付账款”“长期应付款”等科目。此类业务，在财务会计中，同时确认相关资产的增加和相关负债的增加，不涉及现金收支；此时，在预算会计中，则不需要进行会计处理。

(2) 计提归集费用业务。单位计提归集相关费用时，借记相关费用类科目，如“业务活动费用”“单位管理费用”“经营费用”“其他费用”“所得税费用”等科目，贷记相关资产、相关资产折旧或摊销以及相关负债类科目，如“库存物品”“政府储备物资”“固定资产累计折旧”“无形资产累计摊销”“公共基础设施累计折旧(摊销)”“保障性住房累计折旧”“待摊费用”“长期待摊费用”“预提费用”“应付职工薪酬”“应付利息”“坏账准备”“其他应交税费”“预计负债”等科目。单位领用库存物品、政府储备物资，为使用的固定资产或无形资产计提折旧或摊销、摊销或预提相关费用，以及计提职工薪酬、计提利息、计提坏账准备、计算相关税费、预计可能发生的损失时，在财务会计中，增加相关费用；但在预算会计中，如同没有发生经济业务，不作会计处理。

(3) 不纳入部门预算管理的暂收暂付款项业务。①应缴财政款项，单位收到应缴财政款项时，借“银行存款”“应收账款”“待处理财产损益”等科目，贷记“应缴财政款”科目；上缴时，借记“应缴财政款”科目，贷记“银行存款”科目。②受托代理款项，单位在收到代理款项时，借记“库存现金/银行存款——受托代理资产”科目，贷记“受托代理负债”科目；交付代理款项时，作相反的会计分录。③采用实拨资金方式通过本单位转拨给下属单位的财政拨款时，按照实际收到的金额，借记“银行存款”科目，贷记“其他应付款”科目；向下属单位转拨财政拨款时，按照转拨的金额，借记“其他应付款”科目，贷记“银行存款”科目。对于上述应上缴、应转拨或应退回的资金业务，单位应当按照《政府会计制度》规定，仅作财务会计处理，不作预算会计处理。

(4) 部分纳入部门预算管理的暂收暂付款项业务(如预借差旅费、拨付内部备付金等)。①对于纳入本年度部门预算管理的暂付款项，单位支付款项时，借记“其他应收款”科目，贷记“库存现金”科目；此时，在预算会计中，不作账务处理。②对于应当纳入下一年度部门预算管理的暂收款项，单位在收到款项时，借记“银行存款”等科目，贷记“其他应付款”科目；本年度不作预算会计处理。之后，再按《政府会计制度》规定处理。

(5) 无偿调入调出各类非现金资产业务。单位无偿调入各类非现金资产时，借记相关非现金资产类科目，如“库存物品”“政府储备物资”“固定资产”“无形资产”“文物文化资产”“保障性住房”“公共基础设施”等相关科目，贷记“无偿调拨净资产”科目；无偿调出各类非现金资产时，借记“无偿调拨净资产”[调出固定资产、无形资产、公共基础设施、保障性住房的还应借记“固定资产累计折旧”“无形资产累计摊销”“保障性住房累计折旧”“公共基础设施累计折旧(摊销)”科目]，贷记相关非现金资产类科目，如“库存物品”“政府储备物资”“固定资产”“无形资产”“文物文化资产”“保障性住房”“公共基础设施”等科目。

(6) 盘盈各类非现金资产业务。单位将盘盈的各类非现金资产转入待处理财产时，借记相关非现金资产类科目，如“库存物品”“政府储备物资”“固定资产”“无形资产”“文物文化资产”“保障性住房”“公共基础设施”等科目，贷记“待处理财产损溢”科目。

(7) 盘亏或者毁损、报废各类非现金资产业务。单位将盘亏或者毁损、报废的各类非现金资产转入待处理财产时，借记“待处理财产损溢”科目[盘亏、毁损、报废固定资产、无形资产、公共基础设施、保障性住房的还应借记“固定资产累计折旧”“无形资产累计摊销”“公共基础设施累计折旧(摊销)”“保障性住房累计折旧”科目]，贷记相关非现金资产科目，如“库存物品”“政府储备物资”“固定资产”“无形资产”“文物文化资产”“保障性住房”“公共基础设施”等科目。

单位无偿调入调出各类非现金资产、盘盈各类非现金资产以及盘亏或者毁损、报废各类非现金资产等业务，其业务本身没有纳入部门预算管理的现金收支，故仅在财务会计中核算，预算会计无需进行账务处理。

行政事业单位会计采用“平行记账”方法，在财务会计中，只涉及资产、负债、净资产、收入和费用六类科目，不涉及预算会计要素类科目；在预算会计中，只涉及预算收入、预算支出和预算结余三类科目，不涉及财务会计类科目。

二、行政事业单位会计报表

行政事业单位会计报表是反映行政事业财务状况、运行情况以及预算执行情况等信息的书面文件，由单位财务报表和预算会计报表构成。行政事业单位应当至少按照年度编制财务报表和预算会计报表。其中，财务报表由会计报表及其附注构成。会计报表一般包括资产负债表、收入费用表和净资产变动表。单位可根据实际情况自行选择编制现金流量表。预算会计报表至少包括预算收入支出表、预算结转结余变动表和财政拨款预算收入支出表。

财务报表的编制主要以权责发生制为基础，以单位财务会计核算生成的数据为准；预算会计报表的编制主要以收付实现制为基础，以单位预算会计核算生成的数据为准。

行政事业单位编制会计报表应遵循如下要求：

(1) 单位应当根据制度规定编制真实、完整的财务报表和预算会计报表，不得违反制度规定随意改变财务报表和预算会计报表的编制基础、编制依据、编制原则和方法，不得随意改变制度规定的财务报表和预算会计报表有关数据的会计口径。

(2) 财务报表和预算会计报表应当根据登记完整、核对无误的账簿记录和其他有关资料编制，做到数字真实、计算准确、内容完整、编报及时。

(3) 财务报表和预算会计报表应当由单位负责人和主管会计工作的负责人、会计机构负责人(会计主管人员)签名并盖章。

复习思考题

1. 什么是行政单位？具体包括哪些组织？
2. 什么是事业单位？具体包括哪些组织？
3. 什么是单位会计？有哪些主要特点？
4. 行政事业单位会计科目分为哪几类？具体包括哪些内容？使用这些会计科目时应当遵循哪些要求？
5. 行政事业单位财务会计与预算会计“平行记账”方法之会计科目的对应关系如何？
6. 行政事业单位应编制哪些会计报表？编制会计报表应遵循哪些要求？

选择题

1. 在行政事业单位会计中，下列各项中，属于行政单位的是(　　)。

A. 中小学校　　B. 财政局　　C. 高等学校　　D. 医院

2. 在行政事业单位会计中，下列各项中，属于事业单位的是(　　)。

A. 财政局　　B. 税务局　　C. 公安局　　D. 电视台

3. 下列各项中，不属于行政单位预算支出的是(　　)。

A. 行政支出　　B. 事业支出　　C. 投资支出　　D. 债务还本支出

4. 下列各项中，属于行政事业单位会计要素的是(　　)。

A. 收入　　B. 费用　　C. 资产　　D. 预算收入

5. 下列各项中，表述行政事业单位会计“双基础”正确的是(　　)。

A. 财务会计采用权责发生制　　B. 预算会计采用收付实现制

C. 行政单位会计采用权责发生制　　D. 行政事业单位会计采用权责发生制

6. 下列各项中，表述行政事业单位会计"双报告"正确的是(　　)。

A. 通过财务会计核算形成决算报告　　B. 通过财务会计核算形成财务报告

C. 通过预算会计核算形成财务报告　　D. 通过预算会计核算形成决算报告

7. 下列各项中，行政事业单位会计科目设置正确的是(　　)科目。

A. "其他费用"　　B. "其他支出"　　C. "所得税费用"　　D. "所得税支出"

8. 行政事业单位取得纳入部门预算管理的现金收入时，在财务会计中可能涉及(　　)科目。

A. "银行存款"　　B. "零余额账户用款额度"

C. "资金结存"　　D. "事业收入"

9. 下列各项业务中，行政事业单位不应采用"平行记账"的是(　　)。

A. 应缴财政款项业务　　B. 委托代理款项业务　　C. 转拨财政款项业务　　D. 应退回的款项业务

10. 下列各项中，仅适用事业单位会计科目的是(　　)科目。

A. "财政拨款收入"　　B. "投资支出"　　C. "其他费用"　　D. "短期借款"

第七章　行政事业单位的资产

第一节　流 动 资 产

一、货币资金

在企业财务会计中，货币资金通常包括库存现金、银行存款和其他货币资金三种形态。但在行政事业单位财务会计中，货币资金除包含上述三者外，还包括两个视同货币资金的形态，即零余额账户用款额度和财政应返还额度，这与我国预算资金的支付方式相关。第六章已述及，为了反映单位纳入部门预算管理资金的流入、流出、调整和滚存情况，单位预算会计设置“资金结存”总账科目，并在总账科目下设置“货币资金”“零余额账户用款额度”“财政应返还额度”三个明细科目，以体现不同形态的预算资金，并与财务会计中货币资金存在形态相呼应。

(一) 库存现金

库存现金是指单位存放在财务部门的货币资金，简称现金。单位应当严格按照国家有关现金管理的规定收支现金，并按规定核算现金的各项收支业务。随着公务卡的普遍推行与使用，单位的库存现金业务相应减少。

为核算现金业务，单位财务会计应设置“库存现金”总账科目。本科目设置“受托代理资产”明细科目，用来核算单位受托代理、代管的现金。本科目期末借方余额，反映单位实际持有的库存现金。

为了核算资金结存业务，单位预算会计应设置“资金结存”总账科目。本科目设置“货币资金”明细科目，用来核算单位纳入预算管理的以库存现金、银行存款、其他货币资金形态存在的资金。本明细科目年末借方余额，反映单位尚未使用的货币资金。

1. 收到库存现金

单位从银行等金融机构提取现金，按照实际提取的金额，借记“库存现金”科目，贷记“银行存款”科目；将现金存入银行等金融机构，按照实际存入金额，借记“银行存款”科目，贷记“库存现金”科目。根据规定从单位零余额账户提取现金，按照实际提取的金额，在财务会计中，借记“库存现金”科目，贷记“零余额账户用款额度”科目；同时，在预算会计中，借记“资金结存——货币资金”科目，贷记“资金结存——零余额账户用款额度”科目。

单位因提供服务、物品或者其他事项收到现金时，按照实际收到的金额，在财务会计中，借记“库存现金”科目，贷记“事业收入”“应收账款”等相关科目；同时，在预算会计中，借记“资金结存——货币资金”科目，贷记“事业预算收入”科目。涉及增值税业务的，相关账务处理参见“应交增值税”科目的账务处理。

【例7-1】 某行政单位从单位零余额账户中提取现金1 200元，以备日常零星使用。该行政单位会计应编制的会计分录如下：

在财务会计中：

借：库存现金　　1 200

　　贷：零余额账户用款额度　　1 200

同时，在预算会计中：

借：资金结存——货币资金　　1 200

　　贷：资金结存——零余额账户用款额度　　1 200

在该项业务中，资金结存相关明细科目的余额发生了变化，但资金结存总额没变。

2. 支付库存现金

因单位内部职工出差等原因借出的现金，按照实际借出的现金金额，借记"其他应收款"科目，贷记"库存现金"科目。出差人员报销差旅费时，按照实际报销的金额，在财务会计中，借记"业务活动费用""单位管理费用"等科目，按照实际借出的现金金额，贷记"其他应收款"科目；按照其差额，借记或贷记"库存现金"科目。同时，在预算会计中，借记"行政支出""事业支出"等科目，贷记"资金结存——货币资金"科目。

单位因购买服务、物品或者其他事项支付现金时，按照实际支付的金额，在财务会计中，借记"业务活动费用""单位管理费用""库存物品"等相关科目，贷记"库存现金"科目。同时，在预算会计中，借记"行政支出""事业支出""经营支出"等科目，贷记"资金结存——货币资金"科目。涉及增值税业务的，相关账务处理参见"应交增值税"科目的账务处理。

单位以库存现金对外捐赠，按照实际捐出的金额，在财务会计中，借记"其他费用"科目，贷记"库存现金"科目；同时，在预算会计中，借记"其他支出"科目，贷记"资金结存——货币资金"科目。

【例 7-2】 某行政单位以库存现金支付一笔日常履职活动发生的费用 50 元。该行政单位会计应编制的会计分录如下：

在财务会计中：

借：业务活动费用　　50

　　贷：库存现金　　50

同时，在预算会计中：

借：行政支出　　50

　　贷：资金结存——货币资金　　50

3. 受托代理、代管的现金

单位收到受托代理、代管的现金，按照实际收到的金额，借记"库存现金"科目（受托代理资产），贷记"受托代理负债"科目；支付受托代理、代管的现金，按照实际支付的金额，借记"受托代理负债"科目，贷记"库存现金"科目（受托代理资产）。

【例 7-3】 某事业单位收到受托代理的一笔现金 50 000 元。根据委托人要求，该笔现金应当转赠给有关的受赠人。之后，该事业单位按照委托人的要求，将受托代理的现金支付给了有关的受赠人。该事业单位在财务会计中应编制的会计分录如下：

（1）收到受托代理的现金时。

借：库存现金——受托代理资产　　50 000

　　贷：受托代理负债　　50 000

（2）支付受托代理的现金时。

借：受托代理负债　　　　　　　　　　　　　　　　　　50 000

　　贷：库存现金——受托代理资产　　　　　　　　　　　　50 000

在实务中，行政事业单位现金收支业务大部分都纳入预算管理，需要在预算会计中核算。典型的不纳入预算管理的现金收支业务包括：受托代理代管的款项业务、应缴财政款项业务以及暂收暂付款项业务等。

4. 收取差旅伙食费和市内交通费

根据《政府会计准则制度解释第 2 号》的规定，单位按规定收取出差人员差旅伙食费和市内交通费的，应当按照以下规定进行账务处理：

（1）单位在收取相关费用时出具税务发票的，应当按照收到的款项金额，在财务会计中，借记“库存现金”等科目，贷记“其他收入”科目；同时，在预算会计中，借记“资金结存”科目，贷记“其他预算收入”科目。

（2）单位在收取相关费用时出具行政事业单位资金往来结算票据或其他收款凭证的，应当按照收到的款项金额，在财务会计中，借记“库存现金”等科目，贷记相关费用科目；同时，在预算会计中，借记“资金结存”科目，贷记相关支出科目。

5. 库存现金清查

每日终了结算现金收支，核对库存现金时发现有待查明原因的现金短缺或溢余，应通过“待处理财产损溢”科目核算。属于现金溢余的，应当按照实际溢余的金额，借记“库存现金”科目，贷记“待处理财产损溢”科目；属于现金短缺的，应当按照实际短缺的金额，借记“待处理财产损溢”科目，贷记“库存现金”科目。待查明原因后及时进行账务处理，相关业务内容请参阅本章第八节“待处理财产损溢”。

单位应当设置“现金日记账”，由出纳人员根据收付款凭证，按照业务发生顺序逐笔登记。每日终了，应当计算当日的现金收入合计数、现金支出合计数和结余数，并将结余数与实际库存数核对，做到账款相符。

（二）银行存款

银行存款是单位存放在开户银行或其他金融机构的各种存款。单位应当严格按照国家有关支付结算办法的规定办理银行存款收支业务，并按单位会计制度的规定核算银行存款的各项收支业务。

为核算银行存款业务，单位应设置“银行存款”科目。本科目应当设置“受托代理资产”明细科目，核算单位受托代理、代管的银行存款。本科目期末借方余额，反映单位实际存放在银行或其他金融机构的款项。

1. 收到银行存款

单位将款项存入银行或者其他金融机构时，按照实际存入的金额，在财务会计中，借记“银行存款”科目，贷记“库存现金”“应收账款”“事业收入”“经营收入”“其他收入”等相关科目；同时，在预算会计中，借记“资金结存——货币资金”科目，贷记“事业预算收入”“经营预算收入”“其他预算收入”科目。涉及增值税业务的，相关账务处理参见“应交增值税”科目的账务处理。

单位收到银行存款利息，按照实际收到的金额，在财务会计中，借记“银行存款”科目，贷记“利息收入”科目；同时，在预算会计中，借记“资金结存——货币资金”科目，贷记“其他预算收入”科目。

【例 7-4】 某事业单位银行存款账户收到一笔款项 1 500 元，具体内容为完成委托专业业务过程中取得的一项事业收入。该事业单位会计应编制的会计分录如下：

在财务会计中：

借：银行存款　　1 500

　　贷：事业收入　　1 500

同时，在预算会计中：

借：资金结存——货币资金　　1 500

　　贷：事业预算收入　　1 500

2. 支付银行存款

以银行存款支付相关费用，按照实际支付的金额，在财务会计中，借记“业务活动费用”“单位管理费用”“其他费用”等相关科目，贷记“银行存款”科目；同时，在预算会计中，借记“行政支出”“事业支出”“其他支出”等科目，贷记“资金结存——货币资金”科目。涉及增值税业务的，相关账务处理参见“应交增值税”科目的账务处理。

以银行存款对外捐赠时，按照实际捐出的金额，在财务会计中，借记“其他费用”科目，贷记“银行存款”科目；同时，在预算会计中，借记“其他支出”科目，贷记“资金结存——货币资金”科目。

【例 7-5】 某事业单位通过银行存款账户支付一笔款项 800 元，具体内容为完成委托专业业务过程中发生的一笔办公费。该事业单位会计应编制的会计分录如下：

在财务会计中：

借：业务活动费用　　800

　　贷：银行存款　　800

同时，在预算会计中：

借：事业支出　　800

　　贷：资金结存——货币资金　　800

3. 受托代理、代管的银行存款

单位收到受托代理、代管的银行存款时，按照实际收到的金额，借记“银行存款”科目（受托代理资产），贷记“受托代理负债”科目；支付受托代理、代管的银行存款时，按照实际支付的金额，借记“受托代理负债”科目，贷记“银行存款”科目（受托代理资产）。具体核算举例请参阅[例 7-3]。

4. 从本单位零余额账户向本单位实有资金账户划转资金

根据《政府会计准则制度解释第 2 号》的规定，单位按规定从本单位零余额账户向本单位实有资金账户划转资金用于后续相关支出的，应当在“银行存款”科目下设置“财政拨款资金”明细科目，并按照以下规定进行账务处理：

(1) 从本单位零余额账户向实有资金账户划转资金时，按照划转的资金金额，在财务会计中，借记“银行存款——财政拨款资金”科目，贷记“零余额账户用款额度”科目；同时，在预算会计中，借记“资金结存——货币资金”科目，贷记“资金结存——零余额账户用款额度”科目。

(2) 将本单位实有资金账户中从零余额账户划转的资金用于相关支出时，按照实际支付的金额，在财务会计中，借记“应付职工薪酬”“其他应交税费”等科目，贷记“银行存款——财政拨款资金”科目；同时，在预算会计中，借记“行政支出”“事业支出”等支出类科目下的“财政拨款支出”明细科目，贷记“资金结存——货币资金”科目。

5. 归垫资金的账务处理

根据《政府会计准则制度解释第2号》的规定，单位按规定在财政授权支付用款额度或财政直接支付用款计划下达之前，用本单位实有资金账户资金垫付相关支出，再通过财政授权支付方式或财政直接支付方式将资金归还原垫付资金账户的，应当按照以下规定进行账务处理：

（1）用本单位实有资金账户资金垫付相关支出时，按照垫付的资金金额，在财务会计中，借记“业务活动费用”等科目，贷记“银行存款”科目；同时，在预算会计中，借记“行政支出”“事业支出”等支出科目下的“非财政专项资金支出”“其他资金支出”明细科目，贷记“资金结存——货币资金”科目。

（2）通过财政直接支付方式将资金归还原垫付资金账户时，按照归垫的资金金额，在财务会计中，借记“银行存款”科目，贷记“财政拨款收入”科目；在预算会计中，借记“资金结存——货币资金”科目，贷记“财政拨款预算收入”科目，同时，借记“行政支出”“事业支出”等支出科目下的“财政拨款支出”明细科目，贷记相关支出科目下的“非财政专项资金支出”“其他资金支出”明细科目（归还以前年度垫付资金的，应当借记非财政拨款结转结余相关明细科目，贷记财政拨款结转结余相关明细科目）。

通过财政授权支付方式将资金归还原垫付资金账户时，按照归垫资金的金额，在财务会计中，借记“银行存款”科目，贷记“零余额账户用款额度”科目；在预算会计中，借记“资金结存——货币资金”科目，贷记“资金结存——零余额账户用款额度”科目，同时，借记“行政支出”“事业支出”等支出类科目下的“财政拨款支出”明细科目，贷记相关支出类科目下的“非财政专项资金支出”“其他资金支出”明细科目（归还以前年度垫付资金的，应当借记非财政拨款结转结余相关明细科目，贷记财政拨款结转结余相关明细科目）。

6. 银行存款的核对

单位应当按照开户银行或其他金融机构、存款种类及币种等，分别设置“银行存款日记账”，由出纳人员根据收付款凭证，按照业务的发生顺序逐笔登记，每日终了应结出余额。“银行存款日记账”应定期与“银行对账单”核对，至少每月核对一次。月度终了时，单位银行存款日记账账面余额与银行对账单余额之间如有差额，应当逐笔查明原因并进行处理，按月编制“银行存款余额调节表”，调节相符。

随着财政国库集中收付制度的推行，单位财政资金的收付业务都直接通过财政国库单一账户体系办理，单位银行存款的业务越来越少。

（三）零余额账户用款额度

零余额账户用款额度是指实行财政国库集中支付的行政事业单位根据财政部门批复的用款计划收到和支用的零余额账户用款额度。

为了核算零余额账户用款额度业务，行政事业单位财务会计应设置“零余额账户用款额度”总账科目。本科目期末借方余额，反映单位尚未支用的零余额账户用款额度。年度终了时，注销单位零余额账户用款额度后，本科目应无余额。

1. 收到额度

单位收到“财政授权支付到账通知书”时，根据通知书所列金额，在财务会计中，借记“零余额账户用款额度”科目，贷记“财政拨款收入”科目；同时，在预算会计中，借记“资金结存——零余额账户用款额度”科目，贷记“财政拨款预算收入”科目。

【例7-6】 某行政单位收到单位零余额账户代理银行转来的“财政授权支付额度到账通知书”，获得财政授权支付额度55 000元。该行政单位会计应编制的会计分录如下：

在财务会计中：

借：零余额账户用款额度　　55 000

　　贷：财政拨款收入　　55 000

同时，在预算会计中：

借：资金结存——零余额账户用款额度　　55 000

　　贷：财政拨款预算收入　　55 000

为了核算资金结存业务，单位预算会计在“资金结存”总账科目下设置“零余额账户用款额度”明细科目，用来核算实行国库集中支付的单位根据财政部门批复的用款计划收到和支用的零余额账户用款额度。年末结账后，本明细科目应无余额。

2. 支用额度

单位支付日常活动费用时，按照支付的金额，在财务会计中，借记“业务活动费用”“单位管理费用”等科目，贷记“零余额账户用款额度”科目；同时，在预算会计中，借记“行政支出”“事业支出”等科目，贷记“资金结存——零余额账户用款额度”科目。

购买库存物品或购建固定资产，在财务会计中，按照实际发生的成本，借记“库存物品”“固定资产”“在建工程”等科目，按照实际支付或应付的金额，贷记“零余额账户用款额度”“应付账款”等科目；同时，在预算会计中，按照实际支付的金额，借记“行政支出”“事业支出”科目，贷记“资金结存——零余额账户用款额度”科目。涉及增值税业务的，相关账务处理参见“应交增值税”科目的账务处理。

【例7-7】 某行政单位通过财政授权支付一笔账款800元，具体内容为支付日常活动费用。该行政单位会计应编制的会计分录如下：

在财务会计中：

借：业务活动费用　　800

　　贷：零余额账户用款额度　　800

同时，在预算会计中：

借：行政支出　　800

　　贷：资金结存——零余额账户用款额度　　800

3. 退回额度

因购货退回等发生财政授权支付额度退回的，按照退回的金额，在财务会计中，借记“零余额账户用款额度” 科目，贷记“库存物品”等科目；同时，在预算会计中，借记“资金结存——零余额账户用款额度”科目，贷记“行政支出”“事业支出”“其他支出”等科目。

【例7-8】 某行政单位收回一笔当年通过财政授权支付方式支付的款项30 500元，原因为购买的检验检疫专用材料在试用期内出现质量问题而予以退货。该行政单位会计应编制的会计分录如下：

在财务会计中：

借：零余额账户用款额度　　30 500

　　贷：库存物品　　30 500

同时，在预算会计中：

借：资金结存——零余额账户用款额度　　30 500

　　贷：行政支出　　30 500

4. 年末注销额度

年末，根据代理银行提供的对账单作注销额度的相关账务处理，在财务会计中，借记“财政应返还额度——财政授权支付”科目，贷记“零余额账户用款额度”科目；同时，在预算会计中，借记“资金结存——财政应返还额度”科目，贷记“资金结存——零余额账户用款额度”科目。下年初，单位根据代理银行提供的上年度注销额度恢复到账通知书作恢复额度的相关账务处理，在财务会计中，借记“零余额账户用款额度”科目，贷记“财政应返还额度——财政授权支付”科目；同时，在预算会计中，借记“资金结存——零余额账户用款额度”科目，贷记“资金结存——财政应返还额度”科目。

年末，单位本年度财政授权支付预算指标数大于零余额账户用款额度下达数的，根据未下达的用款额度，在财务会计中，借记“财政应返还额度——财政授权支付”科目，贷记“财政拨款收入”科目；同时，在预算会计中，借记“资金结存——财政应返还额度”科目，贷记“财政拨款预算收入”科目。下年初，单位收到财政部门批复的上年末下达零余额账户用款额度，在财务会计中，借记“零余额账户用款额度”科目，贷记“财政应返还额度——财政授权支付”科目；同时，在预算会计中，借记“资金结存——零余额账户用款额度”科目，贷记“资金结存——财政应返还额度”科目。

【例7-9】 年终，某行政单位本年度财政授权支付实际支出数为755 000元，单位零余额账户代理银行收到零余额账户用款额度776 000元，则行政单位存在尚未使用的财政授权支付预算额度21 000元(776 000－755 000)。该单位会计应编制的会计分录如下：

(1) 年末，注销尚未使用的零余额账户用款额度时。

在财务会计中：

借：财政应返还额度——财政授权支付　　21 000

　　贷：零余额账户用款额度　　21 000

同时，在预算会计中：

借：资金结存——财政应返还额度　　21 000

　　贷：资金结存——零余额账户用款额度　　21 000

(2) 下年初，恢复财政授权支付额度时。

在财务会计中：

借：零余额账户用款额度　　21 000

　　贷：财政应返还额度——财政授权支付　　21 000

同时，在预算会计中：

借：资金结存——零余额账户用款额度　　21 000

　　贷：资金结存——财政应返还额度　　21 000

为了核算资金结存业务，单位预算会计在“资金结存”总账科目下设置“财政应返还额度”明细科目，并在该明细科目下可设置“财政直接支付”“财政授权支付”两个明细科目，用来核算实行国库集中支付的单位可以使用的以前年度财政直接支付资金额度和财政应返还的财政授权支付资金额度。本明细科目年末借方余额，反映单位应收财政返还的资金额度。

(四) 其他货币资金

其他货币资金是指单位的外埠存款、银行本票存款、银行汇票存款、信用卡存款等各种形式的货币资金。单位应当加强对其他货币资金的管理，及时办理结算，对于逾期尚未办理结算的银行汇票、银行本票等，应当按照规定及时转回，并按照规定进行相应账务处理。

为了核算其他货币资金业务，单位应设置“其他货币资金”总账科目。本科目应当设置“外埠存款”“银行本票存款”“银行汇票存款”“信用卡存款”等明细科目，进行明细核算。本科目期末借方余额，反映单位实际持有的其他货币资金。

单位按照有关规定需要在异地开立银行账户，将款项委托本地银行汇往异地开立账户时，借记“其他货币资金”科目，贷记“银行存款”科目。收到采购员交来供应单位发票账单等报销凭证时，借记“库存物品”等科目，贷记“其他货币资金”科目。将多余的外埠存款转回本地银行时，根据银行的收账通知，借记“银行存款”科目，贷记“其他货币资金”科目。

单位将款项交存银行取得银行本票、银行汇票，按照取得的银行本票、银行汇票金额，借记“其他货币资金”科目，贷记“银行存款”科目。使用银行本票、银行汇票购买库存物品等资产时，按照实际支付金额，借记“库存物品”等科目，贷记“其他货币资金”科目。如有余款或因本票、汇票超过付款期等原因而退回款项，按照退款金额，借记“银行存款”科目，贷记“其他货币资金”科目。

单位将款项交存银行取得信用卡，按照交存金额，借记“其他货币资金”科目，贷记“银行存款”科目。用信用卡购物或支付有关费用，按照实际支付金额，借记“单位管理费用”“库存物品”等科目，贷记“其他货币资金”科目。单位信用卡在使用过程中，需向其账户续存资金的，按照续存金额，借记“其他货币资金”科目，贷记“银行存款”科目。

【例 7-10】 某事业单位为取得相应数额的银行汇票将款项 20 000 元存入银行。数日后，该事业单位以该银行汇票购买一批库存物品 20 000 元。该事业单位会计应编制的会计分录如下：

(1) 取得银行汇票时。

在财务会计中：

借：其他货币资金——银行汇票　　20 000
　贷：银行存款　　20 000

(2) 使用银行汇票购买库存物品时。

在财务会计中：

借：库存物品　　20 000
　贷：其他货币资金——银行汇票　　20 000

同时，在预算会计中：

借：事业支出　　20 000
　贷：资金结存——货币资金　　20 000

根据《政府会计准则制度解释第 1 号》的规定，单位通过支付宝、微信等方式取得相关收入的，对于尚未转入银行存款的支付宝、微信收付款等第三方支付平台账户的余额，应当通过“其他货币资金”科目核算。

二、短期投资

短期投资是指事业单位按照规定取得的，持有时间不超过 1 年（含 1 年）的投资。事业单位应当严格遵守国家法律、行政法规以及财政部门、主管部门关于对外投资的有关规定。短期投资对象主要是国债。行政单位没有短期投资业务。

为了核算短期投资业务，事业单位财务会计应设置“短期投资”总账科目。本科目应当按照投资的种类等进行明细核算。本科目期末借方余额，反映事业单位持有短期投资的成本。

1. 取得短期投资

事业单位取得短期投资时，按照确定的投资成本，在财务会计中，借记“短期投资”科目，贷记“银行存款”等科目；同时，在预算会计中，借记“投资支出”科目，贷记“资金结存——货币资金”科目。收到取得投资时实际支付价款中包含的已到付息期但尚未领取的利息，按照实际收到的金额，在财务会计中，借记“银行存款”科目，贷记“短期投资”科目；同时，在预算会计中，借记“资金结存——货币资金”科目，贷记“投资支出”科目。

【例 7-11】 某事业单位利用非财政资金购入一批国债，面值 100 000 元，实际支付购入价格 101 800 元，其中含有已到付息期但尚未领取的利息 1 800 元。数日后，收到含有已到期但尚未领取的利息 1 800 元。该事业单位会计应编制的会计分录如下：

（1）购入短期投资时。

在财务会计中：

借：短期投资——债券投资	101 800	
贷：银行存款		101 800

同时，在预算会计中：

借：投资支出	101 800	
贷：资金结存——货币资金		101 800

（2）收到购入时含有的已到付息期但尚未领取的利息时。

在财务会计中：

借：银行存款	1 800	
贷：短期投资——债券投资		1 800

同时，在预算会计中：

借：资金结存——货币资金	1 800	
贷：投资支出		1 800

收到短期投资实际支付价款中包含的已到付息期但尚未领取的利息时，在财务会计中，冲减短期投资成本，在预算会计中冲减投资成本。

2. 短期投资持有期间收到利息

事业单位收到短期投资持有期间的利息时，按照实际收到的金额，在财务会计中，借记“银行存款”科目，贷记“投资收益”科目；同时，在预算会计中，借记“资金结存”科目，贷记“投资预算收益”科目。

【例 7-12】 承[例 7-11]，该事业单位持有该短期投资半年，收到持有期间的半年利息 1 800 元。该事业单位会计应编制的会计分录如下：

在财务会计中：

借：银行存款	1 800	
贷：投资收益		1 800

同时，在预算会计中：

借：资金结存——货币资金	1 800	
贷：投资预算收益		1 800

3. 出售短期投资或到期收回短期投资本息

事业单位出售短期投资或到期收回短期投资本息，在财务会计中，按照实际收到的金额，借记“银行存款”科目，按照出售或收回短期投资的账面余额，贷记“短期投资”科目，按照其差额，借记或贷记“投资收益”科目；同时，在预算会计中，按照实际收到的金额，借记“资金结存”科目，按照出售或收回短期投资的账面余额，贷记“短期投资”或“其他结余”科目，按照其差额，借记或贷记“投资预算收益”科目。

【例 7-13】 承[例 7-11]和[例 7-12]，数日后，该事业单位将该项债券投资出售，取得价款 100 850 元，差额 850 元(100 850—100 000)。此处暂不考虑增值税。该事业单位会计应编制的会计分录如下：

在财务会计中：

借：银行存款	100 850	
贷：短期投资——债券投资		100 000
投资收益		850

同时，在预算会计中：

借：资金结存——货币资金	100 850	
贷：其他结余		100 050
投资预算收益		800

在该项业务中，由于“投资成本”科目在取得投资当年已经结转“其他结余”科目，因此，第二年出售投资时，应当贷记“其他结余”科目，而不是贷记“投资支出”科目，即冲销已转入至其他结余的投资支出，恢复其他结余的原有余额。

三、财政应返还额度

财政应返还额度是指实行国库集中支付的单位应收财政返还的资金额度，包括单位可以使用的以前年度财政直接支付资金额度和财政应返还的财政授权支付资金额度。

为核算财政应返还额度的业务，单位应设置“财政应返还额度”总账科目，并设置“财政直接支付”“财政授权支付”两个明细科目进行明细核算。本科目期末借方余额，反映单位应收财政返还的资金额度。

财政直接支付方式下，年末，单位根据本年度财政直接支付预算指标数与当年财政直接支付实际支出数的差额，在财务会计中，借记“财政应返还额度——财政直接支付”科目，贷记“财政拨款收入”科目；同时，在预算会计中，借记“资金结算——财政应返还额度”科目，贷记“财政拨款预算收入”科目。次年度，单位实际使用以前年度财政直接支付额度发生支出时，在财务会计中，借记“业务活动费用”“单位管理费用”“库存物品”等科目，贷记“财政应返还额度——财政直接支付”科目；同时，在预算会计中，借记“行政支出”“事业支出”科目，贷记“资金结算——财政应返还额度”科目。

【例 7-14】 某行政单位本年度财政直接支付预算指标数为 898 000 元，财政直接支付实际支出数 885 000 元，两者差额为 13 000 元。经批准使用以前年度财政直接额度支付日常公用经费 2 000 元。该单位会计应编制的会计分录如下：

(1) 年末，确认本年度未使用的财政直接支付预算指标时。

在财务会计中：

借：财政应返还额度——财政直接支付　　13 000
　　贷：财政拨款收入　　13 000

同时，在预算会计中：

借：资金结存——财政应返还额度　　13 000
　　贷：财政拨款预算收入　　13 000

(2) 次年度，经批准使用以前年度财政直接额度时。

在财务会计中：

借：业务活动费用　　2 000
　　贷：财政应返还额度——财政直接支付　　2 000

同时，在预算会计中：

借：行政支出　　2 000
　　贷：资金结存——财政应返还额度　　2 000

财政授权支付方式下，财政应返还额度的核算程序与举例请参阅上述“零余额账户用款额度”科目的核算。

四、应收及预付款项

应收及预付款项是指行政事业单位在开展业务活动中形成的各项债权，包括应收票据、应收账款、预付账款、应收股利、应收利息、其他应收款、坏账准备等。

(一) 应收票据

应收票据是指事业单位因开展经营活动销售产品、提供有偿服务等收到的商业汇票，包括商业承兑汇票和银行承兑汇票。行政单位没有应收票据业务。

商业汇票按其承兑人不同，分为商业承兑汇票和银行承兑汇票。商业承兑汇票是由付款人承兑的汇票，它可以由收款人签发，也可以由付款人签发，但必须由付款人承兑；银行承兑汇票是由收款人或承兑申请人签发，并由承兑申请人向银行申请，银行审查同意承兑的票据。

为了核算应收票据业务，事业单位财务会计应设置“应收票据”总账科目。本科目应按开出、承兑商业汇票的单位等进行明细核算。本科目期末余额在借方，反映事业单位持有的商业汇票票面金额。

1. 收到应收票据

因销售产品、提供服务等收到商业汇票，按照商业汇票的票面金额，借记“应收票据”科目，按照确认的收入金额，贷记“经营收入”等科目。涉及增值税业务的，相关账务处理参见“应交增值税”科目的账务处理。

【例 7-15】 某事业单位是小规模纳税人，所属非独立核算部门开展一项经营活动，内容为对外销售一批日常体育用品给乙公司，产品已发出，发票上注明的价款为 2 000 元，应交增值税额为60元。收到乙公司交来的一张银行承兑汇票，期限3个月，面值为2 060元。该事业单位会计应编制的会计分录如下：

在财务会计中：

借：应收票据——乙公司　　2 060
　贷：经营收入　　2 000
　　应交增值税　　60

2. 应收票据贴现

事业单位持有的应收票据，在到期前可以用背书形式转让给银行。银行同意接受时，要预扣自贴现日至到期日的利息，将其余额即贴现净值支付给企业。这种利用票据向银行融资的做法，被称为应收票据贴现。

在贴现业务中，银行所预扣的利息，称贴现利息。银行计算贴现利息使用的利率，称贴现率。贴现单位从银行获得的票据到期额中扣除贴现利息后的货币资金称为贴现所得净额。贴现所得净额的计算公式如下：

贴现期 = 票据期限 − 票据已持有期限

贴现息 = 票据到期价值 × 银行贴现率 × 贴现期

贴现所得净额 = 票据到期价值 − 贴现利息

事业单位持有的未到期的商业汇票向银行贴现，在财务会计中，按照实际收到的金额（即票据到期值减去贴现利息后的净额），借记"银行存款（实际收到金额）"科目，按照贴现息，借记"经营费用（贴现息）"等科目，按照商业汇票的票面金额，贷记"应收票据（票面金额）"科目（无追索权）或"短期借款"科目（有追索权）；附追索权的商业汇票到期未发生追索事项的，按照商业汇票的票面金额，借记"短期借款"科目，贷记"应收票据"科目；同时，在预算会计中，按照实际收到的金额，借记"资金结存"科目，贷记"经营预算收入"科目。

【例7-16】 承[例7-15]，假定该体育事业单位持有该票据1个月后到银行贴现，贴现率6%，则贴现息为20.6元（2 060×6%×2÷12），贴现所得净额为2 039.4元（2 060−20.6）。该事业单位会计应编制的会计分录如下：

在财务会计中：

借：银行存款　　2 039.40
　经营费用——贴现利息支出　　20.60
　贷：应收票据——乙公司　　2 060.00

同时，在预算会计中：

借：资金结存——货币资金　　2 039.40
　贷：经营预算收入　　2 039.4

3. 应收票据转让

事业单位可以将自己持有的商业汇票背书转让，将汇票的权利转让给他人。背书是指在商业汇票背面或者在粘单上记载有关事项并签章的票据行为。背书人背书转让汇票后，即承担保证其后手所持汇票承兑和付款的责任。

将持有的商业汇票背书转让以取得所需物资时，在财务会计中，按照取得物资的成本，借记"库存物品"等科目，按照商业汇票的票面金额，贷记"应收票据"科目，如有差额，借记或贷记"银行存款"等科目；同时，在预算会计中，按支付的差额，借记"经营支出"科目，贷记"资金结存”科目。涉及增值税业务的,相关账务处理参见“应交增值税”科目的账务处理。

【例7-17】 承[例7-15],假定该体育事业单位于20×9年3月1日将持有的乙公司票据(到期日为20×9年7月1日)背书转让给丙公司以取得所需材料,该批材料的价款为2 060元,以现金支付材料运杂费40元。假定不考虑相关税费。该事业单位会计应编制的会计分录如下:

在财务会计中:

借:库存物品　　2 100
　　贷:应收票据——乙公司　　2 060
　　　　库存现金　　40

同时,在预算会计中:

借:经营支出　　40
　　贷:资金结存——货币资金　　40

4. 应收票据到期

商业汇票到期时,应当分别以下情况处理:①收回票款时,在财务会计中,按照实际收到的商业汇票票面金额,借记“银行存款”科目,贷记“应收票据”科目;同时,在预算会计中,借记“资金结存”科目,贷记“经营预算收入”科目。②因付款人无力支付票款,收到银行退回的商业承兑汇票、委托收款凭证、未付票款通知书或拒付款证明等,按照商业汇票的票面金额,在财务会计中,借记“应收账款”科目,贷记“应收票据”科目。

【例7-18】 承[例7-15],假定3个月后票据到期,收回票款2 060元,款项存入开户银行。该事业单位会计应编制的会计分录如下:

在财务会计中:

借:银行存款　　2 060
　　贷:应收票据　　2 060

同时,在预算会计中:

借:资金结存——货币资金　　2 060
　　贷:经营预算收入　　2 060

事业单位应当设置“应收票据备查簿”,逐笔登记每一应收票据的种类、号数、出票日期、到期日、票面金额、交易合同号和付款人、承兑人、背书人姓名或单位名称、背书转让日、贴现日期、贴现率和贴现净额、收款日期、收回金额和退票情况等。应收票据到期结清票款或退票后,应当在备查簿内逐笔注销。

(二) 应收账款

应收账款是指事业单位提供服务、销售产品等应收取的款项,以及单位因出租资产、出售物资等应收取的款项。单位应视应收账款收回后是否需要上缴财政进行不同的会计处理。

为了核算应收账款业务,单位应设置“应收账款”总账科目。本科目应当按照债务单位(或个人)进行明细核算。本科目期末借方余额,反映单位尚未收回的应收账款。

1. 收回后不需上缴财政的应收账款

应收账款收回后不需要上缴财政的情况下,单位发生应收账款时,按照应收未收金额,借记“应收账款”科目,贷记“事业收入”“经营收入”“租金收入”“其他收入”等科目。涉及增值税业务的,相关账务处理参见“应交增值税”科目的账务处理。收回应收账款时,按照实际收到的金额，在财务会计中，借记“银行存款”等科目，贷记“应收账款”科目；同时，在预算会计中，借记“资金结存——货币资金”科目，贷记“事业预算收入”“经营预算收入”“其他预算收入”等科目。

【例 7-19】 某事业单位开展一项非独立核算的经营活动，期末按规定计算应取得款项 10 000 元，内容为对外提供有偿服务，款项尚未收到。数日后，收到该笔款项。该事业单位会计应编制的会计分录如下：

（1）期末按规定计算应取得的款项时。

在财务会计中：

借：应收账款	10 000	
贷：经营收入		10 000

（2）数日后收到该笔款项时。

在财务会计中：

借：银行存款	10 000	
贷：应收账款		10 000

同时，在预算会计中：

借：资金结存——货币资金	10 000	
贷：经营预算收入		10 000

2. 收回后需上缴财政的应收账款

应收账款收回后需要上缴财政的情况下，单位出租资产发生应收未收租金款项时，按照应收未收金额，借记“应收账款”科目，贷记“应缴财政款”科目；收回应收账款时，按照实际收到的金额，借记“银行存款”等科目，贷记“应收账款”科目。单位出售物资发生应收未收的款项时，按照应收未收金额，借记“应收账款”科目，贷记“应缴财政款”科目；收回应收账款时，按照实际收到的金额，借记“银行存款”等科目，贷记“应收账款”科目。涉及增值税业务的，相关账务处理参见“应交增值税”科目的账务处理。

【例 7-20】 某行政单位经批准将暂时闲置的某一房屋出租，租期 3 年，每年租金 120 000 元，年末收取。计算确认第一年的租金 120 000 元，款项尚未收到。款项收到后按规定应上缴财政。该行政单位财务会计应编制的会计分录如下：

（1）确认第一年租金时。

借：应收账款	120 000	
贷：应缴财政款		120 000

（2）收到应收租金时。

借：银行存款	120 000	
贷：应收账款		120 000

由于应收账款收回后需要上缴财政，收回资金不纳入部门预算管理，故在预算会计中不进行账务处理。

3. 事业单位对收回后不需上缴财政的应收账款年末计价

事业单位应当于每年年末，对收回后不需上缴财政的应收账款进行全面检查，如发生不能收回的迹象，应当计提坏账准备。对于账龄超过规定年限、确认无法收回的应收账款，按照规定报经批准后予以核销。按照核销金额，借记“坏账准备”科目，贷记“应收账款”科目。核销的应收账款应在备查簿中保留登记。已核销的应收账款在以后期间又收回的，按照实际收回金额，在财务会计中，借记“应收账款”科目，贷记“坏账准备”科目，同时，借记“银行存款”等科目，贷记“应收账款”科目；在预算会计中，借记“资金结存——货币资金”科目，贷记“非财政拨款结余”科目。

4. 单位对收回后应当上缴财政的应收账款年末计价

单位应当于每年年末，对收回后应当上缴财政的应收账款进行全面检查。具体来讲，对于账龄超过规定年限、确认无法收回的应收账款，按照规定报经批准后予以核销，按照核销金额，借记“应缴财政款”科目，贷记“应收账款”科目，并将核销的应收账款在备查簿中保留登记。已核销的应收账款在以后期间又收回的，按照实际收回金额，借记“银行存款”等科目，贷记“应缴财政款”科目。

【例7-21】 承［例7-20］，出租第二年，没有收到租金，并且由于各种原因，租赁合同取消，租金难以收回，并将出租资产收回。按规定报经批准后，第二年的应收租金120 000元予以核销。该事业单位财务会计应编制的会计分录如下：

（1）第二年年末确认应收未收租金时。

借：应收账款　　120 000

　　贷：应缴财政款　　120 000

（2）报经批准核销第二年的应收账款时。

借：应缴财政款　　120 000

　　贷：应收账款　　120 000

（三）预付账款

预付账款是单位按照购货、服务合同或协议规定预付给供应单位（或个人）的款项，以及按照合同规定向承包工程的施工企业预付的备料款和工程款。单位依据合同规定支付的定金，也属于预付账款的内容范围。单位支付可以收回的订金，不属于预付账款的内容范围，而属于其他应收款的内容范围。

为了核算预付账款业务，单位财务会计应设置“预付账款”总账科目。本科目应当按照供应单位（或个人）及具体项目进行明细核算；对于基本建设项目发生的预付账款，还应当在本科目所属基本建设项目明细科目下设置“预付备料款”“预付工程款”“其他预付款”等明细科目，进行明细核算。本科目期末借方余额，反映单位实际预付但尚未结算的款项。

1. 日常核算

单位根据购货、服务合同或协议规定预付款项时，按照预付金额，在财务会计中，借记“预付账款”科目，贷记“财政拨款收入”“零余额账户用款额度”“银行存款”等科目；同时，在预算会计中，借“行政支出”“事业支出”等科目，贷记“财政拨款预算收入”“资金结存”科目。收到所购资产或服务时，在财务会计中，按照购入资产或服务的成本，借记“库存物品”“固定资产”“无形资产”“业务活动费用”等相关科目，按照相关预付账款的账面余额，贷记“预付账款”科目，按照实际补付的金额，贷记“财政拨款收入”“零余额账户用款额度”“银行存款”等科目；同时，在预算会计中，按照实际补付的金额，借记“行政支出”“事业支出”等科目，贷记“财政拨款预算收入”“资金结存”科目。涉及增值税业务的，相关账务处理参见“应交增值税”科目的账务处理。

根据工程进度结算工程价款及备料款时，在财务会计中，按照结算金额，借记“在建工程”科目，按照相关预付账款的账面余额，贷记“预付账款”科目，按照实际补付的金额，贷记“财政拨款收入”“零余额账户用款额度”“银行存款”等科目；同时，在预算会计中，按照实际补付的金额，借“行政支出”“事业支出”等科目，贷记“财政拨款预算收入”“资金结存”科目。

发生预付账款退回的，按照实际退回金额，在财务会计中，借记“财政拨款收入”（本年直接支付）、“财政应返还额度”（以前年度直接支付）、“零余额账户用款额度”“银行存款”等科目，贷记“预付账款”科目；同时，在预算会计中，借记“财政拨款预算收入”“资金结存”等科目，贷记“行政支出”“事业支出”等科目。

【例 7-22】 某行政单位通过财政授权支付方式支付一笔款项 10 000 元，具体内容是向甲公司预付购入专用物资的款项。该行政单位会计应编制的会计分录如下：

在财务会计中：

借：预付账款——甲公司	10 000	
贷：零余额账户用款额度		10 000

同时，在预算会计中：

借：行政支出	10 000	
贷：资金结存——零余额账户用款额度		10 000

【例 7-23】 承[例 7-22]，若行政单位已收到专用物资，其成本为 8 000 元。该行政单位通过单位零余额账户收到退回的当年发生的预付账款 2 000 元。该行政单位会计应编制的会计分录如下：

（1）专用物资验收入库时。

在财务会计中：

借：库存物品	8 000	
贷：预付账款——甲公司		8 000

（2）单位零余额账户收到退回的当年支付的预付账款时。

在财务会计中：

借：零余额账户用款额度	2 000	
贷：预付账款——甲公司		2 000

同时，在预算会计中：

借：资金结存——零余额账户用款额度	2 000	
贷：行政支出		2 000

2. 年末计价

单位应当于每年年末，对预付账款进行全面检查。如果有确凿证据表明预付账款不再符合预付款项性质，或者因供应单位破产、撤销等原因可能无法收到所购货物、服务的，应当先将其转入其他应收款，再按照规定进行处理。

（四）应收股利

应收股利是指事业单位因持有长期股权投资应当收取的现金股利或应当分得的利润。

为核算应收股利业务，事业单位应设置“应收股利”总账科目。本科目应当按照被投资单位等进行明细核算。本科目期末借方余额，反映事业单位应当收取但尚未收到的现金股利或利润。

事业单位取得长期股权投资，在财务会计中，按照支付的价款中所包含的已宣告但尚未发放的现金股利，借记“应收股利”科目，按照确定的长期股权投资成本，借记“长期股权投资”科目,按照实际支付的金额,贷记“银行存款”等科目;同时,在预算会计中,按照实际支付的金额,借记“投资支出”科目,贷记“资金结存”科目。收到取得投资时实际支付价款中所包含的已宣告但尚未发放的现金股利时,按照收到的金额,在财务会计中,借记“银行存款”科目,贷记“应收股利”科目;同时,在预算会计中,借记“资金结存”科目,贷记“投资支出”科目。

长期股权投资持有期间,被投资单位宣告发放现金股利或利润的,按照应享有的份额,借记“应收股利”科目,贷记“投资收益”(成本法下)或“长期股权投资”(权益法下)科目。实际收到现金股利或利润时,按照收到的金额,在财务会计中,借记“银行存款”等科目,贷记“应收股利”科目;同时,在预算会计中,借记“资金结存”科目,贷记“投资预算收益”科目。

【例 7-24】 某事业单位以货币资金对甲公司进行投资,拥有甲公司 60%的股权,有权决定甲公司的财务和经营政策,相应的长期股权投资采用权益法核算。20×9 年某月某日,甲公司宣告发放现金股利 500 000 元,该事业单位应享有的份额为 300 000 元(500 000×60%)。次月,该事业单位收到甲公司发放的现金股利 300 000 元,款项已存入开户银行。该事业单位会计应编制的会计分录如下:

(1) 甲公司宣告发放现金股利时。

在财务会计中:

借:应收股利	300 000	
贷:长期股权投资		300 000

(2) 收到甲公司发放的现金股利时。

在财务会计中:

借:银行存款	300 000	
贷:应收股利		300 000

同时,在预算会计中:

借:资金结存——货币资金	300 000	
贷:投资预算收益		300 000

(五) 应收利息

应收利息是指事业单位长期债券投资应当收取的利息。

为核算应收利息业务,事业单位应设置“应收利息”总账科目。事业单位购入的到期一次还本付息的长期债券投资持有期间的利息,应当通过“长期债券投资——应计利息”科目核算,不通过本科目核算。本科目应当按照被投资单位等进行明细核算。本科目期末借方余额,反映事业单位应收未收的长期债券投资利息。

事业单位取得长期债券投资,按照确定的投资成本,在财务会计中,借记“长期债券投资”科目,按照支付的价款中包含的已到付息期但尚未领取的利息,借记“应收利息”科目,按照实际支付的金额,贷记“银行存款”等科目;同时,在预算会计中,按照实际支付的金额,借记“投资支出”科目,贷记“资金结存”科目。收到取得投资时实际支付价款中所包含的已到付息期但尚未领取的利息时,按照收到的金额,在财务会计中,借记“银行存款”等科目,贷记“应收利息”科目;同时,在预算会计中,借记“资金结存”科目,贷记“投资支出”科目。

按期计算确认长期债券投资利息收入时,对于分期付息、一次还本的长期债券投资,按照以票面金额和票面利率计算确定的应收未收利息金额,在财务会计中,借记“应收利息”科目,贷记“投资收益”科目。实际收到应收利息时,按照收到的金额,在财务会计中,借记“银行存款”等科目，贷记“应收利息”科目；同时，在预算会计中，借记“资金结存”科目，贷记“投资预算收益”科目。

【例7-25】 某事业单位持有一项长期债券投资。某月末，该事业单位按照债券票面金额和票面利率计算确定的应收未收利息金额为8 500元。次月初，该事业单位收到相应债券的利息收入8 500元，款项存入开户银行。该债券为分期付息、一次还本的债券。该事业单位会计应编制的会计分录如下：

(1) 计算确定应收未收利息金额时。

在财务会计中：

借：应收利息	8 500	
贷：投资收益		8 500

(2) 收到债券利息收入时。

在财务会计中：

借：银行存款	8 500	
贷：应收利息		8 500

在预算会计中：

借：资金结存——货币资金	8 500	
贷：投资预算收益		8 500

(六) 其他应收款

其他应收款是指单位除财政应返还额度、应收票据、应收账款、预付账款、应收股利、应收利息以外的其他各项应收及暂付款项，如职工预借的差旅费、已经偿还银行尚未报销的本单位公务卡欠款、拨付给内部有关部门的备用金、应向职工收取的各种垫付款项、支付的可以收回的订金或押金、应收的上级补助和附属单位上缴款项等。

为核算其他应收款业务，单位应设置“其他应收款”科目。本科目应当按照其他应收款的类别以及债务单位(或个人)进行明细核算。本科目期末借方余额，反映单位尚未收回的其他应收款。

1. 备用金

单位内部实行备用金制度的，有关部门使用备用金以后应当及时到财务部门报销并补足备用金。财务部门核定并发放备用金时，在财务会计中，按照实际发放金额，借记“其他应收款”科目，贷记“库存现金”等科目。根据报销金额用现金补足备用金定额时，在财务会计中，借记“业务活动费用”“单位管理费用”等科目，贷记“库存现金”等科目；同时，在预算会计中，借记“行政支出”“事业支出”等科目，贷记“资金结存”等科目。

【例7-26】 某行政单位内部实行备用金制度，财务部门向单位内部相关业务和管理部门核定并发放备用金。年初，财务部门核定办公室定额备用金1 000元，款项以库存现金支付。某日，办公室到财务部门报销950元，财务部门以现金补足定额备用金。该行政单位会计应编制会计分录如下：

(1) 财务部门核定办公室定额备用金时。

在财务会计中：

借：其他应收款——备用金	1 000	
贷：库存现金		1 000

(2) 办公室到财务部门报销,财务部门以现金补足备用金时。

在财务会计中:

借:业务活动费用 950

贷:库存现金 950

同时,在预算会计中:

借:行政支出 950

贷:资金结存——货币资金 950

根据《政府会计准则解释第1号》的规定,对于纳入本年度部门预算管理的暂付款项,如职工预借的差旅费、拨付给内部有关部门的备用金等,按照《政府会计制度》规定,单位在支付款项时可不做预算会计处理,待结算或报销时,按照结算或报销的金额,借记相关预算支出科目,贷记“资金结存”科目。但是,在年末结账前,对于尚未结算或报销的暂付款项,单位应当按照暂付的金额,借记相关预算支出科目,贷记“资金结存”科目。以后年度,实际结算或报销金额与已计入预算支出的金额不一致的,单位应当通过相关预算结转结余科目“年初余额调整”明细科目进行处理。

对于应当纳入下一年度部门预算管理的暂付款项,单位在付出款项时,在财务会计中,借记“其他应收款”科目,贷记“银行存款”等科目,本年度不做预算会计处理。待下一年实际结算或报销时,单位应当按照实际结算或报销的金额,借记有关费用科目,按照之前暂付的款项金额,贷记“其他应收款”科目,按照退回或补付的金额,借记或贷记“银行存款”等科目。同时,在预算会计中,按照实际结算或报销的金额,借记有关支出科目,贷记“资金结存”科目。下一年度内尚未结算或报销的,按照前述规定处理。

2. 单位公务卡报销

偿还尚未报销的本单位公务卡欠款时,按照偿还的款项,借记“其他应收款”科目,贷记“零余额账户用款额度”“银行存款”等科目。持卡人报销时,按照报销金额,在财务会计中,借记“业务活动费用”“单位管理费用”等科目,贷记“其他应收款”科目;同时,在预算会计中,借记“行政支出”“事业支出”等科目,贷记“资金结存”等科目。

【例7-27】 某行政单位通过财政授权方式支付一笔款项13 500元,具体内容是为尚未报销的单位公务卡偿还款项。数日后,持卡人报销有关款项。该行政单位会计应编制的会计分录如下:

(1) 通过财政授权方式为尚未报销的公务卡偿还款项时。

在财务会计中:

借:其他应收款 13 500

贷:零余额账户用款额度 13 500

(2) 持卡人报销时。

在财务会计中:

借:业务活动费用 13 500

贷:其他应收款 13 500

同时,在预算会计中:

借:行政支出 13 500

贷:资金结存——零余额账户用款额度 13 500

3. 其他各种应收及暂付款项

单位发生其他各种应收及暂付款项时，按照实际发生金额，在财务会计中，借记“其他应收款”科目，贷记“零余额账户用款额度”“银行存款”“库存现金”“上级补助收入”“附属单位上缴收入”等科目。涉及增值税业务的，相关账务处理参见“应交增值税”科目的账务处理。收回其他各种应收及暂付款项时，按照收回的金额，在财务会计中，借记“库存现金”“银行存款”等科目，贷记“其他应收款”科目；同时，在预算会计中，借记“资金结存”科目，贷记“上级补助预算收入”“附属单位上缴预算收入”“其他预算收入”等科目。

4. 其他应收款的年末计价

事业单位应当于每年年末，对其他应收款进行全面检查，如发生不能收回的迹象，应当计提坏账准备。对于账龄超过规定年限、确认无法收回的其他应收款，按照规定报经批准后予以核销。按照核销金额，借记“坏账准备”科目，贷记“其他应收款”科目。核销的其他应收款应当在备查簿中保留登记。已核销的其他应收款在以后期间又收回的，在财务会计中，按照实际收回金额，借记“其他应收款”科目，贷记“坏账准备”科目，同时，借记“银行存款”等科目，贷记“其他应收款”科目；在预算会计中，借记“资金结存”科目，贷记“其他预算收入”科目。

行政单位应当于每年年末，对其他应收款进行全面检查。对于超过规定年限、确认无法收回的其他应收款，应当按照有关规定报经批准后予以核销。核销的其他应收款应在备查簿中保留登记。具体来讲，经批准核销其他应收款时，按照核销金额，借记“资产处置费用”科目，贷记“其他应收款”科目。已核销的其他应收款在以后期间又收回的，按照收回金额，在财务会计中，借记“银行存款”等科目，贷记“其他收入”科目；同时，在预算会计中，借记“资金结存”科目，贷记“其他预算收入”科目。

此外，将预付账款账面余额转入其他应收款时，其相关账务处理参见“预付账款”科目的账务处理。

（七）坏账准备

坏账是指事业单位无法收回或收回的可能性极小的应收款项。由于坏账带来的损失称为坏账损失，它是费用的一个种类。根据《政府会计制度》规定，事业单位对收回后不需要上缴财政的应收账款和其他应收款应当提取坏账准备。即坏账准备是指事业单位对收回后不需上缴财政的应收账款和其他应收款预计产生坏账损失而提取的准备金。行政单位不提取坏账准备。

为了核算坏账准备业务，事业单位应设置“坏账准备”总账科目。本科目应当分应收账款和其他应收款进行明细核算。本科目期末贷方余额，反映事业单位提取的坏账准备金额。

事业单位应当于每年年末，对收回后不需上缴财政的应收账款和其他应收款进行全面检查，分析其可收回性，对预计可能产生的坏账损失计提坏账准备、确认坏账损失。事业单位可以采用应收款项余额百分比法、账龄分析法、个别认定法等方法计提坏账准备。坏账准备计提方法一经确定，不得随意变更。如需变更，应当按照规定报经批准，并在财务报表附注中予以说明。

当期应补提或冲减的坏账准备金额的计算公式如下：

$$\frac{\text{当期应补提或}}{\text{冲减的坏账准备}} = \frac{\text{按照期末应收账款和其他应收}}{\text{款计算应计提的坏账准备金额}} - \frac{\text{本科目期}}{\text{末贷方余额}} \left(\text{或} + \frac{\text{本科目期}}{\text{末借方余额}}\right)$$

第一，应收账款余额百分比法。它是根据会计期末应收款项的余额和估计的坏账比率，估计坏账损失，计提坏账准备的方法。这一方法是基于坏账的发生与应收账款余额之间存在相对稳定的比例关系，根据这个比例关系和当前应收账款的期末余额，估计本期可能发生的坏账损失，并据此提取坏账准备。

1. 计提坏账准备

事业单位提取坏账准备时，借记“其他费用”科目，贷记“坏账准备”科目；冲减坏账准备时，借记“坏账准备”科目，贷记“其他费用”科目。

【例 7-28】 某事业单位对收回后不需上缴财政的应收账款按其期末余额的 1%提取坏账准备。20×7 年年末，收回后不需上缴财政的应收账款的余额为 100 000 元。假定 20×7 年年末开始计提坏账准备，则 20×7 年 12 月 31 日，该事业单位应计提坏账准备 1 000 元(100 000 ×1%)。该事业单位财务会计应编制的会计分录如下：

借：其他费用——计提的坏账准备　　1 000
　　贷：坏账准备　　1 000

2. 核销坏账

对于账龄超过规定年限、确认无法收回的应收账款，按照规定报经批准后予以核销。按照核销金额，借记“坏账准备”科目，贷记“应收账款”科目。

【例 7-29】 承[例 7-28]　20×8 年 2 月 5 日，甲单位应收账款发生了坏账损失 1 500 元，20×8 年年末的应收账款为 120 000 元。该事业单位财务会计应编制的会计分录如下：

(1) 20×8 年 2 月 5 日，核销坏账时。

借：坏账准备　　1 500
　　贷：应收账款——甲单位　　1 500

(2) 20×8 年年末，计提坏账准备 1 700 元(120 000×1%+500)。

借：其他费用——计提的坏账准备　　1 700
　　贷：坏账准备　　1 700

3. 已核销的坏账又重新收回

已核销的应收账款在以后期间又收回的，按照实际收回金额，在财务会计中，借记“应收账款”科目，贷记“坏账准备”科目，同时，借记“银行存款”等科目，贷记“应收账款”科目；在预算会计中，借记“资金结存”科目，贷记“非财政拨款结余”科目。

【例 7-30】 承[例 7-28]20×9 年 5 月 8 日，已核销的上年应收账款 1 500 元又收回，20×9年年末的应收账款为 130 000 元。该事业单位会计应编制的会计分录如下：

(1) 20×9 年 5 月 8 日，收回上年已核销的应收账款时。

在财务会计中：

借：应收账款——甲单位　　1 500
　　贷：坏账准备　　1 500

借：银行存款　　1 500
　　贷：应收账款——甲单位　　1 500

同时，在预算会计中：

借：资金结存——货币资金　　1 500
　　贷：非财政拨款结余　　1 500

(2) 20×9 年 12 月 31 日,冲减坏账准备 1 400 元(130 000×1%－2 700)。

在财务会计中:

借:坏账准备　　1 400

　　贷:其他费用——计提的坏账准备　　1 400

第二,账龄分析法。它是根据应收账款入账时间的长短来估计坏账损失的方法。虽然应收账款能否收回以及能收回多少,不一定完全取决于时间的长短,但一般来说,账款拖欠的时间越长,发生坏账的可能性就越大。

【例 7-31】 假定某事业单位于 20×8 年 12 月 31 日收回后不需上缴财政的应收账款账龄及估计坏账损失如表 7-1 所示。

表 7-1　　收回后不需上缴财政的应收账款账龄及估计坏账损失表

应收账款账龄	应收账款金额(元)	估计损失	估计损失金额(元)
6 个月以内(含 6 个月)	90 000	5%	4 500
6 个月～1 年(含 1 年)	60 000	10%	6 000
1 年～2 年(含 2 年)	45 000	20%	9 000
2 年～3 年(含 3 年)	30 000	30%	9 000
3 年以上	15 000	50%	7 500
合计	240 000		36 000

如表 7-1 所示,该单位于 20×8 年 12 月 31 日"坏账准备"账户的账面金额应为 36 000 元,该单位应根据前期"坏账准备"账户的账面余额,计算本期应计提的坏账准备。该事业单位财务会计应编制的会计分录如下:

(1) 假设调整前"坏账准备"账户的账面余额为贷方 11 000 元,则本期应计提的坏账准备金额为 25 000 元(36 000－11 000)。

借:其他费用——计提的坏账准备　　25 000

　　贷:坏账准备　　25 000

(2) 假设调整前"坏账准备"账户的账面余额为借方 11 000 元,则本期应计提的坏账准备金额为 47 000 元(36 000＋11 000)。

借:其他费用——计提的坏账准备　　47 000

　　贷:坏账准备　　47 000

第三,个别认定法。它是根据每一项应收款项的情况来估计坏账损失的方法。在采用应收账款余额百分比法、账龄分析法等方法的同时,如果某项应收款项的可收回性与其他各项应收款项存在明显的差别,导致该项应收款项如果按照与其他应收款项同样的方法计提坏账准备将无法真实地反映其可收回金额的,可对该项应收款项采用个别认定法计提坏账准备。在某一会计期末运用个别认定法的应收款项,应从用其他方法计提坏账准备的应收款项中剔除。

五、存货

存货是指单位在开展业务活动及其他活动中为耗用或出售而储存的资产,如材料、产品、包装物和低值易耗品等，以及未达到固定资产标准的用具、装具、动植物等。

按照《政府会计准则第 1 号——存货》的规定，存货同时满足下列条件的，应当予以确认：①与该存货相关的服务潜力很可能实现或者经济利益很可能流入政府会计主体；②该存货的成本或者价值能够可靠地计量。存货在取得时，应当按照其实际成本初始计量。存货发出时，应当根据实际情况采用先进先出法、加权平均法或者个别计价法确定发出存货的实际成本。计价方法一经确定，不得随意变更。

行政事业单位的存货按照经济内容或经济用途可分为在途物品、库存物品和加工物品等种类。

（一）在途物品

在途物品是指单位采购材料等物资时货款已付或已开出商业汇票但尚未验收入库的物品。

为了核算在途物品的采购成本，单位应设置“在途物品”总账科目。本科目可按照供应单位和物品种类进行明细核算。本科目期末借方余额，反映单位在途物品的采购成本

单位购入材料等物品，在财务会计中，按照确定的物品采购成本的金额，借记“在途物品”科目，按照实际支付的金额，贷记“财政拨款收入”“零余额账户用款额度”“银行存款”等科目；同时，在预算会计中，按实际支付的金额，借记“行政支出”“事业支出”等科目，贷记“财政拨款预算收入”“资金结存”等科目。涉及增值税业务的，相关账务处理参见“应交增值税”科目的账务处理。所购材料等物品到达验收入库，在财务会计中，按照确定的库存物品成本金额，借记“库存物品”科目，按照物品采购成本金额，贷记“在途物品”科目，按照使得入库物品达到目前场所和状态所发生的其他支出，贷记“银行存款”等科目；同时，在预算会计中，按照上述实际支付的其他支出，借记“其他支出”科目，贷记“资金结存”科目。

【例 7-32】 某事业单位为开展专业业务活动采购一批物品，款项 3 500 元通过银行存款账户支付，物品仍在途中。数日后，该批材料到达并验收入库，确定的库存物品成本为采购成本 3 500 元。该事业单位会计应编制的会计分录如下：

（1）购入材料时。

在财务会计中：

借：在途物品	3 500	
贷：银行存款		3 500

同时，在预算会计中：

借：事业支出	3 500	
贷：资金结存——货币资金		3 500

（2）材料到达并验收入库时。

在财务会计中：

借：库存物品	3 500	
贷：在途物品		3 500

（二）库存物品

库存物品是指单位在开展业务活动及其他活动中为耗用或出售而储存的各种材料、产品、包装物、低值易耗品，以及达不到固定资产标准的用具、装具、动植物等。

为了核算库存物品业务，行政事业单位应设置“库存物品”总账科目。本科目应当按照库存物品的种类、规格、保管地点等进行明细核算。单位储存的低值易耗品、包装物较多的，可以

在本科目(低值易耗品、包装物)下按照“在库”“在用”和“摊销”等进行明细核算。单位随买随用的零星办公用品,可以在购进时直接列作费用,不通过本科目核算。

1. 库存物品的取得

(1) 外购的库存物品。外购的库存物品已验收入库,在财务会计中,应按照确定的成本,借记“库存物品”科目,贷记“财政拨款收入”“零余额账户用款额度”“银行存款”“应付账款”等科目;同时,在预算会计中,按实际支付的金额,借记“行政支出”“事业支出”“经营支出”科目,贷记“财政拨款预算收入”“资金结存”科目。涉及增值税业务的,相关账务处理参见“应交增值税”科目的账务处理。

购入的存货,其成本包括购买价款、相关税费、运输费、装卸费、保险费以及其他使得存货达到目前场所和状态所发生的支出。

【例7-33】 某行政单位购入一批库存物品,其成本为7 020元,款项通过财政授权支付方式支付,库存物品已验收入库。该行政单位会计应编制的会计分录如下:

在财务会计中:

借:库存物品	7 020	
贷:零余额账户用款额度		7 020

同时,在预算会计中:

借:行政支出	7 020	
贷:资金结存——零余额账户用款额度		7 020

(2) 自制的库存物品。自制的库存物品加工完成并验收入库,按照确定的成本,借记“库存物品”科目,贷记“加工物品——自制物品”科目。委托外单位加工收回的库存物品验收入库,按照确定的成本,借记“库存物品”科目,贷记“加工物品——委托加工物品”等科目。

自行加工的存货,其成本包括耗用的直接材料费用、发生的直接人工费用和按照一定方法分配的与存货加工有关的间接费用。

(3) 接受捐赠的库存物品。接受捐赠的库存物品验收入库,在财务会计中,按照确定的成本,借记“库存物品”科目,按照发生的相关税费、运输费等,贷记“银行存款”等科目,按照其差额,贷记“捐赠收入”科目;同时,在预算会计中,按照发生的相关税费、运输费等,借记“其他支出”科目,贷记“资金结存”科目。

接受捐赠的库存物品按照名义金额入账的,在财务会计中,按照名义金额,借记“库存物品”科目,贷记“捐赠收入”科目,按照发生的相关税费、运输费等,借记“其他费用”科目,贷记“银行存款”等科目;同时,在预算会计中,按照上述发生的相关税费、运输费等,借记“其他支出”科目,贷记“资金结存”科目。

接受捐赠的存货,其成本按照有关凭据注明的金额加上相关税费、运输费等确定;没有相关凭据可供取得,但按规定经过资产评估的,其成本按照评估价值加上相关税费、运输费等确定;没有相关凭据可供取得、也未经资产评估的,其成本比照同类或类似资产的市场价格加上相关税费、运输费等确定;没有相关凭据且未经资产评估、同类或类似资产的市场价格也无法可靠取得的,按照名义金额入账,相关税费、运输费等计入当期费用。

(4) 无偿调入的库存物品。无偿调入的库存物品验收入库,在财务会计中,按照确定的成本,借记“库存物品”科目,按照发生的相关税费、运输费等,贷记“银行存款”等科目,按照其差额,贷记“无偿调拨净资产”科目;同时,在预算会计中,按照上述发生的相关税费、运输费等借记“其他支出”科目，贷记“资金结存”科目。

无偿调入的存货，其成本按照调出方账面价值加上相关税费、运输费等确定。

【例7-34】 某民政行政单位收到无偿调入救灾物资一批，相关发票单据注明材料买价2 000 000元，增值税340 000元。另通过银行存款支付运输费20 000元。则库存物品的成本为2 360 000元(2 000 000＋340 000＋20 000)。该行政单位会计应编制的会计分录如下：

在财务会计中：

借：库存物品	2 360 000	
贷：银行存款		20 000
无偿调拨净资产		2 340 000

同时，在预算会计中：

借：其他支出	20 000	
贷：资金结存——货币资金		20 000

(5) 置换换入的库存物品。置换换入的库存物品验收入库，在财务会计中，按照确定的成本，借记“库存物品”科目，按照换出资产的账面余额，贷记相关资产科目(换出资产为固定资产、无形资产的，还应当借记“固定资产累计折旧”“无形资产累计摊销”科目)，按照置换过程中发生的其他相关支出，贷记“银行存款”等科目，按照借贷方差额，借记“资产处置费用”科目或贷记“其他收入”科目；同时，在预算会计中，按照上述发生的其他相关支出，借记“其他支出”科目，贷记“资金结存”科目。涉及补价的，分以下情况处理：①支付补价。支付补价的，在财务会计中，按照确定的成本，借记“库存物品”科目，按照换出资产的账面余额，贷记相关资产科目(换出资产为固定资产、无形资产的，还应当借记“固定资产累计折旧”“无形资产累计摊销”科目)，按照支付的补价和置换过程中发生的其他相关支出，贷记“银行存款”等科目，按照借贷方差额，借记“资产处置费用”科目或贷记“其他收入”科目；同时，在预算会计中，按照上述支付的补价和置换过程中发生的其他相关支出，借记“其他支出”科目，贷记“资金结存”科目。②收到补价。收到补价的，在财务会计中，按照确定的成本，借记“库存物品”科目，按照收到的补价，借记“银行存款”等科目，按照换出资产的账面余额，贷记相关资产科目(换出资产为固定资产、无形资产的，还应当借记“固定资产累计折旧”“无形资产累计摊销”科目)，按照置换过程中发生的其他相关支出，贷记“银行存款”等科目，按照补价扣减其他相关支出后的净收入，贷记“应缴财政款”科目，按照借贷方差额，借记“资产处置费用”科目或贷记“其他收入”科目。若置换过程中发生的其他相关支出大于收到的补价，在预算会计中，按照两者的差额，借记“其他支出”科目，贷记“资金结存”科目。

置换换入的存货，其成本按照换出资产的评估价值，加上支付的补价或减去收到的补价，加上为换入存货支付的其他支出(运输费等)确定。

【例7-35】 甲事业单位经批准以某项专用设备与乙事业单位交换一批库存物品。换出固定资产账面原值1 000 000元，已计提折旧100 000元。该固定资产资产评估确认的价值800 000元，收到乙单位的补价50 000元，为换入库存物品发生的相关费用10 000元，则换入库存物品的成本760 000元(800 000＋10 000－50 000)，应缴财政款为40 000元(50 000－10 000)。借方差额140 000元(1 050 000－910 000)，即为资产处置费用。甲事业单位财务会计应编制的会计分录如下：

借：库存物品　760 000
　　银行存款　50 000
　　固定资产累计折旧　100 000
　　资产处置费用　140 000
　　贷：固定资产　1 000 000
　　　　银行存款　10 000
　　　　应缴财政款　40 000

这里需要说明的是，单位收到资金的时候即能确认此笔资金应上缴财政，这笔资金就不归属于单位，也就不能纳入单位预算收入核算与管理。上述甲事业单位资产置换取得应上缴财政的资金净流入就是如此，即甲事业单位收到的补价大于用货币资金支付的相关费用，资金净流入需上缴财政，单位预算会计无需反映；若收到的补价小于用货币资金支付的相关费用，就意味着甲事业单位用预算资金支付了部分相关费用，这时，该单位预算会计应予以反映，按收到的补价与用货币资金支付的相关费用两者的差额确认其他支出。

2. 库存物品的发出

(1) 开展业务活动领用、自主出售发出或加工发出的库存物品。单位开展业务活动等领用、按照规定自主出售发出或加工发出库存物品，按照领用、出售等发出物品的实际成本，借记"业务活动费用""单位管理费用""经营费用""加工物品"等科目，贷记"库存物品"科目。

采用一次转销法摊销低值易耗品、包装物的，在首次领用时将其账面余额一次性摊销计入有关成本费用，借记有关科目，贷记"库存物品"科目。采用五五摊销法摊销低值易耗品、包装物的，首次领用时，将其账面余额的50%摊销计入有关成本费用，借记有关科目，贷记"库存物品"科目；使用完时，将剩余的账面余额转销计入有关成本费用，借记有关科目，贷记"库存物品"科目。

【例7-36】 某事业单位的后勤管理部门从存货仓库领用一批低值易耗品，用于日常后勤管理活动，该批低值易耗品的实际成本为2 000元，采用五五摊销法摊销其成本。后勤管理部门领用低值易耗品摊销其成本的50%时，该事业单位财务会计应编制的会计分录如下：

借：单位管理费用　1 000
　　贷：库存物品——低值易耗品　1 000

该批低值易耗品报废时，再摊销其成本的50%，其财务会计编制的会计分录同上。

(2) 经批准对外出售(不含可自主出售)的库存物品。经批准对外出售的库存物品(不含可自主出售的库存物品)发出时，在财务会计中，按照库存物品的账面余额，借记"资产处置费用"科目，贷记"库存物品"科目，按照收到的价款，借记"银行存款"等科目，按照处置过程中发生的相关费用，贷记"银行存款"等科目，按照其差额，贷记"应缴财政款"科目；同时，在预算会计中，按照上述处置过程中发生的相关费用，借记"其他支出"科目，贷记"资金结存"科目。

(3) 对外捐赠发出的库存物品。经批准对外捐赠的库存物品发出时，在财务会计中，按照库存物品的账面余额和对外捐赠过程中发生的归属于捐出方的相关费用合计数，借记"资产处置费用"科目，按照库存物品账面余额，贷记"库存物品"科目，按照对外捐赠过程中发生的归属于捐出方的相关费用，贷记"银行存款"等科目；同时，在预算会计中，按照上述发生的归属于捐出方的相关费用，借记"其他支出"科目，贷记"资金结存"科目。

(4) 无偿调出发出的库存物品。经批准无偿调出的库存物品发出时，在财务会计中，按照库存物品的账面余额，借记"无偿调拨净资产"科目，贷记"库存物品"科目；按照无偿调出过程中发生的归属于调出方的相关费用，借记“资产处置费用”科目，贷记“银行存款”等科目；同时，在预算会计中，按照上述发生的归属于调出方的相关费用，借记“其他支出”科目，贷记“资金结存”科目。

此外，经批准置换换出的库存物品，参照“库存物品”科目有关置换换入库存物品的规定进行账务处理。

3. 库存物品的清查盘点

单位应当定期对库存物品进行清查盘点，每年至少盘点一次。对于发生的库存物品盘盈、盘亏或者报废、毁损，应当先计入“待处理财产损溢”科目，按照规定报经批准后及时进行后续账务处理。

盘盈的库存物品，其成本按照有关凭据注明的金额确定；没有相关凭据、但按照规定经过资产评估的，其成本按照评估价值确定；没有相关凭据、也未经过评估的，其成本按照重置成本确定。如无法采用上述方法确定盘盈的库存物品成本的，按照名义金额入账。盘盈的库存物品，按照确定的入账成本，借记“库存物品”科目，贷记“待处理财产损溢”科目。具体举例请详见本章第八节“待处理财产损溢”。

盘亏或者毁损、报废的库存物品，按照待处理库存物品的账面余额，借记“待处理财产损溢”科目，贷记“库存物品”科目。属于增值税一般纳税人的单位，若因非正常原因导致的库存物品盘亏或毁损，还应当将与该库存物品相关的增值税进项税额转出，按照其增值税进项税额，借记“待处理财产损溢”科目，贷记“应交增值税——应交税金（进项税额转出）”科目。具体举例请详见本章第八节“待处理财产损溢”。

（三）加工物品

加工物品是指行政事业单位自制或委托外单位加工的各种物品。

为了核算加工物品的实际成本，单位应设置“加工物品” 总账科目。本科目应当设置“自制物品”“委托加工物品”两个一级明细科目，并按照物品类别、品种、项目等设置明细账，进行明细核算。本科目“自制物品”一级明细科目下应当设置“直接材料”“直接人工”“其他直接费用”等二级明细科目归集自制物品发生的直接材料、直接人工（专门从事物品制造人员的人工费）等直接费用；对于自制物品发生的间接费用，应当在本科目“自制物品”一级明细科目下单独设置“间接费用”二级明细科目予以归集，期末，再按照一定的分配标准和方法，分配计入有关物品的成本。本科目借方余额，反映单位自制或委托外单位加工但尚未完工的各种物品的实际成本。

1. 自制物品

（1）为自制物品领用材料等，按照材料成本，借记“加工物品”科目（自制物品——直接材料），贷记“库存物品”科目。

（2）专门从事物品制造的人员发生的直接人工费用，按照实际发生的金额，借记“加工物品”科目（自制物品——直接人工），贷记“应付职工薪酬”科目。

（3）为自制物品发生的其他直接费用，在财务会计中，按照实际发生的金额，借记“加工物品”科目（自制物品——其他直接费用），贷记“零余额账户用款额度”“银行存款”等科目；同时，在预算会计中，按实际支付的金额，借记“事业支出”“经营支出”科目，贷记“资金结存”科目。

（4）为自制物品发生的间接费用，在财务会计中，按照实际发生的金额，借记“加工物品”科目（自制物品——间接费用），贷记“零余额账户用款额度”“银行存款”“应付职工薪酬”“固定资产累计折旧”“无形资产累计摊销”等科目；同时，在预算会计中，按实际支付的金额，借记“事业支出”“经营支出”科目，贷记“资金结存”科目。间接费用一般按照生产人员工资、生产人员工时、机器工时、耗用材料的数量或成本、直接费用（直接材料和直接人工）或产品产量等进行分配。单位可根据具体情况自行选择间接费用的分配方法。分配方法一经确定，不得随意变更。

（5）已经制造完成并验收入库的物品，按照所发生的实际成本（包括耗用的直接材料费用、直接人工费用、其他直接费用和分配的间接费用），借记“库存物品”科目，贷记“加工物品”科目（自制物品）。

2. 委托加工物品

发给外单位加工的材料等，在财务会计中，按照其实际成本，借记“加工物品”科目（委托加工物品），贷记“库存物品”科目。支付加工费、运输费等费用，按照实际支付的金额，在财务会计中，借记“加工物品”科目（委托加工物品），贷记“零余额账户用款额度”“银行存款”等科目；同时，在预算会计中，借记“事业支出”“经营支出”科目，贷记“资金结存”科目。涉及增值税业务的，相关账务处理参见“应交增值税”科目的账务处理。委托加工完成的材料等验收入库，按照加工前发出材料的成本和加工、运输成本等，借记“库存物品”等科目，贷记“加工物品”科目（委托加工物品）。

委托加工的存货，其成本包括委托加工前存货成本、委托加工的成本（如委托加工费以及按规定应计入委托加工存货成本的相关税费等）以及使存货达到目前场所和状态所发生的归属于存货成本的其他支出。

【例 7-37】 某事业单位委托外单位加工一批物品，发出一批专用材料，实际成本为 20 000 元。通过单位零余额账户支付加工费用 8 000 元及材料往返运输费 2 000 元。委托加工物品加工完毕验收入库。不考虑增值税。该事业单位会计应编制的会计分录如下：

（1）发出加工的材料时。

在财务会计中：

借：加工物品——委托加工物品	20 000	
贷：库存物品		20 000

（2）支付委托加工费、运输费时。

在财务会计中：

借：加工物品——委托加工物品	10 000	
贷：零余额账户用款额度		10 000

同时，在预算会计中：

借：事业支出	10 000	
贷：资金结存——零余额账户用款额度		10 000

（3）委托加工材料验收入库时。

在财务会计中：

借：库存物品	30 000	
贷：加工物品——委托加工物品		30 000

六、待摊费用

待摊费用是指单位已经支付，但应当由本期和以后各期分别负担的分摊期在 1 年以内（含 1 年）的各项费用，如预付航空保险费、预付租金等。

为了核算待摊费用业务，单位财务会计应设置“待摊费用”总账科目。摊销期限在1年以上的租入固定资产改良支出和其他费用，应当通过“长期待摊费用”科目核算，不通过本科目核算。本科目应当按照待摊费用种类进行明细核算。本科目期末借方余额，反映单位各种已支付但尚未摊销的分摊期在1年以内(含1年)的费用。

单位发生待摊费用时，按照实际预付的金额，在财务会计中，借记“待摊费用”科目，贷记“财政拨款收入”“零余额账户用款额度”“银行存款”等科目；同时，在预算会计中，借记“行政支出”“事业支出”等科目，贷记“财政拨款预算收入”“资金结存”等科目。按照受益期限分期平均摊销时，按照摊销金额，借记“业务活动费用”“单位管理费用”“经营费用”等科目，贷记“待摊费用”科目。如果某项待摊费用已经不能使单位受益，应当将其摊余金额一次全部转入当期费用时，按照摊销金额，借记“业务活动费用”“单位管理费用”“经营费用”等科目，贷记“待摊费用”科目。

【例7-38】 某事业单位通过银行存款账户支付一笔款项18 000元，具体内容为预付不独立核算经营单位的房屋6个月的租赁费，每月平均分摊3 000元(18 000÷6)。该事业单位会计应编制的会计分录如下：

(1) 支付房屋租赁费时。

在财务会计中：

借：待摊费用——租赁费　　18 000
　　贷：银行存款　　18 000

同时，在预算会计中：

借：经营支出　　18 000
　　贷：资金结存——货币资金　　18 000

(2) 每月摊销房屋租赁费时。

在财务会计中：

借：经营费用　　3 000
　　贷：待摊费用——租赁费　　3 000

第二节 长期投资

长期投资是指事业单位取得的除短期投资以外的债权和股权性质的投资。按长期投资性质不同，长期投资分为长期股权投资和长期债券投资。

一、长期股权投资

长期股权投资是指事业单位按照规定取得的，持有时间超过1年(不含1年)的股权性质的投资。

为了核算长期股权投资业务，事业单位应设置“长期股权投资”总账科目。本科目应当按照被投资单位和长期股权投资取得方式等进行明细核算。长期股权投资采用权益法核算的，还应当按照“成本”“损益调整”“其他权益变动”设置明细科目，进行明细核算。本科目期末借方余额，反映事业单位持有的长期股权投资的价值。

(一) 长期股权投资的取得

长期股权投资在取得时，应当按照其实际成本作为初始投资成本。

(1) 以现金取得的长期股权投资，在财务会计中，按照确定的投资成本，借记“长期股权投资”科目或“长期股权投资”科目(成本)，按照支付的价款中包含的已宣告但尚未发放的现金股利，借记“应收股利”科目，按照实际支付的全部价款，贷记“银行存款”等科目；同时，在预算会计中，按实际支付的价款，借记“投资支出”科目，贷记“资金结存”科目。实际收到取得投资时所支付价款中包含的已宣告但尚未发放的现金股利时，在财务会计中，借记“银行存款”科目，贷记“应收股利”科目；同时，在预算会计中，借记“资金结存”科目，贷记“投资支出”科目。

(2) 以现金以外的其他资产置换取得的长期股权投资，参照“库存物品”科目中置换取得库存物品的相关规定进行账务处理。

(3) 以未入账的无形资产取得的长期股权投资，按照评估价值加相关税费作为投资成本，借记“长期股权投资”科目，按照发生的相关税费，贷记“银行存款”“其他应交税费”等科目，按照其差额，贷记“其他收入”科目；同时，在预算会计中，按实际支付的相关税费，借记“其他支出”科目，贷记“资金结存”科目。

(4) 接受捐赠的长期股权投资，按照确定的投资成本，借记“长期股权投资”科目(成本)；按照发生的相关税费，贷记“银行存款”等科目，按照其差额，贷记“捐赠收入”科目；同时，在预算会计中，按实际支付的相关税费，借记“其他支出”科目，贷记“资金结存”科目。

(5) 无偿调入的长期股权投资，按照确定的投资成本，借记“长期股权投资”科目或“长期股权投资——成本”科目，按照发生的相关税费，贷记“银行存款”等科目，按照其差额，贷记“无偿调拨净资产”科目；同时，在预算会计中，按实际支付的相关税费，借记“其他支出”科目，贷记“资金结存”科目。

【例 7-39】 20×8 年 1 月 1 日，某事业单位通过银行存款账户支付一笔款项 2 000 000 元，具体内容为对甲公司进行长期股权投资，取得甲公司 20%的股份，有权参与甲公司的财务和经营政策，即具有控制权。该单位会计应编制的会计分录如下：

在财务会计中：

借：长期股权投资——甲公司(成本)	2 000 000	
贷：银行存款		2 000 000

同时，在预算会计中：

借：投资支出	2 000 000	
贷：资金结存——货币资金		2 000 000

【例 7-40】 某事业单位以一项固定资产对外投资。该项固定资产的账面原值为155 000元，已计提累计折旧为 45 000 元，账面净值为 1 10 000 元(155 000－45 000)。经评估，该项固定资产的评估价值为 150 000 元。以银行存款支付置换过程中发生的相关费用 5 000 元。该项长期股权投资在取得时确定的成本为 155 000 元(150 000＋5 000)。该事业单位在该项固定资产置换业务中实现其他收入 40 000 元(150 000－110 000)。该事业单位会计应编制的会计分录如下：

在财务会计中：

借：长期股权投资——成本	155 000	
固定资产累计折旧	45 000	
贷：固定资产		155 000
银行存款		5 000
其他收入		40 000

同时，在预算会计中：

借：其他支出	5 000	
贷：资金结存——货币资金		5 000

以现金以外的其他资产置换取得的长期股权投资，其成本按照换出资产的评估价值加上支付的补价或减去收到的补价，加上换入长期股权投资发生的相关税费确定。

根据《政府会计准则制度解释第 1 号》的规定，事业单位以其持有的科技成果取得的长期股权投资，应当按照评估价值加相关税费作为投资成本。事业单位按规定通过协议定价、在技术交易市场挂牌交易、拍卖等方式确定价格的，应当按照以上方式确定的价格加相关税费作为投资成本。

（二）长期股权投资期间的计量

事业单位在持有长期股权投资期间，通常应当采用权益法进行核算。但是，如果事业单位无权决定被投资单位的财务和经营政策或无权参与被投资单位的财务和经营政策决策的，应当采用成本法进行核算。

1. 成本法

在成本法下，被投资单位宣告发放现金股利或利润时，在财务会计中，按照应收的金额，借记"应收股利"科目，贷记"投资收益"科目。收到现金股利或利润时，按照实际收到的金额，在财务会计中，借记"银行存款"等科目，贷记"应收股利"科目；同时，在预算会计中，借记"资金结存"科目，贷记"投资预算收益"科目。

2. 权益法

在权益法下，被投资单位实现净利润的，按照应享有的份额，借记"长期股权投资"科目（损益调整），贷记"投资收益"科目。被投资单位发生净亏损的，按照应分担的份额，借记"投资收益"科目，贷记"长期股权投资"科目（损益调整），但以"长期股权投资"科目的账面余额减记至零为限。发生亏损的被投资单位以后年度又实现净利润的，按照收益分享额弥补未确认的亏损分担额等后的金额，借记"长期股权投资"科目（损益调整），贷记"投资收益"科目。

被投资单位宣告分派现金股利或利润的，按照应享有的份额，借记"应收股利"科目，贷记"长期股权投资"科目（损益调整）。收到被投资单位发放的现金股利，在财务会计中，借记"银行存款"科目，贷记"应收股利"科目；同时，在预算会计中，借记"资金结存"科目，贷记"投资预算收益"科目。

被投资单位发生除净损益和利润分配以外的所有者权益变动的，按照应享有或应分担的份额，借记或贷记"权益法调整"科目，贷记或借记"长期股权投资"科目（其他权益变动）。

【例 7-41】　承[例 7-39]，20×8 年，甲公司全年实现净利润 500 000 元；20×9 年 2 月份，甲公司宣告分派现金股利 300 000 元，同年 5 月收到现金股利；20×9 年 1 月，甲公司发生除净利润和利润分配以外的所有者权益变动增加数为 1 000 000 元。根据上述资料，该单位会计应编制的会计分录如下：

（1）20×8 年 12 月 31 日，确认投资收益时。

在财务会计中：

借：长期股权投资——甲公司（损益调整）（500 000×20%）	100 000	
贷：投资收益		100 000

（2）20×9 年 2 月，宣告分派股利时。

在财务会计中：

借：应收股利——甲公司　　60 000

　　贷：长期股权投资——甲公司(损益调整)(300 000×20%)　　60 000

(3) 20×9 年 5 月，收到甲公司分派现金股利时。

在财务会计中：

借：银行存款　　60 000

　　贷：应收股利——甲公司　　60 000

同时，在预算会计中：

借：资金结存——货币资金　　60 000

　　贷：投资预算收益　　60 000

(4) 20×9 年 1 月，因被投资单位发生除净损益和利润分配以外的所有者权益变动，该事业单位按照应享有的份额调整“长期股权投资——甲公司”科目账面价值200 000元(1 000 000×20%)。

在财务会计中：

借：长期股权投资——甲公司(其他权益变动)　　200 000

　　贷：权益法调整　　200 000

至此，该事业单位“长期股权投资——甲公司”账面余额为 2 240 000 元。其中，成本 2 000 000 元，损益调整 40 000 元，其他权益变动 200 000 元。

根据《政府会计准则制度解释第 1 号》的规定，事业单位采用权益法核算长期股权投资且被投资单位编制合并财务报表的，在持有投资期间，应当以被投资单位合并财务报表中归属于母公司的净利润和其他所有者权益变动为基础，计算确定应当调整长期股权投资账面余额的金额，并进行相关会计处理。

根据《政府会计准则制度解释第 2 号》的规定，事业单位按规定将长期股权投资持有期间取得的投资收益上缴本级财政的，应当按照以下规定进行账务处理：

(1) 长期股权投资采用成本法核算的，被投资单位宣告发放现金股利或利润时，事业单位按照应收的金额，借记“应收股利”科目，贷记“应缴财政款”科目；收到现金股利或利润时，借记“银行存款”等科目，贷记“应收股利”科目；将取得的现金股利或利润上缴财政时，借记“应缴财政款”科目，贷记“银行存款”等科目。

(2) 长期股权投资采用权益法核算的，被投资单位实现净利润的，按照应享有的份额，借记“长期股权投资——损益调整”科目，贷记“投资收益”科目；被投资单位宣告发放现金股利或利润时，单位按照应享有的份额，借记“应收股利”科目，贷记“长期股权投资——损益调整”科目；收到现金股利或利润时，借记“银行存款”等科目，贷记“应缴财政款”科目，同时按照此前确定的应收股利金额，借记“投资收益”科目，贷记“应收股利”科目；将取得的现金股利或利润上缴财政时，借记“应缴财政款”科目，贷记“银行存款”等科目。

3. 成本法与权益法的转换

单位因处置部分长期股权投资等原因而对处置后的剩余股权投资由权益法改按成本法核算的，应当按照权益法下“长期股权投资”科目账面余额作为成本法下“长期股权投资”科目账面余额(成本)。其后，被投资单位宣告分派现金股利或利润时，属于单位已计入投资账面余额的部分，按照应分得的现金股利或利润份额，借记“应收股利”科目，贷记“长期股权投资”科目。

单位因追加投资等原因对长期股权投资的核算从成本法改为权益法的，在财务会计中，应当按照成本法下“长期股权投资”科目账面余额与追加投资成本的合计金额，借记“长期股权投资”科目（成本），按照成本法下“长期股权投资”科目账面余额，贷记“长期股权投资”科目，按照追加投资的成本，贷记“银行存款”等科目；同时，在预算会计中，按追加投资实际支付的金额，借记“投资支出”科目，贷记“资金结存”科目。

（三）长期股权投资的处置

1. 出售长期股权投资

事业单位按照规定报经批准出售（转让）长期股权投资时，应当区分长期股权投资取得方式分别进行处理。

事业单位处置以现金取得的长期股权投资，在财务会计中，按照实际取得的价款，借记“银行存款”等科目，按照被处置长期股权投资的账面余额，贷记“长期股权投资”科目，按照尚未领取的现金股利或利润，贷记“应收股利”科目，按照发生的相关税费等支出，贷记“银行存款”等科目，按照借贷方差额，借记或贷记“投资收益”科目；同时，在预算会计中，按照取得价款扣减支付的相关税费后的金额，借记“资金结存”科目，按照投资金额贷记“投资支出”或“其他结余”科目，按照两者差额，贷记“投资预算收益”科目。

事业单位处置以科技成果转化形成的长期股权投资，按规定所取得的收入全部留归本单位的，在财务会计中，应当按照实际取得的价款，借记“银行存款”等科目，按照被处置长期股权投资的账面余额，贷记“长期股权投资”科目，按照尚未领取的现金股利或利润，贷记“应收股利”科目，按照发生的相关税费等支出，贷记“银行存款”等科目，按照借贷方差额，借记或贷记“投资收益”科目；同时，在预算会计中，按照实际取得的价款，借记“资金结存——货币资金”科目，按照处置时确认的投资收益金额，贷记“投资预算收益”科目，按照贷方差额，贷记“其他预算收入”科目。

权益法下，事业单位处置以现金以外的其他资产取得的（不含科技成果转化形成的）长期股权投资时，按规定将取得的投资收益（此处的投资收益，是指长期股权投资处置价款扣除长期股权投资成本和相关税费后的差额）纳入本单位预算管理的，分以下两种情况处理：

（1）长期股权投资的账面余额大于其投资成本的，应当按照被处置长期股权投资的成本，借记“资产处置费用”科目，贷记“长期股权投资——成本”科目；按照实际取得的价款，借记“银行存款”等科目，按照尚未领取的现金股利或利润，贷记“应收股利”科目，按照发生的相关税费等支出，贷记“银行存款”等科目，按照长期股权投资的账面余额减去其投资成本的差额，贷记“长期股权投资——损益调整、其他权益变动”科目（以上明细科目为贷方余额的，借记相关明细科目），按照实际取得的价款与被处置长期股权投资账面余额、应收股利账面余额和相关税费支出合计数的差额，贷记或借记“投资收益”科目，按照贷方差额，贷记“应缴财政款”科目。同时，在预算会计中，按照取得价款扣减投资账面余额和相关税费后的差额，借记“资金结存”科目，贷记“投资预算收益”科目。

（2）长期股权投资的账面余额小于或等于其投资成本的，应当按照被处置长期股权投资的账面余额，借记“资产处置费用”科目，按照长期股权投资各明细科目的余额，贷记“长期股权投资——成本”科目，贷记或借记“长期股权投资——损益调整、其他权益变动”科目；按照实际取得的价款，借记“银行存款”等科目，按照尚未领取的现金股利或利润，贷记“应收股利”科目，按照发生的相关税费等支出，贷记“银行存款”等科目，按照实际取得的价款大于被处置长期股权投资成本、应收股利账面余额和相关税费支出合计数的差额，贷记“投资收益”科目，按照贷方差额，贷记“应缴财政款”科目。同时，在预算会计中，按照取得价款扣减投资账面余额和相关税费后的差额，借记“资金结存”科目，贷记“投资预算收益”科目。

事业单位按规定应将长期股权投资持有期间取得的投资净收益，以及以现金取得的长期股权投资处置时取得的净收入（处置价款扣除投资本金和相关税费后的净额）上缴本级财政并纳入一般公共预算管理的，在应收或收到上述有关款项时不确认投资收益，应通过“应缴财政款”科目核算。

2. 核销长期股权投资

因被投资单位破产清算等原因，有确凿证据表明长期股权投资发生损失，按照规定报经批准后予以核销时，按照予以核销的长期股权投资的账面余额，借记“资产处置费用”科目，贷记“长期股权投资”科目。

3. 置换转出长期股权投资

报经批准置换转出长期股权投资时，参照“库存物品”科目中置换换入库存物品的规定进行账务处理。

采用权益法核算的长期股权投资的处置，除进行上述账务处理外，还应结转原直接计入净资产的相关金额，借记或贷记“权益法调整”科目，贷记或借记“投资收益”科目。

【例 7-42】 承[例 7-39]与[例 7-41]，该事业单位于 20×9 年 4 月 1 日将对甲公司的长期股权投资转让给 A 单位，该长期股权投资账面余额为 2 240 000 元，转让价款 2 300 000 元，款项存入开户银行，并办理完法律手续将该长期股权投资转让给 A 单位（不考虑相关税费）。该事业单位会计应编制的会计分录如下

在财务会计中：

借：银行存款	2 300 000	
贷：长期股权投资——甲公司（投资成本）		2 000 000
——甲公司（损益调整）		40 000
——甲公司（其他权益变动）		2 00 000
投资收益		60 000

同时，

借：权益法调整	2 00 000	
贷：投资收益		2 00 000

同时，在预算会计中：

借：资金结存——货币资金	2 300 000	
贷：其他结余		2 000 000
投资预算收益		300 000

二、长期债券投资

长期债券投资是指事业单位按照规定取得的，持有时间超过 1 年（不含 1 年）的债券投资。

为了核算长期债券投资业务，事业单位应设置“长期债券投资” 总账科目。本科目应当设置“成本”和“应计利息”明细科目，并按照债券投资的种类进行明细核算。本科目期末借方余额，反映事业单位持有的长期债券投资的价值。

（一）长期债券投资的取得

长期债券投资在取得时，应当按照其实际成本作为投资成本。事业单位取得的长期债券

投资，在财务会计中，按照确定的投资成本，借记“长期债权投资”科目(成本)，按照支付的价款中包含的已到付息期但尚未领取的利息，借记“应收利息”科目，按照实际支付的金额，贷记“银行存款”等科目；同时，在预算会计中，按照实际支付的价款，借记“投资支出”科目，贷记“资金结存”科目。实际收到取得债券时所支付价款中包含的已到付息期但尚未领取的利息时，在财务会计中，借记“银行存款”科目，贷记“应收利息”科目；同时，在预算会计中，借记“资金结存”科目，贷记“投资支出”科目。

【例 7-43】 20×9 年 1 月 1 日，某事业单位以货币资金 300 000 元取得一批 3 年期债券投资。该批债券的面值为 300 000 元，票面年利率为 3.6%，每年支付一次利息，到期还本。不考虑其他税费。该单位会计应编制的会计分录如下：

在财务会计中：

借：长期债券投资——成本	300 000	
贷：银行存款		300 000

同时，在预算会计中：

借：投资支出	300 000	
贷：结存资金——货币资金		300 000

(二) 长期债券投资持有期间的利息收入

事业单位在长期债券投资持有期间，按期以债券票面金额与票面利率计算确认利息收入时，如为到期一次还本付息的债券投资，借记“长期债券投资”科目(应计利息)，贷记“投资收益”科目；如为分期付息、到期一次还本的债券投资，借记“应收利息”科目，贷记“投资收益”科目。收到分期支付的利息时，按照实收的金额，在财务会计中，借记“银行存款”等科目，贷记“应收利息”科目；同时，在预算会计中，借记“资金结存——货币资金”科目，贷记“投资预算收益”科目。

【例 7-44】 承[例 7-43]，20×9 年 12 月 31 日，该事业单位计算本年应收利息为 10 800 元(300 000×3.6%×1)。数日后，收到应收利息 10 800 元存入开户银行。该事业单位会计应编制的会计分录如下：

(1) 计算确认应收利息时。

在财务会计中：

借：应收利息	10 800	
贷：投资收益		10 800

(2) 实际收到利息时。

在财务会计中：

借：银行存款	10 800	
贷：应收利息		10 800

同时，在预算会计中：

借：资金结存——货币资金	10 800	
贷：投资预算收益		10 800

(三) 长期债券投资的到期收回

事业单位到期收回长期债券投资时，在财务会计中，按照实际收到的金额，借记“银行存款”科目，按照长期债券投资的账面余额，贷记“长期债券投资”科目，按照相关应收利息金额，贷记“应收利息”科目，按照其差额，贷记“投资收益”科目；同时，在预算会计中，按照实际收到的价款，借记“资金结存”科目，按照投资成本，贷记“投资支出”或“其他结余”科目，按照差额，贷记“投资预算收益”科目。

【例7-45】 承[例7-43]，20×9年12月31日，收回本金300 000元和最后一年利息10 800元。该单位会计应编制的会计分录如下：

在财务会计中：

借：银行存款	310 800	
贷：长期债券投资——成本		300 000
投资收益		10 800

同时，在预算会计中：

借：资金结存——货币资金	310 800	
贷：其他结余		300 000
投资预算收益		10 800

(四) 长期债券投资的出售

事业单位对外出售长期债券投资，在财务会计中，按照实际收到的金额，借记“银行存款”科目，按照长期债券投资的账面余额，贷记“长期债券投资”科目，按照已记入“应收利息”科目但尚未收取的金额，贷记“应收利息”科目，按照其差额，贷记或借记“投资收益”科目；同时，在预算会计中，按照实际收到的价款，借记“资金结存”科目，按照投资成本，贷记“投资支出”“其他结余”科目，按照差额，贷记“投资预算收益”科目。涉及增值税业务的，相关账务处理参见“应交增值税”科目的账务处理。

第三节 固定资产

一、固定资产的定义与分类

固定资产，是指单位为满足自身开展业务活动或其他活动需要而控制的，使用年限超过1年(不含1年)、单位价值在规定标准以上，并在使用过程中基本保持原有物质形态的资产，一般包括房屋及构筑物、专用设备、通用设备等。单位价值虽未达到规定标准，但是使用年限超过1年(不含1年)的大批同类物资，如图书、家具、用具、装具等，应当确认为固定资产。固定资产一般分为六类：房屋及构筑物；专用设备；通用设备；文物和陈列品；图书、档案；家具、用具、装具及动植物。

二、固定资产的确认与初始计量

(一) 固定资产的确认

固定资产同时满足下列条件的，应当予以确认：与该固定资产相关的服务潜力很可能实现或者经济利益很可能流入政府会计主体；该固定资产的成本或者价值能够可靠地计量。

通常情况下，购入、换入、接受捐赠、无偿调入不需安装的固定资产，在固定资产验收合格时确认；购入、换入、接受捐赠、无偿调入需要安装的固定资产，在固定资产安装完成交付使用时确认；自行建造、改建、扩建的固定资产，在建造完成交付使用时确认。

确认固定资产时，应当考虑以下情况：①固定资产的各组成部分具有不同使用年限或者以不同方式为政府会计主体实现服务潜力或提供经济利益，适用不同折旧率或折旧方法且可以分别确定各自原价的，应当分别将各组成部分确认为单项固定资产。②应用软件构成相关硬件不可缺少的组成部分的，应当将该软件的价值包括在所属的硬件价值中，一并确认为固定资产；不构成相关硬件不可缺少的组成部分的，应当将该软件确认为无形资产。③购建房屋及构筑物时，不能分清购建成本中的房屋及构筑物部分与土地使用权部分的，应当全部确认为固定资产；能够分清购建成本中的房屋及构筑物部分与土地使用权部分的，应当将其中的房屋及构筑物部分确认为固定资产，将其中的土地使用权部分确认为无形资产。

（二）固定资产的初始计量

固定资产在取得时应当按照成本进行初始计量。

（1）外购的固定资产，其成本包括购买价款、相关税费以及固定资产交付使用前所发生的可归属于该项资产的运输费、装卸费、安装费和专业人员服务费等。以一笔款项购入多项没有单独标价的固定资产，应当按照各项固定资产同类或类似资产市场价格的比例对总成本进行分配，分别确定各项固定资产的成本。

（2）自行建造的固定资产，其成本包括该项资产至交付使用前所发生的全部必要支出。在原有固定资产基础上进行改建、扩建、修缮后的固定资产，其成本按照原固定资产账面价值加上改建、扩建、修缮发生的支出，再扣除固定资产被替换部分的账面价值后的金额确定。为建造固定资产借入的专门借款的利息，属于建设期间发生的，计入在建工程成本；不属于建设期间发生的，计入当期费用。已交付使用但尚未办理竣工决算手续的固定资产，应当按照估计价值入账，待办理竣工决算后再按实际成本调整原来的暂估价值。

（3）通过置换取得的固定资产，其成本按照换出资产的评估价值加上支付的补价或减去收到的补价，加上换入固定资产发生的其他相关支出确定。

（4）接受捐赠的固定资产，其成本按照有关凭据注明的金额加上相关税费、运输费等确定；没有相关凭据可供取得，但按规定经过资产评估的，其成本按照评估价值加上相关税费、运输费等确定；没有相关凭据可供取得、也未经资产评估的，其成本比照同类或类似资产的市场价格加上相关税费、运输费等确定；没有相关凭据且未经资产评估、同类或类似资产的市场价格也无法可靠取得的，按照名义金额入账，相关税费、运输费等计入当期费用。

若受赠的为旧的固定资产，在确定其初始入账成本时应当考虑该项资产的新旧程度。

（5）无偿调入的固定资产，其成本按照调出方账面价值加上相关税费、运输费等确定。若无偿调入资产在调出方的账面价值为零（即已经按制度规定提足折旧）或者账面余额为名义金额的，单位应当将调入过程中其承担的相关税费计入当期费用，不计入调入资产的初始入账成本。

（6）盘盈的固定资产，其成本按照有关凭据注明的金额确定；没有相关凭据、但按照规定经过资产评估的，其成本按照评估价值确定；没有相关凭据、也未经过评估的，其成本按照重置成本确定。如无法采用上述方法确定盘盈固定资产成本的，按照名义金额（人民币1元）入账。

（7）融资租赁取得的固定资产，其成本按照租赁协议或者合同确定的租赁价款、相关税费以及固定资产交付使用前所发生的可归属于该项资产的运输费、途中保险费、安装调试费等确定。

三、固定资产核算使用的会计科目

为了核算固定资产业务，单位应设置“固定资产”总账科目。本科目反映各类固定资产的原价。本科目期末借方余额，反映单位固定资产的原价。本科目应当按照固定资产类别和项目进行明细核算。

固定资产核算时，应当注意以下情况：①购入需要安装的固定资产，应当先通过“在建工程”科目核算，安装完毕交付使用时再转入本科目核算。②以借入、经营租赁租入方式取得的固定资产，不通过本科目核算，应当设置备查簿进行登记。③采用融资租入方式取得的固定资产，通过本科目核算，并在本科目下设置“融资租入固定资产”明细科目。④经批准在境外购买具有所有权的土地，作为固定资产，通过本科目核算，且在本科目下设置“境外土地”明细科目，进行相应明细核算。

四、固定资产的取得

（一）购入固定资产

购入不需安装的固定资产验收合格时，在财务会计中，按照确定的固定资产成本，借记“固定资产”科目，贷记“财政拨款收入”“零余额账户用款额度”“应付账款”“银行存款”等科目；同时，在预算会计中，按实际支付的金额，借记“行政支出”“事业支出”“经营支出”科目，贷记“财政拨款预算收入”“资金结存”科目。购入需要安装的固定资产时，在安装完毕交付使用前通过“在建工程”科目核算，安装完毕交付使用时再转入“固定资产”科目。固定资产取得时涉及增值税业务的，相关账务处理参见“应交增值税”科目的账务处理，下同。

购入固定资产扣留质量保证金的，应当在取得固定资产时，在财务会计中，按照确定的固定资产成本，借记“固定资产”科目（不需安装）或“在建工程”科目（需要安装），按照实际支付或应付的金额，贷记“财政拨款收入”“零余额账户用款额度”“应付账款”（不含质量保证金）“银行存款”等科目，按照扣留的质量保证金数额，贷记“其他应付款”［扣留期在 1 年以内（含 1 年）］或“长期应付款”（扣留期超过 1 年）科目；同时，在预算会计中，按实际支付的金额，借记“行政支出”“事业支出”“经营支出”科目，贷记“财政拨款预算收入”“资金结存”科目。质保期满支付质量保证金时，在财务会计中，借记“其他应付款”“长期应付款”科目，贷记“财政拨款收入”“零余额账户用款额度”“银行存款”等科目；同时，在预算会计中，按实际支付的金额，借记“行政支出”“事业支出”“经营支出”科目，贷记“财政拨款预算收入”“资金结存”科目。

（二）自行建造的固定资产

自行建造的固定资产交付使用时，按照在建工程成本，借记“固定资产”科目，贷记“在建工程”科目。

（三）融资租入的固定资产

融资租入的固定资产，在财务会计中，按照确定的成本，借记“固定资产”科目（不需安装）或“在建工程”科目（需安装），按照租赁协议或者合同确定的租赁付款额，贷记“长期应付款”科目，按照支付的运输费、途中保险费、安装调试费等金额，贷记“财政拨款收入”“零余额账户用款额度”“银行存款”等科目；同时，在预算会计中，按上述支付的运输费、途中保险费、安装调试费等金额，借记“行政支出”“事业支出”“经营支出”科目，贷记“财政拨款预算收入”“资金结存”科目。

定期支付租金时，在财务会计中，按照实际支付金额，借记“长期应付款”科目，贷记“财政拨款收入”“零余额账户用款额度”“银行存款”等科目；同时，在预算会计中，按上述支付的运输费、途中保险费、安装调试费等金额，借记“行政支出”“事业支出”“经营支出”科目，贷记“财政拨款预算收入”“资金结存”科目。

【例 7-46】 某事业单位以融资租赁方式租入一台机器设备，租赁合同中的付款额为

250 000 元，融资租赁期为 10 年，约定每年年初支付租金 25 000 元，合同签订过程中未发生其他支出，款项通过财政直接支付方式支付。单位以银行存款支付运输保险费 5 000 元。该设备已经验收，并投入事业活动的使用。该事业单位会计应编制的会计分录如下：

（1）融资租入固定资产时。

在财务会计中：

借：固定资产——融资租入固定资产　　255 000
　　贷：长期应付款——应付融资租入固定资产款　　250 000
　　　　银行存款　　5 000

同时，在预算会计中：

借：事业支出　　5 000
　　贷：资金结存——货币资金　　5 000

（2）每年年初通过财政直接支付方式支付租金时。

在财务会计中：

借：长期应付款——应付融资租入固定资产款　　25 000
　　贷：财政拨款收入　　25 000

同时，在预算会计中：

借：事业支出　　25 000
　　贷：财政拨款预算收入　　25 000

按照规定跨年度分期付款购入固定资产的账务处理，参照融资租入的固定资产的账务处理。

（四）接受捐赠的固定资产

接受捐赠的固定资产，在财务会计中，按照确定的固定资产成本，借记“固定资产”科目（不需安装）或“在建工程”科目（需安装），按照发生的相关税费、运输费等，贷记“零余额账户用款额度”“银行存款”等科目，按照其差额，贷记“捐赠收入”科目；同时，在预算会计中，按照上述发生的相关税费、运输费等，借记“其他支出”科目，贷记“资金结存”科目。

接受捐赠的固定资产按照名义金额入账的，在财务会计中，按照名义金额，借记“固定资产”科目，贷记“捐赠收入”科目，按照发生的相关税费、运输费等，借记“其他费用”科目，贷记“零余额账户用款额度”“银行存款”等科目；同时，在预算会计中，按照上述发生的相关税费、运输费等，借记“其他支出”科目，贷记“资金结存”科目。

【例 7-47】　某事业单位接到国内某出版单位赠送的图书，有关凭据注明的金额为60 000 元，该单位通过单位零余额账户支付运费 2 000 元。该单位会计应编制的会计分录如下：

在财务会计中：

借：固定资产——图书　　60 000
　　贷：零余额账户用款额度　　2 000
　　　　捐赠收入　　58 000

同时，在预算会计中：

借：其他支出　　2 000
　　贷：资金结存——零余额账户用款额度　　2 000

(五) 无偿调入的固定资产

无偿调入的固定资产，在财务会计中，按照确定的固定资产成本，借记"固定资产"科目(不需安装)或"在建工程"科目(需安装)，按照发生的相关税费、运输费等，贷记"零余额账户用款额度""银行存款"等科目，按照其差额，贷记"无偿调拨净资产"科目；同时，在预算会计中，按照上述发生的相关税费、运输费等，借记"其他支出"科目，贷记"资金结存"科目。

无偿调入固定资产在调出方的账面价值为零的，在财务会计中，应当按照该项资产在调出方的账面余额，借记"固定资产"科目，按照该项资产在调出方已经计提的折旧(与资产账面余额相等)，贷记"固定资产累计折旧"科目；按照支付的相关税费，借记"其他费用"科目，贷记"零余额账户用款额度""银行存款"等科目。同时，在预算会计中，按照支付的相关税费，借记"其他支出"科目，贷记"资金结存"科目。

无偿调入固定资产在调出方的账面余额为名义金额的，在财务会计中，应当按照名义金额，借记"固定资产"等科目，贷记"无偿调拨净资产"科目；按照支付的相关税费，借记"其他费用"科目，贷记"零余额账户用款额度""银行存款"等科目。同时，在预算会计中，按照支付的相关税费，借记"其他支出"科目，贷记"资金结存"科目。

(六) 置换取得固定资产

置换取得的固定资产，参照"库存物品"科目中置换取得库存物品的相关规定进行账务处理。

【例 7-48】 承[例 7-35]，甲事业单位以某项专用设备与乙事业单位交换一批库存物品。乙单位换出库存商品账面原值 700 000 元，评估确认的价值 750 000 元，以银行存款支付甲事业单位的补价 50 000 元。为换入固定资产以银行存款支付的相关费用 20 000 元。则换入固定资产的成本为 820 000 元(750 000+50 000+20 000)。乙事业单位换出该批库存物品取得其他收入 50 000 元(750 000－700 000)。乙事业单位会计应编制的会计分录如下：

在财务会计中：

借：固定资产	820 000	
贷：库存物品		700 000
银行存款		70 000
其他收入		50 000

同时，在预算会计中：

借：其他支出	70 000	
贷：资金结存——货币资金		70 000

五、与固定资产有关的后续支出

固定资产的后续支出按照支出是否符合固定资产的确认条件区分为符合固定资产确认条件的后续支出(如增加固定资产的使用效能或延长其使用年限而发生的改建、扩建等后续支出)和不符合固定资产确认条件的后续支出(如为保证固定资产正常使用而发生的日常维修等支出)两类。符合固定资产确认条件的，应当计入固定资产成本；不符合确认条件的，应当在发生时计入当期费用。

对于符合固定资产确认条件的后续支出，通常情况下，将固定资产转入改建、扩建时，按照固定资产的账面价值，借记"在建工程"科目，按照固定资产已计提折旧，借记"固定资产累计折旧"科目，按照固定资产的账面余额，贷记"固定资产"科目。为增加固定资产使用效能或延长其使用年限而发生的改建、扩建等后续支出，在财务会计中，借记“在建工程”科目，贷记“财政拨款收入”“零余额账户用款额度”“银行存款”等科目；同时，在预算会计中，借记“行政支出”“事业支出”“经营支出”科目，贷记“财政拨款预算收入”“资金结存”科目。固定资产改建、扩建等完成交付使用时，按照在建工程成本，借记“固定资产”科目，贷记“在建工程”科目。

对于不符合固定资产确认条件的后续支出，为保证固定资产正常使用发生的日常维修等支出，在财务会计中，借记“业务活动费用”“单位管理费用”等科目，贷记“财政拨款收入”“零余额账户用款额度”“银行存款”等科目；同时，在预算会计中，借记“行政支出”“事业支出”“经营支出”科目，贷记“财政拨款预算收入”“资金结存”科目。

【例 7-49】 某事业单位为开展专业业务活动使用的专用车辆进行修理，共支付修理费 3 000 元，款项通过财政授权支付方式支付。该事业单位会计应编制的会计分录如下：

在财务会计中：

借：单位管理费用	3 000	
贷：零余额账户用款额度		3 000

同时，在预算会计中：

借：事业支出	3 000	
贷：结存资金——零余额账户用款额度		3 000

六、固定资产折旧

（一）折旧的含义与范围

固定资产折旧是指在固定资产预计使用寿命内，按照确定的方法对应折旧金额进行系统分摊。我国《政府会计准则第 3 号——固定资产》规定，固定资产应计的折旧额为其成本，计提固定资产折旧时不考虑预计净残值。单位应按规定对固定资产计提折旧。但单位对下列固定资产不计提折旧：①文物及陈列品。②动植物。③图书、档案。④单独计价入账的土地。⑤以名义金额入账的固定资产。单位应当对暂估入账的固定资产计提折旧，实际成本确定后不需调整原已计提的折旧额。

（二）折旧年限

单位根据固定资产的性质和实际使用情况，合理确定其折旧年限。单位在确定固定资产使用年限时，应当考虑下列因素：预计实现服务潜力或提供经济利益的期限；预计有形损耗和无形损耗；法律或者类似规定对资产使用的限制。固定资产的使用年限一经确定，不得随意变更。省级以上财政部门、主管部门对单位固定资产折旧年限作出规定的，从其规定。

（三）折旧方法

单位一般应当采用年限平均法或工作量法计提固定资产折旧。在确定固定资产的折旧方法时，应当考虑与固定资产相关的服务潜力或经济利益的预期实现方式。固定资产折旧方法一经确定，不得随意变更。

单位一般应当按月计提固定资产折旧。当月增加的固定资产，当月开始计提折旧；当月减少的固定资产，当月不再计提折旧。固定资产提足折旧后，无论能否继续使用，均不再计提折旧；提前报废的固定资产，也不再补提折旧；已提足折旧的固定资产，可以继续使用的，应当继续使用，规范管理。固定资产因改建、扩建或修缮等原因而提高使用效能或延长使用年限的，应当按照重新确定的固定资产成本以及重新确定的折旧年限，重新计算折旧额。

（四）折旧的账务处理

为了核算固定资产折旧业务，单位应设置“固定资产累计折旧”总账科目。本科目应当按照所对应固定资产的明细分类进行明细核算。本科目期末贷方余额，反映单位计提的固定资产折旧累计数。公共基础设施和保障性住房计提的累计折旧，应当分别通过“公共基础设施累计折旧（摊销）”科目和“保障性住房累计折旧”科目核算，不通过本科目核算。

单位计提融资租入固定资产折旧时，应当采用与自有固定资产相一致的折旧政策。能够合理确定租赁期届满时将会取得租入固定资产所有权的，应当在租入固定资产尚可使用年限内计提折旧；无法合理确定租赁期届满时能够取得租入固定资产所有权的，应当在租赁期与租入固定资产尚可使用年限两者中较短的期间内计提折旧。

单位按月计提固定资产折旧时，按照应计提折旧金额，借记“业务活动费用”“单位管理费用”“经营费用”“加工物品”“在建工程”等科目，贷记“固定资产累计折旧”科目。

【例7-50】 某事业单位为开展专业业务活动购入一辆运货汽车，成本为600 000元，预计总行驶里程为500 000千米，单位里程折旧额1.2元/千米（600 000÷500 000）。每月按行驶里程计提折旧，若某月行驶4 000千米，则本月应计提折旧额4 800元（4 000×1.2）。该事业单位财务会计应编制的会计分录如下：

借：业务活动费用	4 800	
贷：固定资产累计折旧		4 800

七、固定资产的处置

根据《政府会计准则第3号——固定资产》的规定，行政事业单位按规定报经批准出售、转让固定资产或报废、毁损的，应当将固定资产账面价值转销计入当期费用，并将处置收入扣除税费后的差额按规定作为应缴款项（差额为净收益时）或计入当期费用（差额为净损失）。按照规定报经批准的固定资产，应当分以下三种情况处理。

（一）出售或转让固定资产

报经批准出售、转让固定资产，按照被出售、转让固定资产的账面价值，借记“资产处置费用”科目，按照固定资产已计提的折旧，借记“固定资产累计折旧”科目，按照固定资产账面余额，贷记“固定资产”科目；按照收到的价款，借记“银行存款”等科目，按照处置过程中发生的相关费用，贷记“银行存款”等科目，按照其差额，贷记“应缴财政款”科目。固定资产处置时涉及增值税业务的，相关账务处理参见“应交增值税”科目的账务处理，下同。相关业务具体举例请参阅本章第八节“待处理财产损溢”。

（二）对外捐赠固定资产

报经批准对外捐赠固定资产，在财务会计中，按照固定资产已计提的折旧，借记“固定资产累计折旧”科目，按照被处置固定资产账面余额，贷记“固定资产”科目，按照捐赠过程中发生的归属于捐出方的相关费用，贷记“银行存款”等科目，按照其差额，借记“资产处置费用”科目；同时，在预算会计中，按照上述发生的归属于捐出方的相关费用，借记“其他支出”科目，贷记“资金结存”科目。

【例7-51】 某事业单位经批准向希望小学捐赠50台电脑，账面原值200 000元，已计提折旧100 000元，账面余额100 000元（200 000－100 000），捐赠过程中用银行存款支付归属于该单位的运输费用3 000元。该事业单位会计应编制的会计分录如下：

在财务会计中：

借：资产处置费用　　103 000
　　固定资产累计折旧　　100 000
　　贷：固定资产　　200 000
　　　　银行存款　　3 000

同时，在预算会计中：

借：其他支出　　3 000
　　贷：资金结存——货币资金　　3 000

（三）无偿调出固定资产

报经批准无偿调出固定资产，在财务会计中，按照固定资产已计提的折旧，借记“固定资产累计折旧”科目，按照被处置固定资产账面余额，贷记“固定资产”科目，按照其差额，借记“无偿调拨净资产”科目；按照无偿调出过程中发生的归属于调出方的相关费用，在财务会计中，借记“资产处置费用”科目，贷记“银行存款”等科目，在预算会计中，借记“其他支出”科目，贷记“资金结存”科目。

【例 7-52】　某事业单位按照规定报经批准后，无偿调出一部中巴车辆，账面价值 120 000 元，已提折旧 20 000 元，账面净值 100 000 元(120 000—20 000)，以银行存款支付属于本单位调出费用 800 元。该事业单位会计应编制的会计分录如下：

在财务会计中：

借：无偿调拨净资产　　100 000
　　固定资产累计折旧　　20 000
　　资产处置费用　　800
　　贷：固定资产　　120 000
　　　　银行存款　　800

同时，在预算会计中：

借：其他支出　　800
　　贷：资金结存——货币资金　　800

此外，报经批准置换换出固定资产，参照“库存物品”中置换换入库存物品的规定进行账务处理。

八、固定资产盘盈和盘亏

行政事业单位应当定期对固定资产进行清查盘点，每年至少盘点一次。对于发生的固定资产盘盈、盘亏或毁损、报废，应当先记入“待处理财产损溢”科目，按照规定报经批准后及时进行后续账务处理。具体来讲：①盘盈的固定资产，按照确定的入账成本，借记“固定资产”科目，贷记“待处理财产损溢”科目。②盘亏、毁损或报废的固定资产，按照待处理固定资产的账面价值，借记“待处理财产损溢”科目，按照已计提折旧，借记“固定资产累计折旧”科目，按照固定资产的账面余额，贷记“固定资产”科目。相关业务具体举例请参阅本章第八节“待处理财产损溢”。

九、在建工程

在建工程是指单位已经发生必要支出，但尚未完工交付使用的各种建筑(包括新建、改建、扩建、修缮等)工程、设备安装工程和信息系统建设工程。不能够增加固定资产、公共基础设施使用效能或延长其使用寿命的修缮、维护等,不属于在建工程。

(一) 在建工程核算使用的会计科目

为了核算自行建造的固定资产业务,行政事业单位应设置“在建工程”总账科目。本科目核算单位在建的建设项目工程的实际成本。本科目应当设置“建筑安装工程投资”“设备投资”“待摊投资”“其他投资”“待核销基建支出”“基建转出投资”等明细科目,并按照具体项目进行明细核算。本科目期末借方余额,反映单位尚未完工的建设项目工程发生的实际成本。

(1)“建筑安装工程投资”明细科目。本科目核算单位发生的构成建设项目实际支出的建筑工程和安装工程的实际成本,不包括被安装设备本身的价值以及按照合同规定支付给施工单位的预付备料款和预付工程款。本明细科目应当设置“建筑工程”和“安装工程”两个明细科目进行明细核算。

(2)“设备投资”明细科目。本科目核算单位发生的构成建设项目实际支出的各种设备的实际成本。

(3)“待摊投资”明细科目。本科目核算单位发生的构成建设项目实际支出的、按照规定应当分摊计入有关工程成本和设备成本的各项间接费用和税费支出。本明细科目的具体核算内容包括以下方面:①勘察费、设计费、研究试验费、可行性研究费及项目其他前期费用。②土地征用及迁移补偿费、土地复垦及补偿费、森林植被恢复费及其他为取得土地使用权、租用权而发生的费用。③城镇土地使用税、耕地占用税、契税、车船税、印花税及按照规定缴纳的其他税费。④项目建设管理费、代建管理费、临时设施费、监理费、招投标费、社会中介审计(审查)费及其他管理性质的费用。项目建设管理费是指项目建设单位从项目筹建之日起至办理竣工财务决算之日止发生的管理性质的支出,包括不在原单位发工资的工作人员工资及相关费用、办公费、办公场地租用费、差旅交通费、劳动保护费、工具用具使用费、固定资产使用费、招募生产工人费、技术图书资料费(含软件)、业务招待费、施工现场津贴、竣工验收费等。⑤项目建设期间发生的各类专门借款利息支出或融资费用。⑥工程检测费、设备检验费、负荷联合试车费及其他检验检测类费用。⑦固定资产损失、器材处理亏损、设备盘亏及毁损、单项工程或单位工程报废、毁损净损失及其他损失。⑧系统集成等信息工程的费用支出。⑨其他待摊性质支出。本明细科目应当按照上述费用项目进行明细核算,其中有些费用(如项目建设管理费等),还应当按照更为具体的费用项目进行明细核算。

(4)“其他投资”明细科目。本科目核算单位发生的构成建设项目实际支出的房屋购置支出,基本畜禽、林木等购置、饲养、培育支出,办公生活用家具、器具购置支出,软件研发和不能计入设备投资的软件购置等支出。单位为进行可行性研究而购置的固定资产,以及取得土地使用权支付的土地出让金,也通过本明细科目核算。本明细科目应当设置“房屋购置”“基本畜禽支出”“林木支出”“办公生活用家具、器具购置”“可行性研究固定资产购置”“无形资产”等明细科目。

(5)“待核销基建支出”明细科目。本科目核算建设项目发生的江河清障、航道清淤、飞播造林、补助群众造林、水土保持、城市绿化、取消项目的可行性研究费以及项目整体报废等不能形成资产部分的基投资支出。本明细科目应按照待核销基建支出的类别进行明细核算。

(6)“基建转出投资”明细科目。本科目核算为建设项目配套而建成的、产权不归属本单位的专用设施的实际成本。本明细科目应按照转出投资的类别进行明细核算。

行政事业单位在建的信息系统项目工程、公共基础设施项目工程、保障性住房项目工程的实际成本，也通过本科目核算。

（二）在建工程的主要账务处理

1. 建筑安装工程投资

（1）将固定资产等资产转入改建、扩建等时，在财务会计中，按照固定资产等资产的账面价值，借记“在建工程”科目（建筑安装工程投资），按照已计提的折旧或摊销，借记“固定资产累计折旧”等科目，按照固定资产等资产的原值，贷记“固定资产”等科目。固定资产等资产改建、扩建过程中涉及替换（或拆除）原资产的某些组成部分的，按照被替换（或拆除）部分的账面价值，借记“待处理财产损溢”科目，贷记“在建工程”科目（建筑安装工程投资）。

（2）单位对于发包建筑安装工程，根据建筑安装工程价款结算账单与施工企业结算工程价款时，在财务会计中，按照应承付的工程价款，借记“在建工程”科目（建筑安装工程投资），按照预付工程款余额，贷记“预付账款”科目，按照其差额，贷记“财政拨款收入”“零余额账户用款额度”“银行存款”“应付账款”等科目；同时，在预算会计中，按照补付的差额，借记“行政支出”“事业支出”等科目，贷记“财政拨款预算收入”“资金结存”科目。

（3）单位自行施工的小型建筑安装工程，在财务会计中，按照发生的各项支出金额，借记“在建工程”科目（建筑安装工程投资），贷记“工程物资”“零余额账户用款额度”“银行存款”“应付职工薪酬”等科目；同时，在预算会计中，按照实际支付的金额，借记“行政支出”“事业支出”等科目，贷记“资金结存”科目。

（4）工程竣工，办妥竣工验收交接手续交付使用时，按照建筑安装工程成本（含应分摊的待摊投资），借记“固定资产”等科目，贷记“在建工程”科目（建筑安装工程投资）。

2. 设备投资

（1）购入设备时，在财务会计中，按照购入成本，借记“在建工程”科目（设备投资），贷记“财政拨款收入”“零余额账户用款额度”“银行存款”等科目；同时，在预算会计中，按照实际支付的金额，借记“行政支出”“事业支出”等科目，贷记“财政拨款预算收入”“资金结存”科目。采用预付款方式购入设备的，有关预付款的账务处理参照“在建工程”科目中有关“建筑安装工程投资”明细科目的规定。

（2）设备安装完毕，办妥竣工验收交接手续交付使用时，在财务会计中，按照设备投资成本（含设备安装工程成本和分摊的待摊投资），借记“固定资产”等科目，贷记“在建工程”科目（设备投资、建筑安装工程投资——安装工程）。将不需要安装的设备和达不到固定资产标准的工具、器具交付使用时，按照相关设备、工具、器具的实际成本，借记“固定资产”“库存物品”科目，贷记“在建工程”科目（设备投资）。

3. 待摊投资

建设工程发生的构成建设项目实际支出的、按照规定应当分摊计入有关工程成本和设备成本的各项间接费用和税费支出，先在本明细科目中归集；建设工程办妥竣工验收手续交付使用时，按照合理的分配方法，摊入相关工程成本、在安装设备成本等。

（1）单位发生的构成待摊投资的各类费用，在财务会计中，按照实际发生金额，借记“在建工程”科目（待摊投资），贷记“财政拨款收入”“零余额账户用款额度”“银行存款”“应付利息”“长期借款”“其他应交税费”“固定资产累计折旧”“无形资产累计摊销”等科目；同时，在预算会计中，按照实际支付的金额，借记“行政支出”“事业支出”等科目，贷记“财政拨款预算收入”“资金结存”科目。

(2) 对于建设过程中试生产、设备调试等产生的收入，在财务会计中，按照取得的收入金额，借记“银行存款”等科目，按照依据有关规定应当冲减建设工程成本的部分，贷记“在建工程”科目(待摊投资)，按照其差额贷记“应缴财政款”或“其他收入”科目。

(3) 自然灾害、管理不善等造成的单项工程或单位工程报废或毁损，扣除残料价值和过失人或保险公司等赔款后的净损失，报经批准后计入继续施工的工程成本的，按照工程成本扣除残料价值和过失人或保险公司等赔款后的净损失，借记“在建工程”科目(待摊投资)，按照残料变价收入、过失人或保险公司赔款等，借记“银行存款”“其他应收款”等科目，按照报废或毁损的工程成本，贷记“在建工程”科目(建筑安装工程投资)。

(4) 工程交付使用时，按照合理的分配方法分配待摊投资，借记“在建工程”科目(建筑安装工程投资、设备投资)，贷记“在建工程”科目(待摊投资)。

待摊投资的分配方法，可按照下列公式计算：

(1) 按照实际分配率分配。其适用于建设工期较短、整个项目的所有单项工程一次竣工的建设项目。

$$\text{实际分配率}=\text{待摊投资明细科目余额}\div\left(\text{建筑工程明细科目余额}+\text{安装工程明细科目余额}+\text{设备投资明细科目余额}\right)\times 100\%$$

(2) 按照概算分配率分配。其适用于建设工期长、单项工程分期分批建成投入使用的建设项目。

$$\text{概算分配率}=\left(\text{概算中各待摊投资项目的合计数}-\text{其中可直接分配的部分}\right)\div\left(\text{概算中建筑工程、安装工程和设备投资合计}\right)\times 100\%$$

(3) 某项固定资产应分配的待摊投资＝该项固定资产的建筑工程成本或该项固定资产(设备)的采购成本和安装成本合计×分配率。

4. 其他投资

单位为建设工程发生的房屋购置支出，基本畜禽、林木等的购置、饲养、培育支出，办公生活用家具、器具购置支出，软件研发和不能计入设备投资的软件购置等支出，在财务会计中，按照实际发生金额，借记“在建工程”科目(其他投资)，贷记“财政拨款收入”“零余额账户用款额度”“银行存款”等科目；同时，在预算会计中，借记“行政支出”“事业支出”等科目，贷记“财政拨款预算收入”“资金结存”科目。工程完成将形成的房屋、基本畜禽、林木等各种财产以及无形资产交付使用时，按照其实际成本，借记“固定资产”“无形资产”等科目，贷记“在建工程”科目(其他投资)。

5. 待核销基建支出

(1) 建设项目发生的江河清障、航道清淤、飞播造林、补助群众造林、水土保持、城市绿化等不能形成资产的各类待核销基建支出，按照实际发生金额，在财务会计中，借记“在建工程”科目(待核销基建支出)，贷记“财政拨款收入”“零余额账户用款额度”“银行存款”等科目；同时，在预算会计中，借记“行政支出”“事业支出”等科目，贷记“财政拨款预算收入”“资金结存”科目。

(2) 取消的建设项目发生的可行性研究费，按照实际发生金额，借记“在建工程”科目(待核销基建支出)，贷记“在建工程”科目(待摊投资)。

(3) 由于自然灾害等原因发生的建设项目整体报废所形成的净损失，报经批准后转入待核销基建支出，按照项目整体报废所形成的净损失，借记“在建工程”科目(待核销基建支出)，按照报废工程回收的残料变价收入、保险公司赔款等，借记“银行存款”“其他应收款”等科目，按照报废的工程成本，贷记“在建工程”科目（建筑安装工程投资等）。

（4）建设项目竣工验收交付使用时，对发生的待核销基建支出进行冲销，借记“资产处置费用”科目，贷记“在建工程”科目（待核销基建支出）。

6. 基建转出投资

为建设项目配套而建成的、产权不归属本单位的专用设施，在项目竣工验收交付使用时，按照转出的专用设施的成本，借记“在建工程”科目（基建转出投资），贷记“在建工程”科目（建筑安装工程投资）；同时，借记“无偿调拨净资产”科目，贷记“在建工程”科目（基建转出投资）。

【例7-53】 某事业单位采用发包方式建造一项固定资产工程。相关业务及应编制的会计分录如下：

（1）通过财政直接支付方式向某施工企业预付部分工程建造款项200 000元。

在财务会计中：

借：预付账款	200 000	
贷：财政拨款收入		200 000

同时，在预算会计中：

借：事业支出	200 000	
贷：财政拨款预算收入		200 000

（2）通过单位零余额账户支付项目建设管理费等间接费用10 000元。

在财务会计中：

借：在建工程——待摊投资	10 000	
贷：零余额账户用款额度		10 000

同时，在预算会计中：

借：事业支出	10 000	
贷：资金结存——零余额账户用款额度		10 000

（3）建筑工程完工，根据建筑安装工程价款结算账单与施工企业结算工程价款，确认应承付工程价款700 000元，扣除预付款项200 000元后，剩余款项500 000元（700 000－200 000）通过财政直接支付方式支付。

在财务会计中：

借：在建工程——建筑安装工程投资	700 000	
贷：财政拨款收入		500 000
预付账款		200 000

同时，在预算会计中：

借：事业支出	500 000	
贷：财政拨款预算收入		500 000

（4）分摊待摊投资时。

在财务会计中：

借：在建工程——建筑安装工程投资	10 000	
贷：在建工程——待摊投资		10 000

(5) 建筑工程验收合格并交付使用，确定的实际成本为 710 000 元(700 000+10 000)。

在财务会计中：

借：固定资产　　710 000

　贷：在建工程——建筑安装工程投资　　710 000

第四节　无 形 资 产

一、无形资产的概念与确认

无形资产是指行政事业单位控制的没有实物形态的可辨认非货币性资产，如专利权、商标权、著作权、土地使用权、非专利技术等。

资产满足下列条件之一的，符合无形资产定义中的可辨认性标准：一是能够从政府会计主体中分离或者划分出来，并能单独或者与相关合同、资产或负债一起，用于出售、转移、授予许可、租赁或者交换；二是源自合同性权利或其他法定权利，无论这些权利是否可以从政府会计主体或其他权利和义务中转移或者分离。

无形资产同时满足下列条件的，应当予以确认：与该无形资产相关的服务潜力很可能实现或者经济利益很可能流入政府会计主体；该无形资产的成本或者价值能够可靠地计量。在判断无形资产的服务潜力或经济利益是否很可能实现或流入时，应当对无形资产在预计使用年限内可能存在的各种社会、经济、科技因素做出合理估计，并且应当有确凿的证据支持。

单位购入的不构成相关硬件不可缺少组成部分的软件，应当确认为无形资产。自创商誉及内部产生的品牌、报刊名等，不应确认为无形资产。

为了核算各项无形资产业务，单位应设置“无形资产”总账科目。本科目应当按照无形资产的类别、项目等进行明细核算。本科目期末借方余额，反映单位无形资产的成本。

二、无形资产的取得

(一) 外购无形资产

外购的无形资产，在财务会计中，按照确定的成本，借记“无形资产”科目，贷记“财政拨款收入”“零余额账户用款额度”“应付账款”“银行存款”等科目；同时，在预算会计中，按实际支付的款项，借记“行政支出”“事业支出”等科目，贷记“财政拨款预算收入”“资金结存”科目。无形资产取得时涉及增值税业务的，相关账务处理参见“应交增值税”科目的账务处理。

外购的无形资产，其成本包括购买价款、相关税费以及可归属于该项资产达到预定用途前所发生的其他支出。

【例 7-54】 某事业单位外购一项无形资产(专利权)，实际成本为 120 000 元，款项以财政授权支付方式支付，购入的无形资产已达到预定用途，该专利权为单位履职活动使用的无形资产。该事业单位会计应编制的会计分录如下：

在财务会计中：

借：无形资产——专利权　　120 000

　贷：零余额账户用款额度　　120 000

同时，在预算会计中：

借：事业支出　　120 000

　　贷：资金结存——零余额账户用款额度　　120 000

(二) 委托软件公司开发的软件

委托软件公司开发软件，视同外购无形资产进行处理。合同中约定预付开发费用的，在财务会计中，按照预付金额，借记“预付账款”科目，贷记“财政拨款收入”“零余额账户用款额度”“银行存款”等科目；同时，在预算会计中，按实际支付的款项，借记“行政支出”“事业支出”等科目，贷记“财政拨款预算收入”“资金结存”科目。软件开发完成交付使用并支付剩余或全部软件开发费用时，在财务会计中，按照软件开发费用总额，借记“无形资产”科目，按照相关预付账款金额，贷记“预付账款”科目，按照支付的剩余金额，贷记“财政拨款收入”“零余额账户用款额度”“银行存款”等科目；同时，在预算会计中，按照支付的剩余金额，借记“行政支出”“事业支出”等科目，贷记“财政拨款预算收入”“资金结存”科目。

【例 7-55】 某行政单位委托甲软件公司开发一套办公软件。该行政单位按合同要求向甲软件公司预付开发费用 50 000 元，款项通过财政直接支付方式支付。数日后，办公软件开发完成交付使用。该行政单位向软件公司通过财政直接支付方式向甲公司支付剩余合同款项 50 000 元。该行政单位会计应编制的会计分录如下：

(1) 向甲公司预付开发费用时。

在财务会计中：

借：预付款项　　50 000

　　贷：财政拨款收入　　50 000

同时，在预算会计中：

借：行政支出　　50 000

　　贷：财政拨款预算收入　　50 000

(2) 办公软件完成交付使用并支付剩余款项时。

在财务会计中：

借：无形资产　　100 000

　　贷：预付款项　　50 000

　　　　财政拨款收入　　50 000

同时，在预算会计中：

借：行政支出　　50 000

　　贷：财政拨款预算收入　　50 000

(三) 自行开发的无形资产

自行研究开发形成的无形资产，按照研究开发项目进入开发阶段后至达到预定用途前发生的支出总额，借记“无形资产”科目，贷记“研发支出”科目(开发支出)。

自行研究开发项目尚未进入开发阶段，或者确实无法区分研究阶段支出和开发阶段支出，但按照法律程序已申请取得无形资产的，按照依法取得时发生的注册费、聘请律师费等费用，在财务会计中，借记“研发支出”科目，贷记“财政拨款收入”“零余额账户用款额度”“银行存款”等科目，在预算会计中，借记“行政支出”“事业支出”等科目，贷记“财政拨款预算收入”“资金结存”科目。按照依法取得前所发生的研究开发支出，在财务会计中，借记“业务活动费用”等科目，贷记“研发支出”科目。

【例7-56】 某事业单位自行研究开发某项专门技术，研发期间计提研制人员薪酬120 000元，消耗材料费60 000元，共计180 000元。该研发确实无法区分研究阶段支出和开发阶段支出，但该专门技术按照法律程序已申请取得国家专利，通过财政直接支付方式支付申请专利时发生的注册费、聘请律师费计15 000元。该事业单位会计应编制的会计分录如下：

(1) 计提研发期间的相关费用时。

在财务会计中：

借：研发支出	180 000	
贷：应付职工薪酬		120 000
库存物品		60 000

(2) 通过财政直接支付方式支付申请专利时发生的注册费、聘请律师费时。

在财务会计中：

借：无形资产——专利权	15 000	
贷：财政拨款收入		15 000

同时，在预算会计中：

借：事业支出	15 000	
贷：财政拨款预算收入		15 000

(3) 将依法取得专利前所发生的研究开发支出结转业务活动费用时。

在财务会计中：

借：业务活动费用	180 000	
贷：研发支出		180 000

(四) 接受捐赠的无形资产

接受捐赠的无形资产，在财务会计中，按照确定的无形资产成本，借记“无形资产”科目，按照发生的相关税费等，贷记“零余额账户用款额度”“银行存款”等科目，按照其差额，贷记“捐赠收入”科目；同时，在预算会计中，按实际发生的相关税费等，借记“其他支出”等科目，贷记“资金结存”科目。接受捐赠的无形资产按照名义金额入账的，按照名义金额，借记“无形资产”科目，贷记“捐赠收入”科目；按照支付的相关税费等，在财务会计中，借记“其他费用”科目，贷记“零余额账户用款额度”“银行存款”等科目，在预算会计中，借记“其他支出”等科目，贷记“资金结存”科目。

接受捐赠的无形资产，其成本按照有关凭据注明的金额加上相关税费确定；没有相关凭据可供取得，但按规定经过资产评估的，其成本按照评估价值加上相关税费确定；没有相关凭据可供取得、也未经资产评估的，其成本比照同类或类似资产的市场价格加上相关税费确定；没有相关凭据且未经资产评估、同类或类似资产的市场价格也无法可靠取得的，按照名义金额入账，相关税费计入当期费用。确定接受捐赠无形资产的初始入账成本时，应当考虑该项资产尚可为单位带来服务潜力或经济利益的能力。

(五) 无偿调入的无形资产

无偿调入的无形资产，在财务会计中，按照确定的无形资产成本，借记“无形资产”科目，按照发生的相关税费等，贷记“零余额账户用款额度”“银行存款”等科目，按照其差额，贷记“无偿调拨净资产”科目；同时，在预算会计中，按支付的相关税费等，借记“其他支出”等科目，贷记“资金结存”科目。

无偿调入无形资产在调出方的账面价值为零的，在财务会计中，按照该项资产在调出方的账面余额，借记“无形资产”等科目，按照该项资产在调出方已经摊销金额（与无形资产账面余额相等），贷记“无形资产累计摊销”等科目，按照支付的相关税费，借记“其他费用”科目，贷记“零余额账户用款额度”“银行存款”等科目；同时，在预算会计中，按照支付的相关税费，借记“其他支出”科目，贷记“资金结存”科目。

无偿调入无形资产在调出方的账面余额为名义金额的，在财务会计中，按照名义金额，借记“无形资产”等科目，贷记“无偿调拨净资产”科目；按照支付的相关税费，借记“其他费用”科目，贷记“零余额账户用款额度”“银行存款”等科目；同时，在预算会计中，按照支付的相关税费，借记“其他支出”科目，贷记“资金结存”科目。

无偿调入的无形资产，其成本按照调出方账面价值加上相关税费确定。若无偿调入资产在调出方的账面价值为零（即已经按制度规定提足折旧）或者账面余额为名义金额的，单位应当将调入过程中其承担的相关税费计入当期费用，不计入调入资产的初始入账成本。

（六）置换取得的无形资产

置换取得的无形资产，参照“库存物品”科目中置换取得库存物品的相关规定进行账务处理。

为了核算研发支出，单位财务会计应设置“研发支出”总账科目。本科目核算单位自行研究开发项目研究阶段和开发阶段发生的各项支出。本科目应当按照自行研究开发项目，分别“研究支出”“开发支出”进行明细核算。本科目期末借方余额，反映单位预计能达到预定用途的研究开发项目在开发阶段发生的累计支出数。

自行研究开发项目研究阶段的支出，在财务会计中，按照从事研究及其辅助活动人员计提的薪酬，研究活动领用的库存物品，发生的与研究活动相关的管理费、间接费和其他各项费用，借记“研发支出”科目（研究支出），贷记“应付职工薪酬”“库存物品”“财政拨款收入”“零余额账户用款额度”“固定资产累计折旧”“银行存款”等科目；同时，在预算会计中，按实际支付的金额，借记“行政支出”“事业支出”等科目，贷记“财政拨款预算收入”“资金结存”科目。期（月）末，应当将“研发支出”科目归集的研究阶段的支出金额转入当期费用，在财务会计中，借记“业务活动费用”等科目，贷记“研发支出”科目（研究支出）。

自行研究开发项目开发阶段的支出，在财务会计中，按照从事开发及其辅助活动人员计提的薪酬，开发活动领用的库存物品，发生的与开发活动相关的管理费、间接费和其他各项费用，借记“研发支出”科目（开发支出），贷记“应付职工薪酬”“库存物品”“财政拨款收入”“零余额账户用款额度”“固定资产累计折旧”“银行存款”等科目；同时，在预算会计中，按实际支付的金额，借记“行政支出”“事业支出”等科目，贷记“财政拨款预算收入”“资金结存”科目。自行研究开发项目完成，达到预定用途形成无形资产的，按照“研发支出”科目归集的开发阶段的支出金额，在财务会计中，借记“无形资产”科目，贷记“研发支出”科目（开发支出）。

单位应于每年年度终了评估研究开发项目是否能达到预定用途，如预计不能达到预定用途（如无法最终完成开发项目并形成无形资产的），应当将已发生的开发支出金额全部转入当期费用，在财务会计中，借记“业务活动费用”等科目，贷记“研发支出”科目（开发支出）。

自行研究开发项目时涉及增值税业务的，相关账务处理参见“应交增值税”科目的账务处理。

【例7-57】 某事业单位自行开展研究开发某项技术。在研究阶段，计提从事研究活动人员的薪酬 60 000 元，耗用材料 5 000 元，通过财政授权方式支付其他费用 15 000 元。在开发阶段，计提从事开发活动人员的薪酬 85 000 元，耗用材料 10 000 元。通过财政直接支付方式支付研发人员的薪酬 145 000 元。开发项目完成，形成一项无形资产，开发成本计 95 000 元。该单位会计应编制的会计分录如下：

(1) 归集研究阶段发生的各项支出时。

在财务会计中：

借：研发支出——研究支出　　80 000
　贷：应付职工薪酬　　60 000
　　零余额账户用款额度　　20 000

同时，在预算会计中：

借：事业支出　　20 000
　贷：资金结存——零余额账户用款额度　　20 000

(2) 结转研究阶段发生的支出时。

在财务会计中：

借：业务活动费用　　80 000
　贷：研发支出——研究支出　　80 000

(3) 归集开发阶段各项支出时。

在财务会计中：

借：研发支出——开发支出　　9 5000
　贷：应付职工薪酬　　85 000
　　库存物品　　10 000

(4) 通过财政直接支付方式支付研发人员的薪酬时。

在财务会计中：

借：应付职工薪酬　　145 000
　贷：财政拨款收入　　145 000

同时，在预算会计中：

借：事业支出　　145 000
　贷：财政拨款预算收入　　145 000

(5) 开发项目完成并形成一项无形资产时。

在财务会计中：

借：无形资产——专利权　　95 000
　贷：研发支出——开发支出　　95 000

按照《政府会计准则 4 号——无形资产》的规定，单位自行研究开发项目的支出，应当区分研究阶段支出与开发阶段支出。其中，研究是指为获取并理解新的科学或技术知识而进行的独创性的有计划调查；开发是指在进行生产或使用前，将研究成果或其他知识应用于某项计划或设计，以生产出新的或具有实质性改进的材料、装置、产品等。单位自行研究开发项目研究阶段的支出，应当于发生时计入当期费用；开发阶段的支出，先按合理方法进行归集，如果最终形成无形资产的，应当确认为无形资产；如果最终未形成无形资产的，应当计入当期费用。

三、无形资产摊销

无形资产摊销是指在无形资产使用年限内，按照确定的方法对应摊销金额进行系统分摊。单位应当对使用年限有限的无形资产进行摊销，但已摊销完毕仍继续使用的无形资产和以名义金额计量的无形资产除外。

(一) 无形资产摊销年限的确定

单位应当于取得或形成无形资产时合理确定其使用年限。无形资产的使用年限为有限的，应当估计该使用年限。无法预见无形资产为单位提供服务潜力或者带来经济利益期限的，应当视为使用年限不确定的无形资产。使用年限不确定的无形资产不应摊销。对于使用年限有限的无形资产，单位应当按照以下原则确定无形资产的摊销年限：①法律规定了有效年限的，按照法律规定的有效年限作为摊销年限。②法律没有规定有效年限的，按照相关合同或单位申请书中的受益年限作为摊销年限。③法律没有规定有效年限、相关合同或单位申请书也没有规定受益年限的，应当根据无形资产为政府会计主体带来服务潜力或经济利益的实际情况，预计其使用年限。④非大批量购入、单价小于 1 000 元的无形资产，可以于购买的当期将其成本一次性全部转销。

(二) 无形资产摊销方法和应摊销金额的确定

单位应当采用年限平均法或者工作量法对无形资产进行摊销，应摊销金额为其成本，不考虑预计残值。单位应当自无形资产取得当月起，按月计提摊销；无形资产减少的当月，不再计提摊销。因发生后续支出而增加无形资产成本的，对于使用年限有限的无形资产，应当按照重新确定的无形资产成本以及重新确定的摊销年限计算摊销额。

(三) 无形资产摊销的账务处理

单位应设置"无形资产累计摊销"科目，用来核算无形资产计提的累计摊销。本科目应当按照无形资产的类别、项目等进行明细核算。本科目期末贷方余额，反映单位计提的无形资产摊销累计数。

单位按月对无形资产进行摊销时，按照应摊销金额，借记"业务活动费用""单位管理费用""加工物品""在建工程"等科目，贷记"无形资产累计摊销"科目。

【例 7-58】　承[例 7-54]，假定按照合同约定该专利权的使用年限为 5 年，每月摊销额 2 000 元(120 000÷60)计入单位业务活动费用。每月摊销时，该单位财务会计应编制的会计分录如下：

借：业务活动费用	2 000	
贷：无形资产累计摊销		2 000

四、与无形资产有关的后续支出

与无形资产有关的后续支出，符合无形资产确认条件的，应当计入无形资产成本；不符合确认条件的，应当在发生时计入当期费用或者相关资产成本。

对于符合无形资产确认条件的后续支出，为增加无形资产的使用效能对其进行升级改造或扩展其功能时，如需暂停对无形资产进行摊销的，按照无形资产的账面价值，借记"在建工程"科目，按照无形资产已摊销金额，借记"无形资产累计摊销"科目，按照无形资产的账面余额，贷记"无形资产"科目。无形资产后续支出符合无形资产确认条件的，按照支出的金额，在财务会计中，借记"无形资产"科目(无需暂停摊销的)或"在建工程"科目(需暂停摊销的)，贷记

"财政拨款收入""零余额账户用款额度""银行存款"等科目;同时,在预算会计中,借记"行政支出""事业支出"等科目,贷记"财政拨款预算收入""资金结存"科目。暂停摊销的无形资产升级改造或扩展功能等完成交付使用时,按照在建工程成本,在财务会计中,借记"无形资产"科目,贷记"在建工程"科目。

对于不符合无形资产确认条件的后续支出,为保证无形资产正常使用发生的日常维护等支出,在财务会计中,借记"业务活动费用""单位管理费用"等科目,贷记"财政拨款收入""零余额账户用款额度""银行存款"等科目;同时,在预算会计中,借记"行政支出""事业支出"等科目,贷记"财政拨款预算收入""资金结存"科目。

根据《政府会计准则制度解释第 2 号》的规定,单位应当按照《政府会计准则第 4 号——无形资产》的规定,将依法取得的专利权确认为无形资产,并进行后续摊销。在以后年度,单位按照相关规定发生的专利权维护费,应当在发生时计入当期费用,原确定的无形资产摊销年限不据此调整。

五、无形资产处置

按照规定报经批准处置无形资产,应当分以下五种情况处理。

(一) 出售或转让无形资产

单位报经批准出售、转让无形资产,在财务会计中,按照被出售、转让无形资产的账面价值,借记"资产处置费用"科目,按照无形资产已计提的摊销,借记"无形资产累计摊销"科目,按照无形资产账面余额,贷记"无形资产"科目;按照收到的价款,借记"银行存款"等科目,按照处置过程中发生的相关费用,贷记"银行存款"等科目,按照其差额,贷记"应缴财政款"科目(按照规定应上缴无形资产转让净收入的)或"其他收入"科目(按照规定将无形资产转让收入纳入本单位预算管理的)。若按照规定将无形资产转让收入纳入本单位预算管理的,在预算会计中,借记 "资金结存"等科目,贷记"其他预算收入"科目。

(二) 对外捐赠无形资产

报经批准对外捐赠无形资产,在财务会计中,按照无形资产已计提的摊销,借记"无形资产累计摊销"科目,按照被处置无形资产账面余额,贷记"无形资产"科目,按照捐赠过程中发生的归属于捐出方的相关费用,贷记"银行存款"等科目,按照其差额,借记"资产处置费用"科目;同时,在预算会计中,按上述发生的归属于捐出方的相关费用,借记"其他支出"等科目,贷记"资金结存"科目。

(三) 无偿调出无形资产

报经批准无偿调出无形资产,在财务会计中,按照无形资产已计提的摊销,借记"无形资产累计摊销"科目,按照被处置无形资产账面余额,贷记"无形资产"科目,按照其差额,借记"无偿调拨净资产"科目;同时,按照无偿调出过程中发生的归属于调出方的相关费用,借记"资产处置费用"科目,贷记"银行存款"等科目。在预算会计中,按无偿调出过程中发生的归属于调出方的相关费用,借记"其他支出"等科目,贷记"资金结存"科目。

(四) 置换换出无形资产

报经批准置换换出无形资产,参照"库存物品"科目中置换换入库存物品的规定进行账务处理。

(五) 核销无形资产

无形资产预期不能为单位带来服务潜力或经济利益,按照规定报经批准核销时,在财务会计中，按照待核销无形资产的账面价值，借记“资产处置费用”科目，按照已计提摊销，借记“无形资产累计摊销”科目，按照无形资产的账面余额，贷记“无形资产”科目。

无形资产处置时涉及增值税业务的，相关账务处理参见“应交增值税”科目的账务处理。

【例 7-59】 某事业单位的一项无形资产预期已经不能再为单位带来服务潜力，按照规定报批核销。该项无形资产的账面余额为 120 000 元，已计提累计摊销为 60 000 元。该行政单位财务会计应编制的会计分录如下：

借：资产处置费用	60 000	
无形资产累计摊销	60 000	
贷：无形资产		120 000

六、无形资产的清查盘点

单位应当定期对无形资产进行清查盘点，每年至少盘点一次。单位资产清查盘点过程中发现的无形资产盘盈、盘亏等，参照“固定资产”科目的相关规定进行账务处理，具体请参阅本章第八节“待处理财产损溢”。

第五节　公共基础设施与政府储备物资

有些行政事业单位有政府储备物资和公共基础设施这类特殊资产。例如，民政行政事业单位可能会有救灾储备物资，水利行政事业单位可能会有防洪储备物资，粮食行政事业单位可能会有粮油储备物资等。再如，交通行政事业单位可能会有城市公共交通设施、环卫行政事业单位可能会有环境卫生公共设施，体育行政事业单位可能会有公共健身设施等。

一、公共基础设施

(一) 公共基础设施的概念与确认

按照《政府会计准则第 5 号——公共基础设施》的规定，公共基础设施是指政府会计主体为满足社会公共需求而控制的，同时具有以下特征的有形资产：是一个有形资产系统或网络的组成部分；具有特定用途；一般不可移动。公共基础设施主要包括市政基础设施（如城市道路、桥梁、隧道、公交场站、路灯、广场、公园绿地、室外公共健身器材，以及环卫、排水、供水、供电、供气、供热、污水处理、垃圾处理系统等）、交通基础设施（如公路、航道、港口等）、水利基础设施（如大坝、堤防、水闸、泵站、渠道等）和其他公共基础设施。独立于公共基础设施、不构成公共基础设施使用不可缺少组成部分的管理维护用房屋建筑物、设备、车辆等，应作为单位的固定资产核算，不作为公共基础设施。

公共基础设施同时满足下列条件的，应当予以确认：与该公共基础设施相关的服务潜力很可能实现或者经济利益很可能流入政府会计主体；该公共基础设施的成本或者价值能够可靠地计量。

通常情况下，符合上述确认条件的公共基础设施，应当由按规定对其负有管理维护职责的政府会计主体予以确认。多个政府会计主体共同管理维护的公共基础设施，应当由对该资产负有主要管理维护职责或者承担后续主要支出责任的政府会计主体予以确认。分为多个组成部分由不同政府会计主体分别管理维护的公共基础设施，应当由各个政府会计主体分别对其负责管理维护的公共基础设施的相应部分予以确认。负有管理维护公共基础设施职责的政府会计主体通过政府购买服务方式委托企业或其他会计主体代为管理维护公共基础设施的，该公共基础设施应当由委托方予以确认。

单位在购建公共基础设施时，能够分清购建成本中的构筑物部分与土地使用权部分的，应当将其中的构筑物部分和土地使用权部分分别确认为公共基础设施；不能分清购建成本中的构筑物部分与土地使用权部分的，应当整体确认为公共基础设施。对于确认为公共基础设施的单独计价入账的土地使用权，应作为无形资产核算，不作为公共基础设施。

为了核算公共基础设施业务，单位应当设置"公共基础设施"科目，并按照公共基础设施的类别和项目进行明细核算。公共基础设施应当在对其取得占有权利时确认。本科目期末借方余额，反映单位管理的公共基础设施的实际成本。单位应当结合本单位的具体情况，制定适合于本单位管理的公共基础设施目录、分类方法，作为进行公共基础设施核算的依据。

（二）公共基础设施的取得

公共基础设施在取得时，应当按照其成本入账。

1. 外购的公共基础设施

外购的公共基础设施，按照确定的成本，在财务会计中，借记"公共基础设施"科目，贷记"财政拨款收入""零余额账户用款额度""银行存款"等科目；同时，在预算会计中，借记"行政支出""事业支出"科目，贷记"财政拨款预算收入""资金结存"科目。

外购的公共基础设施，其成本包括购买价款、相关税费以及公共基础设施交付使用前所发生的可归属于该项资产的运输费、装卸费、安装费和专业人员服务费等。

2. 自行建造的公共基础设施

自行建造的公共基础设施完工交付使用时，在财务会计中，按照在建工程的成本，借记"公共基础设施"科目，贷记 "在建工程"科目。

自行建造的公共基础设施，其成本包括完成批准的建设内容所发生的全部必要支出，包括建筑安装工程投资支出、设备投资支出、待摊投资支出和其他投资支出。为建造公共基础设施借入的专门借款的利息，属于建设期间发生的，计入该公共基础设施在建工程成本；不属于建设期间发生的，计入当期费用。

【例 7-60】 某行政单位根据市政规划自行建造一项公共基础设施。该公共基础设施自建设至交付使用前所发生的全部必要支出是 800 000 元。该行政单位财务会计应编制的会计分录如下：

借：公共基础设施	800 000	
贷：在建工程		800 000

3. 无偿调入的公共基础设施

接受其他单位无偿调入的公共基础设施，在财务会计中，按照确定的成本，借记"公共基础设施"科目，按照发生的归属于调入方的相关费用，贷记"财政拨款收入""零余额账户用款额度""银行存款"等科目，按照其差额，贷记"无偿调拨净资产"科目；无偿调入的公共基础设施成本无法可靠取得的，按照发生的归属于调入方的相关费用，借记"其他费用"科目，贷记"财政拨款收入""零余额账户用款额度""银行存款"等科目。在预算会计中，按照发生的归属于调入方的相关费用，借记"其他支出"科目，贷记"资金结存"科目。

接受其他会计主体无偿调入的公共基础设施，其成本按照该项公共基础设施在调出方的账面价值加上归属于调入方的相关费用确定。

【例 7-61】 某行政单位根据市政府的统一规划，经批准无偿调入一项公共基础设施。该项公共基础设施在调出方的账面价值是 5 000 000 元。调入过程中，该行政单位发生相关费用 5 000 元，款项通过财政直接支付方式支付。该行政单位会计应编制的会计分录如下：

在财务会计中：

借：公共基础设施　　5 005 000
　贷：无偿调拨净资产——公共基础设施　　5 000 000
　　财政拨款收入　　5 000

同时，在预算会计中：

借：行政支出　　5 000
　贷：财政拨款预算收入　　5 000

4. 接受捐赠的公共基础设施

接受捐赠的公共基础设施，在财务会计中，按照确定的成本，借记"公共基础设施"科目，按照发生的相关费用，贷记"财政拨款收入""零余额账户用款额度""银行存款"等科目，按照其差额，贷记"捐赠收入"科目；接受捐赠的公共基础设施成本无法可靠取得的，按照发生的相关税费等金额，借记"其他费用"科目，贷记"财政拨款收入""零余额账户用款额度""银行存款"等科目。在预算会计中，按照发生的相关费用，借记"行政支出""事业支出"科目，贷记"财政拨款预算收入""资金结存"科目。

接受捐赠的公共基础设施，其成本按照有关凭据注明的金额加上相关费用确定；没有相关凭据可供取得，但按规定经过资产评估的，其成本按照评估价值加上相关费用确定；没有相关凭据可供取得、也未经资产评估的，其成本比照同类或类似资产的市场价格加上相关费用确定。如受赠的系旧的公共基础设施，在确定其初始入账成本时应当考虑该项资产的新旧程度。

此外，对于成本无法可靠取得的公共基础设施，单位应当设置备查簿进行登记，待成本能够可靠确定后按照规定及时入账。

其他方式取得的公共基础设施的核算可参照固定资产相关核算的内容。

（三）公共基础设施的折旧或摊销

单位应当对公共基础设施计提折旧，但持续进行良好的维护使得其性能得到永久维持的公共基础设施和确认为公共基础设施的单独计价入账的土地使用权除外。公共基础设施应计提的折旧总额为其成本，计提公共基础设施折旧时不考虑预计净残值。单位应当对暂估入账的公共基础设施计提折旧，实际成本确定后不需调整原已计提的折旧额。

单位应当根据公共基础设施的性质和使用情况，合理确定公共基础设施的折旧年限。确定公共基础设施折旧年限，应当考虑下列因素：设计使用年限或设计基准期；预计实现服务潜力或提供经济利益的期限；预计有形损耗和无形损耗；法律或者类似规定对资产使用的限制。公共基础设施的折旧年限一经确定，不得随意变更。

单位一般应当采用年限平均法或者工作量法计提公共基础设施折旧。在确定公共基础设施的折旧方法时，应当考虑与公共基础设施相关的服务潜力或经济利益的预期实现方式。公共基础设施折旧方法一经确定，不得随意变更。

公共基础设施应当按月计提折旧，并计入当期费用。当月增加的公共基础设施，当月开始计提折旧；当月减少的公共基础设施，当月不再计提折旧。处于改建、扩建等建造活动期间的公共基础设施，应当暂停计提折旧。因改建、扩建等原因而延长公共基础设施使用年限的，应当按照重新确定的公共基础设施的成本和重新确定的折旧年限计算折旧额，不需调整原已计提的折旧额。公共基础设施提足折旧后，无论能否继续使用，均不再计提折旧；已提足折旧的公共基础设施，可以继续使用的，应当继续使用，并规范实物管理。提前报废的公共基础设施，不再补提折旧。

行政事业单位应设置"基础设施累计折旧（摊销）"总账科目，用来核算单位计提的公共基础设施累计折旧和累计摊销。本科目应当按照所对应公共基础设施的明细分类进行明细核算。本科目期末贷方余额，反映单位提取的公共基础设施折旧和摊销的累计数。

单位按月计提公共基础设施折旧时，按照应计提的折旧额，借记"业务活动费用"科目，贷记"基础设施累计折旧（摊销）"科目；单位按月对确认为公共基础设施的单独计价入账的土地使用权进行摊销时，按照应计提的摊销额，借记"业务活动费用"科目，贷记"基础设施累计折旧（摊销）"科目。

【例7-62】 某行政单位对一项公共基础设施计提折旧350 000元。该行政单位会计应编制的会计分录如下：

借：业务活动费用	350 000	
贷：公共基础设施累计折旧（摊销）		350 000

（四）公共基础设施的后续支出

按照规定，公共基础设施在使用过程中发生的后续支出，符合规定的确认条件的，应当计入公共基础设施成本；不符合规定的确认条件的，应当在发生时计入当期费用。通常情况下，为增加公共基础设施使用效能或延长其使用年限而发生的改建、扩建等后续支出，应当计入公共基础设施成本；为维护公共基础设施的正常使用而发生的日常维修、养护等后续支出，应当计入当期费用。

将公共基础设施转入改建、扩建时，在财务会计中，按照公共基础设施的账面价值，借记"在建工程"科目，按照公共基础设施已计提折旧，借记"公共基础设施累计折旧（摊销）"科目，按照公共基础设施的账面余额，贷记"公共基础设施"科目。为增加公共基础设施使用效能或延长其使用年限而发生的改建、扩建等后续支出，在财务会计中，借记"在建工程"科目，贷记"财政拨款收入""零余额账户用款额度""银行存款"等科目；同时，在预算会计中，借记"行政支出""事业支出"科目，贷记"财政拨款预算收入""资金结存"科目。公共基础设施改建、扩建完成，竣工验收交付使用时，在财务会计中，按照在建工程成本，借记"公共基础设施"科目，贷记"在建工程"科目。

为保证公共基础设施正常使用发生的日常维修等支出，在财务会计中，借记"业务活动费用""单位管理费用"等科目，贷记"财政拨款收入""零余额账户用款额度""银行存款"等科目；同时，在预算会计中，按照支付的相关费用，借记"行政支出""事业支出"科目，贷记"财政拨款预算收入""资金结存"科目。

在原有公共基础设施基础上进行改建、扩建等建造活动后的公共基础设施，其成本按照原公共基础设施账面价值加上改建、扩建等建造活动发生的支出，再扣除公共基础设施被替换部分的账面价值后的金额确定。

【例7-63】 某行政单位对由其占有并直接负责维护管理的一项公共基础设施进行日常修理，以维护其正常使用，共发生日常修理支出25 000元，款项通过财政直接支付方式支付。该行政单位会计应编制会计分录如下：

在财务会计中：

借：业务活动费用　　25 000
　　贷：财政拨款收入　　25 000

同时，在预算会计中：

借：行政支出　　25 000
　　贷：财政拨款预算收入　　25 000

（五）公共基础设施的处置

按照规定报经批准处置公共基础设施，分以下两种情况处理。

1. 对外捐赠公共基础设施

报经批准对外捐赠公共基础设施，在财务会计中，按照公共基础设施已计提的折旧或摊销，借记“公共基础设施累计折旧（摊销）”科目，按照被处置公共基础设施账面余额，贷记“公共基础设施”科目，按照捐赠过程中发生的归属于捐出方的相关费用，贷记“银行存款”等科目，按照其差额，借记“资产处置费用”科目；同时，在预算会计中，按照捐赠过程中发生的归属于捐出方的相关费用，借记“其他支出”科目，贷记“资金结存”科目。

2. 无偿调出公共基础设施

报经批准无偿调出公共基础设施，在财务会计中，按照公共基础设施已计提的折旧或摊销，借记“公共基础设施累计折旧（摊销）”科目，按照被处置公共基础设施账面余额，贷记“公共基础设施”科目，按照其差额，借记“无偿调拨净资产”科目；同时，按照无偿调出过程中发生的归属于调出方的相关费用，借记“资产处置费用”科目，贷记“银行存款”等科目。在预算会计中，按照无偿调出过程中发生的归属于调出方的相关费用，借记“其他支出”科目，贷记“资金结存”科目。

【例 7-64】 某建设事业单位根据市政府的统一规划，经批准将公共基础设施移交市体育局。该公共基础设施的原值是 5 000 000 元，已提折旧 500 000 元。该事业单位财务会计应编制的会计分录如下：

借：无偿调拨净资产——公共基础设施　　4 500 000
　　公共基础设施累计折旧　　500 000
　　贷：公共基础设施——休闲广场　　5 000 000

（六）公共基础设施的清查盘点

单位应当定期对公共基础设施进行清查盘点。对于发生的公共基础设施盘盈、盘亏、毁损或报废，应当先记入“待处理财产损溢”科目，按照规定报经批准后及时进行后续账务处理。

盘盈的公共基础设施，其成本按照有关凭据注明的金额确定；没有相关凭据但按照规定经过资产评估的，其成本按照评估价值确定；没有相关凭据也未经过评估的，其成本按照重置成本确定。盘盈的公共基础设施成本无法可靠取得的，单位应当设置备查簿进行登记，待成本确定后按照规定及时入账。盘盈的公共基础设施，按照确定的入账成本，借记“公共基础设施”科目，贷记“待处理财产损溢”科目。

盘盈、盘亏、毁损或报废的公共基础设施，按照待处置公共基础设置的账面价值，借记“待处理财产损溢”科目，按已计提的折旧或摊销，借记“公共基础设施处累计折旧（摊销）”科目，按照公共基础设施的账面价值，贷记“公共基础设施”科目。

二、政府储备物资

(一) 政府储备物资的概念与确认

政府储备物资是指行政事业单位为满足实施国家安全与发展战略、进行抗灾救灾、应对公共突发事件等特定公共需求而控制的,同时具有下列特征的有形资产:①在应对可能发生的特定事件或情形时动用。②其购入、存储保管、更新(轮换)、动用等由政府及相关部门发布的专门管理制度规范。政府储备物资包括战略及能源物资、抢险抗灾救灾物资、农产品、医药物资和其他重要商品物资,通常情况下由单位委托承储单位存储。

按照《政府会计准则第 6 号——政府储备物资》的规定,政府储备物资同时满足下列条件的,应当予以确认:①与该政府储备物资相关的服务潜力很可能实现或者经济利益很可能流入政府会计主体。②该政府储备物资的成本或者价值能够可靠地计量。

通常情况下,符合上述规定的政府储备物资,应当由按规定对其负有管理职责的政府会计主体予以确认。其中,管理职责主要指提出或拟定收储计划、更新(轮换)计划、动用方案等。相关管理职责由不同政府会计主体行使的政府储备物资,由负责提出收储计划的政府会计主体予以确认。对政府储备物资不负有管理职责但接受委托具体负责执行其存储保管等工作的政府会计主体,应当将受托代储的政府储备物资作为受托代理资产核算。

(二) 政府储备物资的取得

为了核算政府储备物资业务,单位应设置“政府储备物资”总账科目。本科目应当按照政府储备物资的种类、品种、存放地点等进行明细核算。本科目期末借方余额,反映单位管理的政府储备物资的实际成本。

1. 购入的政府储备物资

购入的政府储备物资验收入库,按照确定的成本,在财务会计中,借记“政府储备物资”科目,贷记“财政拨款收入”“零余额账户用款额度”“银行存款”等科目;同时,在预算会计中,借记“行政支出”“事业支出”等科目,贷记“财政拨款预算收入”“资金结存”科目。

单位购入的政府储备物资,其成本包括购买价款和政府会计主体承担的相关税费、运输费、装卸费、保险费、检测费以及使政府储备物资达到目前场所和状态所发生的归属于政府储备物资成本的其他支出。

【例 7-65】 某行政单位通过财政直接支付方式购入一批抗震救灾政府储备物资,有关凭证注明,购买价款为 500 000 元,相关税费 85 000 元,装卸费及保险费为 15 000 元,购入的政府储备物资验收入库。该行政单位会计应编制的会计分录如下:

在财务会计中:

借:政府储备物资	600 000	
贷:财政拨款收入		600 000

同时,在预算会计中:

借:行政支出	600 000	
贷:财政拨款预算收入		600 000

2. 委托加工的政府储备物资

涉及委托加工政府储备物资业务的,相关账务处理参照“加工物品”科目的账务处理。

单位委托加工的政府储备物资,其成本包括委托加工前物料成本、委托加工的成本(如委托加工费以及按规定应计入委托加工政府储备物资成本的相关税费等）以及政府会计主体承担的使政府储备物资达到目前场所和状态所发生的归属于政府储备物资成本的其他支出。

3. 接受捐赠的政府储备物资

接受捐赠的政府储备物资验收入库，在财务会计中，按照确定的成本，借记“政府储备物资”科目，按照单位承担的相关税费、运输费等，贷记“零余额账户用款额度”“银行存款”等科目，按照其差额，贷记“捐赠收入”科目；同时，在预算会计中，按照单位承担的相关税费、运输费等，借记“其他支出”科目，贷记“资金结存”科目。

单位接受捐赠的政府储备物资，其成本按照有关凭据注明的金额加上政府会计主体承担的相关税费、运输费等确定；没有相关凭据可供取得，但按规定经过资产评估的，其成本按照评估价值加上政府会计主体承担的相关税费、运输费等确定；没有相关凭据可供取得、也未经资产评估的，其成本比照同类或类似资产的市场价格加上政府会计主体承担的相关税费、运输费等确定。

4. 接受无偿调入的政府储备物资

接受无偿调入的政府储备物资验收入库，在财务会计中，按照确定的成本，借记“政府储备物资”科目，按照单位承担的相关税费、运输费等，贷记“零余额账户用款额度”“银行存款”等科目，按照其差额，贷记“无偿调拨净资产”科目；同时，在预算会计中，按照单位承担的相关税费、运输费等，借记“其他支出”科目，贷记“资金结存”科目。

单位接受无偿调入的政府储备物资，其成本按照调出方账面价值加上归属于政府会计主体的相关税费、运输费等确定。

（三）政府储备物资的发出

行政事业单位应当根据实际情况采用先进先出法、加权平均法或者个别计价法确定政府储备物资发出的成本。计价方法一经确定，不得随意变更。性质和用途相似的政府储备物资，单位应当采用相同的成本计价方法确定发出物资的成本。对于不能替代使用的政府储备物资、为特定项目专门购入或加工的政府储备物资，单位通常应采用个别计价法确定发出物资的成本。

政府储备物资发出时，分以下四种情况处理。

1. 发出无需收回的政府储备物资

因动用而发出无需收回的政府储备物资的，按照发出物资的账面余额，借记“业务活动费用”科目，贷记“政府储备物资”科目。

2. 发出需要收回或者预期可能收回的政府储备物资

因动用而发出需要收回或者预期可能收回的政府储备物资的，在发出物资时，按照发出物资的账面余额，借记“政府储备物资”科目（发出），贷记“政府储备物资”科目（在库）；按照规定的质量验收标准收回物资时，按照收回物资原账面余额，借记“政府储备物资”科目（在库），按照未收回物资的原账面余额，借记“业务活动费用”科目，按照物资发出时登记在“政府储备物资”科目所属“发出”明细科目中的余额，贷记“政府储备物资”科目（发出）。

3. 无偿调出的政府储备物资

因管理主体变动等原因而将政府储备物资调拨给其他主体的，按照无偿调出政府储备物资的账面余额，借记“无偿调拨净资产”科目，贷记“政府储备物资”科目。

4. 对外销售的政府储备物资

对外销售政府储备物资并将销售收入纳入单位预算统一管理的，发出物资时，在财务会计中，按照发出物资的账面余额，借记“业务活动费用”科目，贷记“政府储备物资”科目。实现销售收入时，在财务会计中，按照确认的收入金额，借记“银行存款”“应收账款”等科目，贷记“事业收入”等科目；同时，在预算会计中，按照实际收到的金额，借记“资金结存”科目，贷记“事业预算收入”科目。发生相关税费时，按照发生的相关税费，在财务会计中，借记“业务活动费用”科目，贷记“银行存款”等科目；同时，在预算会计中，借记“事业支出”“行政支出”科目，贷记“资金结存”科目。

对外销售政府储备物资并按照规定将销售净收入上缴财政的，发出物资时，在财务会计中，按照发出物资的账面余额，借记“资产处置费用”科目，贷记“政府储备物资”科目。取得销售价款时，在财务会计中，按照实际收到的款项金额，借记“银行存款”等科目，按照发生的相关税费，贷记“银行存款”等科目；按照销售价款大于所承担的相关税费后的差额，贷记“应缴财政款”科目。此时，在预算会计中不进行账务处理。

行政事业单位采用销售采购方式对政府物资进行更新(轮换)的，应当将物资轮出视为物资销售，将物资轮入视为物资采购，并按相应的规定进行账务处理。

(四) 政府储备物资的清查盘点

单位应当定期对政府储备物资进行清查盘点，每年至少盘点一次。对于发生的政府储备物资盘盈、盘亏或者报废、毁损，应当先记入“待处理财产损溢”科目，按照规定报经批准后及时进行后续账务处理。

盘盈的政府储备物资，按照确定的入账成本，借记“政府储备物资”科目，贷记“待处理财产损溢”科目。盘亏或者报废、毁损的政府储备物资，按照待处理政府储备物资的账面余额，借记“待处理财产损溢”科目，贷记“政府储备物资”科目。具体核算举例请参阅本章第八节“待处理财产损溢”。

单位盘盈的政府储备物资，其成本按照有关凭据注明的金额确定；没有相关凭据，但按规定经过资产评估的，其成本按照评估价值确定；没有相关凭据、也未经资产评估的，其成本按照重置成本确定。

政府储备物资报废、毁损的，单位应当按规定报经批准后将报废、毁损的政府储备物资的账面余额予以转销，确认应收款项(确定追究相关赔偿责任的)或计入当期费用(因储存年限到期报废或非人为因素致使报废、毁损的)；同时，将报废、毁损过程中取得的残值变价收入扣除政府会计主体承担的相关费用后的差额按规定作应缴款项处理(差额为净收益时)或计入当期费用(差额为净损失时)。政府储备物资盘亏的，单位应当按规定报经批准后按规定报经批准后将盘亏的政府储备物资的账面余额予以转销，确定追究相关赔偿责任的，确认应收款项；属于正常耗费或不可抗力因素造成的，计入当期费用。

第六节　文物文化资产与保障性住房

文物文化资产和保障性住房是某些行政事业单位控制的特殊资产。如文物行政事业单位或文化行政事业单位用于向社会展览的历史文物或艺术品；房屋管理行政事业单位用于向公众出租的廉租房、公共租赁住房等。与公共基础设施和政府储备物资相同，文物文化资产和保障性住房这类特殊资产的共同特征也是为社会公众提供服务，满足社会公共需求。

一、文物文化资产

文物文化资产是指行政事业单位为满足社会公共需求而控制的历史文物、艺术品以及其他具有历史或文化价值并作长期或永久保存的典藏资产等。

为了核算文物文化资产业务，单位应设置“文物文化资产”总账科目。本科目用来核算单位为满足社会公共需求而控制的文物文化资产的成本。单位为满足自身开展业务活动或其他活动需要而控制的文物和陈列品，应当通过“固定资产”科目核算，不通过本科目核算。本科目应当按照文物文化资产的类别、项目等进行明细核算。本科目期末借方余额，反映文物文化资产的成本。

(一) 文物文化资产取得

文物文化资产在取得时，应当按照其成本入账。

1. 外购的文物文化资产

外购的文物文化资产，按照确定的成本，在财务会计中，借记“文物文化资产”科目，贷记“财政拨款收入”“零余额账户用款额度”“银行存款”等科目。同时，在预算会计中，借记“行政支出”“事业支出”科目，贷记“财政拨款预算收入”“资金结存”科目。

外购的文物文化资产，其成本包括购买价款、相关税费以及可归属于该项资产达到预定用途前所发生的其他支出（如运输费、安装费、装卸费等）。

2. 无偿调入的文物文化资产

调入的文物文化资产，在财务会计中，按照确定的成本，借记“文物文化资产”科目，按照发生的归属于调入方的相关费用，贷记“零余额账户用款额度”“银行存款”等科目，按照其差额，贷记“无偿调拨净资产”科目。无偿调入的文物文化资产成本无法可靠取得的，按照发生的归属于调入方的相关费用，在财务会计中，借记“其他费用”科目，贷记“零余额账户用款额度”“银行存款”等科目；同时，在预算会计中，借记“其他支出”科目，贷记“资金结存”科目。

接受其他单位无偿调入的文物文化资产，其成本按照该项资产在调出方的账面价值加上归属于调入方的相关费用确定。

3. 接受捐赠的文物文化资产

接受捐赠的文物文化资产，在财务会计中，按照确定的成本，借记“文物文化资产”科目，按照发生的相关税费、运输费等金额，贷记 “零余额账户用款额度”“银行存款”等科目，按照其差额，贷记“捐赠收入”科目；接受捐赠的文物文化资产成本无法可靠取得的，按照发生的相关税费、运输费等金额，在财务会计中，借记“其他费用”科目，贷记“零余额账户用款额度”“银行存款”等科目；同时，在预算会计中，按照上述发生的相关税费、运输费等金额，借记“其他支出”科目，贷记“资金结存”科目。

接受捐赠的文物文化资产，其成本按照有关凭据注明的金额加上相关费用确定；没有相关凭据可供取得，但按照规定经过资产评估的，其成本按照评估价值加上相关费用确定；没有相关凭据可供取得、也未经评估的，其成本比照同类或类似资产的市场价格加上相关费用确定。

此外，对于成本无法可靠取得的文物文化资产，单位应当设置备查簿进行登记，待成本能够可靠确定后按照规定及时入账。

【例 7-66】 某事业单位接收捐赠一项文物文化资产，经过资产评估，其评估价值为150 000 元。该事业单位财务会计应编制的会计分录如下：

借：文物文化资产　　150 000
　　贷：捐赠收入　　150 000

(二) 与文物文化资产有关的后续支出

与文物文化资产有关的后续支出，参照"公共基础设施"科目相关规定进行处理。

(三) 文物文化资产的处置

按照规定报经批准处置文物文化资产，应当分以下两种情况处理。

1. 对外捐赠文物文化资产

报经批准对外捐赠文物文化资产，在财务会计中，按照被处置文物文化资产账面余额和捐赠过程中发生的归属于捐出方的相关费用合计数，借记"资产处置费用"科目，按照被处置文物文化资产账面余额，贷记"文物文化资产"科目，按照捐赠过程中发生的归属于捐出方的相关费用，贷记"银行存款"等科目；同时，在预算会计中，按照上述发生的归属于捐出方的相关费用，借记"其他支出"科目，贷记"资金结存"科目。

2. 无偿调出文物文化资产

报经批准无偿调出文物文化资产，在财务会计中，按照被处置文物文化资产账面余额，借记"无偿调拨净资产"科目，贷记"文物文化资产"科目；同时，按照无偿调出过程中发生的归属于调出方的相关费用，借记"资产处置费用"科目，贷记"银行存款"等科目。在预算会计中，按照上述发生的归属于调出方的相关费用，借记"其他支出"科目，贷记"资金结存"科目。

(四) 文物文化资产的清查盘点

单位应当定期对文物文化资产进行清查盘点，每年至少盘点一次。对于发生的文物文化资产盘盈、盘亏、毁损或报废等，参照"公共基础设施"科目相关规定进行账务处理，具体见本章第八节"待处理财产损溢"。

二、保障性住房

保障性住房是指行政事业单位为满足社会公共需求而控制的用于居住保障目的的住房，如用廉租住房、公共租赁住房、人才公寓等。根据《政府会计准则制度解释第 1 号》的规定，此处的保障性住房，主要指地方政府住房保障主管部门持有全部或部分产权份额、纳入城镇住房保障规划和年度计划、向符合条件的保障对象提供的住房。

为了核算保障性住房业务，单位应设置"保障性住房"总账科目。本科目用来核算单位为满足社会公共需求而控制的保障性住房的原值。本科目应当按照保障性住房的类别、项目等进行明细核算。本科目期末借方余额，反映保障性住房的原值。

(一) 保障性住房的取得

保障性住房取得时，应当按照其成本入账。

1. 外购的保障性住房

外购的保障性住房，按照确定的成本，在财务会计中，借记"保障性住房"科目，贷记"财政拨款收入""零余额账户用款额度""银行存款"等科目；同时，在预算会计中，借记"行政支出""事业支出"科目，贷记"财政拨款预算收入""资金结存"科目。

外购的保障性住房，其成本包括购买价款、相关税费以及可归属于该项资产达到预定用途前所发生的其他支出。

2. 自行建造的保障性住房

自行建造的保障性住房交付使用时，在财务会计中，按照在建工程成本，借记"保障性住房”科目，贷记“在建工程”科目。已交付使用但尚未办理竣工决算手续的保障性住房，按照估计价值入账，待办理竣工决算后再按照实际成本调整原来的暂估价值。

3. 无偿调入的保障性住房

无偿调入的保障性住房，在财务会计中，按照确定的成本，借记“保障性住房”科目，按照发生的归属于调入方的相关费用，贷记“零余额账户用款额度”“银行存款”等科目，按照其差额，贷记“无偿调拨净资产”科目；同时，在预算会计中，按照上述发生的归属于调入方的相关费用，借记“其他支出”科目，贷记“资金结存”科目。

接受其他单位无偿调入的保障性住房，其成本按照该项资产在调出方的账面价值加上归属于调入方的相关费用确定。

4. 接受捐赠和融资租赁的保障性住房

接受捐赠、融资租赁取得的保障性住房，参照“固定资产”科目的相关规定进行处理。

(二) 与保障性住房有关的后续支出

与保障性住房有关的后续支出，参照“固定资产”科目的相关规定进行处理。

(三) 保障性住房的出租

按照规定出租保障性住房并将出租收入上缴同级财政，在财务会计中，按照收取的租金金额，借记“银行存款”等科目，贷记“应缴财政款”科目。此时，在预算会计中不进行会计处理。

【例 7-67】 某行政单位经批准出租一幢保障性住房，收到租金 250 000 元，款项已存入开户银行。根据规定，收到的租金应当上缴财政。数日后，通过开户银行上缴财政款项。该行政单位财务会计应编制的会计分录如下：

(1) 收到租金时。

借：银行存款　　250 000
　　贷：应缴财政款　　250 000

(2) 上缴财政款项。

借：应缴财政款　　250 000
　　贷：银行存款　　250 000

(四) 保障性住房的折旧

为了核算保障性住房累计折旧业务，单位应设置“保障性住房累计折旧”总账科目。本科目用以核算单位计提的保障性住房的累计折旧。本科目应当按照所对应保障性住房的类别进行明细核算。本科目期末贷方余额，反映单位计提的保障性住房折旧累计数。

单位应当参照《政府会计准则第 3 号——固定资产》及其应用指南的相关规定，按月对其控制的保障性住房计提折旧。按月计提保障性住房折旧时，按照应计提的折旧额，借记“业务活动费用”科目，贷记“保障性住房累计折旧”科目。

(五) 保障性住房的处置

按照规定报经批准处置保障性住房，应当分以下两种情况处理。

1. 无偿调出保障性住房

报经批准无偿调出保障性住房，在财务会计中，按照保障性住房已计提的折旧，借记“保障性住房累计折旧”科目，按照被处置保障性住房账面余额，贷记“保障性住房”科目，按照其差额，借记“无偿调拨净资产”科目；同时，按照无偿调出过程中发生的归属于调出方的相关费用，借记“资产处置费用”科目，贷记“银行存款”等科目。在预算会计中，按照上述调出过程中发生的归属于调出方的相关费用，借记“其他支出”科目，贷记“资金结存”科目。

2. 报经批准出售保障性住房

报经批准出售保障性住房，在财务会计中，按照被出售保障性住房的账面价值，借记“资产处置费用”科目，按照保障性住房已计提的折旧，借记“保障性住房累计折旧”科目，按照保障性住房账面余额，贷记“保障性住房”科目；同时，按照收到的价款，借记“银行存款”等科目，按照出售过程中发生的相关费用，贷记“银行存款”等科目，按照其差额，贷记“应缴财政款”科目。

（六）保障性住房的清查盘点

单位应当定期对保障性住房进行清查盘点。对于发生的保障性住房盘盈、盘亏、毁损或报废等，参照“固定资产”科目的相关规定进行账务处理，具体见本章第八节“待处理财产损溢”。

第七节　受托代理资产与长期待摊费用

一、受托代理资产

（一）受托代理资产的概念

受托代理资产是指单位接受委托方委托管理的各项资产，包括受托指定转赠的物资、受托储存管理的物资、罚没物资等。单位收到的受托代理资产为现金和银行存款的，不属于受托代理资产。

受托代理资产应当在单位收到受托代理的资产时确认。接受委托人委托需要转赠给受赠人的物资，其成本按照有关凭据注明的金额确定；没有相关凭据可供取得的，其成本比照同类或类似物资的市场价格确定。接受委托人委托储存管理的物资，其成本按照有关凭据注明的金额确定。

（二）受托代理资产的核算

为了核算受托代理资产业务，单位应当设置“受托代理资产”科目，本科目应当按照资产的种类和委托人进行明细核算；属于转赠资产的，还应当按照受赠人进行明细核算。本科目期末借方余额，反映单位受托代理资产中实物资产的价值。单位收到受托代理资产为现金和银行存款的，不通过本科目核算，应当通过“库存现金”“银行存款”科目进行核算。

（三）受托转赠物资

接受委托人委托需要转赠给受赠人的物资，其成本按照有关凭据注明的金额确定。接受委托转赠的物资验收入库，按照确定的成本，借记“受托代理资产”科目，贷记“受托代理负债”科目。受托协议约定由受托方承担相关税费、运输费等的，还应当按照实际支付的相关税费、运输费等金额，借记“其他费用”科目，贷记“银行存款”等科目。

将受托转赠物资交付受赠人时，按照转赠物资的成本，借记“受托代理负债”科目，贷记“受托代理资产”科目。

转赠物资的委托人取消了对捐赠物资的转赠要求，且不再收回捐赠物资的，应当将转赠物资转为单位的存货、固定资产等。按照转赠物资的成本，借记“受托代理负债”科目，贷记“受托代理资产”科目；同时，借记“库存物品”“固定资产”等科目，贷记“其他收入”科目。

【例7-68】 某行政单位接受甲公司委托转赠物资一批，按照有关凭据注明的金额，实际成本为 500 000 元。接受委托的转赠物资已验收入库。根据受托协议承担通过银行存款账户支付相关运输费 25 000 元。数日后，按照委托人的要求，将该批物资转赠给了受赠人。该单位会计应编制的会计分录如下：

（1）收到受托转增的物资时。

在财务会计中：

借：受托代理资产	500 000	
贷：受托代理负债		500 000

（2）根据受托协议承担相关运输费时。

在财务会计中：

借：其他费用	25 000	
贷：银行存款		25 000

同时，在预算会计中：

借：其他支出	25 000	
贷：资金结存——货币资金		25 000

（3）将受托转赠物资交付受赠人。

在财务会计中：

借：受托代理负债	500 000	
贷：受托代理资产		500 000

（四）受托储存管理物资

单位接受委托人委托存储保管的物资，其成本按照有关凭据注明的金额确定。接受委托储存的物资验收入库，按照确定的成本，借记“受托代理资产”科目，贷记“受托代理负债”科目。

单位发生由受托单位承担的与受托存储保管的物资相关的运输费、保管费等费用时，按照实际发生的费用金额，借记“其他费用”等科目，贷记“银行存款”等科目。

单位根据委托人要求交付或发出受托存储保管的物资时，按照发出物资的成本，借记“受托代理负债”科目，贷记“受托代理资产”科目。

（五）罚没物资

单位取得罚没物资时，其成本按照有关凭据注明的金额确定。罚没物资验收（入库），按照确定的成本，借记“受托代理资产”科目，贷记“受托代理负债”科目。罚没物资成本无法可靠确定的，单位应当设置备查簿进行登记。

单位按照规定处置或移交罚没物资时，按照罚没物资的成本，借记“受托代理负债”科目，贷记“受托代理资产”科目。处置时取得款项的，按照实际取得的款项金额，借记“银行存款”等科目，贷记“应缴财政款”等科目。

单位受托代理的其他实物资产，参照本科目有关受托转赠物资、受托存储保管物资的规定进行账务处理。

二、长期待摊费用

长期待摊费用是指单位已经支出，但应由本期和以后各期负担的分摊期限在 1 年以上（不含 1 年）的各项费用，如以经营租赁方式租入的固定资产发生的改良支出等。

为了核算长期待摊费用业务，单位应设置“长期待摊费用”总账科目。本科目应当按照费用项目进行明细核算。本科目期末借方余额，反映单位尚未摊销完毕的长期待摊费用。

发生长期待摊费用时，按照实际预付的金额，在财务会计中，借记“长期待摊费用”科目，贷记“财政拨款收入”“零余额账户用款额度”“银行存款”等科目；同时，在预算会计中，借记“行政支出”“事业支出”等科目，贷记“财政拨款预算收入”“资金结存”等科目。按照受益期限分期平均摊销时，按照摊销金额，借记“业务活动费用”“单位管理费用”“经营费用”等科目，贷记“长期待摊费用”科目。如果某项长期待摊费用已经不能使单位受益，应当将其摊余金额一次全部转入当期费用。按照摊销金额，借记“业务活动费用”“单位管理费用”“经营费用”等科目，贷记“长期待摊费用”科目。

【例 7-69】 某事业单位以经营租赁方式租入一项固定资产，在租赁期内以财政直接支付方式支付该项固定资产改良支出 60 000 元，该设备改良完工后的剩余受益年限为 5 年，则每月应摊销的改良费用为 1 000 元(60 000÷5÷12)。该事业单位会计应编制的会计分录如下：

(1) 发生改良支出时。

在财务会计中：

借：长期待摊费用——经营租入固定资产改良支出	60 000	
贷：财政拨款收入		60 000

同时，在预算会计中：

借：事业支出	60 000	
贷：财政拨款预算收入		60 000

(2) 改良完工后按剩余受益年限在相应会计年度进行摊销。

在财务会计中：

借：业务活动费用	1 000	
贷：长期待摊费用——经营租入固定资产改良支出		1 000

在摊销改良支出时没有发生现金流出，因此在预算会计中不需要进行核算。

第八节　待处理财产损溢

一、待处理财产损溢的概念与核算科目的设置

待处理财产是指单位在资产清查过程中查明的各种资产盘盈、盘亏和报废、毁损的资产(这里应注意的是其范围明显不同于以往行政事业单位会计制度的规定)。单位资产清查中查明的资产盘盈、盘亏、报废和毁损，应按照规定报经批准后及时进行账务处理。年末结账前一般应处理完毕。

为了核算待处理财产损溢业务，单位财务会计应当设置“待处理财产损溢”总账科目，本科目用来核算单位在资产清查过程中查明的各种资产盘盈、盘亏和报废、毁损的价值。本科目应当按照待处理的资产项目进行明细核算；对于在资产处理过程中取得收入或发生相关费用的项目，还应当设置“待处理财产价值”“处理净收入”明细科目，进行明细核算。本科目期末如为借方余额，反映尚未处理完毕的各种资产的净损失；期末如为贷方余额，反映尚未处理完毕的各种资产净溢余。年末，经批准处理后，本科目一般应无余额。

二、账款核对时发现的库存现金短缺或溢余

（一）发现库存现金短缺或溢余

每日账款核对发现有待查明原因的现金短缺或溢余时，属于现金短缺的，应当按照实际短缺的金额，在财务会计中，借记“待处理财产损溢”科目，贷记“库存现金”科目；同时，在预算会计中，借记“其他支出”科目，贷记“资金结存”科目。属于现金溢余的，应当按照实际溢余的金额，在财务会计中，借记“库存现金”科目，贷记“待处理财产损溢”科目；同时，在预算会计中，借记“资金结存”科目，贷记“其他预算收入”科目。

【例 7-70】 某事业单位盘点库存现金发现库存数比账面数短少 18 元，暂时无法查明原因。该事业单位会计应编制的会计分录如下：

在财务会计中：

借：待处理财产损溢——现金短款　　18
　　贷：库存现金　　18

同时，在预算会计中：

借：其他支出　　18
　　贷：资金结存——货币资金　　18

（二）查明原因报批后的处理

（1）如为现金短缺，属于应由责任人赔偿或向有关人员追回的，借记“其他应收款”，贷记“待处理财产损溢”科目；实际收到责任人赔偿时，在财务会计中，借记“库存现金”科目，贷记“其他应收款”科目，在预算会计中，借记“资金结存”科目，贷记“其他支出”科目；属于无法查明原因的，报经批准核销时，借记“资产处置费用”科目，贷记“待处理财产损溢”科目。

（2）如为现金溢余，属于应支付给有关人员或单位的，借记“待处理财产损溢”科目，贷记“其他应付款”科目；实际支付给有关人员或单位时，在财务会计中，借记“其他应付款”科目，贷记“库存现金”科目，在预算会计中，借记“其他预算收入”科目，贷记“资金结存”科目；属于无法查明原因的，报经批准后，借记“待处理财产损溢”科目，贷记“其他收入”科目。

【例 7-71】 承［例 7-70］　经查明分析，短缺的现金是由于工作人员失误所致，经单位领导批准，同意责任人赔偿 15 元，其余计入相关费用。该事业单位会计应编制的会计分录如下：

（1）经单位领导批准处理现金短缺时。

在财务会计中：

借：其他应收款——××人　　15
　　资产处置费用——现金短款　　3
　　贷：待处理财产损溢——现金短款　　18

（2）实际收到责任人赔偿时。

在财务会计中：

借：库存现金　　15
　　贷：其他应收款——××人　　15

同时，在预算会计中：

借：资金结存——货币资金　　15
　　贷：其他支出　　15

三、存货、固定资产、无形资产、公共基础设施、政府储备物资、文物文化资产、保障性住房等各种资产盘盈、盘亏或报废、毁损

（一）盘盈的各类资产

（1）转入待处理资产时，按照确定的成本，借记“库存物品”“固定资产”“无形资产”“公共基础设施”“政府储备物资”“文物文化资产”“保障性住房”等科目，贷记“待处理财产损溢”科目。

（2）按照规定报经批准后处理时，对于盘盈的流动资产，借记“待处理财产损溢”科目，贷记“单位管理费用”科目（事业单位）或“业务活动费用”科目（行政单位）。对于盘盈的非流动资产，属于本年度取得的，按照当年新取得相关资产进行账务处理；属于以前年度取得的，按照前期差错处理，借记“待处理财产损溢”科目，贷记“以前年度盈余调整”科目。此类业务在预算会计中不进行账务处理。

【例7-72】 某行政单位于20×9年年终财产清查盘点中，盘盈笔记本电脑一台，评估价值6 200元。经查该笔记本电脑系以前年度接受的捐赠未有入账。该单位财务会计应编制的会计分录如下：

（1）将盘盈电脑转入待处理资产时。

借：固定资产——办公设备	6 200	
贷：待处理财产损溢——待处理财产价值		6 200

（2）按规定程序批准后准予以处理时。

借：待处理财产损溢——待处理财产价值	6 200	
贷：以前年度盈余调整		6 200

（二）盘亏或者毁损、报废的各类资产

（1）转入待处理资产时，借记“待处理财产损溢”科目（待处理财产价值）[盘亏、毁损、报废固定资产、无形资产、公共基础设施、保障性住房的，还应借记“固定资产累计折旧”“无形资产累计摊销”“公共基础设施累计折旧（摊销）”“保障性住房累计折旧”科目]，贷记“库存物品”“固定资产”“无形资产”“公共基础设施”“政府储备物资”“文物文化资产”“保障性住房”“在建工程”等科目。涉及增值税业务的，相关账务处理参见“应交增值税”科目的账务处理。

报经批准处理时，借记“资产处置费用”科目，贷记“待处理财产损溢”科目（待处理财产价值）。

（2）处理毁损、报废实物资产过程中取得的残值或残值变价收入、保险理赔和过失人赔偿等，借记“库存现金”“银行存款”“库存物品”“其他应收款”等科目，贷记“待处理财产损溢”科目（处理净收入）；处理毁损、报废实物资产过程中发生的相关费用，借记“待处理财产损溢”科目（处理净收入），贷记“库存现金”“银行存款”等科目。

（3）处理收支结清，如果处理收入大于相关费用的，按照处理收入减去相关费用后的净收入，借记“待处理财产损溢”科目（处理净收入），贷记“应缴财政款”等科目；如果处理收入小于相关费用的，按照相关费用减去处理收入后的净支出，借记“资产处置费用”科目，贷记“待处理财产损溢”科目（处理净收入）。

【例7-73】 某事业单位年终财产清查盘点盘亏扫描仪一台，原价1 500元，已提折旧1 000元。此类业务预算会计不进行会计处理。该单位财务会计应编制的会计分录如下：

（1）将盘亏扫描仪转入待处理资产时。

借：待处理财产损溢——待处理财产价值　　500
　　固定资产累计折旧　　1 000
　　贷：固定资产——办公设备　　1 500

（2）报经批准予以处理时。

借：资产处理费用　　500
　　贷：待处理财产损溢——待处理财产价值　　500

【例7-74】 某事业单位在资产清查中报废一批不需用的办公设备，该批设备原价150 000元，已计提累计折旧140 000元，账面余额为10 000元(150 000－140 000)。该事业单位将其转入待处理财产。处理该批设备取得变价收入8 080元，发生清理费用2 000元，处置净收入为6 080元(8 080－2 000)，款项均以银行存款收付。按规定，该批设备的处理净收入应当上缴财政。该事业单位财务会计应编制的会计分录如下：

（1）将该固定资产转入待处理财产时。

借：待处理财产损溢——待处理财产价值　　10 000
　　固定资产累计折旧　　140 000
　　贷：固定资产　　150 000

（2）将待处理财产价值转入资产处置费用时。

借：资产处置费用　　10 000
　　贷：待处理财产损溢——待处理财产价值　　10 000

（3）取得变价收入时。

借：银行存款　　8 080
　　贷：待处理财产损溢——处理净收入　　8 080

（4）用银行存款支付清理费用时。

借：待处理财产损溢——处理净收入　　2 000
　　贷：银行存款　　2 000

（5）结转处理净收入时。

借：待处理财产损溢——处理净收入　　6 080
　　贷：应缴财政款　　6 080

复习思考题

1. 什么是行政事业单位资产？具体包括哪些种类？
2. 什么是行政事业单位的零余额账户用款额度？行政事业单位零余额账户用款额度和银行存款都可以用来为单位支付款项，这两个科目有什么不同？
3. 什么是行政事业单位财政应返还额度？如何核算？
4. 什么是行政事业单位的应收及预付款项？如何核算？
5. 什么是行政事业单位的存货？如何核算？
6. 什么是事业单位的长期股权投资？如何核算？
7. 什么是行政事业单位的固定资产？如何核算？
8. 什么是行政事业单位的无形资产？如何核算
9. 什么是行政事业单位的政府储备物资？如何核算？

10. 什么是行政事业单位的公共基础设施？如何核算？
11. 什么是行政事业单位的待处理资产损益？如何核算？
12. 什么是行政事业单位的受托代理资产？如何核算？

选择题

1. 接受捐赠的长期股权投资，按照确定的投资成本，借记“长期股权投资”科目，按照发生的相关税费，贷记“银行存款”等科目，按照其差额，贷记（　　）科目。
   A. “累计盈余”　B. “权益法调整”　C. “专用基金”　D. “捐赠收入”
2. 下列各项中，属于行政事业单位的固定资产的是（　　）。
   A. 房屋及构筑物　B. 公共基础设施　C. 专用设备　D. 通用设备
3. 自行研究开发形成的无形资产，按照研究开发项目进入开发阶段后至达到预定用途前所发生的支出总额，借记（　　）科目，贷记“研发支出——开发支出”科目。
   A. “业务活动费用”　B. “单位管理费用”
   C. “无形资产”　D. “研发支出——研究支出”
4. 下列各项中，通常不属于公共基础设施的是（　　）。
   A. 城市道路和桥梁　B. 城市广场和公园绿地　C. 公路和港口　D. 政府自身使用的房屋
5. 下列各项中，不属于行政单位会计科目的是（　　）科目。
   A. “应收账款”　B. “短期投资”　C. “在建工程”　D. “无形资产”
6. 下列各项中，属于“财政应返还额度”总账科目的明细科目是（　　）科目。
   A. “财政直接支付”　B. “财政授权支付”
   C. “零余额账户用款额度”　D. “财政拨款收入”
7. 根据现行制度规定，下列各项中，事业单位应当提取坏账准备的是（　　）。
   A. 收回后需上缴财政的应收账款　B. 收回后需上缴财政的其他应收款
   C. 收回后不需上缴财政的应收账款　D. 收回后不需上缴财政的其他应收款
8. 行政事业单位盘盈的库存物品，其入账成本可以是（　　）。
   A. 有关凭据注明的金额　B. 评估价值　C. 重置成本　D. 名义金额
9. 行政事业单位购入无形资产时，按照确定的无形资产成本，借记“无形资产”科目，贷记的科目可以是（　　）科目。
   A. “财政拨款收入”　B. “零余额账户用款额度”
   C. “应付账款”　D. “银行存款”
10. 下列各项中，仅属于事业单位使用的会计科目是（　　）科目。
   A. “坏账准备”　B. “长期债券投资”　C. “长期股权投资”　D. “研发支出”

练习题

某行政或事业单位于20×9年发生如下经济业务：

（1）某行政单位收到零余额账户用款额度50 000元；使用零余额账户用款额度支付日常活动费用12 500元；年末，注销尚未使用的零余额账户用款额度600元。

（2）某事业单位提供专业服务应收取款项15 500元，该款项收回后经批准不需上缴财政；收到不需上缴财政的应收账款3 200元，款项已存入开户银行；期末，对收回后不需上缴财政的应收账款提取坏账准备750元。

（3）某行政单位购入一批物品6 800元，物品已验收入库，款项通过财政授权支付方式支付；开展业务活动领用物品1 350元；盘盈一批物品，有关凭据注明的金额为2 200元。按照规定报经批准，将盘盈的物品冲减业务活动费用。

(4) 某事业单位经批准以一项无形资产置换取得一项长期股权投资，该项无形资产的账面余额为480 000元，累计摊销为96 000元，账面价值为384 000元，评估价值为425 000元，评估价值大于账面价值41 000元。置换取得长期股权投资后，该事业单位持有被投资单位80%的股权，有权决定被投资单位的财务和经营政策，相应的长期股权投资按规定采用权益法核算。被投资单位实现净利润60 000元。被投资单位宣告分派现金股利10 000元。被投资单位发生除净利润和利润分配以外的所有者权益变动增加数5 000元。

(5) 某事业单位购入一台需要安装的固定资产，购入价款为52 000元，发生安装费600元，款项通过财政授权支付方式支付，固定资产已交付使用；对固定资产计提折旧38 800元；报废一项固定资产，账面余额为46 000元，已计提折旧43 000元，账面价值为3 000元，将报废的固定资产对外出售，获得变价收入1 000元，款项存入银行。转销固定资产报废发生的净损失2 000元。

(6) 某事业单位新建一项固定资产，向施工企业预付工程价款40 000元，款项通过财政直接支付方式支付；发生构成待摊投资的相关费用7 000元，款项通过财政授权支付方式支付；根据建筑安装工程价款结算账单与施工企业结算工程价款总计100 000元，扣除预付工程价款40 000元后，差额60 000元通过财政直接支付方式向施工企业支付；固定资产建造完成并交付使用，在建工程的成本为107 000元。

(7) 某事业单位外购一项无形资产，款项75 000元通过银行存款支付；申请取得一项无形资产，发生注册费200元，款项通过银行存款支付；对一项业务部门使用的无形资产进行摊销，摊销金额为4 680元，相应的摊销费用作为业务活动费用处理。

(8) 某行政单位新建一项公共基础设施，公共基础设施建造完成并交付使用，在建工程的成本为535 000元；发生一项公共基础设施的日常维修支出26 000元，款项通过财政直接支付方式支付。

(9) 某行政单位接受捐赠一批政府储备物资，确定的成本为65 000元，相应物资验收入库；发出一批预期可能收回的政府储备物资，发出物资的账面余额为28 000元；报废一批政府储备物资，账面余额为1 300元，经批准作为资产处置费用处理。

(10) 某事业单位接受捐赠一项文物文化资产，确定的成本为26 300元；经批准无偿调出一项文物文化资产，该项文物文化资产的账面余额为35 500元。

(11) 某行政单位外购一批保障性住房，确定的成本为780 000元，款项通过财政直接支付方式支付；出租一批保障性住房，取得租金收入10 500元，款项已存入开户银行，之后需要上缴同级财政；发生保障性住房日常维修支出2 100元，款项通过零余额账户用款额度支出。

(12) 某行政单位取得一项罚没物资，根据有关凭据注明的金额，确定的成本为45 600元，罚没物资验收入库；处置罚没物资，取得处置收入51 100元，款项已存入开户银行，之后，需要上缴财政国库。

要求：根据以上经济业务，为该行政或事业单位编制有关的会计分录。

第八章　行政事业单位的负债

第一节　流动负债

流动负债是指预计在1年以内(含1年)偿还的负债。行政事业单位的负债主要包括短期借款、应交增值税、其他应交税费、应缴财政款、应付职工薪酬、应付及预收款项、预提费用等。

一、短期借款

短期借款是事业单位借入的期限在1年内(含1年)的各种借款。行政单位没有短期借款。

为了核算短期借款业务,事业单位应设置"短期借款"总账科目。本科目应按照贷款单位和贷款种类设置明细账。本科目期末贷方余额,反映尚未偿还的短期借款本金。

事业单位借入各种短期借款时,按照实际借入的金额,在财务会计中,借记"银行存款"科目,贷记"短期借款"科目;同时,在预算会计中,借记"资金结存"科目,贷记"债务预算收入"科目。银行承兑汇票到期,本单位无力支付票款的,按照应付票据的账面余额,在财务会计中,借记"应付票据"科目,贷记"短期借款"科目;同时,在预算会计中,借记"经营支出"科目,贷记"债务预算收入"科目。归还短期借款时,在财务会计中,借记"短期借款"科目,贷记"银行存款"科目;同时,在预算会计中,借记"债务还本支出"科目,贷记"资金结存"科目。

【例8-1】 某事业单位经批准从北京工商银行亚运村支行取得借款200 000元,期限6个月,年利率为6%,每季度付息一次。到期偿还借款本金。该事业单位会计应编制的会计分录如下:

(1) 取得借款时。

在财务会计中:

借:银行存款	200 000	
贷:短期借款		200 000

同时,在预算会计中:

借:资金结存——货币资金	200 000	
贷:债务预算收入		200 000

(2) 归还短期借款本金时。

在财务会计中:

借:短期借款	200 000	
贷:银行存款		200 000

同时,在预算会计中:

借：债务还本支出　　200 000

　　贷：资金结存——货币资金　　200 000

关于短期借款应付利息的核算请参阅本节“应付利息”的核算。

二、应交增值税

（一）应交增值税的概念

行政事业单位核算的应交税费包括应交增值税和其他应交税费两大类。其中，应交增值税是指行政事业单位按照税法规定计算应缴纳的增值税。增值税是以商品、应税劳务和应税服务在流转过程中产生的增值额作为计税依据而征收的一种流转税。根据我国增值税法规的相关规定，在我国境内销售货物或者加工、修理修配劳务，销售服务、无形资产、不动产以及进口货物的单位和个人，为增值税的纳税人。增值税的纳税人按其经营规模及会计核算水平划分为一般纳税人和小规模纳税人。一般纳税人增值税的核算实行一般计税方法，即实行税款抵扣制度；小规模纳税人的增值税核算实行简易计税方法。

根据规定，纳税人销售货物、劳务、服务、无形资产、不动产（可统称为应税销售行为），除了规定的进项税额不得从销项税额中抵扣的情形外，增值税一般纳税人应纳税额为当期销项税额抵扣当期进项税额后的余额。用公式表示如下：

应纳税额＝当期销项税额－当期进项税额

其中，销项税额是指增值税一般纳税人发生应税销售行为时，按照销售额乘以规定的税率并向购买方收取的增值税额；进项税额是指增值税一般纳税人购进货物、劳务、服务、无形资产、不动产时，所支付或负担的、准许从销项税额中抵扣的增值税额。根据我国税法的规定，准许从销项税额中抵扣的进项税额通常包括：从销售方取得的增值税专用发票上注明的增值税额；从海关取得的海关进口增值税专用缴款书上注明的增值税额。增值税税率根据情况分别有 13%、9%、6%的税率。纳税人出口货物，其增值税税率为零。

（二）应交增值税核算科目的设置

为了核算增值税业务，增值税纳税人应设置“应交增值税”总账科目。本科目核算单位按照税法规定计算应交纳的增值税。本科目期末贷方余额，反映单位应交未交的增值税；期末如为借方余额，反映单位尚未抵扣或多交的增值税。

属于增值税一般纳税人的单位，为了核算应交增值税的发生、抵扣、交纳、退税及转出等情况，本科目应设置“应交税金”“未交税金”“预交税金”“待抵扣进项税额”“待认证进项税额”“待转销项税额”“简易计税”“转让金融商品应交增值税”“代扣代交增值税”等明细科目。

1. “应交税金”明细科目

本明细科目内应当设置“进项税额”“已交税金”“转出未交增值税”“减免税款”“销项税额”“进项税额转出”“转出多交增值税”等专栏。其中，“进项税额”专栏，记录单位购进货物、加工修理修配劳务、服务、无形资产或不动产而支付或负担的、准予从当期销项税额中抵扣的增值税额；“已交税金”专栏，记录单位当月已交纳的应交增值税额；“转出未交增值税”和“转出多交增值税”专栏，分别记录一般纳税人月度终了转出当月应交未交或多交的增值税额；“减免税款”专栏，记录单位按照现行增值税制度规定准予减免的增值税额；“销项税额”专栏，记录单位销售货物、加工修理修配劳务、服务、无形资产或不动产应收取的增值税额；“进项税额转出”专栏，记录单位购进货物、加工修理修配劳务、服务、无形资产或不动产等发生非正常损失以及其他原因而不应从销项税额中抵扣、按照规定转出的进项税额。

2. “未交税金”明细科目

本明细科目核算单位月度终了从“应交税金”或“预交税金”明细科目转入当月应交未交、多交或预缴的增值税额，以及当月交纳以前期间未交的增值税额。

3. “预交税金”明细科目

本明细科目核算单位转让不动产、提供不动产经营租赁服务等，以及其他按照现行增值税制度规定应预缴的增值税额。

4. “待抵扣进项税额”明细科目

本明细科目核算单位已取得增值税扣税凭证并经税务机关认证，按照现行增值税制度规定准予以后期间从销项税额中抵扣的进项税额。

5. “待认证进项税额”明细科目

本明细科目核算单位由于未经税务机关认证而不得从当期销项税额中抵扣的进项税额。本明细科目包括：一般纳税人已取得增值税扣税凭证并按规定准予从销项税额中抵扣，但尚未经税务机关认证的进项税额；一般纳税人已申请稽核但尚未取得稽核相符结果的海关缴款书进项税额。

6. “待转销项税额”明细科目

本明细科目核算单位销售货物、加工修理修配劳务、服务、无形资产或不动产，已确认相关收入(或利得)但尚未发生增值税纳税义务而需于以后期间确认为销项税额的增值税额。

7. “简易计税”明细科目

本明细科目核算单位采用简易计税方法发生的增值税计提、扣减、预交、交纳等业务。

8. “转让金融商品应交增值税”明细科目

本明细科目核算单位转让金融商品发生的增值税额。

9. “代交增值税”明细科目

本明细科目核算单位购进在境内未设经营机构的境外单位或个人在境内的应税行为代扣代缴的增值税。

“应交增值税”科目期末贷方余额，反映单位应交未交的增值税；期末借方余额，反映单位尚未抵扣或多交的增值税。

(三) 增值税一般纳税人单位应交增值税核算的主要账务处理

1. 取得资产或接受劳务等业务

(1) 采购等业务进项税额允许抵扣。单位购买用于增值税应税项目的资产或服务等时，在财务会计中，按照应计入相关成本费用或资产的金额，借记“业务活动费用”“在途物品”“库存物品”“工程物资”“在建工程”“固定资产”“无形资产”等科目，按照当月已认证的可抵扣增值税额，借记“应交增值税”科目(应交税金——进项税额)，按照当月未认证的可抵扣增值税额，借记“应交增值税”科目(待认证进项税额)，按照应付或实际支付的金额，贷记“应付账款”“应付票据”“银行存款”“零余额账户用款额度”等科目；同时，在预算会计中，按照实际支付的金额，借记“事业支出”“经营支出”科目，贷记“资金结存”科目。发生退货的，如原增值税专用发票已做认证，应根据税务机关开具的红字增值税专用发票作相反的会计分录；如原增值税专用发票未做认证，应将发票退回并作相反的会计分录。

【例8-2】　某事业单位属于增值税一般纳税人。该单位在开展非独立核算经营活动中购入一批物品，增值税专用发票上注明货款5 000元，当月已认证的可抵扣增值税额为650元，价税合计5 650元，以银行存款支付，物品已验收入库。该事业单位会计应编制的会计分录如下：

在财务会计中：

借：库存物品	5 000	
应交增值税——应交税金(进项税额)	650	
贷：银行存款		5 650

同时，在预算会计中：

借：经营支出	5 650	
贷：资金结存——货币资金		5 650

(2) 采购等业务进项税额不得抵扣。单位购进资产或服务等，用于简易计税方法计税项目、免征增值税项目、集体福利或个人消费等，其进项税额按照现行增值税制度规定不得从销项税额中抵扣的，取得增值税专用发票时，在财务会计中，应按照增值税发票注明的金额，借记相关成本费用或资产科目，按照待认证的增值税进项税额，借记“应交增值税”科目(待认证进项税额)，按照实际支付或应付的金额，贷记“银行存款”“零余额账户用款额度”“应付账款”等科目；同时，在预算会计中，按实际支付的金额，借记“事业支出”“经营支出”科目，贷记“资金结存”科目。经税务机关认证为不可抵扣进项税时，借记“应交增值税”科目(应交税金——进项税额)科目，贷记“应交增值税”科目(待认证进项税额)；同时，将进项税额转出，借记相关成本费用科目，贷记“应交增值税”科目(应交税金——进项税额转出)。

(3) 进项税额抵扣情况发生改变。单位因发生非正常损失或改变用途等，原已计入进项税额、待抵扣进项税额或待认证进项税额，但按照现行增值税制度规定不得从销项税额中抵扣的，借记“待处理财产损益”“固定资产”“无形资产”等科目，贷记“应交增值税”科目(应交税金——进项税额转出)、“应交增值税”科目(待抵扣进项税额)或“应交增值税”科目(待认证进项税额)；原不得抵扣且未抵扣进项税额的固定资产、无形资产等，因改变用途等用于允许抵扣进项税额的应税项目的，应按照允许抵扣的进项税额，借记“应交增值税”科目(应交税金——进项税额)，贷记“固定资产”“无形资产”等科目。固定资产、无形资产等经上述调整后，应按照调整后的账面价值在剩余尚可使用年限内计提折旧或摊销。

单位购进时已全额计入进项税额的货物或服务等转用于不动产在建工程的，对于结转以后期间的进项税额，应借记“应交增值税”科目(待抵扣进项税额)，贷记“应交增值税”科目(应交税金——进项税额转出)。

(4) 购买方作为扣缴义务人。按照现行增值税制度规定，境外单位或个人在境内发生应税行为，在境内未设有经营机构的，以购买方为增值税扣缴义务人。境内一般纳税人购进服务或资产时，在财务会计中，按照应计入相关成本费用或资产的金额，借记“业务活动费用”“在途物品”“库存物品”“工程物资”“在建工程”“固定资产”“无形资产”等科目，按照可抵扣的增值税额，借记“应交增值税”科目(应交税金——进项税额)，按照应付或实际支付的金额，贷记“银行存款”“应付账款”等科目，按照应代扣代缴的增值税额，贷记“应交增值税”科目(代扣代交增值税)；同时，在预算会计中，按实际支付的金额，借记“事业支出”“经营支出”等科目，贷记“资金结存”科目。实际缴纳代扣代缴增值税时，按照代扣代缴的增值税额，在财务会计中，借记“应交增值税”科目(代扣代交增值税),贷记“银行存款”“零余额账户用款额度”等科目;同时,在预算会计中,借记“事业支出”“经营支出”科目,贷记“资金结存”科目。

2. 单位销售资产或提供服务等业务

(1) 销售资产或提供服务业务。单位销售货物或提供服务,在财务会计中,应当按照应收或已收的金额,借记“应收账款”“应收票据”“银行存款”等科目,按照确认的收入金额,贷记“经营收入”“事业收入”等科目,按照现行增值税制度规定计算的销项税额(或采用简易计税方法计算的应纳增值税额),贷记“应交增值税”科目(应交税金——销项税额)或“应交增值税”科目(简易计税);同时,在预算会计中,按已收的金额,借记“资金结存”科目,贷记“经营预算收入”“事业预算收入”等科目。发生销售退回的,应根据按照规定开具的红字增值税专用发票做相反的会计分录。

按照《政府会计制度》及相关政府会计准则确认收入的时点早于按照增值税制度确认增值税纳税义务发生时点的,应将相关销项税额计入“应交增值税”科目(待转销项税额),待实际发生纳税义务时再转入“应交增值税”科目(应交税金——销项税额)或“应交增值税”科目(简易计税)。

按照增值税制度确认增值税纳税义务发生时点早于按照本制度及相关政府会计准则确认收入的时点的,应按照应纳增值税额,借记“应收账款”科目,贷记“应交增值税”科目(应交税金——销项税额)或“应交增值税”科目(简易计税)。

【例 8-3】 承[例 8-2],该事业单位在开展非独立核算经营活动中销售应税货物一批,增值税发票上列示的价款为 10 000 元,增值税销项税额为 1 300 元,价税合计 11 300 元,款已收到并存入开户银行。该事业单位会计应编制的会计分录如下:

在财务会计中:

借:银行存款	11 300	
贷:经营收入		10 000
应交增值税——应交税金(销项税额)		1 300

同时,在预算会计中:

借:资金结存——货币资金	11 300	
贷:经营预算收入		11 300

(2) 金融商品转让业务。金融商品转让按照规定以盈亏相抵后的余额作为销售额。金融商品在实际转让的月末,如产生转让收益,则按照应纳税额,借记“投资收益”科目,贷记“应交增值税”科目(转让金融商品应交增值税);如产生转让损失,则按照可结转下月抵扣税额,借记“应交增值税”科目(转让金融商品应交增值税),贷记“投资收益”科目。交纳增值税时,在财务会计中,借记“应交增值税”科目(转让金融商品应交增值税),贷记“银行存款”等科目;同时,在预算会计中,借记“投资预算收益”科目,贷记“资金结存”科目。年末,“应交增值税”科目(转让金融商品应交增值税)如有借方余额,则借记“投资收益”科目,贷记“应交增值税”科目(转让金融商品应交增值税)。

3. 月末转出多交增值税和未交增值税

月度终了,单位应当将当月应交未交或多交的增值税自“应交税金”明细科目转入“未交税金”明细科目。对于当月应交未交的增值税,借记“应交增值税”科目(应交税金——转出未交增值税),贷记“应交增值税”科目(未交税金);对于当月多交的增值税,借记“应交增值税”科目

(未交税金),贷记“应交增值税”科目(应交税金——转出多交增值税)。

4. 交纳增值税

(1) 交纳当月应交增值税。单位交纳当月应交的增值税,在财务会计中,借记“应交增值税”科目(应交税金——已交税金),贷记“银行存款”等科目;同时,在预算会计中,借记“经营支出”“事业支出”科目,贷记“资金结存”科目。

(2) 交纳以前期间未交增值税。单位交纳以前期间未交的增值税,在财务会计中,借记“应交增值税”科目(未交税金),贷记“银行存款”等科目;同时,在预算会计中,借记“经营支出”“事业支出”科目,贷记“资金结存”科目。

【例 8-4】 承[例 8-2]和[例 8-3],该事业单位于 20×9 年 1 月份应交纳的增值税额为 650 元(1 300－650)。该事业单位会计应编制的会计分录如下:

(1) 月末,将当月应交未交的增值税自“应交税金”明细科目转入“未交税金”明细科目。

在财务会计中:

借:应交增值税——应交税金(转出未交增值税)	650	
贷:应交增值税——未交税金		650

(2) 次月,以银行存款交纳上月未交的增值税时。

在财务会计中:

借:应交增值税——未交税金	650	
贷:银行存款		650

同时,在预算会计中:

借:经营支出	650	
贷:资金结存——货币资金		650

(3) 预交增值税。单位预交增值税时,在财务会计中,借记“应交增值税”科目(预交税金),贷记“银行存款”等科目;同时,在预算会计中,借记“经营支出”“事业支出”科目,贷记“资金结存”科目。月末,单位应将“预交税金”明细科目余额转入“未交税金”明细科目,借记“应交增值税”科目(未交税金),贷记“应交增值税”科目(预交税金)。

(4) 减免增值税。对于当期直接减免的增值税,借记“应交增值税”科目(应交税金——减免税款),贷记“业务活动费用”“经营费用”等科目。

按照现行增值税制度规定,单位初次购买增值税税控系统专用设备支付的费用以及交纳的技术维护费允许在增值税应纳税额中全额抵减的,按照规定抵减的增值税应纳税额,借记“应交增值税”科目(应交税金——减免税款),贷记“业务活动费用”“经营费用”等科目。

(四) 增值税小规模纳税人单位增值税的核算

根据规定,小规模纳税人发生应税销售行为,实行按照销售额和征收率计算应纳税额的简易办法,并不得抵扣进项税额。小规模纳税人应纳税额的计算公式如下:

应纳税额＝销售额×征收率(3%)

小规模纳税人的标准由国务院财政、税务主管部门规定。属于小规模纳税人的事业单位,购进货物时,将支付的增值税计入材料的采购成本;销售货物时,一般情况下,按不含税价格的 3%计算应交增值税。采用销售额和应纳税金合并定价的,按照“销售额＝含税金额÷(1＋3%)”公式还原为不含税销售额,再计算应纳增值税额。

为了核算增值税业务，属于增值税小规模纳税人的单位，也应设置“应交增值税”总账科目。在本科目下设置“转让金融商品应交增值税”“代扣代交增值税”两个明细科目。

属于增值税小规模纳税人的单位应交增值税的主要账务处理如下：

（1）小规模纳税人购买资产或服务等时不能抵扣增值税，发生的增值税计入资产成本或相关成本费用。单位购买资产或服务等时，在财务会计中，按照应付或实际支付的金额，借记“业务活动费用”“在途物品”“库存物品”“工程物资”“在建工程”“固定资产”“无形资产”等科目，贷记“应付账款”“应付票据”“银行存款”“零余额账户用款额度”等科目；同时，在预算会计中，按照实际支付的金额，借记“经营支出”“事业支出”科目，贷记“资金结存”科目。

（2）按照现行增值税制度规定，境外单位或个人在境内发生应税行为，在境内未设有经营机构的，以购买方为增值税扣缴义务人。境内小规模纳税人购进服务或资产时，在财务会计中，按照应计入相关成本费用或资产的金额，借记“业务活动费用”“在途物品”“库存物品”“工程物资”“在建工程”“固定资产”“无形资产”等科目，按照应付或实际支付的金额，贷记“银行存款”“应付账款”等科目，按照应代扣代缴的增值税额，贷记“应交增值税”科目（代扣代交增值税）；同时，在预算会计中，按照实际支付的金额，借记“经营支出”“事业支出”科目，贷记“资金结存”科目。实际交纳代扣代缴增值税与一般纳税人单位相同。

（3）单位销售货物或提供服务，在财务会计中，应当按照应收或已收的金额，借记“应收账款”“应收票据”“银行存款”等科目，按照确认的收入金额，贷记“经营收入”“事业收入”等科目，按照现行增值税制度规定采用简易计税方法计算的应纳增值税额，贷记“应交增值税”科目；同时，在预算会计中，按照已收的金额，借记“资金结存”科目，贷记“经营预算收入”“事业预算收入”科目。

（4）单位转让金融商品，按照规定以盈亏相抵后的余额作为销售额，其账务处理与上述属于增值税一般纳税人的单位相同。

（5）单位交纳应交的增值税，在财务会计中，借记“应交增值税”科目，贷记“银行存款”等科目；同时，在预算会计中，借记“经营支出”“事业支出”科目，贷记“资金结存”科目。

（6）按照现行增值税制度规定，单位初次购买增值税税控系统专用设备支付的费用以及交纳的技术维护费允许在增值税应纳税额中全额抵减的，按照规定抵减的增值税应纳税额，借记“应交增值税”科目，贷记“业务活动费用”“经营费用”等科目。

【例8-5】 某事业单位是增值税小规模纳税人，为开展非独立核算经营活动购入一批物品，取得增值税专用发票中注明的价款为3 000元，增值税额为390元，款项以银行存款支付，物品已验收入库。该事业单位本月在开展非独立核算经营活动中销售一批物品，价税合计4 120元。其中，价款为4 000元[4 120÷(1+3%)]，应交增值税为120元，款项已存入银行。该事业单位财务会计应编制的会计分录如下：

（1）购进物品时。

在财务会计中：

借：库存物品	3 390	
贷：银行存款		3 390

同时，在预算会计中：

借：经营支出	3 390	
贷：资金结存——货币资金		3 390

(2) 销售应税产品时。

在财务会计中：

借：银行存款　　4 120
　　贷：经营收入　　4 000
　　　　应交增值税　　120

同时，在预算会计中：

借：资金结存——货币资金　　4 120
　　贷：经营预算收入　　4 120

(3) 实际交纳增值税时。

在财务会计中：

借：应交增值税　　120
　　贷：银行存款　　120

同时，在预算会计中：

借：经营支出　　120
　　贷：资金结存——货币资金　　120

事业单位的增值税业务主要涉及经营业务，而经营活动在事业单位中是很少的。行政单位和公益一类事业单位中没有经营活动。由于事业单位属于公益组织，根据国家税法规定可以享受税收优惠，如对公立医院、公立学校、图书馆、博物馆、文化馆、美术馆、科技馆、体育馆等免征增值税。

三、其他应交税费

其他应交税费是指单位按照税法等规定计算应交纳的除增值税以外的各种税费，包括城市维护建设税、教育费附加、地方教育费附加、车船税、房产税、城镇土地使用税和企业所得税等。

为了核算其他应交税费业务，单位应设置"其他应交税费"总账科目。本科目应当按照应交纳的税费种类进行明细核算。单位代扣代缴的个人所得税，也通过本科目核算。单位应交纳的印花税不需要预提应交税费，直接通过"业务活动费用""单位管理费用""经营费用"等科目核算，不通过本科目核算。本科目期末贷方余额，反映单位应交未交的除增值税以外的税费金额；期末如为借方余额，反映单位多交纳的除增值税以外的税费金额。

(1) 单位发生城市维护建设税、教育费附加、地方教育费附加、车船税、房产税、城镇土地使用税等纳税义务的，按照税法规定计算的应缴税费金额，借记"业务活动费用""单位管理费用""经营费用"等科目，贷记"其他应交税费"科目(应交城市维护建设税、应交教育费附加、应交地方教育费附加、应交车船税、应交房产税、应交城镇土地使用税等)。

(2) 单位按照税法规定计算应代扣代缴职工(含长期聘用人员)的个人所得税，借记"应付职工薪酬"科目，贷记"其他应交税费"科目(应交个人所得税)。

按照税法规定计算应代扣代缴支付给职工(含长期聘用人员)以外人员劳务费的个人所得税，借记"业务活动费用""单位管理费用"等科目，贷记"其他应交税费"科目(应交个人所得税)。

(3) 单位发生企业所得税纳税义务的，按照税法规定计算的应交所得税额，借记"所得税费用”科目，贷记“其他应交税费”科目(单位应交所得税)。

(4) 单位实际交纳上述各种税费时，在财务会计中，借记“其他应交税费”科目(应交城市维护建设税、应交教育费附加、应交地方教育费附加、应交车船税、应交房产税、应交城镇土地使用税、应交个人所得税、单位应交所得税等)，贷记“财政拨款收入”“零余额账户用款额度”“银行存款”等科目。同时，在预算会计中，借记“行政支出”“事业支出”“经营支出”科目，贷记“财政拨款预算收入”“资金结存”科目。

【例8-6】 某事业单位在开展专业业务活动中，按税法规定应交城市维护建设税和教育费附加分别为2 000元和1 200元，按规定计入业务活动费用。该事业单位通过财政授权支付方式支付税款。根据上述经济业务，该事业单位会计应编制的会计分录如下：

(1) 月末计算应负担的税金时。

在财务会计中：

借：业务活动费用	3 200	
贷：其他应交税费——城市维护建设税		2 000
——教育费附加		1 200

(2) 通过财政授权方式支付税金及附加费时。

在财务会计中：

借：其他应交税费——城市维护建设税	2 000	
——教育费附加	1 200	
贷：零余额账户用款额度		3 200

同时，在预算会计中：

借：事业支出	3 200	
贷：结存资金——零余额账户用款额度		3 200

根据相关规定，公立医院、公立学校、图书馆、博物馆、文化馆、美术馆、科技馆、体育馆以及国家机关自用的房产免征房产税；但相关行政事业单位的出租房产以及非自身业务使用的生产、营业用房不属于房产税的免税范围。车船税、城镇土地使用税的情况类似。行政事业单位没有企业所得税业务。事业单位的企业所得税业务也主要涉及经营活动。

四、应缴财政款

应缴财政款是指单位取得或应收的按照规定应当上缴财政的款项，包括应缴国库的款项和应缴财政专户的款项。

为了核算应缴财政款业务，单位应设置“应缴财政款”科目。本科目应按应缴国库的各款项类别进行明细核算。本科目期末贷方余额，反映单位应当上缴财政但尚未上缴的款项。年终清缴后，本科目一般应无余额。单位按照国家税法等有关规定应当上缴的各种税费，通过“应交增值税”“其他应交税费”科目核算，不通过本科目核算。

单位取得或应收按照规定应缴财政的款项时，借记“银行存款”“应收账款”等科目，贷记“应缴财政款”科目。单位上缴应缴财政的款项时，按照实际上缴的金额，借记“应缴财政款”科目，贷记“银行存款”科目。

五、应付职工薪酬

职工薪酬是指单位按照有关规定应付给职工(含长期聘用人员)及为职工支付的各种薪

酬，包括基本工资、国家统一规定的津贴补贴、规范津贴补贴（绩效工资）、改革性补贴、社会保险费（如职工基本养老保险费、职业年金、基本医疗保险费等）、住房公积金等。

为了核算按有关规定应付给职工及为职工支付的各种薪酬，单位应设置“应付职工薪酬”总账科目。本科目应当根据国家有关规定按照“基本工资”（含离退休费）“国家统一规定的津贴补贴”“规范津贴补贴（绩效工资）”“改革性补贴”“社会保险费”“住房公积金”“其他个人收入”等进行明细核算。其中，“社会保险费”“住房公积金”明细科目核算内容包括单位从职工工资中代扣代缴的社会保险费、住房公积金，以及单位为职工计算交纳的社会保险费、住房公积金。本科目期末贷方余额，反映单位应付未付的职工薪酬。

(1) 计提从事专业及其辅助活动人员的职工薪酬（含单位为职工计算交纳的社会保险费、住房公积金），借记“业务活动费用”“单位管理费用”科目，贷记“应付职工薪酬”科目；计提应由在建工程、加工物品、自行研发无形资产负担的职工薪酬，借记“在建工程”“加工物品”“研发支出”等科目，贷记“应付职工薪酬”科目；计提从事专业及其辅助活动之外的经营活动人员的职工薪酬，借记“经营费用”科目，贷记“应付职工薪酬”科目；因解除与职工的劳动关系而给予的补偿，借记“单位管理费用”等科目，贷记“应付职工薪酬”科目。

(2) 单位向职工支付工资、津贴补贴等薪酬时，按照实际支付的金额，在财务会计中，借记“应付职工薪酬”科目，贷记“财政拨款收入”“零余额账户用款额度”“银行存款”等科目；同时，在预算会计中，借记“行政支出”“事业支出”“经营支出”等科目，贷记“财政拨款预算收入”“资金结存”科目。

(3) 单位按照税法规定代扣职工个人所得税时，借记“应付职工薪酬”科目（基本工资），贷记“其他应交税费——应交个人所得税”科目；从应付职工薪酬中代扣为职工垫付的水电费、房租等费用时，按照实际扣除的金额，借记“应付职工薪酬”科目（基本工资），贷记“其他应收款”等科目；从应付职工薪酬中代扣社会保险费和住房公积金，按照代扣的金额，借记“应付职工薪酬”科目（基本工资），贷记“应付职工薪酬”科目（社会保险费、住房公积金）。

(4) 单位按照国家有关规定交纳职工社会保险费和住房公积金时，按照实际支付的金额，在财务会计中，借记“应付职工薪酬”科目（社会保险费、住房公积金），贷记“财政拨款收入”“零余额账户用款额度”“银行存款”等科目；同时，在预算会计中，借记“行政支出”“事业支出”“经营支出”等科目，贷记“财政拨款预算收入”“资金结存”科目。

(5) 单位从应付职工薪酬中支付的其他款项，在财务会计中，借记“应付职工薪酬”科目，贷记“零余额账户用款额度”“银行存款”等科目；同时，在预算会计中，借记“行政支出”“事业支出”“经营支出”等科目，贷记“财政拨款预算收入”“资金结存”科目。

【例8-7】 某行政单位于20×9年1月份计提从事专业及其辅助活动人员的应付职工薪酬共计265 000元。其中，职工基本工资200 000元，国家统一规定的津贴补贴25 000元，单位应为职工交纳的社会保险费20 000元和住房公积金10 000元；应从职工基本工资中代扣代缴的社会保险费20 000元和住房公积金10 000元；按税法规定应从职工基本工资中代扣代缴的职工个人所得税5 000元。该行政单位通过财政直接支付方式向职工支付基本工资、津贴补贴以及向相关机构交纳职工社会保险费和住房公积金。根据以上经济业务，该单位会计应编制的会计分录如下：

(1) 计提应付职工薪酬时。

在财务会计中：

借：业务活动费用　265 000
　贷：应付职工薪酬——基本工资　200 000
　　　　　　　　——国家统一规定的津贴补贴　25 000
　　　　　　　　——社会保险费　30 000
　　　　　　　　——住房公积金　10 000

(2) 从应付职工薪酬中代扣代缴职工社会保险费与住房公积金时。

在财务会计中：

借：应付职工薪酬——基本工资　30 000
　贷：应付职工薪酬——社会保险费　20 000
　　　　　　　　——住房公积金　10 000

(3) 从应付职工薪酬中代扣代缴个人所得税时。

在财务会计中：

借：应付职工薪酬——基本工资　5 000
　贷：其他应交税费——应交个人所得税　5 000

(4) 向职工支付基本工资、津贴补贴时。

在财务会计中：

借：应付职工薪酬——基本工资　165 000
　　　　　　　——国家统一规定的津贴补贴　25 000
　贷：财政拨款收入　190 000

同时，在预算会计中：

借：行政支出　190 000
　贷：财政拨款预算收入　190 000

(5) 向相关机关交纳社会保险费和住房公积金以及代扣代缴的个人所得税时。

在财务会计中：

借：应付职工薪酬——社会保险费　50 000
　　　　　　　——住房公积金　20 000
　　其他应交税费——应交个人所得税　5 000
　贷：财政拨款收入　75 000

同时，在预算会计中：

借：行政支出　75 000
　贷：财政拨款预算收入　75 000

根据《政府会计准则制度解释第1号》的规定，中央级行政事业单位应当自2019年1月1日起，将归属于本单位的售房款及其利息收入纳入部门预算管理，并按照《政府会计制度》统一进行会计核算。按规定使用售房款发放购房补贴的，计提购房补贴费用时，借记“业务活动费用”“单位管理费用”等科目，贷记“应付职工薪酬”科目的相关明细科目；发放购房补贴时，借记“应付职工薪酬”科目的相关明细科目，贷记“银行存款”等科目；同时，在预算会计中，借记“行政支出”“事业支出”等科目，贷记“资金结存”科目。

六、应付及预收款项

应付及预收款项是指行政事业单位在开展业务活动中发生的各项债务，主要包括应付票据、应付账款、应付政府补贴款、应付利息、应收账款、其他应收款等。

（一）应付票据

应付票据是指事业单位因购买材料、物资等而开出、承兑的商业汇票，包括银行承兑汇票和商业承兑汇票。

为了核算应付票据业务，事业单位应设置“应付票据”总账科目。本科目应当按照债权人进行明细核算。本科目的期末贷方余额，反映事业单位开出、承兑的尚未到期的商业汇票票面金额。

事业单位开出、承兑商业汇票时，借记“库存物品”“固定资产”等科目，贷记“应付票据”科目。涉及增值税业务的，相关账务处理参见“应交增值税”科目的账务处理。以商业汇票抵付应付账款时，借记“应付账款”科目，贷记“应付票据”科目。支付银行承兑汇票的手续费时，在财务会计中，借记“业务活动费用”“经营费用”等科目，贷记“银行存款”“零余额账户用款额度”等科目；同时，在预算会计中，借记“事业支出”“经营支出”科目，贷记“资金结存”科目。

商业汇票到期，应当分别以下三种情况处理：①收到银行支付到期票据的付款通知时，在财务会计中，借记“应付票据”科目，贷记“银行存款”科目。同时，在预算会计中，借记“事业支出”“经营支出”科目，贷记“资金结存”科目。②若银行承兑汇票到期，单位无力支付票款的，按照应付票据账面余额，在财务会计中，借记“应付票据”科目，贷记“短期借款”科目。同时，在预算会计中，借记“事业支出”“经营支出”科目，贷记“资金结存”科目。③若商业承兑汇票到期，单位无力支付票款的，按照应付票据账面余额，借记“应付票据”科目，贷记“应付账款”科目。

单位应当设置“应付票据备查簿”，详细登记每一应付票据的种类、号数、出票日期、到期日、票面金额、交易合同号、收款人姓名或单位名称，以及付款日期和金额等。应付票据到期结清票款后，应当在备查簿内逐笔注销。

【例8-8】 某事业单位为小规模纳税人，为开展专业业务活动采用银行承兑汇票结算方式购入一批物品，根据发票账单，购入物品的价税合计11 300元，物品已验收入库。单位开出2个月到期的银行承兑汇票，并通过银行账户支付银行承兑手续费5.65元。票据到期前单位如期还款。该单位会计应编制的会计分录如下：

（1）开出承兑的银行承兑汇票时。

在财务会计中：

借：库存物品	11 300	
贷：应付票据——银行承兑汇票		11 300

（2）通过银行存款账户支付银行承兑手续费时。

在财务会计中：

借：业务活动费用	5.65	
贷：银行存款		5.65

同时，在预算会计中：

借：事业支出	5.65	
贷：资金结存——货币资金		5.65

（3）若票据到期，单位通过银行存款账户如期还款时。

在财务会计中：

借：应付票据——银行承兑汇票	11 300	
贷：银行存款		11 300

同时，在预算会计中：

借：事业支出　　11 300

　　贷：资金结存——货币资金　　11 300

（二）应付账款

应付账款是指单位因购买物资、接受服务、开展工程建设等而应付的偿还期限在1年以内（含1年）的款项。

为了核算应付账款业务，单位应设置“应付账款”总账科目。本科目应当按照债权人进行明细核算。对于建设项目，还应设置“应付器材款”“应付工程款”等明细科目，并按照具体项目进行明细核算。本科目平时为贷方余额，表示尚未偿付的应付账款数额。

单位收到所购材料、物资、设备或服务以及确认完成工程进度但尚未付款时，根据发票及账单等有关凭证，在财务会计中，按照应付未付款项的金额，借记“库存物品”“固定资产”“在建工程”等科目，贷记“应付账款”科目。涉及增值税业务的，相关账务处理参见“应交增值税”科目的账务处理。偿付应付账款时，按照实际支付的金额，在财务会计中，借记“应付账款”科目，贷记“财政拨款收入”“零余额账户用款额度”“银行存款”等科目；同时，在预算会计中，借记“行政支出”“事业支出”“经营支出”科目，贷记“财政拨款预算收入”“资金结存”科目。

事业单位开出、承兑商业汇票抵付应付账款时，借记“应付账款”科目，贷记“应付票据”科目。

无法偿付或债权人豁免偿还的应付账款，应当按照规定报经批准后进行账务处理。经批准核销时，借记“应付账款”科目，贷记“其他收入”科目。核销的应付账款应在备查簿中保留登记。

【例8-9】 某事业单位为一般纳税人，为开展非独立核算的经营活动购入货物一批，增值税专用发票上注明价款3 000元，增值税额为390元。货物已验收入库，货款未付。之后通过银行存款账户支付该笔款项。根据以上经济业务，该事业单位会计应编制的会计分录如下：

（1）收到赊购货物时。

在财务会计中：

借：库存物品　　3 000

　　应交增值税——应交税金（进项税额）　　390

　　贷：应付账款　　3 390

（2）通过银行存款支付应付款时。

在财务会计中：

借：应付账款　　3 390

　　贷：银行存款　　3 390

同时，在预算会计中：

借：经营支出　　3 390

　　贷：资金结存——货币资金　　3 390

（三）应付政府补贴款

应付政府补贴款是指负责发放政府补贴的行政单位，按照规定应当支付给政府补贴接受者的各种政府补贴款。例如，民政部门应当向优抚对象发放的抚恤和生活补助、住建部门应当向低收入或新就业人群发放的住房租赁补贴，以及有关行政单位根据职能划分向农民发放农机购置补贴、向使用清洁能源的单位和个人发放使用清洁能源补贴、向购买节能电器的单位和个人发放节能补贴、向职业培训和职业介绍机构发放职业培训和职业介绍补贴等。事业单位没有应付补贴款业务。

为了核算应付政府补贴款业务，行政单位应设置“应付政府补贴款”总账科目。本科目应当按照应支付的政府补贴种类进行明细核算。单位还应当根据需要按照补贴接受者进行明细核算，或者建立备查簿对补贴接受者予以登记。本科目期末贷方余额，反映行政单位应付未付的政府补贴金额。

行政单位发生应付政府补贴时，按照依规定计算确定的应付政府补贴金额，在财务会计中，借记“业务活动费用”科目，贷记“应付政府补贴款”科目。支付应付政府补贴款时，按照支付金额，在财务会计中，借记“应付政府补贴款”科目，贷记“零余额账户用款额度”“银行存款”等科目；同时，在预算会计中，借记“行政支出”科目，贷记“资金结存”科目。

【例8-10】 某行政单位发生一项应付政府补贴业务，按照规定计算出的应付政府补贴金额45 100元，其内容为应向农民支付农机具购置补贴。之后，该行政单位通过财政授权方式支付以上应付政府补贴款项。该单位会计应编制的会计分录如下：

（1）发生应付政府补贴时。

在财务会计中：

借：业务活动费用	45 100	
贷：应付政府补贴款		45 100

（2）实际支付应付政府补贴款时。

在财务会计中：

借：应付政府补贴款	45 100	
贷：零余额账户用款额度		45 100

同时，在预算会计中：

借：行政支出	45 100	
贷：资金结存——零余额账户用款额度		45 100

应付政府补贴款项的受益人为政府补贴的接受者。其相应款项尽管也记入业务活动费用，但与行政单位自身耗用的办公经费存在差异。

(四) 应付利息

应付利息是指事业单位按照合同约定应支付的借款利息，包括短期借款、分期付息到期还本的长期借款等应支付的利息。

为了核算应付利息业务，事业单位是设置“应付利息”总账科目。本科目应当按照债权人等进行明细核算。本科目期末贷方余额，反映事业单位应付未付的利息金额。

为建造固定资产、公共基础设施等借入的专门借款的利息，属于建设期间发生的，按期计提利息费用时，按照计算确定的金额，借记“在建工程”科目，贷记“应付利息”科目；不属于建设期间发生的，按期计提利息费用时，按照计算确定的金额，借记“其他费用”科目，贷记“应付利息”科目。对于其他借款，按期计提利息费用时，按照计算确定的金额，借记“其他费用”科目，贷记“应付利息”科目。实际支付应付利息时，按照支付的金额，在财务会计中，借记“应付利息”科目，贷记“银行存款”等科目；同时，在预算会计中，借记“其他支出”科目，贷记“资金结存”科目。

【例 8-11】 承[例 8-1],该事业单位会计应编制的会计分录如下:

(1) 每月预提借款利息时。

在财务会计中:

借:其他费用——利息支出　　1 000
　贷:应付利息(200 000×6%÷12)　　1 000

(2) 季末支付利息时。

在财务会计中:

借:其他费用——利息费用　　2 000
　应付利息　　1 000
　贷:银行存款　　3 000

同时,在预算会计中:

借:其他支出——利息支出　　3 000
　贷:资金结存——货币资金　　3 000

关于借款利息的更多举例,请参阅本章第二节"非流动负债"中"长期借款"的相关核算举例。

(五) 预收账款

预收账款是指事业单位预先收取但尚未结算的款项。例如,公立医院的预收医疗款、高等学校和科研院所的预收科研费,以及事业单位在开展经营活动中预收的款项等。行政单位没有预收账款业务。

为了核算预收账款业务,事业单位应设置"预收账款"总账科目。本科目应按预收账款的债权人进行明细核算。本科目期末贷方余额,反映事业单位预收但尚未结算的款项金额。

事业单位从付款方预收款项时,按照实际预收的金额,在财务会计中,借记"银行存款"等科目,贷记"预收账款"科目;同时,在预算会计中,借记"资金结存"科目,贷记"事业预算收入""经营预算收入"科目。确认有关收入时,在财务会计中,按照预收账款账面余额,借记"预收账款"科目,按照应确认的收入金额,贷记"事业收入""经营收入"等科目,按照付款方补付或退回付款方的金额,借记或贷记"银行存款"等科目;同时,在预算会计中,按照付款方补付的金额,借记"资金结存"科目,贷记"事业预算收入""经营预算收入"科目。若退回多余的预付款,按照退回付款方的金额作相反的会计分录。涉及增值税业务的,相关账务处理参见"应交增值税"科目的账务处理。

无法偿付或债权人豁免偿还的预收账款,应当按照规定报经批准后进行账务处理。经批准核销时,借记"预收账款"科目,科目,贷记"其他收入"科目。核销的预收账款应在备查簿中保留登记。

【例 8-12】 某事业单位按合同规定从付款单位预收一笔款项 7 500 元,款项已存入银行。按合同规定该事业单位应确认的事业收入为 20 000 元,付款方通过银行转账方式补付的款项 12 500 元(20 000—7 500)。该事业单位会计应编制的会计分录如下:

(1) 收到预收款项时。

在财务会计中:

借:银行存款　　7 500
　贷:预收账款　　7 500

同时，在预算会计中：

借：资金结存——货币资金　　7 500

　贷：事业预算收入　　7 500

(2) 完成相关专业活动确认事业收入时。

在财务会计中：

借：预收账款　　7 500

　银行存款　　12 500

　贷：事业收入　　20 000

同时，在预算会计中：

借：资金结存——货币资金　　12 500

　贷：事业预算收入　　12 500

(六) 其他应付款

其他应付款是指单位除应交增值税、其他应交税费、应缴财政款、应付职工薪酬、应付票据、应付账款、应付政府补贴款、应付利息、预收账款以外，其他各项偿还期限在 1 年内(含 1 年)的应付及暂收款项，如收取的押金、存入保证金、已经报销但尚未偿还银行的本单位公务卡欠款等。

为了核算其他应付款业务，单位应设置“其他应付款”科目。同级政府财政部门预拨的下期预算款和没有纳入预算的暂付款项，以及采用实拨资金方式通过本单位转拨给下属单位的财政拨款，也通过本科目核算。本科目应当按照其他应付款的类别以及债权人等进行明细核算。本科目期末贷方余额，反映单位尚未支付的其他应付款金额。

单位发生其他应付及暂收款项时，借记“银行存款”等科目，贷记“其他应付款”科目。支付(或退回)其他应付及暂收款项时，借记“其他应付款”科目，贷记“银行存款”等科目。将暂收款项转为收入时，在财务会计中，借记“其他应付款”科目，贷记“事业收入”等科目；同时，在预算会计中，借记“资金结存”科目，贷记“事业预算收入”科目。

单位收到同级政府财政部门预拨的下期预算款和没有纳入预算的暂付款项，按照实际收到的金额，借记“银行存款”等科目，贷记“其他应付款”科目。待到下一预算期或批准纳入预算时，在财务会计中，借记“其他应付款”科目，贷记“财政拨款收入”科目；同时，在预算会计中，借记“资金结存”科目，贷记“财政拨款预算收入”科目。采用实拨资金方式通过本单位转拨给下属单位的财政拨款，按照实际收到的金额，借记“银行存款”科目，贷记“其他应付款”科目。向下属单位转拨财政拨款时，按照转拨的金额，借记“其他应付款”科目，贷记“银行存款”科目。

本单位公务卡持卡人报销时，按照审核报销的金额，借记“业务活动费用”“单位管理费用”等科目，贷记“其他应付款”科目。偿还公务卡欠款时，在财务会计中，借记“其他应付款”科目，贷记“零余额账户用款额度”等科目；同时，在预算会计中，借记“行政支出”“事业支出”科目，贷记“资金结存”科目。

涉及质保金形成其他应付款的，相关账务处理参见“固定资产”科目的账务处理。

无法偿付或债权人豁免偿还的其他应付款项，应当按照规定报经批准后进行账务处理。经批准核销时，借记“其他应付款”科目，贷记“其他收入”科目。核销的其他应付款应在备查簿中保留登记。

【例 8-13】 某县财政于 20×9 年 12 月完成财政预算的“二上”程序。某预算单位收到县财政根据“二上”预算草案预拨的下一季度的日常公用经费 60 000 元。之后经批准将预拨经费转入下季度的预算收入。该预算单位会计应编制的会计分录如下：

(1) 收到预拨经费时。

在财务会计中：

借：银行存款　　60 000

　　贷：其他应付款——预拨经费　　60 000

(2) 届时经批准预拨经费转入预算收入时。

在财务会计中：

借：其他应付款——预拨经费　　60 000

　　贷：财政拨款收入　　60 000

同时，在预算会计中：

借：结存资金——货币资金　　60 000

　　贷：财政拨款预算收入　　60 000

对于应当纳入下一年度部门预算管理的暂收款项，单位在收到款项时，在财务会计中，借记“银行存款”等科目，贷记“其他应付款”科目；本年度不作预算会计处理。待下一年初，单位应当按照上年暂收的款项金额，在财务会计中，借记“其他应付款”科目，贷记有关收入科目；同时，在预算会计中，按照暂收款项的金额，借记“资金结存”科目，贷记有关预算收入科目。

【例 8-14】 某行政单位职工出差调研，持公务卡报销差旅费等相关费用计 4 500 元。数日后，该行政单位通过财政授权支付方式向银行偿还了该项公务卡欠款 4 500 元。该行政单位会计应编制的会计分录如下：

(1) 公务卡持卡人报销时。

在财务会计中：

借：业务活动费用　　4 500

　　贷：其他应付款　　4 500

(2) 通过财政授权支付方式支付公务卡欠款时。

在财务会计中：

借：其他应付款——某职工　　4 500

　　贷：零余额账户用款额度　　4 500

同时，在预算会计中：

借：行政支出　　4 500

　　贷：结存资金——零余额账户用款额度　　4 500

七、预提费用

预提费用是指单位预先提取的已经发生但尚未支付的费用，如预提租金费用等。

为了核算预提费用业务，单位应设置“预提费用”总账科目。本科目应当按照预提费用的种类进行明细核算。事业单位按规定从科研项目收入中提取的项目间接费用或管理费，也通过本科目核算。事业单位计提的借款利息费用，通过“应付利息”“长期借款”科目核算，不通过本科目核算。本科目应当设置“项目间接费用或管理费”明细科目，并按项目进行明细核算。

本科目期末贷方余额，反映单位已预提但尚未支付的各项费用。

（1）项目间接费用或管理费。事业单位按规定从科研项目收入中提取项目间接费用或管理费时，按照提取的金额，在财务会计中，借记“单位管理费用”科目，贷记“预提费用”科目（项目间接费用或管理费）；同时，在预算会计中，借记“非财政拨款结转”科目，贷记“非财政拨款结余”科目。实际使用计提的项目间接费用或管理费时，按照实际支付的金额，在财务会计中，借“预提费用”科目（项目间接费用或管理费），贷记“银行存款”“库存现金”等科目；同时，在预算会计中，借记“事业支出”科目，贷记“资金结存”科目。

（2）其他预提费用。按期预提租金等其他费用时，按照预提的金额，借记“业务活动费用”“单位管理费用”“经营费用”等科目，贷记“预提费用”科目。实际支付款项时，按照支付金额，在财务会计中，借记“预提费用”科目，贷记“零余额账户用款额度”“银行存款”等科目；同时，在预算会计中，借记“行政支出”“事业支出”“经营支出”科目，贷记“资金结存”科目。

【例 8-15】　某医疗卫生事业单位按照规定从科研项目的预算收入中提取管理费 1 500 元。该单位会计应编制的会计分录如下：

在财务会计中：

借：单位管理费用	1 500	
贷：预提费用——项目间接费用或管理费		1 500

同时，在预算会计中：

借：非财政拨款结转——管理费	1 500	
贷：非财政拨款结余——管理费		1 500

根据《政府会计准则制度解释第 2 号》的规定，单位按规定从财政科研项目中提取项目间接费用或管理费的，应当按照以下规定进行账务处理：

（1）从财政科研项目中提取项目间接费用或管理费时，按照计提的金额，在财务会计中，借记“业务活动费用”“单位管理费用”等科目，贷记“预提费用——项目间接费用或管理费”科目；此时，在预算会计中不作处理。

（2）将提取的项目间接费用或管理费从本单位零余额账户划转到实有资金账户时，按照划转的资金金额，在财务会计中，借记“银行存款——财政拨款资金”科目，贷记“零余额账户用款额度”科目；同时，在预算会计中借记“资金结存——货币资金”科目，贷记“资金结存——零余额账户用款额度”科目。

（3）使用提取的项目间接费用或管理费时，按照实际支付的金额，在财务会计中，借记“预提费用——项目间接费用或管理费”科目，贷记“银行存款——财政拨款资金”科目；同时，在预算会计中，借记“事业支出”等支出科目下的“财政拨款支出”明细科目，贷记“资金结存——货币资金”科目。

第二节　非流动负债

非流动负债是指流动负债以外的负债。事业单位的非流动负债包括长期借款、长期应付款、预计负债、受托代理负债等。行政单位没有非流动负债业务。

一、长期借款

长期借款是指事业单位从银行或其他金融机构借入的偿还期限在 1 年以上（不含 1 年）的

各项借款。

为了核算长期借款业务，事业单位应设置"长期借款"总账科目。本科目应当设置"本金"和"应计利息"明细科目，并按照贷款单位和贷款种类进行明细核算。对于建设项目借款，还应按照具体项目进行明细核算。本科目期末贷方余额，反映事业单位尚未偿还的长期借款本息金额。

事业单位借入各项长期借款时，按照实际借入的金额，在财务会计中，借记"银行存款"科目，贷记"长期借款"科目(本金)；同时，在预算会计中，借记"资金结存"科目，贷记"债务预算收入"科目。

为建造固定资产、公共基础设施等应支付的专门借款利息，按期计提利息时，分以下两种情况处理：①属于工程项目建设期间发生的利息，计入工程成本，按照计算确定的应支付的利息金额，借记"在建工程"科目，贷记"应付利息"科目或"长期借款——应计利息"科目。②属于工程项目完工交付使用后发生的利息，计入当期费用，按照计算确定的应支付的利息金额，借记"其他费用"科目，贷记"应付利息"科目或"长期借款——应计利息"科目。

按期计提其他长期借款的利息时，按照计算确定的应支付的利息金额，借记"其他费用"科目，贷记"应付利息"科目或"长期借款——应计利息"科目。

到期归还长期借款本金、利息时，在财务会计中，借记"长期借款"科目(本金、应计利息)，贷记"银行存款"科目；同时，在预算会计中，借记"债务预算支出"科目(本金)、"其他支出"(利息支出)，贷记"资金结存"科目。

【例8-16】 20×7年1月1日，某事业单位为构建一项固定资产从银行借入一笔借款500 000元，期限为3年，年利率为6%，到期一次还本付息。工程的建造期限为2年，2年后工程如期完工并交付使用。每年应计利息30 000元(500 000×6%×1)，前两年利息60 000元计入在建工程，第三年的利息30 000元计入其他费用。3年到期本金和利息共计590 000元(500 000+90 000)。以上借款本息均通过银行存款账户收付。该事业单位会计应编制的会计分录如下：

(1) 借入款项时。

在财务会计中：

借：银行存款　　500 000
　贷：长期借款——本金　　500 000

同时，在预算会计中：

借：资金结存——货币资金　　500 000
　贷：债务预算收入　　500 000

(2) 20×7年、20×8年年末计提专门借款应计利息时。

在财务会计：

借：在建工程　　30 000
　贷：长期借款——应计利息　　30 000

(3) 20×9年年末以银行存款归还长期借款的本金和利息。

在财务会计中：

借：长期借款——本金　　500 000
　　　　　　——应计利息　　60 000
　其他费用——利息费用　　30 000
　贷：银行存款　　590 000

同时，在预算会计中：

借：债务还本支出　　500 000
　　其他支出——利息支出　　90 000
　　贷：资金结存——货币资金　　590 000

二、长期应付款

长期应付款是指事业单位发生的偿还期限超过1年(不含1年)的应付款项。如以融资租赁租入固定资产的租赁费、跨年度分期付款购入固定资产的价款。

为了核算长期应付款业务，事业单位应设置"长期应付款"总账科目。本科目期末贷方余额，反映事业单位尚未支付的长期应付款。本科目应当按照长期应付款的类别以及债权人进行明细核算。本科目期末贷方余额，反映单位尚未支付的长期应付款金额。

事业单位发生长期应付款时，借记"固定资产""在建工程"等科目，贷记"长期应付款"科目。支付长期应付款时，按照实际支付的金额，在财务会计中，借记"长期应付款"科目，贷记"财政拨款收入""零余额账户用款额度""银行存款"等科目；同时，在预算会计中，借记"行政支出""事业支出""经营支出"科目，贷记"财政拨款预算收入""资金结存"科目。涉及增值税业务的，相关账务处理参见"应交增值税"科目的账务处理。无法偿付或债权人豁免偿还的长期应付款，应当按照规定报经批准后进行账务处理。经批准核销时，借记"长期应付款"科目，贷记"其他收入"科目。核销的长期应付款应在备查簿中保留登记。涉及质保金形成长期应付款的，相关账务处理参见"固定资产"科目。

【例8-17】 某事业单位采用跨年度分期付款方式向甲公司购入一台机器设备300 000元，合同规定，每年年末以银行存款支付100 000元，连续支付3年。该单位以银行存款支付购入设备的运输费8 000元。该项固定资产已经验收，并投入事业活动的使用。该事业单位每年年末以银行存款向甲公司支付100 000元的货款。根据以上经济业务，该事业单位会计应编制的会计分录如下：

(1) 购入设备并投入使用时。

在财务会计中：

借：固定资产　　308 000
　　贷：长期应付款——分期付款方式购入固定资产款　　300 000
　　　　银行存款　　8 000

同时，在预算会计中：

借：事业支出　　8 000
　　贷：资金结存——货币资金　　8 000

(2) 之后连续3年按规定支付款项时。

在财务会计：

借：长期应付款——分期付款方式购入固定资产款　　100 000
　　贷：银行存款　　100 000

同时，在预算会计中：

借：事业支出　　100 000
　　贷：资金结存——货币资金　　100 000

三、预计负债

预计负债是指单位对因或有事项所产生的现时义务而确认的负债，如对未决诉讼等确认的负债。

为了核算预计负债业务，单位应设置“预计负债”总账科目。本科目应当按照预计负债的项目进行明细核算。本科目期末贷方余额，反映单位已确认但尚未支付的预计负债金额。

单位确认预计负债时，按照预计的金额，借记“业务活动费用”“经营费用”“其他费用”等科目，贷记“预计负债”科目。实际偿付预计负债时，按照偿付的金额，在财务会计中，借记“预计负债”科目，贷记“银行存款”“零余额账户用款额度”等科目；同时，在预算会计中，借记“行政支出”“事业支出”“经营支出”科目，贷记“资金结存”科目。根据确凿证据需要对已确认的预计负债账面余额进行调整的，按照调整增加的金额，借记有关科目，贷记“预计负债”科目；按照调整减少的金额，借记“预计负债”科目，贷记有关科目。

【例 8-18】 某事业单位在开展非独立核算的经营活动中因合同违约被丁公司在法院起诉。年末，该单位尚未接到法院的判决。在咨询了单位的法律顾问后，认为最终的法律判决很可能对本单位不利，预计将要支付的赔偿金额、诉讼费等费用为 16 000 元。次年，经法院判决，该事业单位需要向丁公司支付赔款 18 000 元，该事业单位以银行存款支付了该笔赔款。该项赔款按规定应计入经营活动费用。该事业单位会计应编制的会计分录如下：

(1) 年末，确认预计负债。

在财务会计中：

借：经营费用	16 000	
贷：预计负债——未决诉讼		16 000

(2) 次年，判决后，偿付赔款。

在财务会计中：

借：预计负债——未决诉讼	16 000	
经营费用	2 000	
贷：银行存款		18 000

同时，在预算会计中：

借：经营支出	18 000	
贷：资金结存——货币资金		18 000

四、受托代理负债

受托代理负债是指单位接受委托取得受托代理资产时形成的负债。

为了核算受托代理负债业务，单位应设置“受托代理负债”总账科目。本科目的账务处理参见“受托代理资产”“库存现金”“银行存款”等科目的账务处理。本科目期末贷方余额，反映单位尚未交付或发出受托代理资产形成的受托代理负债金额。其具体核算举例请参阅[例 7-3]和[例 7-68]。

复习思考题

1. 单位的负债包括哪些内容？

2. 什么是短期借款？应当如何核算？
3. 什么是单位的应交增值税和应交其他税费？具体包括哪些内容？应当如何核算？
4. 什么是单位的应缴国财政款？应当如何核算？
5. 什么是单位的应付政府补贴款？应当如何核算？
6. 单位的"应付职工薪酬"如何核算？应设置哪些明细科目？具体分别核算什么内容？
7. 单位的应付及预收款项包括哪些内容？各自应当如何核算？
8. 什么是单位的非流动负债？如何核算？

选择题

1. 行政事业单位的应交增值税业务在(　　)总账科目中核算。
   A. "应交税费"　　B. "应交增值税"　　C. "应交税金"　　D. "其他应交税费"
2. 应付职工薪酬中支付给职工的薪酬是(　　)。
   A. 基本养老保险费　　B. 基本医疗保险费　　C. 住房公积金　　D. 基本工资
3. 下列各项中,只适用于行政单位、不适用于事业单位的总账科目是(　　)科目。
   A. "短期借款"　　B. "长期应付款"　　C. "预计负债"　　D. "应付政府补贴"
4. 行政事业单位公务卡持卡人报销时,按照审核报销的金额,借记"业务活动费用""单位管理费用"等科目,贷记(　　)科目。
   A. "银行存款"　　B. "零余额账户用款额度"
   C. "其他应付款"　　D. "库存现金"
5. 下列各项中,只适用于事业单位、不适用于行政单位的总账科目是(　　)。
   A. "应付票据"　　B. "应付利息"　　C. "预收账款"　　D. "应缴财政款"
6. 行政事业单位按照国家税法等有关规定应当缴纳的各种税费通过(　　)总账科目核算。
   A. "应缴财政款"　　B. "应交增值税"　　C. "其他应付款"　　D. "其他应交税费"
7. 下列各项中,事业单位"应付利息"总账科目的对应科目可以是(　　)科目。
   A. "短期借款"　　B. "长期借款"　　C. "在建工程"　　D. "其他费用"
8. 下列各项中,事业单位"长期借款——应计利息"科目的对应科目可能是(　　)科目。
   A. "短期借款"　　B. "长期借款"　　C. "在建工程"　　D. "其他费用"
9. 下列各项中,与"预计负债"科目的对应科目可能是(　　)科目。
   A. "业务活动费用"　　B. "经营费用"　　C. "在建工程"　　D. "其他费用"

练习题

某事业单位于20×9年发生如下经济业务：

(1) 因事业发展的需要向某金融机构借入款项18 000元,款项存入开户银行。

(2) 向某公司购入一批日常办公用品,计价5 100元,款项尚未支付。办公用品已验收入库。

(3) 在开展事业活动中预收某单位款项2 250元,款项已存入开户银行。

(4) 向某金融机构借入的用于事业发展的款项到期,以银行存款偿还本金18 000元,并支付借款利息1 200元。

(5) 通过单位零余额账户向某公司偿付应付账款5 100元。

(6) 收到一项应缴财政专户的事业性收费1 230元,款项存入开户银行。

(7) 将收到的应缴财政款1 230元通过开户银行上缴财政国库。

(8) 购入一项不需要安装的固定资产,确定的成本为10 000元,增值税额合计为1 600元,其中,当月已认证的可抵扣增值税额为1 000元,当月未认证的可抵扣增值税额为600元,款项合计11 600元已通过银行存款支付,固定资产验收合格并投入使用。

(9) 出租房屋，取得租金收入 20 000 元，按规定计算确定的增值税销项税额为 2 000 元，款项合计 22 000 元尚未收到。

(10) 以银行存款交纳上月的未交增值税 1 500 元。

(11) 月末，转出当月应交未交的增值税 1 000 元。

(12) 经批准处置一项固定资产，该项固定资产的账面余额为 100 000 元，已计提折旧 85 000 元，账面价值为 15 000 元。

(13) 将处置的固定资产对外出售，价款 16 800 元存入银行。按照规定，本次出售固定资产取得的处置净收入 1800 元应当上缴财政国库。

(14) 以银行存款将取得的固定资产处置净收入 1 800 元上缴财政国库。

(15) 计提当月职工薪酬共计 797 000 元，其中包含职工基本工资 560 000 元，绩效工资 123 000 元，应从职工基本工资中代扣的社会保险费 72 000 元和住房公积金 33 000 元，代扣的社会保险费和住房公积金合计 105 000 元，单位应为职工计算交纳的社会保险费 78 000 元和住房公积金 36 000 元，单位按税法规定应从职工基本工资中代扣的职工个人所得税 9 800 元。在当月职工薪酬中，社会保险费合计 150 000 元，住房公积金合计 69 000 元。在当月职工薪酬总额 797 000 元中，按照薪酬费用的归属，应当记入“业务活动费用”科目的金额为 608 000 元，应当记入“单位管理费用”科目的金额为 189 000 元。

(16) 次月，通过财政直接支付的方式向职工支付基本工资 445 200 元和绩效工资 123 000 元。

(17) 向相关机构交纳职工社会保险费 150 C00 元和住房公积金 69 000 元，两项款项合计 219 000 元，通过财政直接支付方式支付。

(18) 月末，因租入使用一项资产而预提相应的租金费用 5 500 元。

(19) 次月，按资产租赁合同的约定向资产出租方支付上月租金 5 500 元，款项通过零余额账户用款额度支付。

(20) 为购建一项固定资产经批准专门向银行借入一笔款项 100 000 元，借款期限为 3 年，固定资产的建设期限 1 年。每年应计借款利息 4 000 元，到期一次偿还借款本金 100 000 元和 3 年的借款利息 12 000 元。3 年后，该事业单位如期偿还借款本金 100 000 元，并支付 3 年的借款利息 12 000 元，款项合计 112 000 元，通过开户银行支付。

(21) 购入一项不需安装的设备，确定的成本为 320 000 元，对购入的设备扣留质量保证金 20 000 元，扣留期为半年，实际向供应商支付款项 300 000 元，款项通过财政直接支付方式支付，设备验收合格并交付使用。半年后，购入的设备没有发现严重的质量问题，该事业单位向供应商支付了扣留的质量保证金 20 000 元，款项通过财政授权支付方式支付。

要求：根据上述经济业务，为该事业单位编制有关的会计分录。

第九章　行政事业单位的收入与预算收入

第一节　财政拨款(预算)收入

收入是指行政事业单位在履行职责或开展专业业务活动及辅助活动中依法取得的非偿还性资金，主要包括财政拨款收入、事业收入、上级补助收入、附属单位上缴收入、经营收入、非同级财政拨款收入、投资收益、捐赠收入、租金收入、利息收入和其他收入等；预算收入是指行政事业单位在履行职责或开展专业业务活动及辅助活动中依法取得的纳入部门预算管理的资金，主要包括政拨款预算收入、事业预算收入、上级补助预算收入、附属单位上缴预算收入、经营预算收入、非同级财政拨款预算收入、投资预算收益、债务预算收入和其他预算收入等。在行政事业单位会计中，收入属于财务会计要素，确认遵循权责发生制；预算收入属于预算会计要素，确认依据收付实现制。本节先介绍财政拨款收入与财政拨款预算收入，简称财政拨款(预算)收入。

一、财政拨款(预算)收入的概念与核算科目的设置

(一) 财政拨款收入的概念与核算科目的设置

财政拨款收入是指行政事业单位按照核定的部门预算，从同级财政部门取得的各类财政拨款。其中，同级财政部门是指行政事业单位的预算管理部门。行政事业单位预算需要经过同级财政部门批准后才能开始执行。在实务中，大多数行政单位属于主管预算单位或一级预算单位，直接向同级政府财政部门申请取得财政拨款。大多数事业单位为二级或者二级以下预算单位，其预算首先需要上报其主管预算单位或者一级预算单位，并经其主管或者一级预算单位审核汇总后，再向同级政府财政部门申报取得财政拨款。无论是一级预算单位还是二级或者二级以下的预算单位，只要存在部门预算隶属关系，相应的行政事业单位都属于向同级政府财政部门申请取得财政拨款收入的单位。行政事业单位从非同级政府财政部门取得的经费拨款，不作为财政拨款(预算)收入核算，而作为非同级财政拨(预算)收入核算。各类财政拨款是指所有财政拨款，包括一般公共预算财政拨款和政府性基金预算拨款等。

财政拨款收入是行政事业单位开展业务活动的基本财力保证。行政单位履行行政职能或开展业务活动的资金主要甚至是全部来源于财政拨款收入，公益一类事业单位的情况与行政单位相似。公益二类事业单位可以取得的财政拨款收入数额，取决于其专业业务活动的特点以及通过开展专业业务活动可以从市场上取得的事业收入的数额。目前，事业单位在开展专业业务活动中的业务收费需经政府部门批准，由政府部门实行统一管理。

为了核算财政拨款收入业务，行政事业单位财务会计应设置“财政拨款收入”总账科目。本科目可按照一般公共预算财政拨款、政府性基金预算财政拨款等拨款种类进行明细核算。期末，将本科目本期发生额转入本期盈余。结转后，本科目应无余额。

(二) 财政拨款预算收入的概念与核算科目的设置

财政拨款预算收入是指行政事业单位按照核定的部门预算，从同级财政部门取得的各类财政拨款。

为了核算财政拨款预算收入业务，行政事业单位预算会计应设“财政拨款预算收入”总账科目。本科目应当设置“基本支出”和“项目支出”两个明细科目，并按照《政府收支分类科目》中支出功能分类科目的项级科目进行明细核算；同时，在“基本支出”明细科目下按照“人员经费”和“日常公用经费”进行明细核算，在“项目支出”明细科目下按照具体项目进行明细核算。年末，将本科目本年发生额转入财政拨款结转。结转后，本科目应无余额。有一般公共预算财政拨款、政府性基金预算财政拨款等两种或两种以上财政拨款的单位，还应当按照财政拨款的种类进行明细核算。

“财政拨款预算收入”总账科目应当按照行政事业单位预算管理的要求设置明细科目，进行明细核算。按照行政事业单位预算管理的要求，行政事业单位预算应当区分基本支出预算和项目支出预算，其中，基本支出预算还应当区分人员经费预算和日常公用经费预算。除此之外，“财政拨款预算收入”总账科目还需要按照履行职能的种类进行预算管理和反映，即“财政拨款预算收入”总账科目还应当按照《政府收支分类科目》中的支出功能分类科目设置明细科目，进行明细核算，并与财政总预算会计“一般公共预算本级支出”“政府性基金预算本级支出”总账科目下设置的支出功能分类科目明细科目应当是一致的。

实际上，各项预算收入科目都需要严格按照预算管理的要求设置相关的明细科目，并按照与预算管理要求相一致的原则进行明细核算。预算支出科目的情况也是如此。只有这样，预算执行情况才能得到如实的反映。

二、财政拨款(预算)收入的核算

财政拨款(预算)收入的拨款方式有三种，一是财政直接支付方式，二是财政授权支付方式，三是实拨资金方式。由于三种财政资金支付方式的业务流程不尽相同，因此，单位财政拨款(预算)收入的确认也有一些区别，下面分别介绍。

(一) 财政直接支付方式下取得的财政拨款(预算)收入

在财政直接支付方式下，行政事业单位根据收到的“财政直接支付入账通知书”及相关原始凭证，按照通知书中的直接支付入账金额，在财务会计中，借记“库存物品”“固定资产”“业务活动费用”“单位管理费用”“应付职工薪酬”等科目，贷记“财政拨款收入”科目；同时，在预算会计中，借记“行政支出”“事业支出”科目，贷记“财政拨款预算收入”科目。涉及增值税业务的，相关账务处理参见“应交增值税”科目的账务处理。

年末，根据本年度财政直接支付预算指标数与当年财政直接支付实际支出数的差额，在财务会计中，借记“财政应返还额度——财政直接支付”科目，贷记“财政拨款收入”科目；同时，在预算会计中，借记“资金结算——财政应返还额度”科目，贷记“财政拨款预算收入”科目。

因差错更正或购货退回等发生国库直接支付款项退回的，属于本年度支付的款项，按照退回金额，在财务会计中，借记“财政拨款收入”科目，贷记“业务活动费用”“库存物品”等科目；同时，在预算会计中，借记“财政拨款预算收入”科目，贷记“行政支出”“事业支出”等科目。

【例 9-1】 某行政单位通过财政直接支付方式向甲公司支付一笔款项 34 800 元，具体内容为购买一项专用技术设备。该设备不需安装，验收合格，作为固定资产管理。根据“财政直接支付入账通知书”及相关原始凭证，该行政单位会计应编制的会计分录如下：

在财务会计中：

借：固定资产　　34 800

　贷：财政拨款收入　　34 800

同时，在预算会计中：

借：行政支出　　34 800

　贷：财政拨款预算收入　　34 800

上述业务既需要在财务会计中核算，也需要在预算会计中核算。在财务会计中，根据不同的业务内容，与“财政拨款收入”科目相对应的科目可以是“业务活动费用”“库存商品”“固定资产”“应付职工薪酬”“应付账款”和“应付账款”等科目；同时，在预算会计中，与“财政拨款预算收入”科目相对应的科目是“行政支出”科目（行政单位）和“事业支出”科目（事业单位）。

在财政直接支付方式下，财务会计中的财政拨款收入和预算会计中的财政拨款预算收入，都是在收到“财政直接支付入账通知书”及相关原始凭证，以及年末确认尚未使用的预算指标时确认。在这种方式下，确认财政拨款（预算）收入时，行政事业单位实际上已经使用了财政资金。

（二）财政授权支付方式下取得的财政拨款（预算）收入

财政授权支付方式下，根据收到的“财政授权支付额度到账通知书”，按照通知书中的授权支付额度，在财务会计中，借记“零余额账户用款额度”科目，贷记“财政拨款收入”科目；同时，在预算会计中，借记“资金结存——零余额账户用款额度”科目，贷记“财政拨款预算收入”科目。

【例 9-2】 某事业单位收到财政部门委托代理银行转来的“财政直接支付入账通知书”，收到日常公用经费的财政授权支付额度共计 16 000 元。根据“财政直接支付入账通知书”，该事业单位会计应编制的会计分录如下：

在财务会计中：

借：零余额账户用款额度　　16 000

　贷：财政拨款收入　　16 000

同时，在预算会计中：

借：资金结存——零余额账户用款额度　　16 000

　贷：财政拨款预算收入　　16 000

在财政授权支付方式下，财务会计中的财政拨款收入和预算会计中的财政拨款预算收入，都是在收到代理银行转来的“财政授权支付额度到账通知书”，以及年末确认尚未收到或下达的预算指标确认。在这种方式下，确认财政拨款（预算）收入时，行政事业还没有实际使用财政资金，收到的仅仅是一个用款额度，而不是实际的货币资金。

（三）财政实拨资金方式下取得的财政拨款（预算）收入

行政事业单位在实拨资金方式下收到财政拨款收入时，按照实际收到的金额，在财务会计中，借记“银行存款”等科目，贷记“财政拨款收入”科目；同时，在预算会计中，借记“资金结存——货币资金”科目，贷记“财政拨款预算收入”科目。

【例 9-3】 某事业单位尚未纳入财政国库单一账户制度改革。该事业单位收到开户银行转来的收款通知，收到财政部门拨入的一笔本期专项事业活动预算经费 30 000 元。该单位会计应编制的会计分录如下：

在财务会计中：

借：银行存款　　30 000
　　贷：财政拨款收入　　30 000

同时，在预算会计中：

借：资金结存——货币资金　　30 000
　　贷：财政拨款预算收入　　30 000

在实拨资金方式下，行政事业单位在收到开户银行转来的收款通知时，确认财政拨款（预算）收入，即实际收到货币资金。

目前，绝大多数单位已经进行了财政国库单一账户制度改革，因此，实践中财政实拨资金支付方式已经很少使用。

（四）财政拨款收入期末结转

期末，行政事业单位应将“财政拨款收入”科目本期发生额转入本期盈余，借记“财政拨款收入”科目，贷记“本期盈余”科目。结转后，“财政拨款收入”科目无余额。

【例 9-4】 月末，某事业单位“财政拨款收入”科目的本期发生额为 78 000 元。该事业单位将其转入“本期盈余”科目。该事业单位财务会计应编制的会计分录如下：

借：财政拨款收入　　78 000
　　贷：本期盈余　　78 000

（五）财政拨款预算收入年末结转

年末，行政事业单位将“财政拨款预算收入”科目本期发生额转入财政拨款结转，借记“财政拨款预算收入”科目，贷记“财政拨款结转——本年收支结转”科目。结转后，“财政拨款预算收入”科目无余额。

【例 9-5】 年末，某事业单位“财政拨款预算收入”科目的本年贷方发生额为 75 000 元。该事业单位将其转入“财政拨款结转——本年收支结转”科目。该事业单位预算会计应编制的会计分录如下：

借：财政拨款预算收入　　75 000
　　贷：财政拨款结转——本年收支结转　　75 000

（六）同时有一般公共预算财政拨款和政府性基金预算财政拨款情况下取得的财政拨款预算收入

上述举例是假定单位仅有一般公共预算财政拨款情况下的财政拨款预算收入的核算。如果单位有一般公共预算财政拨款和政府性基金预算财政拨款两种财政预算拨款的，“财政拨款（预算）收入”科目应按财政拨款收入的不同资金性质设置“一般公共预算财政拨款”和“政府性基金预算财政拨款”等明细科目进行明细核算。

【例 9-6】 某事业单位同时有一般公共预算财政拨款和政府性基金预算财政拨款。该事业单位收到单位零余额账户代理银行转来的“财政授权支付额度到账通知书”，收到由一般公共财政预算资金安排的财政授权支付额度 25 000 元，具体为日常公用经费使用额度。同时，通过财政直接支付方式支付一笔政府性基金预算款项 36 800 元，具体内容为支付购买专用设备的款项。购买的专用设备已验收并投入使用，作为固定资产管理。该事业单位会计应编制的会计分录如下：

(1) 收到单位零余额账户代理银行转来的“财政授权支付额度到账通知书”时。

在财务会计中：

借：零余额账户用款额度　　25 000

　　贷：财政拨款收入——一般公共预算财政拨款　　25 000

同时，在预算会计中：

借：资金结存——零余额账户用款额度　　25 000

　　贷：财政拨款预算收入——一般公共预算财政拨款　　25 000

(2) 通过财政直接支付方式支付一笔政府性基金预算款项时。

在财务会计中：

借：固定资产　　36 800

　　贷：财政拨款收入——政府性基金预算财政拨款　　36 800

同时，在预算会计中：

借：事业支出　　36 800

　　贷：财政拨款预算收入——政府性基金预算财政拨款　　36 800

(3) 年末，将上述“财政拨款预算收入”科目下“一般公共预算财政拨款”和“政府性基金预算财政拨款”明细科目的余额分别转入“财政拨款结转——本年收支结转”科目。该事业单位预算会计应编制的会计分录如下：

借：财政拨款预算收入——一般公共预算财政拨款　　25 000

　　贷：财政拨款结转——本年收支结转(一般公共预算财政拨款)　　25 000

借：财政拨款预算收入——政府性基金预算财政拨款　　36 800

　　贷：财政拨款结转——本年收支结转(政府性基金预算财政拨款)　　36 800

同时有一般公共预算财政拨款和政府性基金预算财政拨款的单位，年终，财政拨款预算收入也应当按照一般公共预算财政拨款和政府性基金预算财政拨款分别结账，即“财政拨款结转”科目也需要区分财政拨款的种类或财政资金的性质进行明细核算。

与财政拨款结转相比，“本期盈余”科目不需要按照财政拨款种类或财政资金的性质进行明细核算。

第二节　事业(预算)收入

一、事业(预算)收入的概念与核算科目的设置

(一) 事业收入的概念与核算科目的设置

事业收入是指事业单位开展专业业务活动及辅助活动所取得的收入。所谓专业业务活动，是指事业单位根据本单位专业特点所从事或开展的主要业务活动。辅助活动是指与专业业务活动相关、直接为专业业务活动服务的单位行政管理活动、后勤服务活动及其他有关活动。

由于不同行业的事业单位开展的专业业务活动及其辅助活动的具体内容不尽相同，因此，不同行业事业单位事业收入的种类也存在差异。根据相关事业单位行业财务制度的规定，事

业单位的事业收入主要有以下九种。

1. 高等学校的事业收入

高等学校的事业收入是指高等学校开展教学、科研及其辅助活动取得的收入，主要包括：教育事业收入和科研事业收入。其中，教育事业收入是指高等学校开展教学及其辅助活动所取得的收入，包括通过学历和非学历教育向学生个人或者单位收取的学费、住宿费、委托培养费、考试考务费、培训费等；科研事业收入是指高等学校开展科研及其辅助活动所取得的收入，包括通过承接科研项目、开展科研协作、转化科技成果、进行科技咨询等取得的收入，但不包括按照部门预算隶属关系从同级财政部门取得的财政拨款。

2. 中小学校的事业收入

中小学校的事业收入是指中小学校开展教育教学及其辅助活动依法取得的收入，主要包括：行政事业性收费，如纳入行政事业性收费的学费、住宿费、考试报名费、考试考务费等；科研收入，如承担科研项目取得的收入等。

3. 科学事业单位的事业收入

科学事业单位的事业收入是指科学事业单位开展专业业务活动及其辅助活动取得的收入，主要包括：科研收入，指科学事业单位承担科研项目取得的收入；技术收入，指科学事业单位对外提供技术咨询、技术服务等取得的收入；学术活动收入，指科学事业单位开展学术交流、学术期刊出版等活动取得的收入；科普活动收入，指科学事业单位开展科学知识宣传、讲座和科技展览等活动取得的收入；教学活动收入，指科学事业单位开展教学及其辅助活动取得的收入等。以上各项收入不包括按照部门预算隶属关系从同级财政部门取得的财政拨款。

4. 文化事业单位的事业收入

文化事业单位的事业收入是指文化事业单位开展专业业务活动及其辅助活动取得的收入，主要包括：演出收入，指艺术表演团体进行各类文艺演出取得的收入；文化场馆服务收入，指艺术表演场所、文化展示及纪念机构开展文艺演出、举办展览展映等活动所取得的收入；技术服务收入，指文化事业单位提供各种技术指导、技术咨询、技术服务取得的收入；培训收入；指文化事业单位举办各种文化艺术培训班取得的收入；复印复制收入，指图书馆、文化馆、群艺馆、展览馆、美术馆、纪念馆等对外提供馆藏资料的复印复制等服务取得的收入；门票收入，指文化展示及纪念机构销售门票取得的收入等。

5. 文物事业单位的事业收入

文物事业单位的事业收入是指文物事业单位开展专业业务活动及其辅助活动取得的收入，主要包括：门票收入，指文物事业单位开展业务活动出售门票取得的收入；展览收入，指文物事业单位自行举办或与外单位合办、协办展览而取得的收入；讲解导览收入，指文物事业单位为观众提供讲解、语音导览服务取得的收入；文物保护工程收入，指文物事业单位对外提供文物保护工程勘察设计、施工、监理等取得的收入；文物修复设计、施工收入，指文物事业单位对外提供文物修复等服务取得的收入。

6. 广播电视事业单位的事业收入

广播电视事业单位的事业收入是指广播电视事业单位开展广播电视节目的制作、播出、传输、接收、监测等专业业务活动及其辅助活动取得的收入，主要包括：广告收入，指广播电视事业单位因播出、刊登广告收取的收入；收视费收入，指广播电视事业单位收取的电视节目收视费收入；节目销售收入，指广播电视事业单位销售节目取得的收入；合作合拍收入，指广播电视事业单位与国内外单位和机构合作广播电视节目或合拍影视节目取得的收入；节目制作和播放收入，指广播电视事业单位为其他单位制作和播放广播电视节目取得的收入；节目传输收入，指广播电视事业单位为用户传送广播电视节目取得的收入；技术服务收入，指广播电视事业单位对外提供技术服务、技术咨询、设备技术安装和维修取得的收入等。

7. 医院的事业收入

医院的事业收入是指医院开展专业业务活动及其辅助活动取得的收入，主要包括：医疗收入和科教项目收入。其中，医疗收入是指医院开展医疗服务活动取得的收入，包括门诊收入和住院收入。门诊收入是指为门诊病人提供医疗服务所取得的收入，如挂号收入、诊察收入、检查收入、化验收入、治疗收入、手术收入、卫生材料收入、药品收入等；住院收入是指为住院病人提供医疗服务所取得的收入，包括床位收入、诊察收入、检查收入、化验收入、治疗收入、手术收入、护理收入、卫生材料收入、药品收入等。科教项目收入是指医院取得的除财政拨款收入外专门用于科研、教学项目的补助收入。

8. 基层医疗卫生机构的事业收入

基层医疗卫生机构的事业收入是指基层医疗卫生机构在开展医疗卫生服务活动中取得的收入，主要包括：门诊收入和住院收入。其中，门诊收入是指为门诊病人提供医疗服务所取得的收入，如挂号收入、诊察收入、检查收入、化验收入、治疗收入、手术收入、卫生材料收入、药品收入等；住院收入是指为住院病人提供医疗服务所取得的收入，如床位收入、诊察收入、检查收入、化验收入、治疗收入、手术收入、护理收入、卫生材料收入、药品收入等。

9. 体育事业单位的事业收入

体育事业单位的事业收入是指体育事业单位开展体育业务活动及其辅助活动取得的收入，主要包括：体育竞赛收入，指体育事业单位组织和参加各类体育比赛和表演所取得的收入，如出售门票、比赛冠名权、媒体转播权和提供服务等取得的各项收入；体育公共设施服务收入，指体育事业单位依托体育场地及附属设施提供体育比赛、健身休闲、健身指导、技能培训、运动康复、体质测试等服务取得的收入；体育技术服务收入，指体育事业单位对外提供技术指导、技术咨询、技术培训、信息服务和推广体育科研成果等取得的收入；体育衍生业务收入，指体育事业单位通过形象代言、特许使用权、冠名权等取得的收入。

为了核算事业收入业务，事业单位财务会计应设置“事业收入”总账科目。本科目应当按照事业收入的类别、来源等进行明细核算。对于事业单位因开展科研及其辅助活动从非同级政府财政部门取得的经费拨款，应当在本科目下单设“非同级财政拨款”明细科目进行核算。本科目平时贷方余额反映事业收入的累计数额。期末，将本科目本期发生额转入本期盈余，期末结转后，本科目应无余额。

（二）事业预算收入的概念与核算科目的设置

事业预算收入是指事业单位开展专业业务活动及辅助活动所取得的现金流入。

为了核算事业预算收入业务，事业单位预算会计应设置“事业预算收入”总账科目。事业单位因开展科研及其辅助活动从非同级政府财政部门取得的经费拨款，也通过本科目核算。本科目应当按照事业预算收入类别、项目、来源以及《政府收支分类科目》中的支出功能分类科目项级科目等进行明细核算。对于因开展科研及其辅助活动从非同级政府财政部门取得的经费拨款，应当在本科目下单设“非同级财政拨款”明细科目进行明细核算；事业预算收入中如有专项资金收入，还应按照具体项目进行明细核算。年末，将本科目本年发生额中的专项资金收入转入非财政拨款结转，将本科目本年发生额中的非专项资金收入转入其他结余。年末结转后，本科目应无余额。

二、事业(预算)收入的核算

(一) 采用财政专户返还方式管理的事业(预算)收入

事业单位实现应上缴财政专户的事业收入时，在财务会计中，按照实际收到或应收的金额，借记“银行存款”“应收账款”等科目，贷记“应缴财政款”科目。向财政专户上缴款项时，财务会计中，按照实际上缴的款项金额，借记“应缴财政款”科目，贷记“银行存款”等科目。收到从财政专户返还的事业(预算)收入时，按照实际收到的返还金额，在财务会计中，借记“银行存款”等科目，贷记“事业收入”科目；同时，在预算会计中，借记“资金结存——货币资金”科目，贷记“事业预算收入”科目。

【例 9-7】 某事业单位收到一项应上缴财政专户的教育事业收入款项 180 000 元，当日送存开户银行，之后并按规定上缴财政专户。数日后，该事业单位收到一项从财政专户返还的事业(预算)收入 80 000 元，款项已存入银行。该事业单位会计应编制的会计分录如下：

(1) 收到应上缴财政专户的教育事业收入款项时。

在财务会计中：

借：银行存款	180 000	
贷：应缴财政款		180 000

(2) 按规定通过开户银行将上述款项上缴财政专户时。

在财务会计中：

借：应缴财政款	180 000	
贷：银行存款		180 000

(3) 收到从财政专户返还的事业(预算)收入时。

在财务会计中：

借：银行存款	80 000	
贷：事业收入——教育事业收入		80 000

同时，在预算会计中：

借：资金结存——货币资金	80 000	
贷：事业预算收入——教育事业预算收入		80 000

(二) 采用预收款方式确认的事业(预算)收入

事业单位实际收到预收款项时，按照收到的款项金额，在财务会计中，借记“银行存款”等科目，贷记“预收账款”科目；同时，在预算会计中，借记“资金结存”科目，贷记“事业预算收入”科目。以合同完成进度确认事业收入时，按照基于合同完成进度计算的金额，在财务会计中，借记“预收账款”科目，贷记“事业收入”科目。涉及增值税业务的，相关账务处理参见“应交增值税”科目的账务处理。

【例 9-8】 某事业单位按照规定从付款方预收到一笔事业活动款项 100 000 元，款项已存入开户银行。期末，按合同完成进度计算确认本期实现的事业收入 50 000 元。该事业单位会计应编制的会计分录如下：

(1) 从付款方收到预收款项时。

在财务会计中：

借：银行存款　　100 000

　　贷：预收账款　　100 000

同时，在预算会计中：

借：资金结存——货币资金　　100 000

　　贷：事业预算收入　　100 000

(2) 期末，确认归属于本期的事业收入时。

在财务会计中：

借：预收账款　　50 000

　　贷：事业收入　　50 000

(三) 采用应收款方式确认的事业(预算)收入

事业单位根据合同完成进度计算本期应收的款项，在财务会计中，借记“应收账款”科目，贷记“事业收入”科目。实际收到款项时，在财务会计中，借记“银行存款”等科目，贷记“应收账款”科目；同时，在预算会计中，借记“资金结存”科目，贷记“事业预算收入”科目。涉及增值税业务的，相关账务处理参见“应交增值税”科目的账务处理。

【例9-9】 某事业单位按照合同约定开展一项专业业务活动。月末，该事业单位按合同完成进度计算确认当月实现的事业收入为58 000元，款项尚未收到。次月，收到上月实现的事业收入58 000元，款项存入开户银行。该事业单位会计应编制的会计分录如下：

(1) 月末，确认当月实现的事业收入时。

在财务会计中：

借：应收账款　　58 000

　　贷：事业收入　　58 000

(2) 次月，收到上月实现的事业收入时。

在财务会计中：

借：银行存款　　58 000

　　贷：应收账款　　58 000

同时，在预算会计中：

借：资金结存——货币资金　　58 000

　　贷：事业预算收入　　58 000

(四) 其他方式下确认的事业(预算)收入

一般来讲，其他方式下事业单位应按照实际收到的金额确认事业(预算)收入，按照实际收到的金额，在财务会计中，借记“银行存款”“库存现金”等科目，贷记“事业收入”科目；同时，在预算会计中，借记“资金结存——货币资金”科目，贷记“事业预算收入”科目。涉及增值税业务的，相关账务处理参见“应交增值税”科目的账务处理。

【例9-10】 某事业单位在开展专业业务活动中收到门票现金收入1 500元。该事业单位会计应编制的会计分录如下：

在财务会计中：

借：库存现金　　1 500
　　贷：事业收入　　1 500

同时，在预算会计中：

借：资金结存——货币资金　　1 500
　　贷：事业预算收入　　1 500

【例 9-11】 某事业单位的部门预算隶属关系为某卫生部门。某日，该单位收到科技部门拨入一项科研项目经费 55 000 元；同时收到教育部门拨入一项教育项目经费 25 000 元。收到的科教项目经费收入合计 80 000 元，款项已存入开户银行。该事业单位会计应编制的会计分录如下：

在财务会计中：

借：银行存款　　80 000
　　贷：事业收入——非同级财政拨款(科技部门)　　55 000
　　　　　　　——非同级财政拨款(教育部门)　　25 000

同时，在预算会计中：

借：资金结存——货币资金　　80 000
　　贷：事业预算收入——非同级财政拨款　　55 000
　　　　　　　　　——非同级财政拨款　　25 000

(五) 事业收入的期末结转

期末，事业单位将"事业收入"科目本期发生额转入本期盈余，借记"事业收入"科目，贷记"本期盈余"科目。结转后，"事业收入"科目无余额。

【例 9-12】 月末，某事业单位"事业收入"科目本期发生额 35 000 元，将其转入本期盈余。该事业单位财务会计应编制的会计分录如下：

借：事业收入　　35 000
　　贷：本期盈余　　35 000

(六) 事业预算收入年末结转

年末，将"事业预算收入"科目本年发生额中的专项资金收入转入非财政拨款结转，借记"事业预算收入"科目下各专项资金收入明细科目，贷记"非财政拨款结转——本年收支结转"科目；将"事业预算收入"科目本年发生额中的非专项资金收入转入其他结余，借记"事业预算收入"科目下各非专项资金收入明细科目，贷记"其他结余"科目。结转后，"事业预算收入"科目应无余额。

【例 9-13】 年末，某事业单位"事业预算收入"科目本年发生额 75 000 元，其中，专项资金收入 20 000 元，非专项资金收入 55 000 元，将其分别转入"非财政拨款结转——本年收支结转""其他结余"科目。该事业单位预算会计应编制的会计分录如下：

借：事业预算收入　　75 000
　　贷：非财政拨款结转——本年收支结转　　20 000
　　　　其他结余　　55 000

事业预算收入的期末结转方法与财政拨款预算收入的期末结转方法不完全相同。"财政拨款预算收入"科目的本期发生额年末全数转入"财政补助结转"科目；"事业预算收入"科目的本期发生额年末需区分情况分别转入“非财政补助结转”或“其他结余”科目。

第三节 上级补助(预算)收入

一、上级补助(预算)收入的概念与核算科目的设置

(一) 上级补助收入的概念与核算科目的设置

上级补助收入是事业单位从上级单位取得的非财政性资金补助收入。它是由事业单位的上级单位用自身组织的收入或集中下级单位的收入拨给事业单位的资金,是上级单位用于调剂附属单位资金收支余缺的机动财力。也就是说,事业单位按经费领拨关系取得的财政拨款收入不足弥补正常业务活动的开支时,还可以向上级单位申请取得非财政性补助款。行政单位没有上级补助收入业务。

上级补助收入与财政拨款收入的主要差别是:财政拨款收入来源于同级财政部门,资金性质为财政资金;上级补助收入来源于主管部门或上级单位,资金性质为非财政资金,如主管部门或上级单位自身组织的收入或集中下级单位的收入等。另外,财政拨款收入属于事业单位的常规性收入,是事业单位开展业务活动的基本保证;上级补助收入属于事业单位的非常规性收入,主管部门或上级单位一般根据自身资金情况和事业单位的需要,向事业单位拨付上级补助资金。

为了核算上级补助收入业务,事业单位财务会计应设置“上级补助收入”科目。本科目核算事业单位从主管部门和上级单位取得的非财政拨款收入。本科目应当按照发放补助单位、补助项目等进行明细核算。期末,将本科目本期发生额转入“本期盈余”科目。结转后,本科目应无余额。

(二) 上级补助预算收入的概念与核算科目的设置

上级补助预算收入是事业单位从上级单位取得的非财政性资金补助的现金流入。

为了核算上级补助预算收入业务,事业单位预算会计应设置“上级补助预算收入”总账科目。本科目应当按照发放补助单位、补助项目、《政府收支分类科目》中支出功能分类科目的项级科目等进行明细核算。上级补助预算收入中如有专项资金收入,还应按照具体项目进行明细核算。年末,将本科目本年发生额中的专项资金收入转入非财政拨款结转;将本科目本年发生额中的非专项资金收入转入其他结余。年末结转后,本科目应无余额。

二、上级补助(预算)收入的核算

(一) 上级补助(预算)收入的日常核算

事业单位确认上级补助收入时,按照应收或实际收到的金额,在财务会计中,借记“其他应收款”“银行存款”等科目,贷记“上级补助收入”科目。实际收到应收的上级补助款时,按照实际收到的金额,在财务会计中,借记“银行存款”等科目,贷记“其他应收款”科目;同时,在预算会计中,借记“资金结存”科目,贷记“上级补助预算收入”科目。

【例 9-14】 某附属中学为某高校的附属单位。该中学按规定应确认上级单位一笔非财政性的补助款项 30 000 元,用于补充日常公用经费。数日后,该中学接到银行通知,收到上级单位拨来一笔非财政性的补助款项 30 000 元。同时,该中学接到银行通知,收到上级单位拨来一笔非财政性的补助款项 28 000 元,专项用于教学设备购置。该单位会计应编制的会计分录如下:

(1) 按规定确认上级单位的应补助款项时。

在财务会计中：

借：其他应收款　　30 000
　　贷：上级补助收入　　30 000

（2）收到上级单位的日常公用经费补助款项时。

在财务会计中：

借：银行存款　　30 000
　　贷：其他应收款　　30 000

同时，在预算会计中：

借：资金结存——货币资金　　30 000
　　贷：上级补助预算收入——非专项资金　　30 000

（3）收到上级单位的专项用于教学设备购置的补助款项时。

在财务会计中：

借：银行存款　　28 000
　　贷：上级补助收入　　28 000

同时，在预算会计中：

借：资金结存——货币资金　　28 000
　　贷：上级补助预算收入——专项资金　　28 000

（二）上级补助收入的期末结转

期末，将“上级补助收入”科目本期发生额转入“本期盈余”科目，借记“上级补助收入”科目，贷记“本期盈余”科目。结转后，“上级补助收入”科目应无余额。

【例 9-15】 期末，某事业单位“上级补助收入”科目本期发生额 58 000 元。该事业单位将其转入“本期盈余”科目。该事业单位财务会计应编制的会计分录如下：

借：上级补助收入　　58 000
　　贷：本期盈余　　58 000

（三）上级补助预算收入的年末结转

年末，将“上级补助预算收入”科目本年发生额中的专项资金收入转入非财政拨款结转，借记“上级补助预算收入”科目下各专项资金收入明细科目，贷记“非财政拨款结转——本年收支结转”科目；将“上级补助预算收入”科目本年发生额中的非专项资金收入转入其他结余，借记“上级补助预算收入”科目下各非专项资金收入明细科目，贷记“其他结余”科目。结转后，“上级补助预算收入”科目应无余额。

【例 9-16】 年末，某事业单位“上级补助预算收入”科目本年发生额为 58 000 元，其中：专项资金本年发生额 28 000 元，非专项资金本年发生额 30 000 元。该事业单位将其分别转入“非财政拨款结转——本年收支结转”科目和“其他结余”科目。该事业单位预算会计应编制会计分录如下：

借：上级补助预算收入　　28 000
　　贷：非财政拨款结转——本年收支结转　　28 000

同时，

借：上级补助预算收入　　30 000
　　贷：其他结余　　30 000

第四节　附属单位上缴(预算)收入

一、附属单位上缴(预算)收入的概念与核算科目的设置

(一) 附属单位上缴收入的概念与核算科目的设置

附属单位上缴收入是指事业单位附属独立核算单位按规定标准或比例上缴的收入。附属单位上缴收入是财务会计要素,按照权责发生制确认。事业单位的附属单位上缴收入主要包括附属的事业单位上缴的收入和附属的企业上缴的利润等。行政单位没有附属单位上缴收入业务。

事业单位的附属独立核算的单位可以是事业单位,也可以是企业(或公司)。事业单位与其附属独立核算的事业单位通常存在行政隶属关系和预算管理关系;与其附属独立核算的企业通常不仅存在投资上的资金联系,而且还存在有权任免其管理人员职务、支持或否决其决策等权力联系。事业单位的附属独立核算企业大多曾经是事业单位的一个组成部分,从事相应的业务活动,后因种种原因从事业单位中独立出来,成为独立核算的法人实体。如果事业单位与一个企业只存在投资上的联系,一般认为该企业只是事业单位的投资单位,而不是事业单位的附属独立核算单位。

事业单位取得的附属单位上缴收入,是凭借特定的经济关系获得的,一旦取得,即为事业单位拥有,即可确认为收入。事业单位开展非独立核算经营活动取得的收入,应确认为经营收入,不作为附属单位上缴收入。事业单位对附属独立核算单位经营项目的投资所获得的收入,应确认为投资收益,不作为附属单位上缴收入。事业单位与其附属独立核算单位之间的业务往来款项,如事业单位向其附属独立核算单位提供专业服务而收到的款项,应确认为事业收入不作为附属单位上缴收入。

为了核算附属单位上缴收入业务,事业单位财务会计应设置“附属单位上缴收入”总账科目。本科目核算事业单位取得的附属独立核算单位按照有关规定上缴的收入。本科目应当按照附属单位、缴款项目等进行明细核算。期末,将本科目本期发生额结转入“本期盈余”科目。结转后,本科目无余额。

(二) 附属单位上缴预算收入的概念与核算科目的设置

附属单位上缴预算收入是指事业单位附属独立核算单位按规定标准或比例上缴的现金流入。附属单位上缴预算收入是预算会计要素,按照收付实现制确认。

为了核算附属单位上缴预算收入业务,事业单位预算会计应设置“附属单位上缴预算收入”总账科目。本科目应当按照附属单位、缴款项目、《政府收支分类科目》中支出功能分类科目的项级科目等进行明细核算。附属单位上缴预算收入中如有专项资金收入,还应按照具体项目进行明细核算。年末,将本科目本年发生额中的专项资金收入转入非财政拨款结转;将本科目本年发生额中的非专项资金收入转入其他结余。年末结转后,本科目应无余额。

二、附属单位上缴(预算)收入的核算

(一) 附属单位上缴(预算)收入的日常核算

事业单位确认附属单位上缴收入时,在财务会计中,按照应收或收到的金额,借记“其他应收款”“银行存款”等科目,贷记“附属单位上缴收入”科目。实际收到应收附属单位上缴款时,

在财务会计中，按照实际收到的金额，借记“银行存款”等科目，贷记“其他应收款”科目；同时，在预算会计中，按照实际收到的金额，借记“资金结存——货币资金”科目，贷记“附属单位上缴预算收入”科目。

【例 9-17】 某事业单位按规定确认一笔附属单位应上缴的收入 37 800 元，款项尚未收到。次月，实际收到该笔附属单位上缴收入 37 800 元，款项已存入开户银行。该事业单位会计应编制的会计分录如下：

(1) 按规定确认附属单位上缴收入时。

在财务会计中：

借：其他应收款——甲单位	37 800	
贷：附属单位上缴收入		37 800

(2) 实际收到附属单位上缴收入时。

在财务会计中：

借：银行存款	37 800	
贷：其他应收款——甲单位		37 800

同时，在预算会计中：

借：资金结存——货币资金	37 800	
贷：附属单位上缴预算收入		37 800

(二) 附属单位上缴收入的期末结转

期末，将“附属单位上缴收入”科目本期发生额结转入“本期盈余”科目，借记“附属单位上缴收入”科目，贷记“本期盈余”科目。结转后，“附属单位上缴收入”科目无余额。

【例 9-18】 期末，某事业单位“附属单位上缴收入”科目本期发生额为 37 800 元。该事业单位将其结转“本期盈余”科目。该事业单位财务会计应编制的会计分录如下：

借：附属单位上缴收入	37 800	
贷：本期盈余		37 800

(三) 附属单位上缴预算收入的年末结账

年末，将“附属单位上缴预算收入”科目本年发生额中的专项资金收入转入非财政拨款结转，借记“附属单位上缴预算收入”科目下各专项资金收入明细科目，贷记“非财政拨款结转——本年收支结转”科目；将“附属单位上缴预算收入”科目本年发生额中的非专项资金收入转入其他结余，借记“上级补助预算收入”科目下各非专项资金收入明细科目，贷记“其他结余”科目。结转后，“附属单位上缴预算收入”科目应无余额。

【例 9-19】 年末，某事业单位“附属单位上缴预算收入”科目本年发生额为 60 000 元，其中，专项资金收入 20 000 元，非专项资金收入 40 000 元。该事业单位将其分别转入“非财政拨款结转——本年收支结转”科目和“其他结余”科目。该事业单位预算会计应编制的会计分录如下：

借：附属单位上缴预算收入	20 000	
贷：非财政拨款结转——本年收支结转		20 000

同时，

借：附属单位上缴预算收入	40 000	
贷：其他结余		40 000

事业单位的事业预算收入、上级补助预算收入和附属单位上缴预算收入的年末结账方法相同。

第五节　经营(预算)收入

一、经营(预算)收入的概念与核算科目的设置

(一) 经营收入的概念与核算科目的设置

经营收入是指事业单位在专业业务活动及辅助活动之外开展非独立核算经营活动取得的现金流入。经营收入应当在提供服务或发出存货,同时收讫价款或者取得索取价款的凭据时,按照实际收到或应收的金额予以确认。而经营预算收入应按实际收到的金额予以确认。行政单位没有经营收入业务。

经营收入具备以下两个特征:

(1) 经营收入是来自专业业务活动及辅助活动以外取得的收入。例如,作为事业单位的剧院,演出活动为专业业务活动,其取得的演出收入是事业收入;而剧院附设的商品部销售商品为专业业务活动及辅助活动以外的活动,其取得的销售收入则作为经营收入。

(2) 经营收入是非独立核算的经营活动取得的收入,而不是独立核算的经营业务取得的收入。例如,作为事业单位学校的校办企业,要单独设置财会机构或配备财会人员,单独设置账簿,单独计算盈亏,属于独立核算的经营活动。校办企业将纯收入的一部分上缴学校,学校收到后应当作为附属单位上缴收入处理,不能作为经营收入处理。但学校的车队、食堂等后勤单位,财务上不实行独立核算,其对社会服务取得的收入由学校集中进行会计核算,这部分收入应当作为经营收入处理。

事业收入和经营收入的共同特征是,它们都是事业单位在开展业务活动过程中,从服务或货品的接受者处取得的收入,它们都体现事业单位与服务或货品的接受者之间的交换关系。只是经营收入体现经营活动的保本和获得原则,事业收入体现事业活动的公益和福利原则。

事业单位经营收入与附属单位上缴收入的主要区别是:经营收入是事业单位开展非独立核算经营活动取得的收入,附属单位上缴收入是事业单位附属独立核算单位上缴的收入。事业单位开展的非独立核算经营活动应当是小规模的,不便或无法形成独立核算单位。如果相应的经营活动规模较大,应尽可能组建附属独立核算单位。之后,附属独立核算单位按规定向事业单位上缴款项,便形成事业单位的附属单位上缴收入。

事业单位经营收入的内容或种类通常包括:①销售商品收入,即事业单位非独立核算部门销售商品取得的收入。②经营服务收入,即事业单位非独立核算部门对外提供经营服务取得的收入。③其他经营收入,即事业单位在专业业务活动及辅助活动之外,开展非独立核算经营活动取得的除上述各项收入以外的收入。

为了核算经营收入业务,事业单位财务会计应设置"经营收入"总账科目。本科目应当按照经营活动类别、项目和收入来源等进行明细核算。期末结转时,将本科目贷方发生额转入"本期盈余"科目。结转后,本科目无余额。

(二) 经营预算收入的概念与核算科目的设置

经营预算收入是指事业单位在专业业务活动及辅助活动之外开展非独立核算经营活动取得的现金流入。

为了核算经营预算收入业务，事业单位预算会计应设置"经营预算收入"总账科目。本科目应当按照经营活动类别、项目、《政府收支分类科目》中支出功能分类科目的项级科目等进行明细核算。年末，将本科目本年发生额转入经营结余。结转后，本科目应无余额。

二、经营(预算)收入的核算

(一) 日常核算

事业单位实现经营收入时，在财务会计中，按照确定的收入金额，借记"库存现金""银行存款""应收账款""应收票据"等科目，贷记"经营收入"科目；同时，在预算会计中，按实际收到的金额，借记"资金结存——货币资金"科目，贷记"经营预算收入"科目。涉及增值税业务的，相关账务处理参见"应交增值税"科目的账务处理。

【例 9-20】 某体育事业单位在专业活动及其辅助活动之外开展一项非独立核算的经营活动，取得经营收入 5 150 元，内容为对外销售某体育商品。收到购买单位一张银行承兑汇票。根据上述经济业务，该单位会计应编制的会计分录如下：

(1) 对外销售某体育商品，实现经营收入时。

在财务会计中：

$$经营收入=含税收入\div(1+3\%)=5\,150\div(1+3\%)=5\,000(元)$$

借：应收票据	5 150	
贷：经营收入——销售收入		5 000
应交增值税		150

(2) 票据到期收回票款，在财务会计中：

借：银行存款	5 150	
贷：应收票据		5 150

同时，在预算会计中：

借：资金结存——货币资金	5 150	
贷：经营预算收入		5 150

(二) 经营收入的期末结转

期末，将"经营收入"科目的本期发生额转入"本期盈余"科目，借记"经营收入"科目，贷记"本期盈余"科目。结转后，"经营收入"科目应无余额。

【例 9-21】 期末，某事业单位"经营收入"科目的本期发生额 8 000 元。该事业单位将其转入"本期盈余"科目。该事业单位财务会计应编制的会计分录如下：

借：经营收入	8 000	
贷：本期盈余		8 000

(三) 经营预算收入的年末结转

年末，将"经营预算收入"科目本期发生额转入"经营结余"科目，借记"经营预算收入"科目，贷记"经营结余"科目。结转后，"经营预算收入"科目应无余额。

【例 9-22】 年末，某事业单位"经营预算收入"科目本年发生额 45 000 元。该事业单位将其转入"经营结余"科目。该事业单位预算会计应编制的会计分录如下：

借：经营预算收入	45 000	
贷：经营结余		45 000

第六节　非同级财政拨款(预算)收入

一、非同级财政(预算)收入的概念与核算科目的设置

(一) 非同级财政收入的概念与核算科目的设置

非同级财政拨款收入是指单位从非同级政府财政部门取得的经费拨款,包括从同级政府其他部门取得的横向转拨财政款、从上级或下级政府财政部门取得的非本级财政拨款等。

单位取得的非同级财政拨款收入,通常为接受业务委托,完成相应的专门项目或专项任务。

单位从非同级财政部门等取得的指定转给下级单位,且未纳入本单位预算管理的资金,不属于非同级财政拨款收入,属于单位的其他应付款。

为了核算非同级财政拨款收入业务,单位应设置"非同级财政拨款收入"总账科目。本科目应当按照本级横向转拨财政款和非本级财政拨款进行明细核算,并按照收入来源进行明细核算。期末,将本科目贷方发生额全数转入"本期盈余"科目。期末结转后,本科目应无余额。

对于因开展科研及其辅助活动从非同级政府财政部门取得的经费拨款,应当通过"事业收入——非同级财政拨款"科目进行核算,不通过本科目核算。其相关业务的核算举例可参阅[例 9-11]。

(二) 非同级财政预算收入的概念与核算科目的设置

非同级财政拨款预算收入是指单位从非同级政府财政部门取得的经费拨款,包括从同级政府其他部门取得的横向转拨财政款、从上级或下级政府财政部门取得的非本级财政拨款等。

为了核算非同级财政拨款预算收入业务,单位预算会计应设"非同级财政拨款预算收入"总账科目。本科目应当按照非同级财政拨款预算收入的类别、来源、《政府收支分类科目》中支出功能分类科目的项级科目等进行明细核算。非同级财政拨款预算收入中如有专项资金收入,还应按照具体项目进行明细核算。年末,将本科目本年发生额中的专项资金收入转入非财政拨款结转,将本科目本年发生额中的非专项资金收入转入其他结余。年末结转后,本科目应无余额。

对于因开展科研及其辅助活动从非同级政府财政部门取得的经费拨款,应当通过"事业预算收入——非同级财政拨款"科目进行核算,不通过本科目核算。其相关业务的核算举例可参阅[例 9-11]。

二、非同级财政拨款(预算)收入的核算

(一) 日常核算

单位确认非同级财政拨款收入时,在财务会计中,按照应收或实际收到的金额,借记"其他应收款""银行存款"等科目,贷记"非同级财政拨款收入"科目;同时,在预算会计中,按实际收到的金额,借记"资金结存"科目,贷记"非同级财政拨款预算收入"科目。

【例 9-23】 某纳入市级财政部门预算范围的行政单位从当地区级财政部门获得一笔财政资金 7 500 元,具体内容为区政府给予的奖励性资金,没有规定用途,款项已存入银行。该单位会计应编制的会计分录如下:

在财务会计中：

借：银行存款　　7 500
　　贷：非同级财政拨款收入　　7 500

同时，在预算会计中：

借：资金结存——货币资金　　7 500
　　贷：非同级财政拨款预算收入——非专项资金收入　　7 500

（二）非同级财政拨款收入的期末结转

期末，将"非同级财政拨款收入"科目本期发生额转入"本期盈余"科目，借记"非同级财政拨款收入"科目，贷记"本期盈余"科目。结转后，"非同级财政拨款收入"科目没有余额。

【例9-24】 期末，某行政单位"非同级财政拨款收入"科目本期发生额15 500元。该行政单位将其转入"本期盈余"科目。该行政单位财务会计应编制的会计分录如下：

借：非同级财政拨款收入　　15 500
　　贷：本期盈余　　15 500

（三）非同级财政拨款预算收入的年末结转

年末，将"非同级财政拨款收入"科目本年发生额中的专项资金收入转入非财政拨款结转，借记"非同级财政拨款收入"科目下各专项资金收入明细科目，贷记"非财政拨款结转——本年收支结转"科目；将"非同级财政拨款收入"科目本年发生额中的非专项资金收入转入其他结余，借记"债务预算收入"科目下各非专项资金收入明细科目，贷记"其他结余"科目。结转后，"非同级财政拨款收入"科目应无余额。

【例9-25】 年末，某事业单位"非同级财政拨款预算收入"科目本年发生额15 500元，其中专项资金8 000元，非专项资金7 500元，分别转入"非财政拨款结转——本年收支结转"科目和"其他结余"科目。该事业单位预算会计应当编制的会计分录如下：

借：非同级财政拨款预算收入　　8 000
　　贷：非财政拨款结转——本年收支结转　　8 000

同时，

借：非同级财政拨款预算收入　　7 500
　　贷：其他结余　　7 500

第七节　投资（预算）收益

一、投资（预算）收益的概念与核算设置的科目

（一）投资收益的概念与核算设置的科目

投资收益是指事业单位股权投资和债券投资所实现的收益或发生的损失。其确认依据权责发生制。

为了核算投资收益业务，事业单位财务会计应设置"投资收益"总账科目。本科目应当按照投资的种类等进行明细核算。期末结转时，将本科目贷方发生额全数转入"本期盈余"科目。结转后，本科目应无余额。

（二）投资预算收益的概念与核算设置的科目

投资预算收益是指事业单位取得的按照规定纳入部门预算管理的属于投资收益性质的现金流入，包括股权投资收益、出售或收回债券投资所取得的收益和债券投资利息收入。其确认依据收付实现制。

为了核算投资预算收益业务，事业单位预算会计应设置“投资预算收益”总账科目。本科目应当按照《政府收支分类科目》中“支出功能分类科目”的项级科目等进行明细核算。年末，将本科目本年发生额转入其他结余。结转后，本科目应无余额。

二、投资（预算）收益的核算

（一）日常核算

事业单位收到短期投资持有期间的利息，按照实际收到的金额，在财务会计中，借记“银行存款”科目，贷记“投资收益”科目；同时，在预算会计中，借记“资金结存——货币资金”科目，贷记“投资预算收益”科目。出售或到期收回短期债券本息，在财务会计中，按照实际收到的金额，借记“银行存款”科目，按照出售或收回短期投资的成本，贷记“短期投资”科目，按照其差额，贷记或借记“投资收益”科目；同时，在预算会计中，按照实际收到的金额，借记“资金结存——货币资金”科目，按照取得债券时“投资支出”科目的发生额，贷记“投资支出”科目（本年度）或“其他结余”科目（以前年度），按照其差额，贷记或借记“投资预算收益”科目。出售、转让以货币资金取得的长期股权投资的，其账务处理参照出售或到期收回债券投资的账务处理。

持有的分期付息、一次还本的长期债券投资，按期确认利息收入时，按照计算确定的应收未收利息，在财务会计中，借记“应收利息”科目，贷记“投资收益”科目；此时，在预算会计中不进行账务处理。持有的到期一次还本付息的债券投资，按期确认利息收入时，按照计算确定的应收未收利息，借记“长期债券投资——应计利息”科目，贷记“投资收益”科目；此时，在预算会计中也不进行账务处理。出售长期债券投资或到期收回长期债券投资本息，按照实际收到的金额，借记“银行存款”等科目，按照债券初始投资成本和已计未收利息金额，贷记“长期债券投资——成本、应计利息”科目（到期一次还本付息债券）或“长期债券投资”“应收利息”科目（分期付息债券），按照其差额，贷记或借记“投资收益”科目。

采用成本法核算的长期股权投资持有期间，被投资单位宣告分派现金股利或利润时，按照宣告分派的现金股利或利润中属于单位应享有的份额，借记“应收股利”科目，贷记“投资收益”科目。采用权益法核算的长期股权投资持有期间，按照应享有或应分担的被投资单位实现的净损益的份额，借记或贷记“长期股权投资——损益调整”科目，贷记或借记“投资收益”科目；被投资单位发生净亏损，但以后年度又实现净利润的，单位在其收益分享额弥补未确认的亏损分担额等后，恢复确认投资收益，借记“长期股权投资——损益调整”科目，贷记“投资收益”科目。持有长期股权投资取得被投资单位分派的现金股利或利润时，按照实际收到的金额，借记“资金结存——货币资金”科目，贷记“投资预算收益”科目。

按照规定处置长期股权投资时有关投资收益的账务处理，参见长期股权投资核算的相关内容。出售、转让以非货币资金取得的长期股权投资时，按照实际收到的价款扣减支付的相关费用和应缴财政款后的余额（按照规定纳入单位预算管理的），借记“资金结存——货币资金”科目，贷记“投资预算收入”科目。

投资收益核算涉及增值税业务的，相关账务处理参见“应交增值税”科目的账务处理。

1. **出售或到期收回短期债券本息**

【例 9-26】 某事业单位于 20×9 年 3 月 1 日出售当年 1 月 1 日取得的一项短期债券投资，实际收到款项 52 800 元，款项已存入开户银行。取得债券时“投资支出”科目的发生额为 50 000元。两者的差额 2 800 元(52 800—50 000)确认为投资收益。该事业单位会计应编制的会计分录如下：

在财务会计中：

借：银行存款	52 800	
贷：短期投资		50 000
投资收益		2 800

同时，在预算会计中：

借：资金结存——货币资金	52 800	
贷：投资支出		50 000
投资预算收益		2 800

【例 9-27】 承[例 9-26]，假定该事业单位 20×9 年 3 月 1 日出售 20×8 年 12 月 20 日取得的一项短期投资，其他资料相同。该事业单位财务会计应编制的会计分录与[例 9-26]相同。

该单位预算会计应编制的会计分录如下：

借：资金结存——货币资金	52 800	
贷：其他结余		50 000
投资预算收益——投资收益		2 800

由于“投资支出”科目的本年发生额年末转入其他结余，因此，出售或到期收回以前年度取得的短期、长期债券，应当借记“资金结存——货币资金”科目，贷记“其他结余”科目，借贷差额确认为投资预算收益，即将以前年度结转至“其他结余”科目中的投资支出与实际收到的货币资金相抵，差额为投资预算收益。

2. **到期收回一次还本付息的长期债券投资**

【例 9-28】 某教育事业单位收到到期兑付的一次还本付息的长期债券投资本息共计 315 000元，款项已存入银行。该项长期债券投资的成本 300 000 元，应计利息为 13 500 元，属于本期利息(投资收益)1 500 元。该事业单位会计应编制会计分录如下：

在财务会计中：

借：银行存款	315 000	
贷：长期债券投资——成本		300 000
长期债券投资——应计利息		13 500
投资收益		1 500

同时，在预算会计中：

借：资金结存——货币资金	315 000	
贷：其他结余		300 000
投资预算收益——投资收益		15 000

3. **采用成本法核算的长期股权投资收益**

【例 9-29】 某教育事业单位持有一项长期股权投资，采用成本法核算。按照被投资单位宣告分派的利润中属于单位应享有的份额确认投资收益 8 600 元。该事业单位会计应编制会计分录如下：

在财务会计中：

借：应收股利　　8 600
　贷：投资收益　　8 600

【例 9-30】 承[例 9-29]，该事业单位收到被投资单位分派的利润 8 600 元，款项已存入开户银行。该事业单位会计应编制会计分录如下：

在财务会计中：

借：银行存款　　8 600
　贷：应收股利　　8 600

同时，在预算会计中：

借：资金结存——货币资金　　8 600
　贷：投资预算收益　　8 600

（二）投资收益的期末结转

期末，将“投资收益”科目本期发生额结转“本期盈余”科目，借或贷“投资收益”科目，贷或借“本期盈余”科目。结转后，“投资收益”科目应无余额。

【例 9-31】 月末，某事业单位“投资收益”科目本期发生额 8 600 元。该事业单位将其转入“本期盈余”科目。该事业单位财务会计应编制的会计分录如下：

借：投资收益　　8 600
　贷：本期盈余　　8 600

（三）投资预算收入年末结转

年末，将“投资预算收入”科目本期发生额结转“其他结余”科目，借或贷“投资预算收益”科目，贷或借“其他结余”科目。年末结转后，“投资预算收入”科目应无余额。

【例 9-32】 年末，假定某事业单位“投资预算收益”本年发生额 10 100 元。该事业单位将其转入“其他结余”科目。该事业单位预算会计应编制的会计分录如下：

借：投资预算收益　　10 100
　贷：其他结余　　10 100

第八节 债务预算收入

一、债务预算收入的概念和核算设置的会计科目

债务预算收入是指事业单位按照规定从银行和其他金融机构等借入的、纳入部门预算管理的、不以财政资金作为偿还来源的债务本金收入。行政单位没有债务预算收入业务。

事业单位按照规定从银行和其他金融机构等借入的各种款项，之后需要偿还，因此，在财务会计中，作为负债记录，确认为短期借款或长期借款。事业单位借入的款项，可以用来安排支出，因此，在预算会计中，作为债务预算收入进行记录。这样，与其他预算收入科目不同，预算会计中的“债务预算收入”科目，在财务会计中没有对应的“债务收入”科目，而是与财务会计

中“短期借款”和“长期借款”科目相对应。

为了核算债务预算收入业务，事业单位预算会计应设置“债务预算收入”总账科目。本科目应当按照贷款单位、贷款种类、《政府收支分类科目》中支出功能分类科目的项级科目等进行明细核算。债务预算收入中如有专项资金收入，还应按照具体项目进行明细核算。年末，将本科目本年发生额中的专项资金收入转入非财政拨款结转；将本科目本年发生额中的非专项资金收入转入其他结余。年末结转后，本科目应无余额。

二、债务预算收入的核算

（一）债务预算收入的日常核算

事业单位借入各项短期或长期借款时，按照实际借入的金额，财务会计确认为短期借款或长期借款，预算会计确认债务预算收入。在财务会计中，借记“银行存款”科目，贷记“短期借款”“长期借款”科目；同时，在预算会计中，借记“资金结存——货币资金”科目，贷记“债务预算收入”科目。偿还各项短期或长期借款时，在财务会计中，借记“短期借款”“长期借款”科目，贷记“银行存款”科目；同时，在预算会计中，借记“债务还本支出”科目，贷记“资金结存——货币资金”科目。

【例9-33】 某事业单位为开展一项非独立核算的经营活动经批准向某银行借入的一笔短期借款100 000元，款项已转存银行。该事业单位会计应编制的会计分录如下：

在财务会计中：

借：银行存款	100 000	
贷：短期借款		100 000

同时，在预算会计中：

借：资金结存——货币资金	100 000	
贷：债务预算收入		100 000

债务预算收入和债务预算支出核算的举例还可进一步参阅短期借款和长期借款核算的举例。

（二）债务预算收入的年末结转

年末，将“债务预算收入”科目本年发生额中的专项资金收入转入非财政拨款结转，借记“债务预算收入”科目下各专项资金收入明细科目，贷记“非财政拨款结转——本年收支结转”科目；将“债务预算收入”科目本年发生额中的非专项资金收入转入其他结余，借记“债务预算收入”科目下各非专项资金收入明细科目，贷记“其他结余”科目。结转后，“债务预算收入”科目应无余额。

【例9-34】 年末，假定某事业单位“债务预算收入”科目本年发生额为500 000元，其中，专项资金收入100 000元，非专项资金收入400 000元。年末转账将其分别转入“非财政拨款结转——本年收支结转”科目和“其他结余”科目。该事业单位预算会计应编制的会计分录如下：

借：债务预算收入	100 000	
贷：非财政拨款结转——本年收支结转		100 000

同时，

借：债务预算收入　　400 000
　　贷：其他结余　　400 000

第九节　捐赠收入、利息收入、租金收入、其他收入与其他预算收入

本书第六章第二节已说明，单位财务会计将捐赠收入、利息收入、租金收入、其他收入分别设为四个一级总账会计科目，而单位预算会计将上述四项内容的预算收入都归集在"其他预算收入"一个总账科目内核算。换言之，"其他预算收入"科目核算的内容包括捐赠收入、利息收入、租金收入和其他收入的预算收入。

一、捐赠收入、利息收入、租金收入与其他收入

（一）捐赠收入

捐赠收入是指单位接受其他单位或者个人捐赠取得的收入。

为了核算捐赠收入业务，财务会计应设置"捐赠收入"总账科目。本科目应当按照捐赠资产的用途和捐赠单位等进行明细核算。期末，将本科目本期发生额转入"本期盈余"科目。结转后，本科目应无余额。

1. 捐赠收入的日常核算

单位接受捐赠的货币资金，按照实际收到的金额，在财务会计中，借记"库存现金""银行存款"等科目，贷记"捐赠收入"科目。同时，在预算会计中，借记"资金结存"科目，贷记"其他预算收入——捐赠预算收入"科目。

接受捐赠的存货、固定资产等非现金资产，在财务会计中，按照确定的成本，借记"库存物品""固定资产"等科目，按照发生的相关税费、运输费等，贷记"银行存款"等科目，按照其差额，贷记"捐赠收入"科目；同时，在预算会计中，按照发生的相关税费、运输费等借记"其他支出"科目，贷记"资金结存"科目。

接受捐赠的资产按照名义金额入账的，按照名义金额，借记"库存物品""固定资产"等科目，贷记"捐赠收入"科目；按照发生的相关税费、运输费等，在财务会计中，借记"其他费用"科目，贷记"银行存款"等科目；同时，在预算会计中，借记"其他支出"科目，贷记"资金结存"科目。

【例9-35】 某文物事业单位接受捐赠货币资金15 000元，按照捐赠者的要求，捐赠的现金资产应当专项用于改善文物展区的展示条件，款项已存入开户银行。该事业单位财务会计应编制的会计分录如下：

在财务会计中：

借：银行存款　　15 000
　　贷：捐赠收入　　15 000

同时，在预算会计中：

借：资金结存——货币资金　　15 000
　　贷：其他预算收入——捐赠预算收入　　15 000

对于接受的存货、固定资产等非货币性捐赠收入，在预算会计中不进行账务处理。

单位取得的捐赠收入应以与捐赠者签订的捐赠合同为依据，划分是否属于限定用途的捐

赠收入。捐赠者提出限定用途，单位将捐赠收入作为专项资金收入核算和管理。否则，作为非专项资金收入核算和管理。

2. 捐赠收入的期末结转

期末，单位将"捐赠收入"科目本期发生额结转"本期盈余"科目，借记"捐赠收入"科目，贷记"本期盈余"科目。结转后，"捐赠收入"科目应无余额。

【例9-36】 月末，某事业单位将"捐赠收入"科目本期发生额15 000元。该事业单位将其转入"本期盈余"科目。该事业单位财务会计应编制的会计分录如下：

借：捐赠收入	150 000	
贷：本期盈余		150 000

(二) 利息收入

1. 利息收入的日常核算

单位取得银行存款利息时，按照实际收到的金额，在财务会计中，借记"银行存款"科目，贷记"利息收入"科目；同时，在预算会计中，借记"资金结存"科目，贷记"其他预算收入——利息预算收入"科目。

【例9-37】 某事业单位本期取得银行存款利息收入3 500元。按规定，该笔利息收入纳入单位预算收入管理。该事业单位会计应编制的会计分录如下：

在财务会计中：

借：银行存款	3 500	
贷：利息收入		3 500

同时，在预算会计中：

借：资金结存——货币资金	3 500	
贷：其他预算收入——利息预算收入		3 500

2. 利息收入的期末结转

期末，将"利息收入"科目发生额转入"本期盈余"科目，借记"利息收入"科目，贷记"本期盈余"科目。结转后，"利息收入"科目应无余额。

【例9-38】 期末，某事业单位"利息收入"科目本期发生额3 500元。该事业单位将其转入"本期盈余"科目。该单位财务会计应编制的会计分录如下：

借：利息收入	3 500	
贷：本期盈余		3 500

(三) 租金收入

租金收入是指单位经批准利用国有资产出租取得并按规定纳入本单位预算管理的租金收入。

为了核算租金收入业务，单位财务会计应设置"租金收入"总账科目。本科目应当按照出租国有资产类别和收入来源等进行明细核算。期末，将本科目本期发生额转入"本期盈余"科目。结转后，"租金收入"科目应无余额。

1. 租金收入的日常核算

国有资产出租收入，应当在租赁期内各个期间按照直线法予以确认。

(1) 采用预收租金方式的，预收租金时，按照收到的金额，在财务会计中，借记"银行存款"

等科目，贷记“预收账款”科目；同时，在预算会计中，借记“资金结存”科目，贷记“其他预算收入（租金预算收入）”科目。

（2）分期确认租金收入时，按照各期租金金额，在财务会计中，借记“预收账款”科目，贷记“租金收入”科目；同时，在预算会计中，借记“资金结存”科目，贷记“其他预算收入（租金预算收入）”科目。

（3）采用后付租金方式的，每期确认租金收入时，按照各期租金金额，在财务会计中，借记“应收账款”科目，贷记“租金收入”科目；收到租金时，按照实际收到的金额，在财务会计中，借记“银行存款”等科目，贷记“应收账款”科目；同时，在预算会计中，借记“资金结存”科目，贷记“其他预算收入”（租金预算收入）科目。

（4）采用分期收取租金方式的，每期收取租金时，按照租金金额，在财务会计中，借记“银行存款”等科目，贷记“租金收入”科目；同时，在预算会计中，借记“资金结存”科目，贷记“其他预算收入（租金预算收入）”科目。

涉及增值税业务的，相关账务处理参见“应交增值税”科目的账务处理。

【例 9-39】 某事业单位预收一笔款项 12 000 元，内容为对外出租场地预收 1 年的租金收入，款项已存入银行存款账户。该事业单位每月应确认租金收入 1 000 元（12 000÷12）。该事业单位会计应编制的会计分录如下：

（1）预收 1 年的租金收入时。

在财务会计中：

借：银行存款　　12 000
　贷：预收账款　　12 000

同时，在预算会计中：

借：资金结存——货币资金　　12 000
　贷：其他预算收入——租金预算收入　　12 000

（2）每月确认租金收入时。

在财务会计中：

借：预收账款　　1 000
　贷：租金收入　　1 000

【例 9-40】 某事业单位年初出租一项固定资产，租金采用后付租金的方式收取，每季度收取一次 10 200 元，当月末确认本月租金收入 3 400 元（10 200÷3），租期 1 年。该事业单位会计应编制的会计分录如下：

（1）月末确认本月租金收入时。

在财务会计中：

借：应收账款——应收租金　　3 400
　贷：租金收入　　3 400

（2）季末，收到本季租金收入时。

在财务会计中：

借：银行存款　　10 200
　贷：应收账款——应收租金　　10 200

同时，在预算会计中：

借：资金结存——货币资金　　10 200
　　贷：其他预算收入——租金预算收入　　10 200

2. 租金收入的期末结转

期末，单位应将"租金收入"本期发生额结转"本期盈余"科目，借记"租金收入"科目，贷记"本期盈余"科目。结转后，"租金收入"科目无余额。

【例 9-41】 月末，某事业单位"租金收入"本期发生额为 3 400 元。该事业单位将其转入"本期盈余"科目。该事业单位财务会计应编制的会计分录如下：

借：租金收入　　3 400
　　贷：本期盈余　　3 400

（四）其他收入

其他收入是指单位取得的除财政拨款收入、事业收入、上级补助收入、附属单位上缴收入、经营收入、非同级财政拨款收入、投资收益、捐赠收入、利息收入、租金收入以外的各项收入，包括现金盘盈收入、按照规定纳入单位预算管理的科技成果转化收入、行政单位收回已核销的其他应收款、无法偿付的应付及预收款项、置换换出资产评估增值等。

为了核算其他收入业务，单位财务会计应设置"其他收入"总账科目。本科目应当按照其他收入的类别、来源等进行明细核算。期末，将本科目本期发生额转入"本期盈余"科目。结转后，本科目应无余额。

1. 其他收入的日常核算

其他收入核算的账务处理如下：

（1）现金盘盈收入。每日现金账款核对中发现的现金溢余，属于无法查明原因的，报经批准后，借记"待处理财产损溢"科目，贷记"其他收入"科目。具体请见本书第七章第八节"待处理财产损溢"。

（2）科技成果转化收入。单位科技成果转化所取得的收入，按照规定留归本单位的，按照所取得收入扣除相关费用之后的净收益，在财务会计中，借记"银行存款"等科目，贷记"其他收入"科目；同时，在预算会计中，借记"资金结存"科目，贷记"其他预算收入"科目。

（3）收回已核销的其他应收款。行政单位已核销的其他应收款在以后期间收回的，按照实际收回的金额，在财务会计中，借记"银行存款"等科目，贷记"其他收入"科目；同时，在预算会计中，借记"资金结存"科目，贷记"其他预算收入"科目。

【例 9-42】 某行政单位通过银行存款收到一笔款项 500 元，内容为收回已作为坏账处理的乙单位的其他应收款又重新收回，没有指定用途。该单位会计应编制的会计分录如下：

在财务会计中：

借：银行存款　　500
　　贷：其他收入——收回已核销坏账收入　　500

同时，在预算会计中：

借：资金结存——货币资金　　500
　　贷：其他预算收入　　500

（4）无法偿付的应付及预收款项。无法偿付或债权人豁免偿还的应付账款、预收账款、其他应付款及长期应付款，借记“应付账款”“预收账款”“其他应付款”“长期应付款”等科目，贷记“其他收入”科目。

【例 9-43】 某单位年终资产负债清查中发现无法偿付丙单位的应付账款 300 元。该单位财务会计应编制的会计分录如下：

借：应付账款——丙单位　　300

　贷：其他收入——无法支付偿还款收入　　300

（5）置换换出资产评估增值。资产置换过程中，换出资产评估增值的，按照评估价值高于资产账面价值或账面余额的金额，借记有关科目，贷记“其他收入”科目。其具体账务处理参见“库存物品”等科目的账务处理。

以未入账的无形资产取得的长期股权投资，按照评估价值加相关税费作为投资成本，借记“长期股权投资”科目，按照发生的相关税费，贷记“银行存款”“其他应交税费”等科目，按其差额，贷记“其他收入”科目；同时，在预算会计中，按实际支付的相关税费，借记“其他支出”科目，贷记“资金结存”科目。

【例 9-44】 某事业单位经批准以一项未入账的无形资产取得一项长期股权投资，该项无形资产的评估价值为 450 000 元。不考虑相关税费。该单位财务会计应编制的会计分录如下：

借：长期股权投资　　450 000

　贷：其他收入　　450 000

（6）其他。确认上述各项以外的其他收入时，按照应收或实际收到的金额，借记“其他应收款”“银行存款”“库存现金”等科目，贷记“其他收入”科目；同时，在预算会计中，按实际收到的金额，借记“资金结存”科目，贷记“其他预算收入”科目。涉及增值税业务的，相关账务处理参见“应交增值税”科目。

【例 9-45】 某行政单位出售废旧报刊，取得现金收入 180 元。该笔现金收入纳入本单位预算管理，并没有指定用途。该单位会计应编制的会计分录如下：

在财务会计中：

借：库存现金　　180

　贷：其他收入——出售废旧报刊收入　　180

同时，在预算会计中：

借：资金结存——货币资金　　180

　贷：其他预算收入　　180

根据《政府会计准则制度解释第 1 号》的规定，中央级行政事业单位应当自 2019 年 1 月 1 日起，将归属于本单位的售房款及其利息收入纳入部门预算管理，并按照《政府会计制度》统一进行会计核算。收到售房款项（售房收入扣除按标准计提的住宅专项维修资金）及其利息收入时，在财务会计中，借记“银行存款”科目，贷记“其他收入”科目；同时，在预算会计中，借记“资金结存”科目，贷记“其他预算收入”科目。

2. 其他收入的期末结转

期末，单位应将“其他收入”科目本期发生额结转“本期盈余”科目，借记“其他收入”科目，贷记“本期盈余”科目。结转后，“其他收入”科目无余额。

【例 9-46】 月末，某单位“其他收入”科目本期发生额 900 元。该事业单位将其结转“本期盈余”科目。该单位财务会计应编制的会计分录如下：

借：其他收入　　900

　　贷：本期盈余　　900

二、其他预算收入

其他预算收入是指单位除财政拨款预算收入、事业预算收入、上级补助预算收入、附属单位上缴预算收入、经营预算收入、债务预算收入、非同级财政拨款预算收入、投资预算收益之外的纳入部门预算管理的现金流入，包括捐赠预算收入、利息预算收入、租金预算收入、现金盘盈收入等。

为了核算其他预算收入业务，预算会计应设置“其他预算收入”总账科目。本科目应当按照《政府收支分类科目》中支出功能分类科目的项级科目等进行明细核算。其他预算收入中如有专项资金收入，还应按照具体项目进行明细核算。年末，将本科目本年发生额中的专项资金收入转入非财政拨款结转；将本科目本年发生额中的非专项资金收入转入其他结余。年末结转后，本科目应无余额。

(一) 其他预算收入的日常核算

单位接受捐赠现金资产、收到银行存款利息、收到资产承租人支付的租金时，按照实际收到的金额，借记“资金结存——货币资金”科目，贷记“其他预算收入”科目。每日现金账款核对中如发现现金溢余，按照溢余的现金金额，借记“资金结存——货币资金”科目，贷记“其他预算收入”科目。经核实，属于应支付给有关个人和单位的部分，按照实际支付的金额，借记“其他预算收入”科目，贷记“资金结存——货币资金”科目。收到其他预算收入时，按照收到的金额，借记“资金结存——货币资金”科目，贷记“其他预算收入”科目。

(二) 其他预算收入的期末结转

年末，将“其他预算收入”科目本年发生额中的专项资金收入转入非财政拨款结转，借记“其他预算收入”科目下各专项资金收入明细科目，贷记“非财政拨款结转——本年收支结转”科目；将本科目本年发生额中的非专项资金收入转入其他结余，借记“其他预算收入”科目下各非专项资金收入明细科目，贷记“其他结余”科目。

【例 9-47】 年末，某事业单位“其他预算收入”科目的本年发生额 65 000 元。其中，专项资金收入 20 000 元，非专项资金收入 45 000 元。该事业单位分别将其转入“非财政补助结转——本年收支结转”和“其他结余”科目。该事业单位预算会计应编制的会计分录如下：

借：其他预算收入　　45 000

　　贷：其他结余　　45 000

同时，

借：其他预算收入　　20 000

　　贷：非财政拨款结转——本年收支结转　　20 000

复习思考题

1. 什么是行政事业单位的收入？主要包括哪些种类？什么是行政事业单位的预算收入？主要包括哪些种类？行政事业单位的预算收入的种类与收入的种类有何不同？
2. 什么是财政拨款(预算)收入？财政拨款(预算)收入在财政直接支付、财政授权支付、实拨资金方式下，分别如何确认？

3. 什么是事业(预算)收入？举例说明两者核算的异同。
4. 什么是事业单位的经营(预算)收入？具有哪些基本特征？举例说明两者核算的异同。
5. 事业(预算)收入和事业单位的经营(预算)收入有什么共同的特征？
6. 什么是事业单位的上级补助(预算)收入？上级补助(预算)收入与财政拨款(预算)收入有什么不同？
7. 什么是事业单位的附属单位上缴(预算)收入？附属单位上缴(预算)收入与经营(预算)收入有什么不同？
8. 什么是事业单位的债务(预算)收入？两者在财务会计中和预算会计中是如何核算的？
9. 什么是非同级财政拨款(预算)收入？举例说明两者核算的异同。
10. 什么是事业单位的投资(预算)收益？举例说明两者核算的异同。
11. 什么是其他(预算)收入？举例说明两者核算的异同。

选择题

1. 下列各项中,行政事业单位的收入不包括(　　)。
A. 财政拨款收入　B. 事业收入　C. 上级补助收入　D. 附属单位上缴预算收入
2. 财政拨款预算收入是指行政事业单位从同级政府财政部门取得的(　　)。
A. 各类财政拨款　B. 各类财政拨款现金流入
C. 各类财政拨款现金流出　D. 零余额账户用款额度
3. 事业预算收入是指事业单位开展专业业务活动及其辅助活动取得的(　　)。
A. 收取款项的权利　B. 现金或收取款项的权利
C. 同级政府财政拨款　D. 现金流入
4. 事业单位收到从财政专户返还的事业收入时,借记“银行存款”等科目,贷记(　　)科目。
A. “事业收入”　B. “上级补助收入”　C. “财政拨款收入”　D. “经营收入”
5. 下列各项中,属于行政事业单位预算收入的是(　　)。
A. 财政拨款预算收入　B. 事业预算收入　C. 债务预算收入　D. 投资预算收益
6. 下列各项中,行政单位的收入不包括(　　)。
A. 财政拨款收入　B. 事业收入　C. 上级补助收入　D. 附属单位上缴收入
7. 下列各项中,“事业预算收入”科目的对应科目可以是(　　)科目。
A. “银行存款”　B. “库存现金”　C. “资金结存”　D. “非财政拨款结转”
8. 下列各项中,属于事业单位的收入包括(　　)。
A. 事业收入　B. 投资收益　C. 债务收入　D. 捐赠收入
9. 下列各项中,属于“其他预算收入”科目核算内容的有(　　)。
A. 捐赠预算收入　B. 利息预算收入　C. 租金预算收入　D. 现金盘盈收入

练习题

某事业单位于20×9年发生如下经济业务:

(1) 通过财政直接支付方式向职工支付一笔已计算确认的应付职工薪酬12 640元。
(2) 收到“财政授权支付额度到账通知书”,所列金额为5 000元。
(3) 年末,本年度财政直接支付预算指标数大于当年财政直接支付实际支出数的差额为5 400元。
(4) 按合同约定从付款方预收一笔事业活动款项,金额17 120元,款项已存入开户银行。
(5) 按合同完成进度计算确认预收账款中实现的事业收入,金额9 100元。
(6) 在开展专业业务活动中收到一笔银行存款,金额760元。
(7) 按照相关规定,确认一项上级补助收入,金额为7 000元,款项尚未收到。
(8) 数日后,收到了该项上级补助收入7 000元,款项已存入开户银行。

(9) 按照相关规定，确认一项附属单位上缴收入，金额为 24 000 元，款项尚未收到。

(10) 数日后，收到了该项附属单位上缴收入 24 000 元，款项已存入开户银行。

(11) 开展经营活动实现一笔经营收入 2 640 元，款项尚未收到。

(12) 数日后，收到了该项经营收入 2 640 元，款项已存入开户银行。

(13) 经批准向银行借入一笔到期一次还本付息的长期借款，借款金额为 120 000 元。年末，计算确定应支付的借款利息 4 600 元，该借款利息按规定应计入在建工程成本。

(14) 收到上年确认的非同级财政拨款收入款项 4 000 元，款项已存入开户银行，该笔款项为专项资金收入。

(15) 数日后，从上级省政府财政部门获得一笔本年度财政专项资金，全额 29 000 元，款项已存入银行存款账户。

(16) 到期收回一项以前年度取得的长期债券投资，实际收回本金 130 000 元，利息 7 800 元，本息合计 137 800 元。该项长期债券投资的账面余额为 131 600 元，相应的应收利息会计记录为 3 900 元。取得该债券时，“投资支出”科目的发生额为 131 600 元。

(17) 对甲公司的一项长期股权投资按规定采用权益法核算。甲公司实现净利润 100 000 元，本事业单位按持股比例 50%可分享相应的份额 50 000 元。

(18) 收到甲公司之前宣告分派的现金股利 12 000 元，款项已存入开户银行。

(19) 接受捐赠一笔货币资金，金额 17 600 元，款项已存入开户银行。同时，接受捐赠一项固定资产，确定的成本为 30 400 元。

(20) 现金账款核对中发现现金溢余 4 元。

(21) 上述现金溢余 4 元无法查明原因，报经批准，转入其他收入。

(22) 年末，“财政拨款收入”科目的本年发生额为 117 800 元，“事业收入”科目的本年发生额为 45 600 元，“上级补助收入”科目的本年发生额为 17 720 元，“附属单位上缴收入”科目的本年发生额为 95 600 元，“经营收入”科目的本年发生额为 17 320 元，“非同级财政拨款收入”科目的本年发生额为 29 000 元，“投资收益”科目的本年发生额为 75 600 元，“其他收入”科目的本年发生额为 47 040 元。将其全数转入“本期盈余”科目。

(23) 年末，“财政拨款预算收入”科目的本年发生额为 117 800 元；“事业预算收入”科目的本年发生额为 65 600 元，其中，专项资金收入 49 200 元，非专项资金收入 16 400 元；“上级补助预算收入”科目的本年发生额为 15 520 元，其中，专项资金收入 13 100 元，非专项资金收入 2 420 元；“附属单位上缴预算收入”科目的本年发生额为 87 200 元，全部为非专项资金收入；“经营预算收入”科目的本年发生额为 18 240 元(暂不考虑增值税业务)；“债务预算收入”科目的本年发生额为 120 000 元，全部为专项资金收入；“非同级财政拨款预算收入”科目的本年发生额为 33 000 元，全部为专项资金收入；“投资预算收益”科目的本年发生额为 33 800 元；“其他预算收入”科目的本年发生额为 30 100 元，其中，专项资金收入 24 900 元，非专项资金收入 5 200 元。分别将上述各项转入“财政拨款结转——本年收支结转”“非财政拨款结转——本年收支结转”“其他结余”“经营结余”科目。

要求：根据以上经济业务，为该事业单位编制有关的会计分录。

第十章　行政事业单位的费用与支出

第一节　行政单位业务活动费用与行政支出

在行政事业单位中，费用属于财务会计要素，预算支出属于预算会计要素。费用是指行政事业单位在履行职责或开展业务活动中耗费的经济资源，按照不同的资源耗费目的和内容主要分为业务活动费用、单位管理费用、经营费用、资产处置费用、上缴上级费用、对附属单位补助费用、所得税费用和其他费用等种类。预算支出是指行政事业单位在履行职责或开展业务活动中实际发生的纳入部门预算管理的现金流出，按照不同的资金用途主要分为行政支出、事业支出、经营支出、上缴上级支出、对附属单位补助支出、投资支出、债务还本支出和其他支出等种类。前者应当按照权责发生制基础进行确认和计量，即在费用发生时予以确认，并按照实际发生额进行计量；后者应当按照收付实现制基础进行确认和计量，即在预算支出实际支付时予以确认，并按实际支付金额计量。本节先介绍行政单位的业务活动费用和行政支出。

一、行政单位的业务活动费用

（一）行政单位业务活动费用的概念与核算科目的设置

行政单位的业务活动费用是指行政单位为实现其职能目标，依法履职或开展专业业务活动及其辅助活动所发生的各项费用，包括为履职或开展业务活动人员计提的薪酬、外部人员劳务费、领用的库存物品、动用发出的政府储备物资、相关长期资产的折旧和摊销、相关税费以及为履职或开展业务活动发生的其他各项费用。行政单位的业务活动费用依据权责发生制确认与计量。

行政单位根据其职能定位依法履行相应的职能。例如，人大机关依法履行立法和监督职能、财政部门依法履行财政管理职能、税务部门依法履行税收征管职能、工商行政管理部门依法履行工商行政管理职能、公安部门依法履行公共安全管理职能、法院依法履行案件审判和执行职能、教育部门依法履行教育管理职能、医疗卫生与计划生育部门依法履行医疗卫生和计划生育管理职能、环保部门依法履行环境保护职能、金融监管部门依法履行金融监管职能等。行政单位依法履行行业和社会管理职能。

为了核算业务活动费用业务，行政单位财务会计应设置“业务活动费用”总账科目。本科目应当按照项目、服务或者业务类别、支付对象等进行明细核算。为了满足成本核算需要，本科目还可按照“工资福利费用”“商品和服务费用”“对个人和家庭的补助费用”“对企业补助费用”“固定资产折旧费”“无形资产摊销费”“公共基础设施折旧（摊销）费”“保障性住房折旧费”“计提专用基金”等成本项目设置明细科目，归集能够直接计入业务活动或采用一定方法计算后计入业务活动的费用。期末，将本科目本期借方发生额结转入“本期盈余”科目。结转后，本科目应无余额。

(二) 行政单位业务活动费用的账务处理

(1) 计提单位职工薪酬。为履职或开展业务活动人员计提的薪酬,按照计算确定的金额,借记"业务活动费用"科目,贷记"应付职工薪酬"科目。

(2) 发生外部人员劳务费。为履职或开展业务活动发生的外部人员劳务费,按照计算确定的金额,借记"业务活动费用"科目,按照代扣代缴个人所得税的金额,贷记"其他应交税费——应交个人所得税"科目,按照扣税后应付或实际支付的金额,贷记"其他应付款""财政拨款收入""零余额账户用款额度""银行存款"等科目。

(3) 领用库存物品和动用发出相关政府储备物资。为履职或开展业务活动领用库存物品,以及动用发出相关政府储备物资,按照领用库存物品或发出相关政府储备物资的账面余额,借记"业务活动费用"科目,贷记"库存物品""政府储备物资"科目。

(4) 固定资产、无形资产、公共基础设施、保障性住房计提的折旧、摊销。为履职或开展业务活动所使用的固定资产、无形资产以及为所控制的公共基础设施、保障性住房计提的折旧、摊销,按照计提金额,借记"业务活动费用"科目,贷记"固定资产累计折旧""无形资产累计摊销""公共基础设施累计折旧(摊销)""保障性住房累计折旧"科目。

(5) 发生相关税费。为履职或开展业务活动发生的城市维护建设税、教育费附加、地方教育费附加、车船税、房产税、城镇土地使用税等,按照计算确定应交纳的金额,借记"业务活动费用"科目,贷记"其他应交税费"等科目。

(6) 发生其他各项费用。为履职或开展业务活动发生其他各项费用时,按照费用确认金额,借记"业务活动费用"科目,贷记"财政拨款收入""零余额账户用款额度""银行存款""应付账款""其他应付款""其他应收款"等科目。

(7) 发生当年购货退回业务。发生当年购货退回等业务时,对于已计入本年业务活动费用的,按照收回或应收的金额,借记"财政拨款收入""零余额账户用款额度""银行存款""其他应收款"等科目,贷记"业务活动费用"科目。

(8) 业务活动费用的期末结转。期末,将"业务活动费用"科目本期发生额转入本期盈余,借记"本期盈余"科目,贷记"业务活动费用"科目。结转后,"业务活动费用"科目应无余额。

二、行政单位的行政支出

(一) 行政支出的概念与分类

行政支出是指行政单位履行其职责实际发生的各项现金流出。行政支出是行政单位为实现国家管理职能、完成行政任务所必须发生的各项资金支出。

为了全面反映行政单位各项行政资金支出的内容,便于分析和考核各项行政支出的实际发生情况及其效果,行政单位有必要对行政支出按照一定的标准进行适当的分类。

1. 按照部门预算支出经济分类科目进行的分类

在《政府收支分类科目》中,部门预算支出经济分类科目是对预算单位预算支出具体经济用途的分类,它既适用于行政单位,也适用于事业单位。行政单位的行政支出以及事业单位的事业支出在基本支出和项目支出下应当进一步按照《政府收支分类科目》中的部门预算支出经济分类科目进行分类。按照现行《政府收支分类科目》,部门预算支出经济分类科目分设类、款两级科目,两级科目在内容上逐渐细化,具体科目设置情况如下:

(1) 工资福利支出类。本类级科目反映单位开支的在职职工和编制外长期聘用人员的各类劳动报酬,以及为上述人员交纳的各项社会保险费等。本类级科目下设 13 个款级科目:基本工资、津贴补贴、奖金、伙食补助费、绩效工资、机关事业单位基本养老保险缴费、职业年金缴费、职工基本医疗保险缴费、公务员医疗补助缴费、其他社会保障缴费、住房公积金、医疗费、其他工资福利支出。

(2) 商品和服务支出类。本类级科目反映单位购买商品和服务的支出,不包括用于购置固定资产、战略性和应急性物资储备等资本性支出。本类级科目下设 27 个款级科目:办公费、印刷费、咨询费、手续费、水费、电费、邮电费、取暖费、物业管理费、差旅费、因公出国(境)费用、维修(护)费、租赁费、会议费、培训费、公务接待费、专用材料费、被装购置费、专用燃料费、劳务费、委托业务费、工会经费、福利费、公务用车运行维护费、其他交通费用、税金及附加费用、其他商品和服务支出。

(3) 对个人和家庭的补助类。本类级科目反映政府用于对个人和家庭的补助支出。本类级科目下设 11 个款级科目:离休费、退休费、退职(役)费、抚恤金、生活补助、救济费、医疗费补助、助学金、奖励金、个人农业生产补贴、其他对个人和家庭的补助。

(4) 债务利息及费用支出类。本类级科目反映单位的债务利息及费用支出。本类级科目下设 4 个款级科目:国内债务付息、国外债务付息、国内债务发行费用、国外债务发行费用。

(5) 资本性支出(基本建设)类。本类级科目反映切块由发展改革部门安排的基本建设支出,对企业补助支出不在此科目反映。本类级科目下设 12 个款级科目:房屋建筑物购建、办公设备购置、专用设备购置、基础设施建设、大型修缮、信息网络及软件购置更新、物资储备、公务用车购置、其他交通工具购置、文物和陈列品购置、无形资产购置、其他基本建设支出。

(6) 资本性支出类。本类级科目反映各单位安排的资本性支出,切块由发展改革部门安排的基本建设支出不在此科目反映。本类级科目下设 16 个款级科目:房屋建筑物购建、办公设备购置、专用设备购置、基础设施建设、大型修缮、信息网络及软件购置更新、物资储备、土地补偿、安置补助、地上附着物和青苗补偿、拆迁补偿、公务用车购置、其他交通工具购置、文物和陈列品购置、无形资产购置、其他资本性支出。

(7) 对企业补助(基本建设)类。本类级科目反映切块由发展改革部门安排的基本建设支出中对企业补助支出。本类级科目下设 2 个款级科目:资本金注入、其他对企业补助。

(8) 对企业补助类。本类级科目反映政府对各类企业的补助支出,切块由发展改革部门安排的基本建设支出中对企业补助支出不在此科目反映。本类级科目下设 5 个款级科目:资本金注入、政府投资基金股权投资、费用补贴、利息补贴、其他对企业补助。

(9) 对社会保障基金补助类。本类级科目反映政府对社会保险基金的补助以及补充全国社会保障基金的支出。本类级科目下设 2 个款级科目:对社会保险基金补助、补充全国社会保障基金。

(10) 其他支出类。本类级科目反映不能划分到上述经济科目的其他支出。本类级科目下设 4 个款级科目:赠与、国家赔偿费用支出、对民间非营利组织和群众性自治组织补贴、其他支出。

在以上部门预算支出经济分类科目中,绝大多数科目同时适用于行政单位和事业单位,但也有很少量科目根据科目使用说明仅适用于行政单位或仅适用于事业单位,或者主要适用于行政单位或主要适用于事业单位。例如,在工资福利支出类级科目中,绩效工资款级科目反映事业单位工作人员的绩效工资,仅适用于事业单位;奖金款级科目反映按规定发放的奖金,包括机关工作人员年终一次性奖金等,主要适用于行政单位。在资本性支出类级科目中,基础设施建设款级科目反映用于农田设施、道路、铁路、桥梁、水坝和机场、车站、码头等公共基础设施建设方面的支出，主要适用于行政单位。以上对部门预算支出经济分类科目的介绍，侧重于行政单位对行政支出或事业单位对事业支出的经济分类，不完全细化到现行具体做法。

2. 按照部门预算管理要求进行的分类

按照部门预算管理要求，行政单位的行政支出可分为基本支出和项目支出两大类。

(1) 基本支出，是指行政单位为维持正常运转和完成日常工作任务而发生的各项支出，包括人员经费支出和日常公用经费支出。其中，人员经费支出是指为保障机构正常运转和完成日常工作任务而发生的可归集到个人的各项支出，如工资福利支出、对个人和家庭的补助支出等。日常公用经费支出是指为保障机构正常运转和完成日常工作任务而发生的不能归集到个人的各项支出，如商品和服务支出、资本性支出等。

基本支出是行政单位的基本资金支出，是行政单位维持日常正常运转的基本资金保证。

(2) 项目支出，是指行政单位在基本支出之外为完成特定的工作任务而发生的各项支出。从项目属性来看，行政单位项目支出中的项目可以包括房屋建筑物购建类项目、房租类项目、大中型修缮类项目、设备购置类项目、信息网络购建类项目、信息系统运行维护类项目、大型会议和培训类项目、专项课题和规划类项目、执法办案类项目、监督检查类项目、调查统计类项目、重大宣传活动类项目等。在单位预算编制以及会计核算时，行政单位项目支出中的项目都需要按照《政府收支分类科目》中的支出功能分类科目统一进行分类。

行政单位发生项目支出时，根据支出用途，涉及的支出经济分类科目可以包括工资福利支出、商品和服务支出、对个人和家庭的补助、资本性支出(基本建设支出)、资本性支出等。

项目支出是在保证行政单位基本支出的基础上，对行政单位的特定工作任务所安排的专项资金保障。

3. 按照政府支出功能分类科目进行的分类

政府支出功能分类科目是对政府各项支出的职能作用所作的基本分类。行政单位的各项行政支出都需要按照政府支出功能分类科目进行分类反映。行政单位行政支出中的政府支出功能分类与财政总预算会计中的“一般公共预算本级支出”“政府性基金预算本级支出”总账科目下设置的支出功能分类科目明细科目应当是一致的。《政府收支分类科目》中的支出功能分类科目，是行政单位各项预算收入和预算支出核算中需要进行明细核算的基本种类。

行政单位行政支出中的财政拨款支出与财政拨款收入在政府支出功能分类科目、基本支出和项目支出的具体种类上都是一样的。相应的支出和收入形成直接的配比关系。

4. 按照不同资金性质进行的分类

按照不同资金的性质，行政支出可以分为财政拨款支出、非财政专项资金支出和其他资金支出等种类。同时有一般公共预算财政拨款和政府性基金预算财政拨款等两种或两种以上财政拨款的行政单位，财政拨款支出还可以区分为一般公共预算财政拨款支出和政府性基金预算财政拨款支出等种类。

(1) 财政拨款支出，是指使用财政拨款收入发生的支出。如果使用的是一般公共预算财政拨款收入而发生的支出，相应的支出为一般公共预算财政拨款支出；如果使用的是政府性基金预算财政拨款收入而发生的支出，相应的支出为政府性基金预算财政拨款支出。财政拨款支出与财政拨款收入存在对应关系。

(2) 非财政专项资金支出，是指使用非财政专项资金收入发生的支出。如使用非同级财政拨款收入、捐赠收入中的专项资金收入发生的支出等。

(3) 其他资金支出，是指使用除财政拨款收入、非财政专项资金支出以外的资金而发生的支出。如使用经批准不上缴财政、没有指定专项用途、纳入单位预算管理的租金收入发生的支出等。其他资金支出需要按照专项支出和非专项支出分别反映，以分别与专项收入和非专项收入对应。

在行政单位中，财政拨款收入是最主要甚至是全部的收入来源，因此，财政拨款支出也是最主要的行政支出种类，非财政专项资金支出和其他资金支出都是少量的，有的行政单位甚至没有。

(二) 行政支出核算会计科目的设置

为了核算行政支出业务，行政单位预算会计应设置"行政支出"总账科目。本科目应当分别按照"财政拨款支出""非财政专项资金支出""其他资金支出""基本支出""项目支出"等进行明细核算，并按照《政府收支分类科目》中支出功能分类科目的项级科目进行明细核算；"基本支出"和"项目支出"明细科目下应当按照《政府收支分类科目》中部门预算支出经济分类科目的款级科目进行明细核算，同时在"项目支出"明细科目下按照具体项目进行明细核算。年末，将本科目本年发生额中的财政拨款支出转入财政拨款结转，将本科目本年发生额中的非财政专项资金支出转入非财政拨款结转；将本科目本年发生额中的其他资金支出(非财政非专项资金支出)转入其他结余。年末结转后，本科目应无余额。

有一般公共预算财政拨款、政府性基金预算财政拨款等两种或两种以上财政拨款的行政单位，还应当在"财政拨款支出"明细科目下按照财政拨款的种类进行明细核算。

对于预付款项，可通过在本科目下设置"待处理"明细科目进行核算，待确认具体支出项目后再转入本科目下相关明细科目。年末结账前，应将本科目"待处理"明细科目余额全部转入本科目下相关明细科目。

(三) 行政支出的账务处理

(1) 支付职工薪酬。向单位职工个人支付薪酬时，按照实际支付的金额，借记"行政支出"科目，贷记"财政拨款预算收入""资金结存"科目。按照规定代扣代缴个人所得税以及代扣代缴或为职工交纳职工社会保险费、住房公积金等时，按照实际交纳的金额，借记"行政支出"科目，贷记"财政拨款预算收入""资金结存"科目。

(2) 支付外部人员劳务费。按照实际支付给外部人员个人的金额，借记"行政支出"科目，贷记"财政拨款预算收入""资金结存"科目。按照规定代扣代缴个人所得税时，按照实际交纳的金额，借记"行政支出"科目，贷记"财政拨款预算收入""资金结存"科目。

(3) 发生预付款项。发生预付账款时，按照实际支付的金额，借记"行政支出"科目，贷记"财政拨款预算收入""资金结存"科目。对于暂付款项，在支付款项时可不做预算会计处理，待结算或报销时，按照结算或报销的金额，借记"行政支出"科目，贷记"资金结存"科目。

(4) 为购买存货、固定资产、无形资产等以及在建工程支付相关款项。为购买存货、固定资产、无形资产等以及在建工程支付相关款项时，按照实际支付的金额，借记"行政支出"科目，贷记"财政拨款预算收入""资金结存"科目。

(5) 发生其他支出。发生其他各项支出时，按照实际支付的金额，借记"行政支出"科目，贷记"财政拨款预算收入""资金结存"科目。

(6) 发生当年购货退回等业务。因购货退回等发生款项退回，或者发生差错更正的，属于当年支出收回的，按照收回或更正金额，借记"财政拨款预算收入""资金结存"科目，贷记"行政支出"科目。

(7) 行政支出的年末结转。年末,将“行政支出”科目本年发生额中的财政拨款支出转入财政拨款结转,借记“财政拨款结转——本年收支结转”科目,贷记“行政支出”科目下各财政拨款支出明细科目;将“行政支出”科目本年发生额中的非财政专项资金支出转入非财政拨款结转,借记“非财政拨款结转——本年收支结转”科目,贷记“行政支出”科目下各非财政专项资金支出明细科目;将“行政支出”科目本年发生额中的其他资金支出(非财政非专项资金支出)转入其他结余,借记“其他结余”科目,贷记“行政支出”科目下其他资金支出明细科目。

三、行政单位业务活动费用与行政支出核算举例

(一) 计提并支付职工薪酬

【例 10-1】 某行政单位本月为履职人员计提并通过财政直接支付方式支付单位职工薪酬 124 000 元。该行政单位会计应编制的会计分录如下:

(1) 计提履职人员薪酬时。

在财务会计中:

借: 业务活动费用　　124 000
　　贷: 应付职工薪酬　　124 000

(2) 通过财政直接支付方式支付单位职工薪酬。

在财务会计中:

借: 应付职工薪酬　　124 000
　　贷: 财政拨款收入　　124 000

同时,在预算会计中:

借: 行政支出　　124 000
　　贷: 财政拨款预算收入　　124 000

计提并支付为履职人员职工薪酬的核算,请进一步参阅“应付职工薪酬”的核算。

【例 10-2】 某行政单位通过财政直接支付的方式为单位开展专业业务活动及其辅助活动的职工代扣代缴个人所得税 12 000 元,同时为这些职工代扣代缴和交纳职工社会保险费和住房公积金共计 25 000 元。该行政单位会计应编制的会计分录如下:

在财务会计:

借: 应付职工薪酬　　25 000
　　其他应交税费——应交个人所得税　　12 000
　　贷: 财政拨款收入　　37 000

同时,在预算会计中:

借: 行政支出　　37 000
　　贷: 财政拨款预算收入　　37 000

行政单位按税法规定代扣职工个人所得税时,在财务会计中,借记“应付职工薪酬”科目,贷记“其他应交税费——应交个人所得税”科目;此时,在预算会计中,不作会计处理。

(二) 发生并支付外部人员劳务费

【例 10-3】 某行政单位为开展业务活动发生外部人员劳务费 15 000 元,其中,代扣代缴个人所得税为 2 000 元,扣税后应支付的劳务费为 13 000 元,款项通过财政授权支付方式支

付。该行政单位会计应编制的会计分录如下：

(1) 计算确定个人劳务费用和代扣代缴个人所得税时。

在财务会计中：

借：业务活动费用　　15 000
　贷：其他应付款——应付个人劳务费　　13 000
　　其他应交税费——应交个人所得税　　2 000

(2) 通过财政授权支付方式支付个人劳务费和上缴代扣个人所得税时。

在财务会计中：

借：其他应付款——应付个人劳务费　　12 000
　其他应交税费——应交个人所得税　　3 000
　贷：零余额账户用款额度　　15 000

同时，在预算会计中：

借：行政支出　　15 000
　贷：资金结存——零余额账户用款额度　　15 000

外部人员劳务费同样涉及代扣代缴个人所得税的业务，但不涉及代扣代缴和为其交纳社会保险费和住房公积金的业务。

(三) 发生预付款项

【例10-4】 某行政单位通过财政直接支付方式支付一笔款项32 500元，具体内容为向某公司预付购买一批救灾物资的部分款项，购买的救灾物资尚未收到。该行政单位会计应编制的会计分录如下：

在财务会计中：

借：预付账款　　32 500
　贷：财政拨款收入　　32 500

同时，在预算会计中：

借：行政支出　　32 500
　贷：财政补助预算收入　　32 500

(四) 购买资产或支付在建工程款

【例10-5】 某行政单位通过财政直接支付方式支付一笔款项85 000元，具体内容为购买办公设备。购入的办公设备作为固定资产。该行政单位会计应编制的会计分录如下：

在财务会计中：

借：固定资产　　85 000
　贷：财政拨款收入　　85 000

同时，在预算会计中：

借：行政支出　　85 000
　贷：财政拨款预算收入　　85 000

(五) 领用库存物品和动用发出政府储备物资

【例10-6】 某行政单位为履职领用一批库存物品，该批物品的成本为10 000元。该行政单位会计应编制的会计分录如下：

在财务会计中：

借：业务活动费用——商品和服务费用 10 000

贷：库存物品 10 000

（六）计提有关资产折旧(摊销)

【例 10-7】 某行政单位本期为履职使用的固定资产计提折旧 5 000 元，为控制的保障性住房计提折旧 35 000 元。该行政单位会计应编制的会计分录如下：

在财务会计中：

借：业务活动费用——固定资产折旧费 40 000

贷：固定资产累计折旧 5 000

保障性住房累计折旧 35 000

（七）发生并支付相关税金及附加

【例 10-8】 某行政单位为履职开展业务活动发生相关税金及附加费 1 200 元，该笔税费通过单位零余额账户交纳。该行政单位会计应编制的会计分录如下：

（1）计算应负担的税金及附加时。

在财务会计中：

借：业务活动费用 1 200

贷：其他应交税费 1 200

（2）实际交纳税金及附加费时。

在财务会计中：

借：其他应交税费 1 200

贷：零余额账户用款额度 1 200

同时，在预算会计中：

借：行政支出 1 200

贷：结存资金——零余额账户用款额度 1 200

（八）发生并支付其他各项费用

【例 10-9】 某行政单位通过财政授权支付了一笔款项 3 400 元，具体内容为履职发生的水费、电费，款项通过财政授权支付方式支付。该行政单位会计应编制的会计分录如下：

在财务会计中：

借：业务活动费用——商品和服务费用 3 400

贷：零余额账户用款额度 3 400

同时，在预算会计中：

借：行政支出 3 400

贷：资金结存——零余额账户用款额度 3 400

（九）发生当年购货退回等业务

【例 10-10】 某行政单位收回一笔当年通过财政授权支付方式支付的款项 5 000 元，原因为货品质量问题退回一批当年购入的货品，该批货品在购入时已计入本年的业务活动费用和行政支出。该行政单位会计应编制的会计分录如下：

在财务会计中：

借：零余额账户用款额度 5 000

贷：业务活动费用 5 000

同时，在预算会计中：

借：资金结存——零余额账户用款额度 5 000

贷：行政支出 5 000

因购货退回等发生款项退回，或者发生差错更正的，属于当年支出收回的，按照收回或更正金额，财务会计冲减财政拨款收入和业务活动费用或相关资产，预算会计冲减财政拨款预算收入和行政支出。

在该项业务中，若退货款项尚未收到，该行政单位在财务会计中应当根据权责发生制的要求，按照应收的金额，借记"其他应收款"科目，贷记"业务活动费用"科目；此时，在预算会计中，不作会计处理。

在概念上，业务活动费用是指行政单位为实现其职能目标，依法履职或开展专业业务活动及其辅助活动所发生的各项费用，体现了权责发生制的要求。行政支出是指行政单位开展专业业务活动及其辅助活动实际发生的各项现金流出，体现了收付实现制的要求。

（十）业务活动费用的期末结转

【例 10-11】 期末，某行政单位"业务活动费用"科目的本期发生额为 103 000 元，将其转入本期盈余。该行政单位财务会计应编制的会计分录如下：

借：本期盈余 103 000

贷：业务活动费用 103 000

（十一）行政支出的年末结转

【例 10-12】 某行政单位年终"行政支出"总账科目的本年发生额为 529 000 元。其中"财政拨款支出""非财政专项资金支出""其他资金支出"三个明细科目的本年发生额分别为516 000 元、5 000 元，8 000 元。行政单位将其分别转入"财政拨款结转——本年收支结转""非财政拨款结转——本年收支结转""其他结余"科目。该行政单位预算会计应编制的会计分录如下：

（1）结转财政拨款支出时。

借：财政拨款结转——本年收支结转 516 000

贷：行政支出——财政拨款支出 516 000

（2）结转非财政专项资金支出时。

借：非财政拨款结转——本年收支结转 5 000

贷：行政支出——非财政专项资金支出 5 000

（3）结转其他资金支出时。

借：其他结余 8 000

贷：行政支出——其他资金支出 8 000

由此可以看出，行政单位的财政拨款支出、非财政专项资金支出和其他资金支出应当分别核算。

（十二）同时有一般公共预算财政拨款和政府性基金预算财政拨款的情况

如果行政单位同时有一般公共预算财政拨款和政府性基金预算财政拨款。这些行政单位在取得财政拨款收入时，应当分别核算一般公共预算财政拨款收入和政府性基金预算财政拨款收入。在发生财政拨款支出时，也应当分别核算一般公共财政预算拨款支出和政府性基金预算财政拨款支出。相应地，财政拨款结转也需要区分一般公共预算财政拨款结转和政府性基金预算财政拨款结转。

【例 10-13】 某行政单位同时有一般公共预算财政拨款、政府性基金预算财政拨款。该行政单位为开展业务活动通过财政授权支付方式支付一笔公共财政预算款项 1 500 元，具体内容为支付不作为存货管理的日常办公用品的款项。通过财政直接支付方式支付一笔政府性基金预算款项 128 000 元，具体内容为支付城市防洪设施改建项目款项。该行政单位会计应编制的会计分录如下：

（1）通过财政授权支付方式支付公共财政预算款项时。

在财务会计中：

借：业务活动费用　　1 500
　　贷：零余额账户用款额度　　1 500

同时，在预算会计中：

借：行政支出——财政拨款支出（一般公共预算财政拨款）　　1 500
　　贷：资金结存——零余额账户用款额度　　1 500

（2）通过财政直接支付方式支付政府性基金预算款项时。

在财务会计中：

借：在建工程　　128 000
　　贷：财政拨款收入　　128 000

同时，在预算会计中：

借：行政支出——财政拨款支出（政府性基金预算财政拨款）　　128 000
　　贷：财政拨款预算收入——政府性基金预算财政拨款　　128 000

（3）年终，将上述“行政支出——财政拨款支出”科目下“一般公共预算财政拨款”和“政府性基金预算财政拨款”明细科目的余额转入“财政拨款结转——本年收支结转”科目。该行政单位预算会计应编制的会计分录如下：

借：财政拨款结转——本年收支结转（一般公共预算财政拨款）　　1 500
　　贷：行政支出——财政拨款支出（一般公共预算财政拨款）　　1 500

借：财政拨款结转——本年收支结转（政府性基金预算财政拨款）　　128 000
　　贷：行政支出——财政拨款支出（政府性基金预算财政拨款）　　128 000

与行政支出相比，业务活动费用不需要按照财政拨款种类或财政资金的性质进行明细核算。财务会计信息与预算会计信息是相互补充的。

行政单位业务活动费用和行政支出日常核算的主要账务处理如表 10-1 所示。

表 10-1　　行政单位业务活动费用和行政支出日常核算的主要账务处理

业务事项和内容		财务会计	预算会计
		业务活动费用	行政支出（或事业支出）
1. 为履职或开展业务活动人员计提并支付职工薪酬	计提时，按照计算的金额	借：业务活动费用 　贷：应付职工薪酬	—
	实际支付给职工并代扣个人所得税时	借：应付职工薪酬 　贷：财政拨款收入/零余额账户用款额度/银行存款等 　其他应交税费	借：行政支出（按照支付给个人部分） 　贷：财政拨款预算收入/资金结存

（续表）

<table>
<tr><th colspan="3" rowspan="2">业务事项和内容</th><th>财务会计</th><th>预算会计</th></tr>
<tr><th>业务活动费用</th><th>行政支出(或事业支出)</th></tr>
<tr><td>1. 为履职或开展业务活动人员计提并支付职工薪酬</td><td colspan="2">实际交纳税款时</td><td>借：其他应交税费
贷：银行存款/零余额账户用款额度等</td><td>借：行政支出[按照实际交纳额]
贷：资金结存等</td></tr>
<tr><td rowspan="3">2. 为履职或开展业务活动发生的外部人员劳务费</td><td colspan="2">计提时，按照计算的金额</td><td>借：业务活动费用
贷：其他应付款</td><td>—</td></tr>
<tr><td colspan="2">实际支付并代扣个人所得税时</td><td>借：其他应付款
贷：财政拨款收入/零余额账户用款额度/银行存款等
其他应交税费</td><td>借：行政支出[按照实际交纳额]
贷：财政拨款预算收入/资金结存</td></tr>
<tr><td colspan="2">实际交纳税款时</td><td>借：其他应交税费
贷：银行存款/零余额账户用款额度等</td><td>借：行政支出[按照实际交纳额]
贷：资金结存等</td></tr>
<tr><td rowspan="4">3. 为履职或开展业务活动发生的预付款项</td><td rowspan="2">预付账款</td><td>支付款项时</td><td>借：预付账款
贷：财政拨款收入/零余额账户用款额度/银行存款等</td><td>借：行政支出
贷：财政拨款预算收入/资金结存</td></tr>
<tr><td>结算时</td><td>借：业务活动费用
贷：预付账款
财政拨款收入/零余额账户用款额度/银行存款等[补付金额]</td><td>借：行政支出
贷：财政拨款预算收入/资金结存[补付金额]</td></tr>
<tr><td rowspan="2">暂付款项</td><td>支付款项时</td><td>借：其他应收款
贷：银行存款等</td><td>—</td></tr>
<tr><td>结算或报销时</td><td>借：业务活动费用
贷：其他应收款</td><td>借：行政支出
贷：资金结存等</td></tr>
<tr><td>4. 为履职或开展业务活动购买资产或支付在建工程款等</td><td colspan="2">按照实际支付或应付的价款</td><td>借：库存物品/固定资产/无形资产/在建工程等
贷：财政拨款收入/零余额账户用款额度/银行存款/应付账款等</td><td>—</td></tr>
<tr><td>5. 为履职或开展业务活动领用库存物品</td><td colspan="2">按照领用库存物品的成本</td><td>借：业务活动费用
贷：库存物品等</td><td>—</td></tr>
<tr><td>6. 为履职或开展业务活动计提的折旧(摊销)</td><td colspan="2">按照计提的折旧、摊销额</td><td>借：业务活动费用
贷：固定资产累计折旧/无形资产累计摊销/公共基础设施累计折旧(摊销)/保障性住房累计折旧</td><td>—</td></tr>
<tr><td rowspan="2">7. 为履职或开展业务活动发生应负担的税金及附加</td><td colspan="2">确认其他应交税费时</td><td>借：业务活动费用
贷：其他应交税费</td><td>—</td></tr>
<tr><td colspan="2">支付其他应交税费时</td><td>借：其他应交税费
贷：银行存款等</td><td>借：行政支出
贷：资金结存等</td></tr>
</table>

（续表）

业务事项和内容		财务会计	预算会计
		业务活动费用	行政支出(或事业支出)
8. 为履职或开展业务活动发生其他各项费用		借：业务活动费用 贷：财政拨款收入/零余额账户用款额度/银行存款/应付账款/其他应付款等	借：行政支出[按照实际支付的金额] 贷：财政拨款预算收入/资金结存
9. 计提专用基金	从收入中按照一定比例提取基金并计入费用	借：业务活动费用 贷：专用基金	—
10. 购货退回等业务	当年发生的	借：财政拨款收入/零余额账户用款额度/银行存款/应收账款等 贷：库存物品/业务活动费用	借：财政拨款预算收入/资金结存 贷：行政支出

第二节　事业单位业务活动费用、单位管理费用与事业支出

一、事业单位的业务活动费用

(一) 事业单位的业务活动费用的概念与核算科目的设置

事业单位的业务活动费用是指事业单位为实现其职能目标，依法履职或开展专业业务活动及其辅助活动所发生的各项费用，包括为履职或开展业务活动人员计提的薪酬、外部人员劳务费、领用的库存物品、动用发出的政府储备物资、相关长期资产的折旧和摊销、相关税费以及为履职或开展业务活动发生的其他各项费用。

事业单位根据其业务目标依法开展相应的专业业务活动及其辅助活动。例如，学校开展教育教学活动及其辅助活动、医院开展医疗服务活动及其辅助活动、高等学校和科研院所开展科学研究活动及其辅助活动、广播电视台开展广播电视节目制作播出活动及其辅助活动、公共图书馆和公共文化馆开展图书借阅和公共文化活动及其辅助活动等。事业单位开展的专业业务活动及其辅助活动属于社会公益活动。

为核算业务活动费用业务，事业单位应设置“业务活动费用”总账科目。本科目应当按照项目、服务或者业务类别、支付对象等进行明细核算。为了满足成本核算需要，本科目下还可按照“工资福利费用”“商品和服务费用”“对个人和家庭的补助费用”“对企业补助费用”“固定资产折旧费”“无形资产摊销费”“公共基础设施折旧(摊销)费”“保障性住房折旧费”和“计提专用基金”等成本项目设置明细科目，归集能够直接计入业务活动或采用一定方法计算后计入业务活动的费用。

(二) 事业单位业务活动费用的核算

除从收入中提取专用基金外，事业单位为开展专业业务活动及其辅助活动所发生的业务活动费用的核账务处理，如同行政单位发生的业务活动费用的账务处理。具体请参阅本章第一节内容中行政单位的业务活动费用的账务处理，在此不再赘述。

二、事业支出

(一) 事业支出的概念与分类

事业支出是指事业单位开展专业业务活动及其辅助活动实际发生的各项现金流出。事业支出是事业单位的最主要支出。

事业单位的专业业务活动及其辅助活动是事业单位持续运行的主要业务活动,在不同行业的事业单位中表现为不同的具体内容。例如,教育事业单位主要表现为教学和科研事业活动,科学事业单位主要表现为科研、科普和教学事业活动等,医疗卫生事业单位主要表现为医疗和科教事业活动,文化文物事业单位主要表现为图书阅览、艺术展览、文物展示等,广播电视事业单位主要表现为广播电视节目的制作、播出等,体育事业单位主要表现为体育训练、群众体育等。

事业支出是事业单位统筹使用各项事业活动收入发生的支出。即事业单位应当根据财政拨款收入、事业收入、上级补助收入、附属单位上缴收入和其他收入等情况统筹安排事业支出。事业支出既需要反映相应种类专业业务活动的支出数额,又需要区分使用的资金性质,如使用的是财政拨款资金还是非财政拨款资金,还需要反映单位预算的执行情况,如使用的是基本支出预算资金还是项目支出预算资金。

事业支出反映的内容如同行政单位的行政支出。为全面反映事业单位各项事业支出的内容,便于分析和考核各项事业支出的实际发生情况及其效果,事业单位有必要对事业支出按照一定的要求进行适当的分类。事业支出分类的具体情况如同行政支出。按照不同的资金性质,事业支出可分为财政拨款支出、非财政专项资金支出和其他资金支出等种类;按照部门预算管理的要求,事业支出应当区分为基本支出和项目支出两大类;各项事业支出都需要按照政府支出功能分类科目进行分类反映;事业支出在基本支出和项目支出下应当进一步按照《政府收支分类科目》中的部门预算支出经济分类科目进行分类。事业支出分类的具体情况参阅行政支出的分类,在此不再赘述。

(二) 事业支出核算科目的设置

为了核算事业支出业务,事业单位应设置“事业支出”总账科目。本科目应当分别按照“财政拨款支出”“非财政专项资金支出”“其他资金支出”“基本支出”“项目支出”等进行明细核算,并按照《政府收支分类科目》中支出功能分类科目的项级科目进行明细核算;“基本支出”和“项目支出”明细科目下应当按照《政府收支分类科目》中部门预算支出经济分类科目的款级科目进行明细核算,同时在“项目支出”明细科目下按照具体项目进行明细核算。年末,将本科目本年发生额中的财政拨款支出转入财政拨款结转;将本科目本年发生额中的非财政专项资金支出转入非财政拨款结转;将本科目本年发生额中的其他资金支出(非财政非专项资金支出)转入其他结余。年末结转后,本科目应无余额。

事业单位发生教育、科研、医疗、行政管理、后勤保障等活动的,可在本科目下设置相应的明细科目进行核算,或单设“7201 教育支出”“7202 科研支出”“7203 医疗支出”“7204 行政管理支出”“7205 后勤保障支出”等一级会计科目进行核算。

有一般公共预算财政拨款、政府性基金预算财政拨款等两种或两种以上财政拨款的事业单位,还应当在“财政拨款支出”明细科目下按照财政拨款的种类进行明细核算。

对于预付款项,可通过在“事业支出”科目下设置“待处理”明细科目进行明细核算,待确认具体支出项目后再转入“事业支出”科目下相关明细科目。年末结账前,应将“事业支出”科目

“待处理”明细科目余额全部转“事业支出”本科目下相关明细科目。

(三) 事业单位业务活动费用与事业支出的核算

事业单位在开展业务活动及其辅助活动过程中支付相关款项的会计处理如同行政单位的相应情况，只是行政单位将相应的支出记录在“行政支出”科目中，事业单位将相应的支出记录在“事业支出”科目中。事业单位业务活动费用与事业支出的主要账务处理可进一步参阅本书表10-1。

1. 支付职工(经营部门职工除外)薪酬

向单位职工个人支付薪酬时，按照实际支付的数额，借记“事业支出”科目，贷记“财政拨款预算收入”“资金结存”科目。

按照规定代扣代缴个人所得税以及代扣代缴或为职工交纳职工社会保险费、住房公积金等时，按照实际交纳的金额，借记“事业支出”科目，贷记“财政拨款预算收入”“资金结存”科目。

【例10-14】 某事业单位为从事专业业务活动及其辅助活动人员计提职工薪酬共计200 000元。数日后，通过财政直接支付方式支付了该笔职工薪酬。该事业单位会计应编制的会计分录如下：

(1) 计提职工个人薪酬时。

在财务会计中：

借：业务活动费用	200 000	
贷：应付职工薪酬		200 000

(2) 通过财政直接支付方式支付职工个人薪酬时。

在财务会计中：

借：应付职工薪酬	200 000	
贷：财政拨款收入		200 000

同时，在预算会计中：

借：事业支出	200 000	
贷：财政拨款预算收入		200 000

事业单位向单位开展专业业务活动及其辅助活动的职工个人支付薪酬业务的会计处理方法，如同行政单位向职工个人支付薪酬。不同的是，行政单位使用“行政支出”科目记录相应的支出，事业单位使用“事业支出”科目记录相应的支出。

【例10-15】 某事业单位通过财政直接支付的方式为单位开展专业业务活动及其辅助活动的职工代扣代缴个人所得税12 000元，同时为这些职工代扣代缴和交纳职工社会保险费和住房公积金共计25 000元。该事业单位会计应编制的会计分录如下：

在财务会计中：

借：应付职工薪酬	25 000	
其他应交税费——应交个人所得税	12 000	
贷：财政拨款收入		37 000

同时，在预算会计中：

借：事业支出	37 000	
贷：财政拨款预算收入		37 000

事业单位按税法规定代扣职工个人所得税时，在财务会计中，借记“应付职工薪酬”科目，贷记“其他应交税费——应交个人所得税”科目；此时，在预算会计中，不作会计处理。

2. 支付外部人员劳务费

为专业业务活动及其辅助活动支付外部人员劳务费时，按照实际支付给外部人员个人的金额，借记“事业支出”科目，贷记“财政拨款预算收入”“资金结存”科目。

按照规定代扣代缴个人所得税时，按照实际交纳的金额，借记“事业支出”科目，贷记“财政拨款预算收入”“资金结存”科目。

【例 10-16】 某事业单位通过财政授权方式为从事专业业务活动及其辅助活动的外部人员支付劳务费 50 000 元，并代扣代缴职工个人所得税 10 000 元。该事业单位会计应编制的会计分录如下：

在财务会计中：

借：其他应付款	50 000	
其他应交税费——应交个人所得税	10 000	
贷：零余额账户用款额度		60 000

同时，在预算会计中：

借：事业支出	60 000	
贷：资金结存——零余额账户用款额度		60 000

事业单位发生的外部人员劳务费时，在财务会计中，借记“业务活动费用”科目，贷记“其他应交税费——应交个人所得税”科目，贷记“其他应付款”等科目；此时，在预算会计中，不作会计处理。

外部人员劳务费同样涉及代扣代缴个人所得税的业务，但不涉及代扣代缴和为其交纳社会保险费和住房公积金的业务。

3. 领用库存物品

为开展业务活动领用库存物品，按照领用库存物品的账面余额，借记“业务活动费用”科目，贷记“库存物品”科目。

【例 10-17】 某事业单位为开展专业业务活动领用一批库存物品，成本为 10 000 元。该事业单位财务会计应编制的会计分录如下：

借：业务活动费用	5 000	
贷：库存物品		5 000

4. 计提固定资产、无形资产、公共基础设施、保障性住房计提的折旧、摊销

为开展业务活动所使用的固定资产、无形资产以及为所控制的公共基础设施、保障性住房计提的折旧、摊销，按照计提金额，借记“业务活动费用”科目，贷记“固定资产累计折旧”“无形资产累计摊销”“公共基础设施累计折旧（摊销）”“保障性住房累计折旧”科目。

【例 10-18】 某事业单位本期为开展专业业务活动使用的固定资产计提折旧 15 000 元。该事业单位财务会计应编制的会计分录如下：

借：业务活动费用——固定资产折旧费	15 000	
贷：固定资产累计折旧		15 000

5. 为购买存货、固定资产、无形资产等以及在建工程支付相关款项

开展专业业务活动及其辅助活动过程中为购买存货、固定资产、无形资产等以及在建工程支付相关款项时，按照实际支付的金额，借记“事业支出”科目，贷记“财政拨款预算收入”“资金结存”科目。

【例 10-19】 某事业单位通过财政直接支付方式支付一笔款项 15 000 元，具体内容为购买一批库存物品。暂不考虑增值税。该事业单位会计应编制的会计分录如下：

在财务会计中：

借：库存物品　　15 000
　　贷：财政拨款收入　　15 000

同时，在预算会计中：

借：事业支出　　15 000
　　贷：财政拨款预算收入　　15 000

6. 开展专业业务活动及其辅助活动过程中发生预付款项

开展专业业务活动及其辅助活动过程中发生预付账款时，按照实际支付的金额，借记“事业支出”科目，贷记“财政拨款预算收入”“资金结存”科目。

对于暂付款项，在支付款项时可不作预算会计处理，待结算或报销时，按照结算或报销的金额，借记“事业支出”科目，贷记“资金结存”科目。

【例 10-20】 某事业单位通过财政直接支付方式支付一笔预付款项 55 000 元，具体内容为向某社会组织购买一项服务。次月，购买的该项服务完成，成本为 55 000 元。该事业单位购买该项服务的费用属于业务活动费用。该事业单位会计应编制的会计分录如下：

(1) 预付账款时。

在财务会计中：

借：预付账款　　55 000
　　贷：财政拨款收入　　55 000

同时，在预算会计中：

借：事业支出　　55 000
　　贷：财政补助预算收入　　55 000

(2) 服务完成时。

在财务会计中：

借：业务活动费用　　55 000
　　贷：预付账款　　55 000

在该项业务中，事业单位在收到所购服务时确认费用，但在实际支付款项时确认支出。如果事业单位在购买存货、固定资产、无形资产等资产过程中发生预付账款的业务，也是在收到所购资产时确认资产，在实际支付款项时确认支出。

7. 开展专业业务活动及其辅助活动过程中交纳相关税费以及发生其他各项支出

开展专业业务活动及其辅助活动过程中交纳的相关税费以及发生的其他各项支出，按照实际支付的金额，借记“事业支出”科目，贷记“财政拨款预算收入”“资金结存”科目。

【例 10-21】 某事业单位通过开户银行支付一笔开展专业业务活动及其辅助活动过程中

发生的应计入当期业务活动费用的款项1 500元，内容为购买随买随用的零星办公用品。该事业单位会计应编制的会计分录如下：

在财务会计中：

借：业务活动费用　　1 500

　贷：银行存款　　1 500

同时，在预算会计中：

借：事业支出　　1 500

　贷：资金结存——货币资金　　1 500

8. 从收入中提取专用基金

按照规定从收入中提取专用基金并计入费用的，一般按照预算会计下基于预算收入计算提取的金额，借记“业务活动费用”科目，贷记“专用基金”科目。国家另有规定的，从其规定。

【例10-22】 某事业单位按照相关规定从事业收入中提取专用基金1 200元，并计入业务活动费用。该事业单位财务会计应编制的会计分录如下：

借：业务活动费用　　1 200

　贷：专用基金　　1 200

9. 开展专业业务活动及其辅助活动过程中发生因购货退回而收回当年支出等业务

开展专业业务活动及其辅助活动过程中因购货退回等发生款项退回，或者发生差错更正的，属于当年支出收回的，按照收回或更正金额，借记“财政拨款预算收入”“资金结存”科目，贷记“事业支出”科目。

【例10-23】 某事业单位因货品质量问题退回一批当年购入的货品，共计460元，该批货品在购入时已计入本年业务活动费用和事业支出，退货款项已收到并存入银行存款账户。该事业单位会计应编制会计分录如下：

在财务会计中：

借：银行存款　　460

　贷：业务活动费用　　460

同时，在预算会计中：

借：资金结存——货币资金　　460

　贷：事业支出　　460

10. 事业支出的年末结转

年末，将“事业支出”科目本年发生额中的财政拨款支出转入财政拨款结转，借记“财政拨款结转——本年收支结转”科目，贷记“事业支出”科目下各财政拨款支出明细科目；将“事业支出”科目本年发生额中的非财政专项资金支出转入非财政拨款结转，借记“非财政拨款结转——本年收支结转”科目，贷记“事业支出”科目下各非财政专项资金支出明细科目；将“事业支出”科目本年发生额中的其他资金支出(非财政非专项资金支出)转入其他结余，借记“其他结余”科目，贷记“事业支出”科目下其他资金支出明细科目。

【例10-24】 年末，某事业单位“事业支出”科目的本年发生额为225 000元，其中，财政拨款支出208 500元，非财政专项资金支出15 000元，其他资金支出1 500元。年末结转时，该事业单位分别将其转入“财政拨款结转——本年收支结转”“非财政拨款结转——本年收支结转”“其他结余”科目。该事业单位预算会计应编制的会计分录如下：

（1）结转财政拨款支出。

借：财政拨款结转——本年收支结转 208 500

贷：事业支出——财政拨款支出 208 500

（2）结转非财政专项资金支出。

借：非财政拨款结转——本年收支结转 15 000

贷：事业支出——非财政专项资金支出 15 000

（3）结转其他资金支出。

借：其他结余 1 500

贷：事业支出——其他资金支出 1 500

在概念上，业务活动费用是指事业单位为实现其职能目标，依法开展专业业务活动及其辅助活动所发生的各项费用。事业支出是指事业单位开展专业业务活动及其辅助活动实际发生的各项现金流出。前者体现了权责发生制，后者体现了收付实现制。

三、事业单位的单位管理费用与事业支出的核算

（一）单位管理费的概念与核算科目的设置

单位管理费用是指事业单位本级行政及后勤管理部门开展管理活动发生的各项费用，包括单位行政及后勤管理部门发生的人员经费、公用经费、资产折旧（摊销）等费用，以及由单位统一负担的离退休人员经费、工会经费、诉讼费、中介费等。

为了核算单位管理费用业务，事业单位应当设置“单位管理费用”总账科目。本科目应当按照项目、费用类别、支付对象等进行明细核算。为了满足成本核算需要，本科目还可按照“工资福利费用”“商品和服务费用”“对个人和家庭的补助费用”“固定资产折旧费”“无形资产摊销费”等成本项目设置明细科目，归集能够直接计入单位管理活动或采用一定方法计算后计入单位管理活动的费用。期末，将本科目本期借方发生额结转入“本期盈余”科目。结转后，本科目应无余额。

行政单位不使用“单位管理费用”科目，行政单位为实现其职能目标、依法履职发生的各项费用均计入“业务活动费用”科目。

（二）单位管理费的账务处理

（1）为管理活动人员计提的薪酬，按照计算确定的金额，借记“单位管理费用”科目，贷记“应付职工薪酬”科目。

（2）为开展管理活动发生的外部人员劳务费，按照计算确定的费用金额，借记“单位管理费用”科目，按照代扣代缴个人所得税的金额，贷记“其他应交税费——应交个人所得税”科目，按照扣税后应付或实际支付的金额，贷记“其他应付款”“财政拨款收入”“零余额账户用款额度”“银行存款”等科目。

（3）开展管理活动内部领用库存物品，按照领用物品实际成本，借记“单位管理费用”科目，贷记“库存物品”科目。

（4）为管理活动所使用固定资产、无形资产计提的折旧、摊销，按照应提折旧、摊销额，借记“单位管理费用”科目，贷记“固定资产累计折旧”“无形资产累计摊销”科目。

（5）为开展管理活动发生城市维护建设税、教育费附加、地方教育费附加、车船税、房产

税、城镇土地使用税等，按照计算确定应交纳的金额，借记“单位管理费用”科目，贷记“其他应交税费”等科目。

（6）为开展管理活动发生的其他各项费用，按照费用确认金额，借记“单位管理费用”科目，贷记“财政拨款收入”“零余额账户用款额度”“银行存款”“其他应付款”“其他应收款”等科目。

（7）发生当年购货退回等业务，对于已计入本年单位管理费用的，按照收回或应收的金额，借记“财政拨款收入”“零余额账户用款额度”“银行存款”“其他应收款”等科目，贷记“单位管理费用”科目。

（8）期末，将“单位管理费用”科目本期发生额转入本期盈余，借记“本期盈余”科目，贷记“单位管理费用”科目。

（三）单位管理费用与事业支出的核算

若将业务活动费用和行政支出替换为单位管理费用和事业支出，单位管理费用与事业支出的核算可进一步参考表10-1所示的内容。下面通过一个简例说明单位管理费用与事业支出的核算。

【例10-25】 某事业单位的行政管理部门和后勤管理部门发生的业务及其账务处理如下。

（1）为行政管理部门人员和后勤管理部门人员计提并通过财政直接支付方式支付职工薪酬35 000元。该事业单位会计应编制的会计分录如下：

① 计提职工薪酬时。

在财务会计中：

借：单位管理费用——工资福利费用	35 000	
贷：应付职工薪酬		35 000

② 通过财政直接支付方式支付职工薪酬时。

在财务会计中：

借：应付职工薪酬	35 000	
贷：财政拨款收入		35 000

同时，在预算会计中：

借：事业支出	35 000	
贷：财政拨款预算收入		35 000

（2）后勤管理部门为外聘技术人员计提一笔劳务费3 000元，并通过财政授权方式支付外聘技术人员劳务费并代扣代缴个人所得税600元。该事业单位会计应编制的会计分录如下：

① 计提外聘人员劳务费时。

在财务会计中：

借：单位管理费用	3 000	
贷：其他应付款		3 000

② 通过财政授权方式支付外聘技术人员劳务费并代扣个人所得税时。

在财务会计中：

借：其他应付款	3 000	
贷：零余额账户用款额度		2 400
其他应交税费——应交个人所得税		600

同时，在预算会计中：

借：事业支出——财政拨款支出　　2 400

　　贷：资金结存——零余额账户用款额度　　2 400

（3）为开展管理活动后勤管理部门领用库存物品一批，实际成本为2 000元。该事业单位会计应编制的会计分录如下：

在财务会计中：

借：单位管理费用　　2 000

　　贷：库存物品　　2 000

（4）行政管理部门和后勤管理部门为管理活动使用的固定资产计提折旧50 000元。该事业单位会计应编制的会计分录如下：

在财务会计中：

借：单位管理费用　　50 000

　　贷：固定资产累计折旧　　50 000

（5）行政管理部门人员李华出差发生差旅费支出5 050元，出差前曾预借差旅费5 000元，以现金向其补付差额50元，使用的资金为非财政专项资金。该事业单位会计应编制的会计分录如下：

在财务会计中：

借：单位管理费用　　5 050

　　贷：其他应收款——李华　　5 000

　　　　库存现金　　50

同时，在预算会计中：

借：事业支出——非财政专项资金支出　　5 050

　　贷：结存资金——货币资金　　5 050

（6）后勤管理部门通过财政授权支付方式支付一笔款项14 500元，具体内容为向东盛物业公司支付由单位统一承担的物业管理费用。该事业单位会计应编制的会计分录如下：

在财务会计中：

借：单位管理费用　　14 500

　　贷：零余额账户用款额度　　14 500

同时，在预算会计中：

借：事业支出——财政拨款支出　　14 500

　　贷：资金结存——货币资金　　14 500

（7）因货品质量问题退回一批当年购入的货品，共计4 500元，该批货品在购入时已计入本年的单位管理费用和事业支出，退货款项已退回单位零余额账户。该事业单位会计应编制的会计分录如下：

在财务会计中：

借：零余额账户用款额度　　4 500

　　贷：单位管理费用　　4 500

同时，在预算会计中：

借：资金结存——货币资金　　4 500
　　贷：事业支出——财政拨款支出　　4 500

(8) 期末，该事业单位的“单位管理费用”科目的本期发生额为105 050元，该事业单位将其转入“本期盈余”科目。该事业单位会计应编制的会计分录如下：

在财务会计中：

借：本期盈余　　105 050
　　贷：单位管理费用　　105 050

年末，事业支出的结转同本节前述，在此不再赘述。

事业单位应当同时使用“业务活动费用”和“单位管理费用”科目，其业务部门开展专业业务活动及其辅助活动发生的各项费用计入“业务活动费用”科目，其本级行政及后勤管理部门发生的各项费用以及由单位统一负担的费用计入“单位管理费用”科目。事业单位应当按照《政府会计制度》的规定，结合本单位实际，确定本单位业务活动费用和单位管理费用划分的具体会计政策。

与事业支出相比，事业单位的业务活动费用、单位管理费用不需要按照财政拨款种类或财政资金性质进行明细核算。

第三节　经营费用与经营支出

一、经营费用

(一) 经营费用的概念

经营费用是指事业单位在专业业务活动及其辅助活动之外开展非独立核算经营活动发生的各项费用。

事业单位应当正确区分在开展专业业务活动及其辅助活动中形成的业务活动费用、在开展单位管理活动中形成的单位管理费用以及在开展非独立核算经营活动中形成的经营费用。事业单位开展的专业业务活动及其辅助活动以及单位管理活动也可统称为事业活动，事业活动与经营活动对应。如前所述，事业单位开展的非独立核算经营活动应当是小规模的，在公益一类事业单位中基本也是没有的。行政单位没有经营活动。

(二) 经营费用的核算

为了核算经营费用业务，事业单位财务会计应当设置“经营费用”总账科目。本科目应当按照经营活动类别、项目、支付对象等进行明细核算。为了满足成本核算需要，本科目下还可按照“工资福利费用”“商品和服务费用”“对个人和家庭的补助费用”“固定资产折旧费”“无形资产摊销费”等成本项目设置明细科目，归集能够直接计入单位经营活动或采用一定方法计算后计入单位经营活动的费用。期末，将本科目本期借方发生额结转入“本期盈余”科目。结转后，本科目应无余额。

经营费用的账务处理如下：

(1) 为经营活动人员计提的薪酬，按照计算确定的金额，借记“经营费用”科目，贷记“应付职工薪酬”科目。

(2) 开展经营活动领用或发出库存物品，按照物品实际成本，借记“经营费用”科目，贷记

"库存物品"科目。

(3) 为经营活动所使用固定资产、无形资产计提的折旧、摊销,按照应提折旧、摊销额,借记"经营费用"科目,贷记"固定资产累计折旧""无形资产累计摊销"科目。

(4) 开展经营活动发生城市维护建设税、教育费附加、地方教育费附加、车船税、房产税、城镇土地使用税等,按照计算确定应交纳的金额,借记"经营费用"科目,贷记"其他应交税费"等科目。

(5) 发生与经营活动相关的其他各项费用时,按照费用确认金额,借记"经营费用"科目,贷记"银行存款""其他应付款""其他应收款"等科目。涉及增值税业务的,相关账务处理参见"应交增值税"科目。

(6) 发生当年购货退回等业务,对于已计入本年经营费用的,按照收回或应收的金额,借记"银行存款""其他应收款"等科目,贷记"经营费用"科目。

(7) 期末,将"经营费用"科目本期发生额转入本期盈余,借记"本期盈余"科目,贷记"经营费用"科目。

二、经营支出

(一) 经营支出的概念

经营支出是指事业单位在专业业务活动及其辅助活动之外开展非独立核算经营活动实际发生的各项现金流出。事业单位经营活动的主要内容和特点可参阅经营收入中的相关内容,此处不再重复阐述。事业单位的经营支出与经营预算收入相对应,属于预算会计中的核算内容;经营费用与经营收入相对应,属于财务会计中的核算内容。事业单位的经营预算收入减去经营支出后的差额为经营结余。

(二) 经营支出的核算

为了核算经营支出业务,事业单位预算会计应设置"经营支出"总账科目。本科目应当按照经营活动类别、项目、《政府收支分类科目》中支出功能分类科目的项级科目和部门预算支出经济分类科目的款级科目等进行明细核算。年末,将本科目本年发生额转入经营结余。年末结转后,本科目应无余额。

对于预付款项,可通过在本科目下设置"待处理"明细科目进行明细核算,待确认具体支出项目后再转入本科目下相关明细科目。年末结账前,应将本科目"待处理"明细科目余额全部转入本科目下相关明细科目。

经营支出的主要账务处理如下:

(1) 支付经营部门职工薪酬。向职工个人支付薪酬时,按照实际的金额,借记"经营支出"科目,贷记"资金结存"科目。按照规定代扣代缴个人所得税以及代扣代缴或为职工交纳职工社会保险费、住房公积金时,按照实际交纳的金额,借记"经营支出"科目,贷记"资金结存"科目。

(2) 为经营活动支付外部人员劳务费。按照实际支付给外部人员个人的金额,借记"经营支出"科目,贷记"资金结存"科目。按照规定代扣代缴个人所得税时,按照实际交纳的金额,借记"经营支出"科目,贷记"资金结存"科目。

(3) 开展经营活动过程中为购买存货、固定资产、无形资产等以及在建工程支付相关款项。开展经营活动过程中为购买存货、固定资产、无形资产等以及在建工程支付相关款项时,按照实际支付的金额,借记"经营支出"科目,贷记"资金结存"科目。

(4) 开展经营活动过程中发生预付账款。开展经营活动过程中发生预付账款时，按照实际支付的金额，借记“经营支出”科目，贷记“资金结存”科目。对于暂付款项，在支付款项时可不作预算会计处理，待结算或报销时，按照结算或报销的金额，借记“经营支出”科目，贷记“资金结存”科目。

(5) 开展经营活动缴纳的相关税费以及发生的其他各项支出。因开展经营活动交纳的相关税费以及发生的其他各项支出，按照实际支付的金额，借记“经营支出”科目，贷记“资金结存”科目。

(6) 开展经营活动中因当年购货退回等发生款项退回。开展经营活动中因购货退回等发生款项退回，或者发生差错更正的，属于当年支出收回的，按照收回或更正金额，借记“资金结存”科目，贷记“经营支出”科目。

(7) 年末，将“经营支出”科目本年发生额转入经营结余，借记“经营结余”科目，贷记“经营支出”科目。

(三) 经营费用与经营支出核算举例

1. 日常核算

【例 10-26】 某事业单位开展一项非独立核算的经营活动，发生的相关业务及其账务处理如下。

(1) 为从事经营活动的人员计提当月职工薪酬 5 000 元。通过开户银行支付从事经营活动的人员职工薪酬 4 800 元，代扣个人所得税 200 元。该事业单位会计应编制的会计分录如下：

① 为经营活动人员计提当月职工薪酬时。

在财务会计中：

借：经营费用	5 000	
贷：应付职工薪酬		5 000

② 通过开户银行支付职工薪酬并代扣个人所得税时。该事业单位会计应编制的会计分录如下：

在财务会计中：

借：应付职工薪酬	5 000	
贷：应交其他税费——应交个人所得税		200
银行存款		4 800

同时，在预算会计中：

借：经营支出	4 800	
贷：结存资金——货币资金		4 800

(2) 为开展经营活动发出一批库存物品，其实际成本为 2 500 元。该事业单位会计应编制的会计分录如下：

在财务会计中：

借：经营费用	2 500	
贷：库存物品		2 500

(3) 在开展经营活动中，对外采购一批库存物品，通过开户银行向供货单位支付款项5 000 元。暂不考虑增值税。该事业单位会计应编制的会计分录如下：

在财务会计中：

借：库存物品　　5 000

　　贷：银行存款　　5 000

同时，在预算会计中：

借：经营支出　　5 000

　　贷：结存资金——货币资金　　5 000

(4) 开展经营活动发生城市维护建设税 1 000 元，教育费附加 800 元，房产税 400 元。税款通过开户银行支付。该事业单位会计应编制的会计分录如下：

① 计算其他应交税费时。

在财务会计中：

借：经营费用　　2 200

　　贷：其他应交税费　　2 200

② 实际交纳其他应交税费时。

在财务会计中：

借：其他应交税费　　2 200

　　贷：银行存款　　2 200

同时，在预算会计中：

借：经营支出　　2 200

　　贷：结存资金——货币资金　　2 200

(5) 通过单位开户银行为经营活动支付一笔款项，内容为向电信部门交纳电话费 500 元。该事业单位会计应编制的会计分录如下：

在财务会计中：

借：经营费用　　500

　　贷：银行存款　　500

同时，在预算会计中：

借：经营支出　　500

　　贷：结存资金——货币资金　　500

(6) 通过单位银行存款账户收到经营活动的退货款项 1 500 元，内容为因质量问题退回当年购入的物品。该批物品在购入时已计入本年的经营费用和经营支出。该事业单位会计应编制的会计分录如下：

在财务会计中：

借：银行存款　　1 500

　　贷：经营费用　　1 500

同时，在预算会计中：

借：结存资金——货币资金　　1 500

　　贷：经营支出　　1 500

2. 经营费用的期末结转

【例 10-27】 期末，某事业单位“经营费用”科目的本期发生额为 8 700 元。该事业单位将其结转“本期盈余”科目。该事业单位财务会计应编制的会计分录如下：

借：本期盈余　　8 700

　　贷：经营费用　　8 700

3. 经营支出的年末结转

【例10-28】 年末，某事业单位“经营支出”科目的本期发生额为9 600元。该事业单位将其转入“经营结余”科目。该事业单位预算会计应编制的会计分录如下：

借：经营支出　　9 600

　　贷：经营结余　　9 600

第四节　上缴上级费用与上缴上级支出

一、上缴上级费用

（一）上缴上级费用的概念与核算科目的设置

上缴上级费用是指事业单位按照财政部门和主管部门的规定上缴上级单位款项发生的费用。行政单位没有上缴上级单位款项的业务。

事业单位此类业务所涉及的款项属于非财政资金。通常是事业单位自身取得的事业收入、经营收入和其他收入取得的资金。事业单位应当按照财政部门和主管部门的规定，对于取得的有关业务活动收入或其他收入，按照规定标准或比例上缴上级单位。事业单位不可以使用其自身取得的财政拨款收入用作上缴上级单位。

上缴上级费用与附属单位上缴收入在上下级单位之间的业务内容上形成对应关系。但上缴上级费用与上级补助收入在上下级单位之间的业务内容上不形成对应关系。

为了核算上缴上级费用业务，事业单位财务会计应当设置“上缴上级费用”总账科目。本科目应当按照收缴款项单位、缴款项目等进行明细核算。期末，将本科目本期借方发生额结转入“本期盈余”科目。结转后，本科目应无余额。

（二）上缴上级费用的核算

事业单位发生上缴上级支出的，按照实际上缴的金额或者按照规定计算出应当上缴上级单位的金额，借记“上缴上级费用”科目，贷记“银行存款”“其他应付款”等科目。期末，将本科目本期发生额转入本期盈余，借记“本期盈余”科目，贷记“上缴上级费用”科目。

二、上缴上级支出

（一）上缴上级支出的概念与核算科目的设置

上缴上级支出是指事业单位按照财政部门和主管部门的规定上缴上级单位款项发生的现金流出。

上缴上级支出与附属单位上缴预算收入在上下级单位之间的业务内容上形成对应关系，即一方为缴款方，另一方为收款方。但上缴上级支出与上级补助预算收入在上下级单位之间的业务内容上不形成对应关系，即上缴上级支出业务的发生与上级补助预算收入业务的发生是相互独立。

为了核算上缴上级支出业务，事业单位预算会计应设置“上缴上级支出”总账科目。本科目应当按照收缴款项单位、缴款项目、《政府收支分类科目》中支出功能分类科目的项级科目和部门预算支出经济分类科目的款级科目等进行明细核算。年末，将本科目本年发生额转入其他结余。结转后，本科目应无余额。

（二）上缴上级支出的核算

按照规定将款项上缴上级单位的，按照实际上缴的金额，借记“上缴上级支出”科目，贷记“资金结存”科目。年末，将本科目本年发生额转入其他结余，借记“其他结余”科目，贷记“上缴上级支出”科目。

【例 10-29】 某事业单位按财政部门和主管部门的规定，对于取得的有关事业收入，按照相应的标准和比例上缴上级单位款项 30 000 元，款项通过开户银行支付。该事业单位会计应编制的会计分录如下：

在财务会计中：

借：上缴上级费用　　30 000
　　贷：银行存款　　30 000

同时，在预算会计中：

借：上缴上级支出　　30 000
　　贷：资金结存——货币资金　　30 000

如果事业单位发生应上缴上级款项的业务，在财务会计中，该事业单位应当按照计算确定的金额，借记“上缴上级费用”科目，贷记“其他应付款”科目；此时，在预算会计中，不作会计处理。之后事业单位上缴应缴款项时，在财务会计中，借记“其他应付款”科目，贷记“银行存款”科目；同时，在预算会计中，借记“上缴上级支出”科目，贷记“资金结存”科目。上缴上级费用属于财务会计的核算内容，采用权责发生制基础核算；上缴上级支出属于预算会计的核算内容，采用收付实现制基础核算。

【例 10-30】 期末，某事业单位“上缴上级费用”科目的本期发生额为 30 000 元。该事业单位将其全数转入“本期盈余”科目。该事业单位财务会计应编制的会计分录如下：

借：本期盈余　　30 000
　　贷：上缴上级费用　　30 000

【例 10-31】 年末，某事业单位“上缴上级支出”科目的本年发生额为 50 000 元。该事业单位将其全数转入“其他结余”科目。该事业单位预算会计应编制的会计分录如下：

借：其他结余　　50 000
　　贷：上缴上级支出　　50 000

第五节　对附属单位补助费用与对附属单位补助支出

一、对附属单位补助费用

（一）对附属单位补助费用的概念

对附属单位补助费用是指事业单位用财政拨款收入之外的收入对附属单位补助发生的费用。

事业单位此类业务涉及的款项是非财政财政资金，通常是事业单位自身取得的事业收入、经营收入和其他收入取得的资金，或者是事业单位从其他附属单位取得的附属单位上缴收入取得的资金等。事业单位不能用其自身取得的财政拨款（预算）收入拨付给附属单位，作为对附属单位的补助（支出）费用。

对附属单位补助费用与上级补助收入在上下级单位之间的业务内容上存在对应关系。当上级单位对下级单位进行补助时，上级单位确认对附属单位补助费用，下级单位确认上级补助收入。

（二）对附属单位补助费用的核算

为了核算对附属单位补助费用业务，事业单位财务会计应当设置"对附属单位补助费用"总账科目。本科目应当按照接受补助单位、补助项目等进行明细核算。期末，将本科目本期借方发生额结转入"本期盈余"科目。结转后，本科目应无余额。

单位发生对附属单位补助支出的，按照实际补助的金额或者按照规定计算出应当对附属单位补助的金额，借记"对附属单位补助费用"科目，贷记"银行存款""其他应付款"等科目。期末，将本科目本期发生额转入本期盈余，借记"本期盈余"科目，贷记"对附属单位补助费用"科目。

二、对附属单位补助支出

（一）对附属单位补助支出的概念与核算科目的设置

对附属单位补助支出是指事业单位用财政拨款预算收入之外的收入对附属单位补助发生的现金流出。

对附属单位补助支出与上级补助预算收入在上下级单位间的业务内容上形成对应关系，即一方为补助方，另一方为接受补助方。但对附属单位补助支出与附属单位上缴预算收入在上下级单位间的业务内容上不形成对应关系，即对附属单位补助支出业务的发生与附属单位上缴预算收入业务的发生是相互独立的。对附属单位补助支出的业务内容可参阅对附属单位补助费用的相关内容。

为了核算对附属单位补助支出业务，事业单位预算会计应设置"对附属单位补助支出"总账科目。本科目应当按照接受补助单位、补助项目、《政府收支分类科目》中支出功能分类科目的项级科目和部门预算支出经济分类科目的款级科目等进行明细核算。年末，将本科目本年发生额转入其他结余。结转后，本科目应无余额。

（二）对附属单位补助支出的核算

事业单位发生的对附属单位补助支出的，按照实际补助的金额，借记"对附属单位补助支出"科目，贷记"资金结存"科目。年末，将"对附属单位补助支出"科目本年发生额转入其他结余，借记"其他结余"科目，贷记"对附属单位补助支出"科目。

【例10-32】 某事业单位用一部分事业收入和其他收入对附属单位拨付一次性补助款40 000元，以进一步改进和提升附属单位工作水平。款项通过银行存款支付。该事业单位会计应编制的会计分录如下：

在财务会计中：

借：对附属单位补助费用　　40 000
　　贷：银行存款　　40 000

同时，在预算会计中：

借：对附属单位补助支出　　40 000

　　贷：资金结存——货币资金　　40 000

若事业单位在上一会计期间按照规定计算出应对附属单位的补助额时，在财务会计中，借记“对附属单位补助费用”科目，贷记“其他应付款”科目；此时，在预算会计中，不作会计处理。

【例 10-33】 期末，某事业单位“对附属单位补助费用”科目的本期发生额为 40 000 元。该事业单位将其转入“本期盈余”科目。该事业单位财务会计应编制的会计分录如下：

借：本期盈余　　40 000

　　贷：对附属单位补助费用　　40 000

【例 10-34】 年末，某事业单位“对附属单位补助支出”科目的本年发生额为 50 000 元。该事业单位将其全数转入“其他结余”科目。该事业单位预算会计应编制的会计分录如下：

借：其他结余　　50 000

　　贷：对附属单位补助支出　　50 000

第六节　投资支出与债务还本支出

一、投资支出

(一) 投资支出的概念与核算科目的设置

投资支出是指事业单位以货币资金对外投资发生的现金流出。事业单位对外投资的款项属于非财政拨款资金，通常是事业单位自身从事业务活动所取得的事业收入、经营收入和其他收入，或者是事业单位从其他附属单位取得的附属单位上缴收入等。事业单位不能用其自身取得的财政拨款预算收入作为投资支出。行政单位没有投资支出。

为了核算对投资支出业务，事业单位应设置“投资支出”总账科目。本科目应当按照投资类型、投资对象、《政府收支分类科目》中支出功能分类科目的项级科目和部门预算支出经济分类科目的款级科目等进行明细核算。年末，将本科目本年发生额转入其他结余。结转后，本科目应无余额。

(二) 投资支出的核算

1. 以货币资金对外投资

以货币资金对外投资时，按照投资金额和所支付的相关税费金额的合计数，借记“投资支出”科目，贷记“资金结存”科目。

【例 10-35】 某事业单位以货币资金取得一项长期股权投资，买价及相关税费共计 250 000 元，款项通过开户银行支付。该项长期股权投资取得时确定的成本即为 250 000 元。该事业单位会计应编制会计分录如下：

在财务会计中：

借：长期股权投资　　250 000

　　贷：银行存款　　250 000

同时，在预算会计中：

借：投资支出　　250 000

　　贷：资金结存——货币资金　　250 000

事业单位的投资业务在财务会计和预算会计中的核算内容不完全相同。在财务会计中，长期股权投资既反映以现金取得的长期股权投资，也反映以现金之外的其他资产置换取得的长期股权投资。而在预算会计中，投资支出只反映以货币资金对外投资发生的现金流出，不反映以货币资金以外的其他资产对外投资发生的非货币资金流出。

2. 出售、对外转让或到期收回以货币资金取得的对外投资

出售、对外转让或到期收回本年度以货币资金取得的对外投资的，如果按规定将投资收益纳入单位预算，按照实际收到的金额，借记“资金结存”科目，按照取得投资时“投资支出”科目的发生额，贷记“投资支出”科目，按照其差额，贷记或借记“投资预算收益”科目；如果按规定将投资收益上缴财政的，按照取得投资时“投资支出”科目的发生额，借记“资金结存”科目，贷记“投资支出”科目。

出售、对外转让或到期收回以前年度以货币资金取得的对外投资的，如果按规定将投资收益纳入单位预算，按照实际收到的金额，借记“资金结存”科目，按照取得投资时“投资支出”科目的发生额，贷记“其他结余”科目，按照其差额，贷记或借记“投资预算收益”科目；如果按规定将投资收益上缴财政的，按照取得投资时“投资支出”科目的发生额，借记“资金结存”科目，贷记“其他结余”科目。

【例 10-36】 某事业单位以银行存款购买一批国债作为短期投资，投资成本为 100 000 元。第二年，该事业单位出售该项短期投资，实际收到价款为 105 000 元。按照规定，取得的相应投资收益 5 000 元(105 000—100 000)纳入单位预算。该事业单位会计应编制会计分录如下：

(1) 取得短期投资时。

在财务会计中：

借：短期投资	100 000	
贷：银行存款		100 000

同时，在预算会计中：

借：投资支出	100 000	
贷：资金结存——货币资金		100 000

(2) 出售短期投资时。

在财务会计中：

借：银行存款	105 000	
贷：短期投资		100 000
投资收益		5 000

同时，在预算会计中：

借：资金结存——货币资金	105 000	
贷：其他结余		100 000
投资预算收入		5 000

在该项业务中，由于“投资支出”科目在取得投资当年年末已经结转至“其他结余”科目，因此，第二年出售投资时，应当贷记“其他结余”科目，而不是贷记“投资支出”科目。

投资支出不同于其他有关支出。投资支出在出售、对外转让或到期收回投资时，会产生现金流入。此时，应当冲销投资支出，使投资支出的余额为零；或者冲销已转入至其他结余的投资支出，恢复其他结余的原有余额。

3. 投资支出的年末结转

年末，将“投资支出”科目本年发生额转入其他结余，借记“其他结余”科目，贷记“投资支出”科目。结转后，“投资支出”科目应无余额。

【例10-37】 年末，某事业单位“投资支出”科目的本年发生额为215 000元。该事业单位将其全数转入“其他结余”科目。该事业单位预算会计应编制的会计分录如下：

借：其他结余	215 000	
贷：投资支出		215 000

二、债务还本支出

（一）债务还本支出的概念与核算科目的设置

债务还本支出是指事业单位偿还自身承担的纳入预算管理的从金融机构举借的债务本金的现金流出。行政单位没有还本支出。

为了核算债务还本支出业务，事业单位预算会计应设置“债务还本支出”总账科目。本科目应当按照贷款单位、贷款种类、《政府收支分类科目》中支出功能分类科目的项级科目和部门预算支出经济分类科目的款级科目等进行明细核算。年末，将本科目本年发生额转入其他结余。结转后，本科目应无余额。

（二）债务还本支出的核算

事业单位偿还各项短期或长期借款时，按照偿还的借款本金，借记“债务还本支出”科目，贷记“资金结存”科目。年末，将“债务还本支出”科目本年发生额转入其他结余，借记“其他结余”科目，贷记“债务还本支出”科目。

【例10-38】 某事业单位通过开户银行偿还某金融机构一项短期借款本金100 000元。该事业单位会计应编制会计分录如下：

在财务会计中：

借：短期借款	100 000	
贷：银行存款		100 000

同时，在预算会计中：

借：债务还本支出	100 000	
贷：资金结存——货币资金		100 000

对于事业单位向金融机构借入款项以及偿还借款本金的业务，财务会计都在“短期借款”或“长期借款”科目中核算，分别作为负债的增加和负债的减少处理；而预算会计分别在“债务预算收入”科目和“债务还本支出”科目中核算，分别作为预算收入的增加和预算支出的增加处理。财务会计和预算会计对事业单位向金融机构借入款项以及偿还借款本金业务的核算方法不同。财务会计核算事业单位的财务状况；预算会计核算事业单位的预算执行情况。

在预算会计中，债务还本支出仅核算偿还债务本金的支出，不核算债务利息支出。债务利息支出属于其他支出。其具体举例可进一步参见“短期借款”“应付利息”“长期借款”“其他支出”等科目核算的相关例题。

【例10-39】 年末，某事业单位“债务还本支出”科目的本年发生额为56 000元。该事业单位将其全额转入“其他结余”科目。该事业单位预算会计应编制会计分录如下：

借：其他结余　　56 000

　　贷：债务还本支出　　56 000

债务还本支出与债务预算收入相对应。债务还本支出核算还可以进一步参见债务预算收入的核算。

第七节　资产处置费用与所得税费用

一、资产处置费用

（一）资产处置费用的概念与核算科目的设置

资产处置费用是指单位经批准处置资产时发生的费用，包括转销的被处置资产价值，以及在处置过程中发生的相关费用或者处置收入小于相关费用形成的净支出。资产处置的形式按照规定包括无偿调拨、出售、出让、转让、置换、对外捐赠、报废、毁损以及货币性资产损失核销等。

为了核算资产处置费用，单位应当设置“资产处置费用”总账科目。单位在资产清查中查明的资产盘亏、毁损以及资产报废等，应当先通过“待处理财产损溢”科目进行核算，再将处理资产价值和处理净支出计入本科目。短期投资、长期股权投资、长期债券投资的处置，按照相关资产科目的规定进行账务处理。本科目应当按照处置资产的类别、资产处置的形式等进行明细核算。期末，将本科目本期借方发生额结转入“本期盈余”科目。结转后，本科目应无余额。

（二）资产处置费用的核算

1. 不通过“待处理财产损溢”科目核算的资产处置

资产处置在过去的会计制度中都要通过“待处理财产损溢”科目核算。目前，《政府会计制度》规定经批准的下列资产处置情况，如无偿调拨、出售、出让、转让、置换、对外捐赠等被处置资产价值以及在处置过程中发生的相关费用或者处置收入小于相关费用形成的净支出，可不通过“待处理财产损溢”科目，而直接计入“处置资产费用”科目。

不通过“待处理财产损溢”科目核算的资产处置，应当分以下情况确认资产处置费用：

（1）按照规定报经批准处置资产时，按照处置资产的账面价值，借记“资产处置费用”科目[处置固定资产、无形资产、公共基础设施、保障性住房的，还应借记“固定资产累计折旧”“无形资产累计摊销”“公共基础设施累计折旧（摊销）”“保障性住房累计折旧”科目]，按照处置资产的账面余额，贷记“库存物品”“固定资产”“无形资产”“公共基础设施”“政府储备物资”“文物文化资产”“保障性住房”“其他应收款”“在建工程”等科目。

（2）处置资产过程中仅发生相关费用的，按照实际发生金额，借记“资产处置费用”科目，贷记“银行存款”“库存现金”等科目。

（3）处置资产过程中取得收入的，按照取得的价款，借记“库存现金”“银行存款”等科目，按照处置资产过程中发生的相关费用，贷记“银行存款”“库存现金”等科目，按照其差额，借记“资产处置费用”科目或贷记“应缴财政款”等科目。涉及增值税业务的，相关账务处理参见“应交增值税”科目。

【例 10-40】　某行政单位按照规定报经批准对外捐赠一批闲置设备。该批设备的原始成本为 20 000 元，已计提折旧 18 000 元，账面价值为 2 000 元。对外捐赠过程中归属于该行政单位支付的相关费用500元，款项通过开户银行支付。该行政单位会计应编制的会计分录如下：

(1) 转销对外捐赠设备的账面价值时。

在财务会计中：

借：资产处置费用　　2 000

　　固定资产累计折旧　　18 000

　　贷：固定资产　　20 000

(2) 支付对外捐赠过程中的相关费用时。

在财务会计中：

借：资产处置费用　　500

　　贷：银行存款　　500

同时，在预算会计中：

借：其他支出　　500

　　贷：资金结存——货币资金　　500

2. 通过“待处理财产损溢”科目核算的资产处置

单位在资产清查中查明的资产盘亏、毁损以及资产报废等，应当先通过“待处理财产损溢”科目进行核算，再将处理资产价值和处理净支出计入“资产处置费用”科目。

通过“待处理财产损溢”科目核算的资产处置，应当分以下情况确认资产处置费用：

(1) 单位账款核对中发现的现金短缺，属于无法查明原因的，报经批准核销时，借记“资产处置费用”科目，贷记“待处理财产损溢”科目。其相关业务的核算举例可参阅[例7-70]和[例7-71]。

(2) 单位资产清查过程中盘亏或者毁损、报废的存货、固定资产、无形资产、公共基础设施、政府储备物资、文物文化资产、保障性住房等，报经批准处理时，按照处理资产价值，借记“资产处置费用”科目，贷记“待处理财产损溢——待处理财产价值”科目。处理收支结清时，处理过程中所取得收入小于所发生相关费用的，按照相关费用减去处理收入后的净支出，借记“资产处置费用”科目，贷记“待处理财产损溢——处理净收入”科目。

【例10-41】 假设某事业单位为小规模纳税人。某年，该单位在资产清查中报废一台不独立核算经营活动使用的设备，其原价50 000元，已计提累计折旧45 000元，账面价值为5 000元(50 000－45 000)，报废取得变价收入为1 030元，报废过程时发生相关费用1 500元，款项通过开户银行收付。该批设备处置净支出470元(1 500－1 030)记入资产处置费用。根据以上经济业务，该事业单位会计应编制的会计分录如下：

(1) 财产清查中冲销报废的固定资产价值时。

在财务会计中：

借：待处理财产损溢　　5 000

　　固定资产累计折旧　　45 000

　　贷：固定资产　　50 000

(2) 报经批准后转销报废固定资产价值时。

在财务会计中：

借：资产处置费用　　5 000

　　贷：待处理财产损溢　　5 000

(3) 取得变价收入时。

在财务会计中：

借：银行存款　　1030

　　贷：待处理财产损溢　　1030

(4) 支付清理费用时。

在财务会计中：

借：待处理财产损溢　　1 500

　　贷：银行存款　　1 500

(5) 结转处理净支出时。

在财务会计中：

借：资产处置费用　　470

　　贷：待处理财产损溢　　470

同时，在预算会计中：

借：其他支出　　470

　　贷：资金结存——货币资金　　470

3. 资产处置费用的期末结转

期末，将“资产处置费用”科目本期发生额转入本期盈余，借记“本期盈余”科目，贷记“资产处置费用”科目。结转后，“资产处置费用”科目没有余额。

【例 10-42】 年末，某行政单位“资产处置费用”科目的本期发生额为 80 000 元。该行政单位将其全数转入“本期盈余”科目。该行政单位财务会计应编制的会计分录如下：

借：资产处置费用　　80 000

　　贷：本期盈余　　80 000

资产处置费用核算的具体举例，还可以进一步参阅本书第七章“行政事业单位的资产”中相关业务的核算举例。

二、所得税费用

(一) 所得税费用的概念与核算科目的设置

所得税费用是指有企业所得税纳税义务的事业单位按规定交纳企业所得税所形成的费用。事业单位的所得税业务很少，多数事业单位可能没有。行政单位没有所得税费用的相关业务。

为了核算所得税费用业务，事业单位应设置“所得税费用”总账科目。年末，将本科目本年发生额转入本期盈余。结转后，本科目应无余额。

(二) 所得税费用的核算

事业单位发生企业所得税纳税义务的，按照税法规定计算的应交税金数额，借记“所得税费用”科目，贷记“其他应交税费——单位应交所得税”科目。实际交纳时，按照交纳金额，借记“其他应交税费——单位应交所得税”科目，贷记“银行存款”科目。年末，将本科目本年发生额转入本期盈余，借记“本期盈余”科目，贷记“所得税费用”科目。

在发生企业所得税纳税义务的事业单位交纳所得税时，事业单位预算会计没有采取预算支出要素设置的习惯做法，设置“所得税支出”总账科目，而是在实际交纳所得税时，直接冲减“非财政拨款结余——累计结余”科目，即借记“非财政拨款结余——累计结余”科目，贷记“资金结存——货币资金”科目。

【例 10-43】 某事业单位存在企业所得税纳税义务，本年应交纳企业所得税 500 元。之后，将所得税费用结转本期盈余，并通过开户银行向税务机关交纳税款 500 元。该事业单位会计应编制的会计分录如下：

(1) 年末计算应纳所得税时。

在财务会计中：

借：所得税费用　　500

　贷：其他应交税费——单位应交所得税　　500

(2) 年末将所得税费用结转本期盈余时。

在财务会计中：

借：本期盈余　　500

　贷：所得税费用　　500

(3) 向税务机关交纳所得税时。

在财务会计中：

借：其他应交税费——单位应交所得税　　500

　贷：银行存款　　500

同时，在预算会计中：

借：非财政拨款结余——累计结余　　500

　贷：资金结存——货币资金　　500

事业单位交纳的企业所得税，在预算会计中不作为事业支出或经营支出的增加处理，而是作为非财政拨款结余(累计结余)的减少处理。

第八节　其他费用与其他支出

一、其他费用的概念

(一) 其他费用的概念与核算科目的设置

其他费用是指单位发生的除业务活动费用、单位管理费用、经营费用、资产处置费用、上缴上级费用、附属单位补助费用、所得税费用以外的各项费用，包括利息费用、坏账损失、罚没支出、现金资产捐赠支出以及相关税费、运输费等。

为了核算其他费用业务，单位财务会计应当设置“其他费用”总账科目。本科目应当按照其他费用的类别等进行明细核算。期末，将本科目本期借方发生额结转入“本期盈余”科目。结转后，本科目应无余额。单位发生的利息费用较多的，可以单独设置“利息费用”科目。

(二) 其他费用的核算

1. 利息费用

按期计算确认借款利息费用时，按照计算确定的金额，借记“在建工程”科目或“其他费用”科目，贷记“应付利息”“长期借款——应计利息”科目。相关业务核算举例可参阅[例 8-11]和

[例 8-16]。

2. 坏账损失

年末，事业单位按照规定对收回后不需上缴财政的应收账款和其他应收款计提坏账准备时，按照计提金额，借记“其他费用”科目，贷记“坏账准备”科目；冲减多提的坏账准备时，按照冲减金额，借记“坏账准备”科目，贷记“其他费用”科目。相关业务核算举例可参阅[例 7-28]和[例 7-29]。

3. 罚没支出

单位发生罚没支出的，按照实际交纳或应当交纳的金额，借记“其他费用”科目，贷记“银行存款”“库存现金”“其他应付款”等科目。

4. 现金资产捐赠

对外捐赠现金资产的，按照实际捐赠的金额，借记“其他费用”科目，贷记“银行存款”“库存现金”等科目。相关业务核算举例可参阅[例 10-46]。

5. 其他相关费用

单位接受捐赠（或无偿调入）以名义金额计量的存货、固定资产、无形资产，以及成本无法可靠取得的公共基础设施、文物文化资产等发生的相关税费、运输费等，按照实际支付的金额，借记“其他费用”科目，贷记“财政拨款收入”“零余额账户用款额度”“银行存款”“库存现金”等科目。

单位发生的与受托代理资产相关的税费、运输费、保管费等，按照实际支付或应付的金额，借记“其他费用”科目，贷记“零余额账户用款额度”“银行存款”“库存现金”“其他应付款”等科目。

6. 其他费用的期末结转

期末，将“其他费用”科目本期发生额转入本期盈余，借记“本期盈余”科目，贷记“其他费用”科目。结转后，“其他费用”科目应无余额。

【例 10-44】 期末，某事业单位“其他费用”科目的本期发生额为 20 000 元。该事业单位将其全数转入“本期盈余”科目。该事业单位财务会计应编制会计分录如下：

借：其他费用	20 000	
贷：本期盈余		20 000

二、其他支出

（一）其他支出的概念

其他支出是指单位除行政支出、事业支出、经营支出、上缴上级支出、对附属单位补助支出、投资支出、债务还本支出以外的各项现金流出，包括利息支出、对外捐赠现金支出、现金盘亏损失、接受捐赠（调入）和对外捐赠（调出）非现金资产发生的税费支出、资产置换过程中发生的相关税费支出、罚没支出等。

为了核算其他支出业务，单位预算会计应设置“其他支出”总账科目。本科目应当按照其他支出的类别，“财政拨款支出”“非财政专项资金支出”和“其他资金支出”，《政府收支分类科目》中支出功能分类科目的项级科目和部门预算支出经济分类科目的款级科目等进行明细核算。其他支出中如有专项资金支出，还应按照具体项目进行明细核算。年末，将本科目本年发生额中的财政拨款支出转入财政拨款结转；将本科目本年发生额中的非财政专项资金支出转入非财政拨款结转;将本科目本年发生额中的其他资金支出(非财政非专项资金支出)转入其他结余。年末结转后,本科目应无余额。

有一般公共预算财政拨款、政府性基金预算财政拨款等两种或两种以上财政拨款的事业单位,还应当在“财政拨款支出”明细科目下按照财政拨款的种类进行明细核算。

单位发生利息支出、捐赠支出等其他支出金额较大或业务较多的,可单独设置“7902 利息支出”“7903 捐赠支出”等科目。

(二) 其他支出的核算

1. 利息支出

支付银行借款利息时,按照实际支付金额,借记“其他支出”科目,贷记“资金结存”科目。

【例 10-45】 某事业单位通过开户银行支付一笔银行借款利息 1 500 元。该笔银行借款利息在财务会计中已记入了“应付利息”科目。该事业单位会计应编制的会计分录如下:

在财务会计中:

借:应付利息	1 500	
贷:银行存款		1 500

同时,在预算会计中:

借:其他支出	1 500	
贷:资金结存——货币资金		1 500

无论短期借款的利息还是长期借款的利息,财务会计按权责发生制基础确认,即在利息发生时确认利息费用;预算会计按收付实现制基础确认,即在支付利息时确认利息支出。

2. 对外捐赠现金资产

对外捐赠现金资产时,按照捐赠金额,借记“其他支出”科目,贷记“资金结存——货币资金”科目。

【例 10-46】 某事业单位通过开户银行对外捐赠一笔现金资产 5 000 元。该事业单位会计应编制的会计分录如下:

在财务会计中:

借:其他费用	5 000	
贷:银行存款		5 000

同时,在预算会计中:

借:其他支出	5 000	
贷:资金结存——货币资金		5 000

3. 现金盘亏损失

每日现金账款核对中如发现现金短缺,按照短缺的现金金额,借记“其他支出”科目,贷记“资金结存——货币资金”科目。经核实,属于应当由有关人员赔偿的,按照收到的赔偿金额,借记“资金结存——货币资金”科目,贷记“其他支出”科目。相关业务的核算举例可参阅[例 7-70]和[例 7-71]。

4. 接受捐赠(无偿调入)和对外捐赠(无偿调出)非现金资产发生的税费支出

接受捐赠(无偿调入)非现金资产发生的归属于捐入方(调入方)的相关税费、运输费等,以及对外捐赠(无偿调出)非现金资产发生的归属于捐出方(调出方)的相关税费、运输费等,按照实际支付金额，借记“其他支出”科目，贷记“资金结存”科目。

【例 10-47】 某行政单位收到无偿调入一批救灾物资，相关发票单据注明材料买价 200 000 元，增值税 32 000 元。通过银行存款账户支付运输费 2 000 元。该批物资已验收入库。该行政单位会计应编制的会计分录如下：

在财务会计中：

借：政府储备物资　　232 000
　　贷：银行存款　　2 000
　　　　无偿调拨净资产　　230 000

同时，在预算会计中：

借：其他支出　　2 000
　　贷：资金结存——货币资金　　2 000

5. 资产置换过程中发生的相关税费支出

资产置换过程中发生的相关税费，按照实际支付金额，借记“其他支出”科目，贷记“资金结存”科目。

6. 发生罚没等其他支出

发生罚没等其他支出时，按照实际支出金额，借记“其他支出”科目，贷记“资金结存”科目。

7. 其他支出的年末结转

年末，将本科目本年发生额中的财政拨款支出转入财政拨款结转，借记“财政拨款结转——本年收支结转”科目，贷记“其他支出”科目下各财政拨款支出明细科目；将本科目本年发生额中的非财政专项资金支出转入非财政拨款结转，借记“非财政拨款结转——本年收支结转”科目，贷记“其他支出”科目下各非财政专项资金支出明细科目；将本科目本年发生额中的其他资金支出（非财政非专项资金支出）转入其他结余，借记“其他结余”科目，贷记“其他支出”科目下各其他资金支出明细科目。

【例 10-48】 年末，某事业单位“其他支出”总账科目的本年发生额为 250 000 元，其中，财政拨款支出 150 000 元，非财政专项资金支出 80 000 元，其他资金支出 20 000 元。该事业单位将其分别转入“财政拨款结转——本年收支结转”“非财政拨款结转——本年收支结转”“其他结余”科目。该事业单位预算会计应编制的会计分录如下：

（1）结转财政拨款支出。

借：财政拨款结转——本年收支结转　　150 000
　　贷：其他支出——财政拨款支出　　150 000

（2）结转非财政专项资金支出。

借：非财政拨款结转——本年收支结转　　80 000
　　贷：其他支出——非财政专项资金支出　　80 000

（3）结转其他资金支出。

借：其他结余　　20 000
　　贷：其他支出——其他资金支出　　20 000

复习思考题

1. 什么是行政事业单位的费用和预算支出？两者主要包括哪些种类？费用的种类和预算支出的种类有什

么不同？

2. 什么是业务活动费用和行政支出？举例说明两者的会计处理异同。
3. 按照政府支出经济分类科目，行政支出可以分为哪几个种类？按照单位预算管理要求，行政支出可以分为哪几个种类？按照不同的经费性质，行政支出可以分为哪几个种类？
4. 什么是单位管理费用和事业支出？举例说明两者的会计处理异同。
5. 事业单位"业务活动费用"科目和"单位管理费用"科目的核算内容有什么不同？
6. 行政支出和事业支出的期末结账方法是怎样的？两者有何不同？
7. 什么是经营费用和经营支出？举例说明两者的会计处理异同。
8. 什么是资产处置费用？行政事业单位应当如何核算资产处置费用？
9. 什么是事业单位的所得税费用？如何进行核算？
10. 什么是上缴上级费用和上缴上级支出？举例说明两者的会计处理异同。
11. 什么是对附属单位补助费用和对附属单位补助支出？举例说明两者的会计处理异同。
12. 什么是投资支出？投资支出的相应业务在财务会计和预算会计中分别是如何核算的？
13. 什么是债务还本支出？债务还本支出的相应业务在财务会计和预算会计中分别是如何核算的？
14. 什么是行政事业单位的其他费用和其他支出？两者分别主要包括哪些内容？

练习题

20×9年，某事业单位发生如下业务：

（1）为单位开展专业业务活动人员计提职工薪酬25 000元，为单位行政及后勤管理人员计提职工薪酬6 840元。

（2）通过财政直接支付的方式向单位开展专业业务活动以及从事行政及后勤管理的职工个人支付薪酬共计23 600元。

（3）通过财政直接支付方式为单位开展专业业务活动以及从事行政及后勤管理的职工代扣代缴个人所得税540元，同时通过财政直接支付的方式为这些职工代扣代缴和交纳职工社会保险费和住房公积金共计7 600元。本次实际向相关部门和机构交纳金额合计为8 140元。

（4）为专业业务活动及其辅助活动支付外部人员的劳务费500元，款项通过银行存款账户。

（5）在开展专业业务活动及其辅助活动过程中购买一项固定资产，发生预付账款1 000元，款项通过财政授权支付方式支付。固定资产尚未收到。

（6）收到为开展专业业务活动及其辅助活动购买的一项固定资产，扣除之前预付账款1 000元后，补付价款3 300元，款项通过财政授权支付方式支付。购买的该项固定资产投入使用，确定的成本为4 300元。

（7）开展专业业务活动的部门领用一批库存物品，成本为164元；开展行政管理活动的部门领用一批库存物品，成本为144元。

（8）在开展业务活动过程中发生应当计入当期业务活动费用的相关办公费用860元，应当计入当期单位管理费用的相关办公费用360元，款项通过银行存款账户支付。

（9）分别为开展专业业务活动和行政及后勤管理活动所使用的固定资产计提折旧40 400元和11 200元。

（10）为经营活动人员计提职工薪酬3 300元。

（11）向开展经营活动的职工个人支付薪酬2 420元。

（12）在开展经营活动过程中通过银行存款账户购入一批库存物品，实际支付价款为1 160元。暂不考虑增值税业务。

（13）为开展经营活动发出一批库存物品，实际成本为720元。

（14）开展经营活动过程中发生相关办公费用480元，款项通过银行存款账户支付。

（15）为开展经营活动发生城市维护建设税100元，教育费附加60元，企业所得税56元。

（16）在开展经营活动过程中交纳城市维护建设税100元，教育费附加60元，企业所得税56元，款项通过银行存款账户支付。

(17) 为经营活动所使用的固定资产计提折旧 14 400 元。

(18) 按照规定报经批准报废一项固定资产。该项固定资产的账面余额为 13 400 元,已计提折旧 12 600 元,账面价值为 800 元。

(19) 处理报废固定资产时发生相关费用 70 元,款项以银行存款支付。

(20) 按照财政部门和主管部门的规定上缴上级单位款项 5 000 元,款项以银行存款支付。

(21) 按照规定计算出应对附属单位的补助金额为 31 600 元,款项尚未支付。

(22) 通过银行存款账户支付上一会计期间记入“其他应付款”科目的对附属单位补助款项 31 600 元。

(23) 现金账款核对中发现库存现金短缺 3 元。

(24) 经核实,现金账款核对中短缺的 3 元库存现金属于无法查明原因,报经批准后予以核销。

(25) 报经批准无偿调出一项固定资产,调出过程中,该事业单位发生相关费用 130 元,款项通过财政授权支付方式支付。

(26) 年末,“业务活动费用”科目的本年发生额为 141 000 元,“单位管理费用”科目的本年发生额为 42 400 元,“经营费用”科目的本年发生额为 29 000 元,“资产处置费用”科目的本年发生额为 6 500 元,“上缴上级费用”科目的本年发生额为 6 400 元,“对附属单位补助费用”科目的本年发生额为 43 000 元,“其他费用”科目的本年发生额为 1 640 元,将其全数转入“本期盈余”科目。

(27) 年末,“事业支出”科目的本年发生额为 152 400 元,其中,财政拨款支出 77 000 元,非财政专项资金支出 47 200 元,其他资金支出 28 200 元;“经营支出”科目的本年发生额为 33 800 元;“上缴上级支出”科目的本年发生额为 6 400 元,为非专项资金支出;“对附属单位补助支出”科目的本年发生额为 47 600 元,为非专项资金支出;“其他支出”科目的本年发生额为 1 720 元,其中,财政拨款支出 1 660 元,非财政专项资金支出 40 元,其他资金支出 20 元。将其分别转入“财政拨款结转——本年收支结转”“非财政拨款结转——本年收支结转”“其他结余”“经营结余”科目。

要求:根据以上经济业务,为该事业单位编制有关的会计分录。

第十一章　行政事业单位的净资产

第一节　净资产的核算程序与内容分析

净资产是指行政事业单位资产扣除负债后的净额，主要包括累计盈余、专用基金、权益法调整、本期盈余、本期盈余分配、无偿调拨净资产、以前年度盈余调整等。

一、净资产的核算程序

（一）本期盈余转账程序

单位财务会计的盈余转账分为期末转账与年度转账。期末转账的目的是为了计算本期盈余，年度转账的目的是为了计算本期盈余分配和累计盈余。

（1）期末转账。期末，将“财政拨款收入”等收入类科目分别转入“本期盈余”科目的贷方；将“业务活动费用”等费用类科目分别转入“本期盈余”科目的借方。转账后形成的“本期盈余”科目的年度累计余额即为各月度资产负债表的“净资产”项下的“本期盈余”项目的数额。

（2）年末转账。年末，首先将“本期盈余”科目的全年累计余额转入“本期盈余分配”科目，从而结平“本期盈余”科目；其次，按照相关规定提取的专用基金数额，借记“本期盈余分配”科目，贷记“专用基金”科目；再次，将“本期盈余分配”科目扣除本期提取的专用基金后的余额转入“累计盈余”科目。结转后，“本期盈余分配”科目年末应无余额。

（二）无偿调拨净资产的核算程序

单位在各会计年度中发生无偿调入或调出净资产的业务，在专设的“无偿调拨净资产”科目予以日常核算。年末，将“无偿调拨净资产”科目的余额转入“累计盈余”科目。结转后，“无偿调拨净资产”科目年末无余额。

（三）权益法调整的核算程序

当事业单位持有的长期股权投资采用权益法核算时，年末，按照被投资单位除净损益和利润分配以外的所有者权益变动应享有（或应分担）的份额，增减“长期股权投资——其他权益变动”科目金额的同时，也增减“权益法调整”科目金额；当处置该项投资时，按照原记入“权益法调整”科目的相应部分金额转入“投资收益”科目金额。

（四）以前年度盈余调整的核算程序

如果单位发生了以前年度盈余调整事项，应在专设的“以前年度盈余调整”科目具体反映其调整过程。年末，将“以前年度盈余调整”科目的余额转入“累计盈余”科目，结转后，“以前年度盈余调整”科目年末无余额。

二、单位财务会计中的“净资产”与企业财务会计中的“所有者权益”的对比分析

为了进一步理解单位财务会计的净资产及其构成内容，现将其与企业财务会计中的“所有

者权益”及其构成进行简要对比分析如下：

（1）单位财务会计中的“本期盈余”科目和“本期盈余分配”科目，从其核算内容与功能来看，分别相当于企业财务会计中的“本年利润”科目和“利润分配”科目，分别反映本期收入与费用相抵后实现的盈余以及本期盈余分配的情况。

（2）事业单位财务会计“净资产”项下的“专用基金”项目，则相当于企业财务会计“所有者权益”项下的“盈余公积”项目，反映的是事业单位按照相关财务制度的规定，从其年度实现的非财政拨款结余中提取的职工福利基金。

（3）事业单位财务会计“净资产”项下的“权益法调整”项目，相当于企业财务会计中“所有者权益”项下的“其他综合收益”项目，反映的是权益法核算长期股权投资时，因被投资单位除净损益和利润分配以外的所有者权益变动而享有的数额。

（4）单位财务会计年度资产负债表“净资产”项下的“累计盈余”项目，相当于企业财务会计年度资产负债表中“所有者权益”项下的“股本（实收资本）”“资本公积”和“未分配利润”三个项目的集合。

由上述分析我们可以看出：单位财务会计年度资产负债表“净资产”项下的“累计盈余”项目、“专用基金”项目、“权益法调整”项目分别相当于企业财务会计年度资产负债表中“所有者权益”项下的“股本（实收资本）”“资本公积”和“未分配利润”三个项目的集合以及“盈余公积”项目和“其他综合收益”项目。

可见，单位财务会计的资产负债表与企业财务会计的资产负债表是“貌离神合”，两者在本质上是一致的。

第二节　本期盈余与本年盈余分配

一、本期盈余

本期盈余是指单位本期各项收入、费用相抵后的余额。各项收入合计大于各项费用合计为盈余，否则，为亏损。

为了核算本期盈余业务，单位财务会计应当设置“本期盈余”总账科目。本科目贷方登记期末转入的各项收入，借方登记期末转入的各项费用。上述结转完成后，本科目期末如为贷方余额，反映单位自年初至当期期末累计实现的盈余；如为借方余额，反映单位自年初至当期期末累计发生的亏损。年度终了，应将本年的各项收入和各项费用相抵后结出的本年实现的盈余（或发生的亏损），转入“本年盈余分配”科目。年末结账后，本科目应无余额。

本期盈余的主要账务处理如下：期末，将各类收入科目的本期发生额转入本期盈余，借记各收入科目，贷记“本期盈余”科目；将各类费用科目本期发生额转入本期盈余，借记“本期盈余”科目，贷记各费用科目。年末，完成上述结转后，将“本期盈余”科目余额转入“本年盈余分配”科目，借记或贷记“本期盈余”科目，贷记或借记“本年盈余分配”科目。

【例 11-1】　20×9 年 12 月 1 日，某行政单位“本期盈余”科目为借方余额 1 500 元。12 月份各收入和费用的发生额情况如下：“财政拨款收入”科目 130 000 元，“非同级财政拨款收入”科目 8 000 元，“捐赠收入”科目 5 000 元，“利息收入”科目 500 元，“租金收入”科目 4 500 元，“其他收入”科目 2 000 元，各项收入合计 150 000 元；“业务活动费用”科目 125 000 元，“资产处置费用”科目 21 500 元，“其他费用”科目 3 000 元，各项费用合计 149 500 元。12 月月末结

转,该行政单位财务会计应编制的会计分录如下:

(1) 将各类收入科目的本期发生额转入本期盈余时。

借:财政拨款收入	130 000	
非同级财政拨款收入	8 000	
捐赠收入	5 000	
利息收入	500	
租金收入	4 500	
其他收入	2 000	
贷:本期盈余		150 000

(2) 将各类费用科目本期发生额转入本期盈余时。

借:本期盈余	149 500	
贷:业务活动费用		125 000
资产处置费用		21 500
其他费用		3 000

(3) 年末,将“本期盈余”科目的借方余额 1 000 元(—1 500+150 000—149 500)结转“本年盈余分配”时。

借:本年盈余分配	1 000	
贷:本期盈余		1 000

【例 11-2】 20×9 年 12 月 1 日,某事业单位“本期盈余”科目的贷方余额为 2 200 元。12 月份各收入和费用科目的发生额如下:财政拨款收入 250 000 元,事业收入 150 000 元,上级补助收入 6 000 元,附属单位上缴收入 4 000 元,经营收入 2 500 元,非同级财政拨款收入 7 000 元,投资收益 2 000 元,捐赠收入 4 000 元,利息收 800 元,租金收入 2 200 元,其他收入 1 500 元,收入合计 430 000 元;业务活动费用 255 000 元,单位管理费用 152 000 元,经营费用 2 000 元,所得税费用 100 元,资产处置费用 9 000 元,上缴上级费用 3 000 元,对附属单位补助费用 2 900元,其他费用 2 000 元,费用合计 426 000 元。12 月月末结转,该事业单位财务会计应编制的会计分录如下:

(1) 将各类收入科目的本期发生额转入本期盈余时。

借:财政拨款收入	250 000	
事业收入	150 000	
上级补助收入	6 000	
附属单位上缴收入	4 000	
经营收入	2 500	
非同级财政拨款收入	7 000	
投资收益	2 000	
捐赠收入	4 000	
利息收入	800	
租金收入	2 200	
其他收入	1 500	
贷:本期盈余		430 000

(2) 将各类费用科目本期发生额转入本期盈余时。

借：本期盈余　　426 000
　贷：业务活动费用　　255 000
　　单位管理费用　　152 000
　　经营费用　　2 000
　　所得税费用　　100
　　资产处置费用　　9 000
　　上缴上级费用　　3 000
　　对附属单位补助费用　　2 900
　　其他费用　　2 000

(3) 年末，将“本期盈余”科目贷方余额 6 200 元(2 200＋430 000－426 000)结转“本年盈余分配”科目时。

借：本期盈余　　6 200
　贷：本年盈余分配　　6 200

二、本年盈余分配

本年盈余分配是指行政事业单位对本年度实现的盈余依据相关规定进行的分配。

为了核算本年度盈余分配的情况和结果，行政事业单位财务会计应设置“本年盈余分配”总账科目。年末，将“本期盈余”科目余额转入“本年盈余分配”科目，借记或贷记“本期盈余”科目，贷记或借记“本年盈余分配”科目。年末，根据有关规定从本年度非财政拨款结余或经营结余中提取专用基金的，按照预算会计下计算的提取金额，借记“本年盈余分配”科目，贷记“专用基金”科目。同时，在预算会计中，借记“非财政拨款结余分配”科目，贷记“专用结余”科目。年末，按照规定完成上述处理后，将“本年盈余分配”科目余额转入累计盈余，借记或贷记“本年盈余分配”科目，贷记或借记“累计盈余”科目。结账后，本科目应无余额。

【例 11-3】　承[例 11-2]，该事业单位根据有关规定从本年度非财政拨款结余或经营结余中提取专业基金(职工福利基金)，按照预算会计下计算的提取金额为 1 200 元。该事业单位编制的会计分录如下：

(1) 按照预算会计下计算的提取金额计提职工福利基金时。

在财务会计中：

借：本年盈余分配　　1 200
　贷：专用基金——职工福利基金　　1 200

同时，在预算会计中：

借：非财政拨款结余分配　　1 200
　贷：专用结余　　1 200

(2) 年末，将“本年盈余分配”科目的余额 5 000 元(6 200－1 200)转入“累计盈余”科目时。

在财务会计中：

借：本年盈余分配　　5 000
　贷：累计盈余　　5 000

第三节　专用基金

一、专用基金的概念与核算应设置的会计科目

专用基金是指事业单位按照规定提取或设置的具有专门用途的净资产，主要包括职工福利基金、科技成果转换基金等。行政单位没有专用基金。

为了核算专用基金业务，事业单位财务会计应当设置“专用基金”总账科目。本科目应当按照专用基金的类别进行明细核算。本科目期末贷方余额，反映事业单位累计提取或设置的尚未使用的专用基金。

二、专用基金的核算

（一）专用基金的提取或设置

1. 从非财政拨款结余或经营结余中提取专用基金

年末，按照规定从本年度非财政拨款结余或经营结余提取专用基金的，按照预算会计下计算的提取金额，在财务会计中，借记“本年盈余分配”科目，贷记“专用基金”科目（职工福利基金）；同时，在预算会计中，借记“非财政拨款结余分配”科目，贷记“专用结余”科目。其核算举例可参阅[例 11-3]。

事业单位从本年度非财政拨款结余或经营结余中提取的专用基金通常如职工福利基金等，专门用于单位职工的集体福利设施、集体福利待遇等方面。

2. 从收入中提取专用基金

根据有关规定从收入中提取专用基金并计入费用的，一般按照预算会计下基于预算收入计算来提取，借记“业务活动费用”科目，贷记“专用基金”科目。国家另有规定的，从其规定。

【例 11-4】 某科学事业单位按事业预算收入的一定百分比提取科技成果转换基金 5 000 元。该事业单位财务会计应编制的会计分录如下：

借：业务活动费用　　5 000

　　贷：专用基金——科技成果转换基金　　5 000

事业单位从收入中提取的专用基金如科技成果转化基金等。目前，科学事业单位财务制度设置了科技成果转化基金，即单位从事业收入中提取，以及在经营收支结余中提取转入，用于科技成果转化的资金。

这里需要注意的是，专用基金提取的金额应当以预算会计中确认的相关结余和预算收入金额为基础。

3. 设置其他专用基金

按规定设置的其他专用基金，按照实际收到的基金金额，借记“银行存款”等科目，贷记“专用基金”科目。

【例 11-5】 某事业单位根据有关规定设置某项专用基金，实际收到相关基金的金额为 200 000 元，款项已存入开户银行。该事业单位财务会计应编制的会计分录如下：

借：银行存款　　200 000

　　贷：专用基金——××基金　　200 000

不同行业的事业单位可以根据业务情况提取或设置其他专用基金。例如，高等学校财务制度设置了学生奖励基金，即按照国家有关规定，按照事业收入的一定比例提取，专门用于学费减免、勤工助学、校内无息借款、校内奖助学金和特殊困难补助等的资金。中小学校财务制度设置了奖助学基金，即是指接受社会捐赠和按照规定从事业收入中提取转入，用于奖励、资助学生的资金。医院财务制度设置了医疗风险基金，即是指从医疗支出中计提、专门用于支付医院购买医疗风险保险发生的支出或实际发生的医疗事故赔偿的资金，并规定医院累计提取的医疗风险基金比例不应超过当年医疗收入的1‰～3‰。

(二) 专用基金的使用

按照有关规定使用提取的专用基金时，账务处理需要区分以下两种情况。

1. 按照规定使用提取的专用基金不用于购置固定资产或无形资产

(1) 按照规定使用从预算收入中计提的专用基金时，在财务会计中，借记“专用基金”科目，贷记“银行存款”等科目；同时，在预算会计中，借记“事业支出”科目，贷记“资金结存——货币资金”科目。

【例 11-6】 某事业单位按规定使用从预算收入中提取专用基金 5 000 元，用于某项科技成果的转化工作，属于费用性支出，款项通过银行存款支付。该事业单位会计应编制会计分录如下：

在财务会计中：

借：专用基金	5 000	
贷：银行存款		5 000

同时，在预算会计中：

借：事业支出	5 000	
贷：资金结存——货币资金		5 000

事业单位根据有关规定从预算收入中提取专用基金及其使用的业务，只涉及专用基金的核算，不涉及专用结余的核算。

(2) 根据规定使用从非财政拨款结余或经营结余中提取的专用基金时，按照使用金额，在财务会计中，借记“专用基金”科目，贷记“银行存款”科目。同时，在预算会计中，借记“专用结余”科目，贷记“资金结存——货币资金”科目。

【例 11-7】 某事业单位根据规定使用从非财政拨款结余中提取专用基金 5 000 元，款项通过银行存款支付。本次使用提取的专用基金不是用于购置固定资产或无形资产。该事业单位会计应编制会计分录如下：

在财务会计中：

借：专用基金	5 000	
贷：银行存款		5 000

同时，在预算会计中：

借：专用结余	5 000	
贷：资金结存——货币资金		5 000

事业单位根据有关规定从本年度非财政拨款结余或经营结余中提取专用基金时，在财务会计中，直接增加专用基金；同时，在预算会计中，直接增加专用结余。事业单位根据规定使用

上述专用基金时，在财务会计中，直接减少专用基金；同时，在预算会计中，直接减少专用结余。事业单位不单独核算专用基金收入和专用基金支出。

2. 按规定使用提取的专用基金购置固定资产或无形资产

若使用提取的专用基金购置固定资产、无形资产的，在财务会计中，按照固定资产、无形资产成本金额，借记“固定资产”“无形资产”科目，贷记“银行存款”等科目；同时，按照专用基金使用金额，借记“专用基金”科目，贷记“累计盈余”科目。在预算会计中，视情况而定：若使用的是从收入中提取并列入费用的专用基金，借记“事业支出”等科目，贷记“资金结存”科目；若使用的是从非财政拨款结余或经营结余中提取的专用基金，则借记“专用结余”科目，贷记“资金结存”科目。

【例 11-8】 某事业单位使用非财政拨款结余计提的职工福利基金购入一项职工集体福利设施，价款为 120 000 元，款项以银行存款支付，购入的相应设施作为固定资产管理。该事业单位会计应编制的会计分录如下：

在财务会计中：

借：固定资产	120 000	
贷：银行存款		120 000
借：专用基金——职工福利基金	120 000	
贷：累计盈余		120 000

同时，在预算会计中：

借：专用结余	120 000	
贷：资金结存——货币资金		120 000

事业单位使用专用基金购置固定资产、无形资产时，提取的专用基金转至累计盈余。专用基金和累计盈余都属于事业单位的净资产。将专用基金转至累计盈余，只影响净资产的构成，不影响净资产的总数。事实上，事业单位按照规定使用专用基金购置固定资产或无形资产时，只是完成了专用基金的专门用途规定，但净资产的数额没有发生变化。

第四节　权益法调整、无偿调拨净资产与以前年度盈余调整

一、权益法调整

权益法调整是指事业单位持有的长期股权投资采用权益法核算时，按照被投资单位除净损益和利润分配以外的所有者权益变动份额调整长期股权投资账面余额而计入净资产的金额。

为了核算权益法调整业务，事业单位应当设置“权益法调整”总账科目。本科目应当按照被投资单位进行明细核算。本科目期末余额，反映事业单位在被投资单位除净损益和利润分配以外的所有者权益变动中累积享有（或分担）的份额。

年末，按照被投资单位除净损益和利润分配以外的所有者权益变动应享有（或应分担）的份额，借记或贷记“长期股权投资——其他权益变动”科目，贷记或借记“权益法调整”科目。采用权益法核算的长期股权投资，因被投资单位除净损益和利润分配以外的所有者权益变动而将应享有（或应分担）的份额计入单位净资产的，处置该项投资时，按照原计入净资产的相应部分金额，借记或贷记“权益法调整”科目，贷记或借记“投资收益”科目。

【例 11-9】　某事业单位以货币资金投资甲公司，占有甲公司 60%的股份，并对甲公司的经营决策有决定权。该事业单位对长期股权投资采用权益法核算。年末，甲公司发生除净利润和利润分配以外的所有者权益变动增加数为 150 000 元。该事业单位财务会计应编制的会计分录如下：

借：长期股权投资——其他权益变动	90 000	
贷：权益法调整(150 000×60%)		90 000

在权益法下，若被投资单位实现净利润的，事业单位按照应享有的份额，借记“长期股权投资”科目(损益调整)，贷记“投资收益”科目。“投资收益”科目本期发生额期末转入“本期盈余”科目。“本期盈余”科目余额经分配后最终转入“累计盈余”科目。累计盈余、权益法调整都是净资产的组成部分或具体种类。

【例 11-10】　某事业单位以货币资金投资乙公司，占有乙公司 25%的股份，有权参与乙公司的经营决策。该事业单位对相应的长期股权投资采用权益法核算。取得投资 3 年后，某日，长期股权投资的成本数额为 200 000 元，损益调整借方余额为 50 000 元，其他权益变动借方余额为 10 000 元。该事业单位经批准转让持有的乙公司全部 25%股份，转让全部股权取得的转让收入 268 000 元，款项已存入开户银行。该事业单位取得的转让收益为 8 000 元(268 000－200 000－50 000－10 000)。该事业单位会计应编制的会计分录如下：

在财务会计中：

借：银行存款	268 000	
贷：长期股权投资——投资成本		200 000
——损益调整		50 000
——其他权益变动		10 000
投资收益		8 000
借：权益法调整	10 000	
贷：投资收益		10 000

同时，在预算会计中：

借：资金结存——货币资金	268 000	
贷：投资结余		200 000
投资预算收益		68 000

“权益法调整”科目转出至“投资收益”科目后，经“本期盈余”“本年盈余分配”科目过渡，最终转入“累计盈余”科目。

二、无偿调拨净资产

无偿调拨净资产是指单位无偿调入或调出非现金资产所引起的净资产变动金额。

为了核算无偿调拨净资产业务，单位应设置“无偿调拨净资产”总账科目。无偿调拨净资产的主要账务处理请参见无偿调入调出存货、长期股权投资、固定资产、无形资产、公共基础设施、政府储备物资、文物文化资产、保障性住房的账务处理。年末，将本科目余额转入累计盈余，借记或贷记“无偿调拨净资产”科目，贷记或借记“累计盈余”科目。年末结账后，本科目应无余额。

【例 11-11】　某行政单位按规定无偿调入一套保障性住房，其在调出方的账面价值为 550 000 元，调入过程中发生的归属于调入方的相关费用 5 000 元，款项通过银行存款支付。该行政单位会计应编制的会计分录如下：

在财务会计中：

借：保障性住房　　555 000

　贷：银行存款　　5 000

　　无偿调拨净资产　　550 000

同时，在预算会计中：

借：其他支出　　5 000

　贷：资金结存——货币资金　　5 000

【例 11-12】 某事业单位按规定无偿调出一批政府储备物资，其账面价值为 800 000 元。调出过程中发生的由本单位承担的相关费用 20 000 元，款项通过零余额账户用款额度支付。该事业单位会计应编制的会计分录如下：

(1) 无偿调出政府储备物资时。

在财务会计中：

借：无偿调拨净资产　　800 000

　贷：政府储备物资　　800 000

(2) 通过零余额账户用款额度支付相关费用时。

在财务会计中：

借：资产处置费用　　20 000

　贷：零余额账户用款额度　　20 000

同时，在预算会计中：

借：其他支出　　20 000

　贷：资金结存——零余额账户用款额度　　20 000

【例 11-13】 年末，某行政单位“无偿调拨净资产”科目的借方余额为 300 000 元。该行政单位将其转入“累计盈余”科目。该行政单位财务会计应编制的会计分录如下：

借：累计盈余　　300 000

　贷：无偿调拨净资产　　300 000

三、以前年度盈余调整

以前年度盈余调整是指单位本年度由于发生了需要调整以前年度盈余的事项，从而对以前年度的盈余及其其他相关项目的数额调整。其中，本年度发生的需要调整以前年度盈余的事项主要包括本年度发生的重要前期差错更正涉及调整以前年度盈余的事项等。

为了核算以前年度盈余调整业务，单位应设置“以前年度盈余调整”总账科目。以前年度盈余调整的主要账务处理如下所述：

(1) 调整增加以前年度收入时，按照调整增加的金额，在财务会计中，借记有关科目，贷记“以前年度盈余调整”科目；同时，在预算会计中，借记“资金结存”科目，贷记“财政拨款结转”“财政拨款结余”“非财政拨款结转”“非财政拨款结余”科目（年初余额调整）。调整减少的，作相反会计分录。

【例 11-14】 某事业单位本年度收到一笔款项 5 000 元，发现是应在上一会计年度确认的事业收入。本年度对这一重要前期差错进行更正，在财务会计中，应调增以前年度盈余；由于该项资金属于以前年度非财政拨款结转资金，在预算会计中，应调增年初的非财政拨款结转资金。该事业单位会计应编制的会计分录如下：

在财务会计中：

借：银行存款	5 000	
贷：以前年度盈余调整		5 000

同时，在预算会计中：

借：资金结存——货币资金	5 000	
贷：非财政拨款结转——年初余额调整		5 000

由于以前年度的相关收入已经在以前年度转入累计盈余，因此，调整以前年度的相关收入时，应通过“以前年度盈余调整”科目进行核算，不能直接使用“财政拨款收入”“事业收入”“经营收入”等科目进行核算。

(2) 调整增加以前年度费用时，按照调整增加的金额，在财务会计中，借记“以前年度盈余调整”科目，贷记有关科目；同时，在预算会计中，借记“财政拨款结转”“财政拨款结余”“非财政拨款结转”“非财政拨款结余”科目（年初余额调整），贷记“资金结存”科目。调整减少的，作相反会计分录。

【例 11-15】 某事业单位本年度发现上一会计年度少计提一项后勤部门使用的固定资产折旧，结果造成上一会计年度少计算相应的单位管理费用 5 000 元，本年度对这一重要前期差错进行更正，在财务会计中，调整增加以前年度的费用数，此时，在预算会计中，不作账务处理。该事业单位财务会计应编制的会计分录如下：

借：以前年度盈余调整	5 000	
贷：固定资产累计折旧		5 000

由于以前年度的单位管理费用已经在以前年度转入累计盈余，因此，调整以前年度的单位管理费用时，应通过“以前年度盈余调整”科目进行核算，不能直接使用“单位管理费用”科目进行核算。

(3) 盘盈的各种非流动资产，报经批准后处理时，借记“待处理财产损溢”科目，贷记“以前年度盈余调整”科目。

【例 11-16】 某事业单位年末财产清查盘点，盘盈一套保障性住房，评估价值 1 000 000 元。经核实，该保障性住房在以前年度无偿调入时未入账。按规定程序批准后，作为重要前期差错更正予以处理。该事业单位财务会计应编制的会计分录如下：

① 盘盈保障性住房时。

借：保障性住房	1 000 000	
贷：待处理财产损溢——待处理财产价值		1 000 000

② 报经批准后处理时。

借：待处理财产损溢——待处理财产价值	1 000 000	
贷：以前年度盈余调整		1 000 000

按照相关会计处理规定，如果盘盈的非流动资产属于本年度取得的，应当按照当年新取得

相关资产进行会计处理，不能按照前期差错更正进行会计处理，即相应业务不通过“以前年度盈余调整”科目进行会计核算。

(4) 经上述调整后，应将“以前年度盈余调整”科目的余额转入累计盈余，借记或贷记“累计盈余”科目，贷记或借记“以前年度盈余调整”科目。结转后，“以前年度盈余调整”科目应无余额。

【例 11-17】 承[例 11-14]、[例 11-15]和[例 11-16]，该事业单位“以前年度盈余调整”科目的余额为 1 010 000 元。该事业单位将其转入“累计盈余”科目。该事业单位财务会计应编制的会计分录如下：

借：以前年度盈余调整	1 010 000	
贷：累计盈余		1 010 000

第五节　累计盈余

一、累计盈余的概念与核算科目的设置

累计盈余是指单位历年实现的盈余扣除盈余分配后滚存的金额，以及因无偿调入调出资产产生的净资产变动额。

为了核算累计盈余业务，单位财务会计应当设置“累计盈余”总账科目。本科目期末余额，反映单位未分配盈余（或未弥补亏损）的累计数以及截至上年末无偿调拨净资产变动的累计数。按照规定上缴、缴回、单位间调剂结转结余资金产生的净资产变动额，以及对以前年度盈余的调整金额，也通过本科目核算。本科目期末余额，反映单位未分配盈余（或未弥补亏损）的累计数以及截至上年末无偿调拨净资产变动的累计数。本科目年末余额，反映单位未分配盈余（或未弥补亏损）以及无偿调拨净资产变动的累计数。

二、累计盈余的核算

（一）本年盈余分配余额的转入

前已述及，在财务会计中，期末，各类收入、费用科目的本期发生额转入“本期盈余”科目；年末，“本期盈余”科目余额转入“本年盈余分配”科目。根据相关规定分配后，“本年盈余分配”科目的余额转入“累计盈余”科目，形成行政事业单位累计盈余的一种来源。年末，将“本年盈余分配”科目的余额转入“累计盈余”科目时，借记或贷记“本年盈余分配”科目，贷记或借记“累计盈余”科目。其相关业务核算举例可参阅[例 11-3]。

（二）无偿调拨净资产转入

单位按规定无偿调入或调出存货、固定资产、公共基础设施等资产时，无偿调拨净资产增加或减少。按照规定，“无偿调拨净资产”科目的余额年末转入累计盈余，形成行政事业单位累计盈余的一个组成部分。年末，将“无偿调拨净资产”科目的余额转入“累计盈余”科目时，借记或贷记“无偿调拨净资产”科目，贷记或借记“累计盈余”科目。其相关业务核算举例可参阅[例 11-11]、[例 11-12]和[例 11-13]等。

（三）上缴、缴回、单位间调剂结转结余

财政部门对于单位的财政拨款结转结余资金可以根据需要采用归集上缴、归集调出、单位

内部调剂使用等管理办法。其中，归集上缴、归集调出以及归集调入的业务都会影响行政事业单位的净资产数额；单位内部调剂使用不影响净资产数额。缴回非财政拨款结转资金的情况与上缴财政拨款结转资金的情况类似。

按照规定上缴财政拨款结转结余、缴回非财政拨款结转资金、向其他单位调出财政拨款结转资金时，按照实际上缴、缴回、调出金额，在财务会计中，借记"累计盈余"科目，贷记"财政应返还额度""零余额账户用款额度""银行存款"等科目。同时，在预算会计中，参照"财政拨款结转""财政拨款结余""非财政拨款结转"等科目进行账务处理。其相关业务核算举例可参阅[例 12-10]、[例 12-11]、[例 12-17]和[例 12-24]。

按照规定从其他单位调入财政拨款结转资金时，按照实际调入金额，在财务会计中，借记"零余额账户用款额度""银行存款"等科目，贷记"累计盈余"科目。同时，在预算会计中，借记"资金结存"科目，贷记"财政拨款结转"科目（归集调入）。其相关业务核算举例可参阅[例 12-9]。

（四）以前年度盈余调整余额转入

以前年度盈余调整的业务如调整增加或减少以前年度的收入或费用等。以前年度盈余调整的原因主要是本年度发生重要前期差错更正的事项等，其中涉及需要调整以前年度的盈余。将"以前年度盈余调整"科目的余额转入"累计盈余"科目时，借记或贷记"以前年度盈余调整"科目，贷记或借记"累计盈余"科目。其相关业务核算举例可参阅[例 11-14]、[例 11-15]等。

（五）按规定使用专用基金购置固定资产或无形资产

按照规定使用专用基金购置固定资产、无形资产的，按照固定资产、无形资产成本金额，在财务会计中，借记"固定资产""无形资产"科目，贷记"银行存款"等科目；同时，按照专用基金使用金额，借记"专用基金"科目，贷记"累计盈余"科目。在预算会计中，借记"专用结余"科目，贷记"资金结存"科目。其相关业务核算举例可参阅[例 11-8]。

复习思考题

1. 什么是行政事业单位的净资产？主要包括哪些种类？
2. 行政事业单位的净资产是按照什么会计基础进行核算的结果？
3. 什么是本期盈余？行政事业单位应当如何核算本期盈余？
4. 什么是专用基金？与专用结余的核算内容有什么不同？
5. 权益法调整核算什么内容？
6. 什么是无偿调拨净资产？行政事业单位应当如何核算无偿调拨净资产？
7. 累计盈余的核算包括哪些内容？

选择题

1. 下列项目中，不属于"累计盈余"科目的对应科目的是（　　）科目。

A. "本年盈余分配"　　B. "无偿调拨净资产"

C. "财政应返还额度"　　D. "本期盈余"

2. 下列项目中，不属于行政单位的净资产的是（　　）。

A. 累计盈余　　B. 专用基金　　C. 权益法调整　　D. 本期盈余

3. 下列项目中，不属于"专用基金"科目的对应科目的是（　　）科目。

A. "本年盈余分配"　　B. "业务活动费用"

C. "累计盈余"　　D. "银行存款"

4. 下列项目中，行政单位和事业单位共用的会计科目是（　　）科目。

A. “专用结余”　　B. “专用基金”

C. “非财政拨款结余分配”　　D. “其他结余”

5. 下列项目中，与“专用结余”总账科目相对应的会计科目可能是（　　）科目。

A. “专用结余”　　B. “专用基金”

C. “非财政拨款结余分配”　　D. “资金结存”

练习题

（一）20×9 年 12 月初，某事业单位的“本期盈余”科目余额为 2 200 元。12 月份各收入和费用的发生额如下：财政拨款收入 750 000 元，事业收入 450 000 元，上级补助收入 18 000 元，附属单位上缴收入 12 000 元，经营收入 7 500 元，非同级财政拨款收入 21 000 元，投资收益 6 000 元，捐赠收入 12 000 元，利息收入 2 400 元，租金收入 6 600 元，其他收入 4 500 元，收入合计 1 290 000 元；业务活动费用 765 000 元，单位管理费用 456 000 元，经营费用 6 000 元，所得税费用 300 元，资产处置费用 27 000 元，上缴上级费用 9 000 元，对附属单位补助费用 8 700 元，其他费用 6 000 元，费用合计 1 278 000 元。

要求：根据上述资料，将该单位的收入和费用结转入“本期盈余”科目。

（二）某事业单位于 20×9 年发生如下业务：

（1）按照规定上缴财政拨款结余资金 800 元，相应数额的财政授权支付用款额度已经核销。

（2）按照规定向其他单位调出财政拨款结转资金 15 000 元，相应调减财政应返还额度。

（3）按本年度非财政拨款结余的一定百分比提取职工福利基金 1 500 元。

（4）按事业收入的一定百分比提取科技成果转换基金 8 000 元。

（5）使用非财政拨款结余计提的职工福利基金购入一项职工集体福利设施 20 000 元，款项以银行存款支付，购入的相应设施作为固定资产管理。

（6）无偿调入 1 套保障性住房，账面价值为 250 000 元。调入过程中发生的归属于调入方的相关费用 2 000 元。

（7）年末，“本年盈余分配”科目的借方余额为 6 500 元，将其转入“累计盈余”科目。

（8）年末，“无偿调拨净资产”科目贷方余额为 96 000 元，将其转入“累计盈余”科目。

要求：根据上述资料，为该事业单位编制相关业务的会计分录。

（三）某事业单位于 20×9 年发生如下经济业务：

（1）上一年度因货品质量问题退回一批当年度购入的物品，金额为 1 130 元，该批货品在购入时已计入当年库存物品和事业支出，退货款项于今年收到并存入单位开户银行。该项资金属于以前年度非财政拨款结转资金。

（2）上一年度，按合同约定从付款方预收一笔事业活动款项，金额为 30 000 元，款项已存入开户银行。上一年度末，在财务会计中，按合同完成进度应当予以计算确认的该年度实现的事业收入为 20 000 元。该事业单位在上一年度预收相应事业活动款项时，在财务会计中，将收到的款项 30 000 元全额确认为该年度的事业收入，没有确认预收账款，年末也没有按完工进度确认事业收入，导致上一年度多确认事业收入 10 000 元。本年度发现以上重要前期差错，予以更正。

要求：根据以上经济业务，为该事业单位编制有关的会计分录。

第十二章　行政事业单位的预算结余

第一节　预算结余年末结转程序概述

预算结余是指单位预算年度内预算收入扣除预算支出后的资金余额，以及历年滚存的资金余额。它是行政事业单位按照收付实现制基础核算预算收入和预算支出后的结果。行政事业单位预算结余包括结余资金和结转资金，具体内容包括资金结存、财政拨款结转、财政拨款结余、非财政拨款结转、非财政拨款结余、经营结余、其他结余、专用结余、非财政拨款结余分配等。

行政事业单位预算收入和支出类科目的结转按年进行，并且按照资金性质依次归类对应结转。本节先对预算结余年末结转进行简要归纳，以帮助本章后六节的学习。

一、年末结转之一——不同性质资金收支科目的结转

（一）财政资金收支科目的结转

财政资金应自成体系管理与核算。年末，将“财政拨款预算收入”科目的本年发生额转入“财政拨款结转——本年收支结转”科目的贷方，结转后“财政拨款预算收入”科目无余额。“行政支出”“事业支出”和“其他支出”科目本年发生额中的财政拨款支出转入“财政拨款结转——本年收支结转”科目的借方。而后，将“财政拨款结转”科目的明细科目“年初余额调整”“归集调入”“归集调出”“归集上缴”“单位内部调剂”“本年收支结转”的余额转入“财政拨款结转”科目的“累计结转”明细科目。结转后，“财政拨款结转”科目除“累计结转”明细科目外，其他明细科目应无余额。

（二）非财政专项资金收支科目的结转

非财政专项资金（即不包括财政专项资金）应自成体系管理与核算。年末，将“事业预算收入”“上级补助预算收入”“附属单位上缴预算收入”“非同级财政拨款预算收入”“其他预算收入”以及“债务预算收入”科目的本年发生额中的专项资金收入转入“非财政拨款结转——本年收支结转”科目的贷方；“行政支出”“事业支出”“其他支出”科目的本年发生额中的非财政专项资金支出转入“非财政拨款结转——本年收支”科目的借方。将“非财政拨款结转”科目的明细科目“年初余额调整”“项目间接费用或管理费”“缴回资金”“本年收支结转”的余额转入“非财政拨款结转”科目的“累计结转”明细科目。结转后，“非财政拨款结转”科目除“累计结转”明细科目外，其他明细科目应无余额。

（三）经营资金收支科目的结转

经营资金应自成体系管理与核算。年末，将“经营预算收入”的本年发生额转入“经营结余”科目的贷方，将“经营支出”科目的本年发生额转入“经营结余”科目的借方。

（四）其他资金收支科目的结转

其他资金（即除上述财政资金、非财政专项资金和经营资金以外的资金）应自成体系管理与核算。年末，将“事业预算收入”“上级补助预算收入”“附属单位上缴预算收入”“非同级财政

拨款预算收入”“其他预算收入”以及“债务预算收入”科目的本年发生额中的非专项资金收入转入“其他结余”科目的贷方；将“行政支出”“事业支出”“其他支出”科目的本年发生额中的其他资金支出（非财政非专项资金支出）以及“上缴上级支出”“对附属单位补助支出”“投资支出”和“债务还本支出”科目的本年发生额转入“其他结余”科目的借方。

二、年末结转之二——“其他结余”“经营结余”科目的结转

在经过上述年末结转之一后，行政单位其他资金形成的“其他结余”，其年末余额应转入“非财政拨款结余——累计结余”科目；事业单位其他资金和经营资金所形成的“其他结余”和“经营结余”（贷方余额），其年末余额应转入“非财政拨款结余分配”科目。结转后，“其他结余”“经营结余”科目年末无余额。若“经营结余”年末为借方余额，反映事业单位累计发生的经营亏损，则不予结转，其目的是不准许用其他业务的盈余来弥补经营业务所发生的亏损。

三、年末结转之三——进行非财政拨款结余的分配

在经过上述年末结转之二后，对于形成的可供分配的非财政拨款结余，可以按相关规定计提职工福利基金，借记“非财政拨款结余分配”科目，贷记“专用结余”科目。非财政拨款结余提取职工福利基金后的余额，应转入“非财政拨款结余——累计结余”科目。结转后，“非财政拨款结余分配”科目年末无余额。

四、年末结转之四——将财政资金和非财政拨款专项资金的结转资金依规结转到相应的结余资金

对上述年末结转之一所形成的“财政拨款结转”科目的余额，应当对其各明细项目的执行情况进行分析，按照有关规定将符合财政拨款结余性质的项目余额转入“财政拨款结余——结转转入”科目。然后，将“财政拨款结余”科目的明细科目“年初余额调整”“归集上缴”“单位内部调剂”“结转转入”的余额转入“财政拨款结余”科目的“累计结余”明细科目。结转后，“财政拨款结余”科目除“累计结余”明细科目外，其他明细科目应无余额。

同样，对于所形成的“非财政拨款结转”科目的余额，应当对非财政拨款专项结转资金各项目情况进行分析，将留归本单位使用的非财政拨款专项剩余资金（项目已完成）转入“非财政拨款结余——结转转入”科目的贷方。然后，将“非财政拨款结余”科目的明细科目“年初余额调整”“项目间接费用或管理费”“结转转入”的余额结转转入“非财政拨款结余”科目的“累计结余”明细科目。结转后，“非财政拨款结余”科目除“累计结余”明细科目外，其他明细科目应无余额。

通过上述分析，可以得出如下结论：

（1）同级财政拨款资金，年末有可能分别形成“财政拨款结转”或“财政拨款结余”。其中，财政拨款结转资金要继续确保按原定预算用途使用；财政拨款结余资金暂时留在了单位，但仍要纳入单位预算，按同级财政部门的预算安排使用。

（2）非同级财政专项资金，年末有可能分别形成“非财政拨款结转”或“非财政拨款结余”。其中，非财政拨款结转资金要继续确保按原定预算用途专款专用；而非财政拨款结余资金是在已经完成了各自专项任务后剩余的留归单位使用的资金，单位拥有对该部分资金的自主使用权。

（3）非财政非专项的其他资金，经过结余分配环节，对于所提取的“专用结余”要确保用于规定用途，年度可供分配的结余扣除所应计提的专用基金后的余额应转入“非财政拨款结余”，由单位自主支配使用。

第二节　资金结存

一、资金结存的概念与核算会计科目的设置

资金结存是单位纳入部门预算管理的资金结存数额，包括结存的零余额账户用款额度、货币资金和财政应返还额度等。

为了核算资金结存业务，单位预算会计应设置“资金结存”总账科目。本科目核算单位纳入部门预算管理的资金的流入、流出、调整和滚存情况。本科目应当设置“零余额账户用款额度”“货币资金”“财政应返还额度”3个明细科目。本科目年末借方余额，反映单位预算资金的累计滚存情况。

二、资金结存的核算

（一）收到财政授权支付额度和其他方式取得预算收入

财政授权支付方式下，单位根据代理银行转来的财政授权支付额度到账通知书，按照通知书中的授权支付额度，借记“资金结存”科目（零余额账户用款额度），贷记“财政拨款预算收入”科目。其核算举例可参阅[例7-6]。

以国库集中支付以外的其他支付方式取得预算收入时，按照实际收到的金额，借记“资金结存”科目（货币资金），贷记“财政拨款预算收入”“事业预算收入”“经营预算收入”等科目。

以国库集中支付以外的其他支付方式取得预算收入时有关资金结存业务的会计处理举例，可参阅预算收入的相关内容，此处不再重复举例说明。行政事业单位通过财政直接支付方式取得预算收入时，在预算会计中，借记“行政支出”“事业支出”等科目，贷记“财政拨款预算收入”科目，因此，不影响资金结存的数额。

资金结存是预算会计中的核算内容，仅与预算收入和预算支出直接相关，与财务会计中的收入和费用没有直接关系。

（二）发生预算支出和从零余额账户提取现金

财政授权支付方式下，发生相关支出时，按照实际支付的金额，借记“行政支出”“事业支出”等科目，贷记“资金结存”科目（零余额账户用款额度）。

从零余额账户提取现金时，借记“资金结存”科目（货币资金），贷记“资金结存”科目（零余额账户用款额度）。退回现金时，作相反会计分录。

使用以前年度财政直接支付额度发生支出时，按照实际支付金额，借记“行政支出”“事业支出”等科目，贷记“资金结存”科目（财政应返还额度）。

国库集中支付以外的其他支付方式下，发生相关支出时，按照实际支付的金额，借记“事业支出”“经营支出”等科目，贷记“资金结存”科目（货币资金）。

【例12-1】　某行政单位通过财政授权支付方式支付一笔账款1 200元，具体内容为支付日常活动费用。该行政单位应编制的会计分录为：

在财务会计中：

借：业务活动费用	1 200	
贷：零余额账户用款额度		1 200

同时，在预算会计中：

借：行政支出　　1 200

　　贷：资金结存——零余额账户用款额度　　1 200

在该项业务中，若行政单位通过财政直接支付方式支付日常活动费用，则不影响资金结存的数额。

【例 12-2】 某行政单位从单位零余额账户中提取现金 1 200 元，以备日常零星使用。该行政单位应编制的会计分录为：

在财务会计中：

借：库存现金　　1 200

　　贷：零余额账户用款额度　　1 200

同时，在预算会计中：

借：资金结存——货币资金　　1 200

　　贷：资金结存——零余额账户用款额度　　1 200

在该项业务中，资金结存相关明细科目的余额发生了变化，但资金结存总额没变。

【例 12-3】 某事业单位通过使用以前年度财政直接支付额度购入一项不需要安装的固定资产，实际支付价款 5 200 元。该事业单位应编制的会计分录为：

在财务会计中：

借：固定资产　　5 200

　　贷：财政应返还额度——财政直接支付　　5 200

同时，在预算会计中：

借：事业支出　　5 200

　　贷：资金结存——财政应返还额度　　5 200

以国库集中支付以外的其他支付方式发生相关支出时有关资金结存业务的会计核算举例，可参阅预算支出的相关内容。

(三) 上缴、注销、调入和缴回结转结余资金

按照规定上缴财政拨款结转结余资金或注销财政拨款结转结余资金额度的，按照实际上缴资金数额或注销的资金额度数额，借记“财政拨款结转——归集上缴”或“财政拨款结余——归集上缴”科目，贷记“资金结存”科目(财政应返还额度、零余额账户用款额度、货币资金)。其核算举例可参阅[例 12-11]、[例 12-17]等。

按规定向原资金拨入单位缴回非财政拨款结转资金的，按照实际缴回资金数额，借记“非财政拨款结转——缴回资金”科目，贷记“资金结存”科目(货币资金)。其核算举例可参阅[例 12-24]等。

收到从其他单位调入的财政拨款结转资金的，按照实际调入资金数额，借记“资金结存”科目(财政应返还额度、零余额账户用款额度、货币资金)，贷记“财政拨款结转——归集调入”科目。其核算举例可参阅[例 12-9]等。

(四) 按规定使用专用基金

按照规定使用专用基金时，按照实际支付金额，借记“专用结余”科目(从非财政拨款结余中提取的专用基金)或“事业支出”等科目(从预算收入中计提的专用基金)，贷记“资金结存”科目(货币资金)。

【例 12-4】 某事业单位按规定使用从预算收入中计提的专用基金购置一项固定资产，价款 120 000 元。款项以银行存款支付。购入的固定资产用于开展专业业务活动及其辅助活动。该事业单位应编制的会计分录为：

在财务会计中：

借：固定资产	120 000	
贷：银行存款		120 000
借：专用基金	120 000	
贷：累计盈余		120 000

同时，在预算会计中：

借：事业支出	120 000	
贷：资金结存——货币资金		120 000

（五）因购货退回、发生差错更正等退回国库直接支付、授权支付款项，或者收回货币资金

因购货退回、发生差错更正等退回国库直接支付、授权支付款项，或者收回货币资金的，属于本年度支付的，借记“财政拨款预算收入”科目或“资金结存”科目，贷记相关支出科目；属于以前年度支付的，借记“资金结存”科目，贷记“财政拨款结转”“财政拨款结余”“非财政拨款结转”“非财政拨款结余”科目。其核算举例可参阅[例 10-10]、[例 12-7]、[例 12-8]、[例 12-16]等。

（六）交纳企业所得税

有企业所得税纳税义务的事业单位交纳所得税时，按照实际交纳金额，借记“非财政拨款结余——累计结余”科目，贷记“资金结存”科目（货币资金）。

【例 12-5】 某事业单位有企业所得税纳税义务，通过开户银行向税务机关交纳应交企业所得税税款 500 元。该事业单位应编制的会计分录为：

在财务会计中：

借：其他应交税费——单位应交所得税	500	
贷：银行存款		500

同时，在预算会计中：

借：非财政拨款结余——累计结余	500	
贷：资金结存——货币资金		500

事业单位交纳的企业所得税，在预算会计中，不作为事业支出或经营支出的增加处理，而是作为非财政拨款结余（累计结余）的减少处理。

（七）年末确认财政直接支付应返还额度

年末，根据本年度财政直接支付预算指标数与当年财政直接支付实际支出数的差额，借记“资金结存”科目（财政应返还额度），贷记“财政拨款预算收入”科目。其核算举例可参阅[例 7-14]。

（八）年末注销财政授权支付额度和确认财政授权支付应返还额度

年末，单位依据代理银行提供的对账单作注销额度的相关账务处理，借记“资金结存——财政应返还额度”科目，贷记“资金结存——零余额账户用款额度”科目；本年度财政授权支付预算指标数大于零余额账户用款额度下达数的，根据未下达的用款额度，借记“资金结存——

财政应返还额度”科目，贷记“财政拨款预算收入”科目。

下年初，单位依据代理银行提供的额度恢复到账通知书作恢复额度的相关账务处理，借记“资金结存——零余额账户用款额度”科目，贷记“资金结存——财政应返还额度”科目。单位收到财政部门批复的上年末未下达零余额账户用款额度的，借记“资金结存——零余额账户用款额度”科目，贷记“资金结存——财政应返还额度”科目。

【例 12-6】 年初，某行政单位收到代理银行提供的上年度注销零余额账户用款额度恢复到账通知书，恢复上年度注销的零余额账户用款额度 3 800 元。年末，该行政单位本年度财政授权支付预算指标数大于零余额账户用款额度下达数，两者间的差额为 2 400 元。年末，该行政单位根据代理银行提供的对账单，注销本年度尚未使用的零余额账户用款额度 1 900 元。该行政单位财务会计应编制的会计分录为：

(1) 年初，恢复上年度注销的零余额账户用款额度时。

在财务会计中：

借：零余额账户用款额度	3 800	
贷：财政应返还额度——财政授权支付		3 800

同时，在预算会计中：

借：资金结存——零余额账户用款额度	3 800	
贷：资金结存——财政应返还额度		3 800

(2) 年末，确认本年度尚未收到的财政授权支付预算指标数时。

在财务会计中：

借：财政应返还额度——财政授权支付	2 400	
贷：财政拨款收入		2 400

同时，在预算会计中：

借：资金结存——财政应返还额度	2 400	
贷：财政拨款预算收入		2 400

(3) 年末，注销本年度尚未使用的零余额账户用款额度时。

在财务会计中：

借：财政应返还额度——财政授权支付	1900	
贷：零余额账户用款额度		1 900

同时，在预算会计中：

借：资金结存——财政应返还额度	1 900	
贷：资金结存——零余额账户用款额度		1 900

“资金结存”科目其与其他预算结转结余科目一起构成了预算会计的预算结余科目。“资金结存”科目用以反映预算结转结余资金的形态，年末结账后，“资金结存”科目余额为借方余额，其他预算结转结余类科目整体余额为贷方，两者金额相等。此外，由于财务会计与预算会计核算业务口径的差异，“资金结存”科目的余额可能会与财务会计下现金相关科目的余额合计数存在差异。其差异情况请参阅本书表 13-9。

第三节　财政拨款结转

一、财政拨款结转的概念与核算科目设置

财政拨款结转是指单位当年预算已执行但尚未完成，或因故未执行，下一年度需要按照原用途继续使用的财政拨款滚存资金。财政拨款结转包括基本支出结转、项目支出结转。

为了核算财政拨款结转业务，单位预算会计应设置“财政拨款结转”总账科目。本科目可以根据管理需要按照财政拨款结转变动原因设置下列明细科目。

1. 与会计差错更正、以前年度支出收回相关的明细科目

年初余额调整。本明细科目核算因发生会计差错更正、以前年度支出收回等原因，需要调整财政拨款结转的金额。年末结账后，本明细科目应无余额。

2. 与财政拨款调拨业务相关的明细科目

(1) 归集调入。本明细科目核算按照规定从其他单位调入财政拨款结转资金时，实际调增的额度数额或调入的资金数额。年末结账后，本明细科目应无余额。

(2) 归集调出。本明细科目核算按照规定向其他单位调出财政拨款结转资金时，实际调减的额度数额或调出的资金数额。年末结账后，本明细科目应无余额。

(3) 归集上缴。本明细科目核算按照规定上缴财政拨款结转资金时，实际核销的额度数额或上缴的资金数额。年末结账后，本明细科目应无余额。

(4) 单位内部调剂。本明细科目核算经财政部门批准对财政拨款结余资金改变用途，调整用于本单位其他未完成项目等的调整金额。年末结账后，本明细科目应无余额。

3. 与年末财政拨款结转业务相关的明细科目

(1) 本年收支结转。本明细科目核算单位本年度财政拨款收支相抵后的余额。年末结账后，本明细科目应无余额。

(2) 累计结转。本明细科目核算单位滚存的财政拨款结转资金。本明细科目年末贷方余额，反映单位财政拨款滚存的结转资金数额。

本科目还应当设置“基本支出结转”“项目支出结转”两个明细科目，并在“基本支出结转”明细科目下按照“人员经费”“日常公用经费”进行明细核算，在“项目支出结转”明细科目下按照具体项目进行明细核算。同时，本科目还应按照《政府收支分类科目》中支出功能分类科目的相关科目进行明细核算。

有一般公共预算财政拨款、政府性基金预算财政拨款等两种或两种以上财政拨款的，还应当在本科目下按照财政拨款的种类进行明细核算。

本科目年末贷方余额，反映单位滚存的财政拨款结转资金数额。

二、财政拨款结转的核算

(一) 会计差错更正和以前年度支出收回

1. 会计差错更正

因发生会计差错更正退回以前年度国库直接支付、授权支付款项或财政性货币资金，或者因发生会计差错更正增加以前年度国库直接支付、授权支付支出或财政性货币资金支出，属于

以前年度财政拨款结转资金的，借记或贷记“资金结存——财政应返还额度/零余额账户用款额度/货币资金”科目，贷记或借记“财政拨款结转”科目（年初余额调整）。

【例12-7】 某行政单位上一会计年度全年财政授权支付预算指标数为15 000元，财政授权支付额度下达数为14 500元，预算指标数与支付额度下达数的实际差额为500元（15 000－14 500），但记账时金额误记为50元，发生记账差错450元（500－50）。具体为少记录了上一会计年度的财政拨款收入和财政拨款预算收入。本会计年度对这一会计差错予以更正。该项资金属于以前年度财政拨款结转资金。该行政单位应编制的会计分录为：

在财务会计中：

借：财政应返还额度	450	
贷：以前年度盈余调整		450

同时，在预算会计中：

借：资金结存——财政应返还额度	450	
贷：财政拨款结转——年初余额调整		450

由于“财政拨款收入”科目年末都转入“本期盈余”科目，因此，在财务会计中，调增上一会计年度实现的财政拨款收入时，应增加“以前年度盈余调整”科目的数额。同样，由于“财政拨款预算收入”科目年末都转入“财政拨款结转”科目，因此，在预算会计中，确认上一会计年度属于财政拨款结转性质的财政拨款预算收入时，应增加“财政拨款结转”科目的余额。

2. 以前年度支出收回

因购货退回、预付款项收回等发生以前年度支出又收回国库直接支付、授权支付款项或收回财政性货币资金，属于以前年度财政拨款结转资金的，借记“资金结存——财政应返还额度/零余额账户用款额度/货币资金”科目，贷记“财政拨款结转”科目（年初余额调整）。

【例12-8】 某事业单位发生上一会计年度通过财政授权支付方式支付的预付货款退回10 000元，原因是以前年度为开展业务活动而订购的某项货品至今尚未收到，退回款项已转入单位零余额账户。该项资金属于以前年度财政拨款结转资金。该事业单位应编制的会计分录为：

在财务会计中：

借：零余额账户用款额度	10 000	
贷：预付账款		10 000

同时，在预算会计中：

借：资金结存——零余额账户用款额度	10 000	
贷：财政拨款结转——年初余额调整		10 000

（二）财政拨款结转资金调整

1. 归集调入结转资金

按照规定从其他单位调入财政拨款结转资金的，按照实际调增的额度数额或调入的资金数额，借记“资金结存——财政应返还额度/零余额账户用款额度/货币资金”科目，贷记“财政拨款结转”科目（归集调入）。

【例12-9】 某行政单位按照规定从其他单位调入财政拨款结转资金2 000元，专项用于信息化建设。相应款项已转入单位的零余额账户。该行政单位应编制的会计分录为：

在财务会计中：

借：零余额账户用款额度　　2 000

　　贷：累计盈余　　2 000

同时，在预算会计中：

借：结存资金——零余额账户用款额度　　2 000

　　贷：财政拨款结转——归集调入　　2 000

2. 归集调出结转资金

按照规定向其他单位调出财政拨款结转资金的，按照实际调减的额度数额或调出的资金数额，借记"财政拨款结转"科目(归集调出)，贷记"资金结存——财政应返还额度/零余额账户用款额度/货币资金"科目。

【例12-10】 某行政单位按照规定向其他单位调出财政拨款结转资金1 000元，相应数额的零余额账户用款额度已经核销。该行政单位应编制的会计分录为：

在财务会计中：

借：累计盈余　　1 000

　　贷：零余额账户用款额度　　1 000

同时，在预算会计中：

借：财政拨款结转——归集调出　　1 000

　　贷：结存资金——零余额账户用款额度　　1 000

3. 归集上缴结转资金

按照规定上缴财政拨款结转资金或注销财政拨款结转资金额度的，按照实际上缴资金数额或注销的资金额度数额，借记"财政拨款结转"科目(归集上缴)，贷记"资金结存——财政应返还额度/零余额账户用款额度/货币资金"科目。

【例12-11】 某行政单位按照规定上缴财政拨款结转资金1 600元，相应数额的零余额账户用款额度已经核销。该行政单位财务会计应编制的会计分录为：

在财务会计中：

借：累计盈余　　1 600

　　贷：零余额账户用款额度　　1 600

同时，在预算会计中：

借：财政拨款结转——归集上缴　　1 600

　　贷：结存资金——零余额账户用款额度　　1 600

行政事业单位按照规定上缴财政拨款结转资金的原因，可以是缩小项目资金原定数额，或者是上缴历年多余日常公用经费等。

4. 单位内部调剂结转资金

经财政部门批准对财政拨款结余资金改变用途，调整用于本单位基本支出或其他未完成项目支出的，按照批准调剂的金额，借记"财政拨款结余——单位内部调剂"科目，贷记"财政拨款结转"科目(单位内部调剂)。

【例12-12】 某行政单位经财政部门批准，将甲项目(已完成项目)的财政拨款结余资金

1 000 元改变用途，调整用于本单位的乙项目（未完成项目）。该行政单位在预算会计中应编制的会计分录为：

借：财政拨款结余——单位内部调剂　　1 000
　　贷：财政拨款结转——单位内部调剂　　1 000

财政拨款结余资金是指财政拨款项目完成后多余的财政资金。经财政部门批准，财政拨款结余资金可以改变用途，调整用于本单位基本支出或其他未完成项目支出。

（三）年末确定财政拨款累计结转

1. 本年财政拨款收入与支出结转

年末，将财政拨款预算收入本年发生额转入"财政拨款结转——本年收支转账"科目的贷方；将各项支出中财政拨款支出本年发生额转入"财政拨款结转——本年收支转账"科目的借方。

【例 12-13】 年末，某行政单位"财政拨款预算收入"科目的贷方发生额为 133 000 元；"行政支出——财政拨款支出"科目的借方发生额为 130 000 元；"其他支出——财政拨款支出"科目的借方发生额为 2 800 元。年末结转，该行政单位预算会计应编制的会计分录为：

借：财政拨款预算收入　　133 000
　　贷：财政拨款结转——本年收支转账　　133 000

借：财政拨款结转——本年收支转账　　132 800
　　贷：行政支出——财政拨款支出　　130 000
　　　　其他支出——财政拨款支出　　2 800

年末，在完成财政拨款预算收入和财政拨款支出的本年发生额结转后，该行政单位"财政拨款结转——本年收支转账"科目的贷方余额为 200（133 000－132 800）元。上述贷方余额，说明当年收入大于支出；如果为借方余额，说明当年收入小于支出，或者说明使用了年初财政拨款结转的数额、归集调入的数额、单位内部调剂的数额等。

2. 年末冲销有关明细科目余额

年末，在本年收支转账后，将"财政拨款结转"科目的"年初余额调整""归集调入""归集调出""归集上缴""单位内部调剂""本年收支结转"明细科目余额转入"财政拨款结转"科目的"累计结转"明细科目。结转后，"财政拨款结转"科目除"累计结转"明细科目外，其他明细科目应无余额。

【例 12-14】 20×9 年年末，某行政单位的财政拨款结转所属有关明细科目余额情况如下："年初余额调整"科目的贷方余额为 450 元，"归集调入"科目的贷方余额为 2 000 元，"归集调出"科目的借方余额为1 000 元，"单位内部调剂"科目的贷方余额为 1 000 元，"本年收支转账"科目的贷方余额为 200 元。该行政单位预算会计应编制的会计分录为：

借：财政拨款结转——年初余额调整　　450
　　　　　　　　——本年收支转账　　200
　　　　　　　　——单位内部调剂　　1 000
　　　　　　　　——归集调入　　2 000
　　贷：财政拨款结转——归集调出　　1 000
　　　　　　　　　　——累计结转　　2 650

年末，在冲销财政拨款结转有关明细科目余额后，"财政拨款结转——累计结转"科目为贷方余额 2 650 元，表明该事业单位本年财政拨款结转中的累计结转增加 2 650 元。本年增加的累计结转加上年初的累计结转，即为年末按规定转财政拨款结余前的财政拨款累计结转资金数额。

3. 财政拨款结转资金转入财政拨款结余

年末完成上述结转后，应当对财政拨款结转各明细项目执行情况进行分析，按照有关规定将符合财政拨款结余性质的完成项目余额转入财政拨款结余，借记“财政拨款结转”科目（累计结转），贷记“财政拨款结余”科目（结转转入）。

【例 12-15】 年末，某事业单位完成财政拨款收支转账后，“财政拨款结转——累计结转”科目的贷方余额为 2 000 元。在对各项目执行情况进行分析后，将符合财政拨款结余性质的完成项目（甲项目）余额 1 500 元转入“财政拨款结余”科目。该事业单位预算会计应编制的会计分录为：

借：财政拨款结转——累计结转　　1 500
　　贷：财政拨款结余——结转转入　　1 500

年末，在将符合财政拨款结余性质的项目余额转入财政拨款结余后，该事业单位本年财政拨款结转中的累计结转余额为 500 元（2 000－1 500），即为年末该单位滚存的财政拨款结转资金数额。

财政拨款结转的余额应当由行政事业单位按原用途规定继续使用，而财政拨款结余的余额则可以由财政部门统筹安排使用。行政事业单位的基本支出结转应当由单位按原用途规定继续使用，因此，基本支出结转的余额不能转入财政拨款结余。财政拨款结余仅包括项目支出结余。

第四节　财政拨款结余

一、财政拨款结余的概念与核算科目设置

财政拨款结余是指单位当年预算工作目标已完成，或因故终止，剩余的财政拨款滚存资金。财政拨款结余是财政拨款项目支出结余资金，而基本支出应当结转下期使用，故没有结余资金。

为了核算财政拨款结余业务，单位应设置“财政拨款结余”总账科目。本科目核算单位取得的同级财政拨款项目支出结余资金的调整、结转和滚存情况。本科目应当设置下列明细科目。

1. 与会计差错更正、以前年度支出收回相关的明细科目

年初余额调整。本明细科目核算因发生会计差错更正、以前年度支出收回等原因，需要调整财政拨款结余的金额。年末结账后，本明细科目应无余额。

2. 与财政拨款结余资金调整业务相关的明细科目

（1）归集上缴。本明细科目核算按照规定上缴财政拨款结余资金时，实际核销的额度数额或上缴的资金数额。年末结账后，本明细科目应无余额。

（2）单位内部调剂。本明细科目核算经财政部门批准对财政拨款结余资金改变用途，调整用于本单位其他未完成项目等的调整金额。年末结账后，本明细科目应无余额。

3. 与年末财政拨款结余业务相关的明细科目

（1）结转转入。本明细科目核算单位按照规定转入财政拨款结余的财政拨款结转资金。年末结账后，本明细科目应无余额。

（2）累计结余。本明细科目核算单位滚存的财政拨款结余资金。本明细科目年末贷方余额，反映单位财政拨款滚存的结余资金数额。

本科目还应当按照具体项目及《政府收支分类科目》中支出功能分类科目的相关科目等进行明细核算。

有一般公共预算财政拨款、政府性基金预算财政拨款等两种或两种以上财政拨款的，还应当在本科目下按照财政拨款的种类进行明细核算。

本科目年末贷方余额，反映单位滚存的财政拨款结余资金数额。

二、财政拨款结余的核算

（一）会计差错更正和以前年度支出收回

（1）因发生会计差错更正退回以前年度国库直接支付、授权支付款项或财政性货币资金，或者因发生会计差错更正增加以前年度国库直接支付、授权支付支出或财政性货币资金支出，属于以前年度财政拨款结余资金的，借记或贷记“资金结存——财政应返还额度/零余额账户用款额度/货币资金”科目，贷记或借记“财政拨款结余”科目（年初余额调整）。

【例 12-16】 某行政单位本年发现，上一会计年度在使用以前年度财政直接支付额度支付某已完成项目的支出 2 000 元时，作了借记“行政支出”科目，贷记“财政拨款预算收入”科目的会计处理。由此，该行政单位上一会计年度多记录了财政拨款预算收入、财政应返还额度和资金结存各 2 000 元，少记了业务活动费用 2 000 元。该行政单位现对上一会计年度发生的这一差错进行更正。该项资金属于以前年度财政拨款结余资金。该行政单位应编制的会计分录为：

在财务会计中：

借：以前年度盈余调整	2 000	
贷：财政应返还额度		2 000

同时，在预算会计中：

借：财政拨款结余——年初余额调整	2 000	
贷：资金结存——财政应返还额度		2 000

（2）因购货退回、预付款项收回等发生以前年度支出又收回国库直接支付、授权支付款项或收回财政性货币资金，属于以前年度财政拨款结余资金的，借记“资金结存——财政应返还额度/零余额账户用款额度/货币资金”科目，贷记“财政拨款结余”科目（年初余额调整）。

以前年度收回业务的会计核算举例可参阅财政拨款结转的相关内容，此处不再举例说明。

（二）财政拨款结余资金调整

财政拨款结余是行政事业单位相应的项目任务已经完成而形成的财政拨款资金结余。财政拨款结余可以归集上缴财政，也可以单位内部调剂使用。

1. 归集上缴财政拨款结余资金

按照规定上缴财政拨款结余资金或注销财政拨款结余资金额度的，按照实际上缴资金数额或注销的资金额度数额，借记“财政拨款结余”科目（归集上缴），贷记“资金结存——财政应返还额度/零余额账户用款额度/货币资金”科目。

【例 12-17】 某行政单位按照规定上缴某项目的财政拨款结余资金 500 元，相应数额的财政直接支付用款额度已经核销。该行政单位应编制的会计分录为：

在财务会计中：

借：累计盈余 500
　　贷：财政应返还额度 500

同时，在预算会计中：

借：财政拨款结余——归集上缴 500
　　贷：资金结存——财政应返还额度 500

行政事业单位按照规定上缴财政拨款结余资金的原因，主要是项目任务已经完成，多余资金由财政统筹安排使用。

2. 单位内部调剂结余财政拨款结余资金

经财政部门批准对财政拨款结余资金改变用途，调整用于本单位基本支出或其他未完成项目支出的，按照批准调剂的金额，借记“财政拨款结余”科目（单位内部调剂），贷记“财政拨款结转——单位内部调剂”科目。

【例12-18】 某行政单位经财政部门批准，将已完成M项目财政拨款结余资金1 350元调整用于本单位的日常公用经费。该单位财务会计不进行账务处理。该行政单位预算会计应编制的会计分录为：

借：财政拨款结余——单位内部调剂 1 350
　　贷：财政拨款结转——单位内部调剂 1 350

经财政部门批准对财政拨款结余资金改变用途，可调整用于本单位基本支出或其他未完成项目支出。

（三）年末确定财政拨款累计结余

1. 财政拨款结转资金按规定转入财政拨款结余

年末，对财政拨款结转各明细项目执行情况进行分析，按照有关规定将符合财政拨款结余性质的项目余额转入财政拨款结余，借记“财政拨款结转”科目（累计结转），贷记“财政拨款结余”科目（结转转入）。

【例12-19】 年末，某事业单位完成财政拨款收支转账，在对各项目执行情况进行分析后，将符合财政拨款结余性质的X项目余额2 000元转入财政拨款结余。该事业单位预算会计应编制的会计分录为：

借：财政拨款结转——累计结转（X项目） 2 000
　　贷：财政拨款结余——结转转入（X项目） 2 000

这里明确一点：上述“财政拨款结转”科目设置“本年收支结转”明细科目，而“财政拨款结余”科目不设置“本年收支结转”明细科目，即本年财政拨款预算收支首先转入结转，经分析后，对于符合条件的部分再转入结余。因此，“财政拨款结余”科目设置“结转转入”明细科目。下文所述“非财政拨款结转”科目与“非财政拨款结余”科目的情况与此相同。

2. 冲销有关明细科目余额

年末，将“财政拨款结余”科目的明细科目“年初余额调整”“归集上缴”“单位内部调剂”“结转转入”的余额转入“财政拨款结余”科目的“累计结余”明细科目。结转后，“财政拨款结余”科目除“累计结余”明细科目外，其他明细科目应无余额。

【例12-20】 年末，某行政单位财政拨款结余所属有关明细科目余额情况如下：“年初余额调整”科目的贷方余额为200元，“归集上缴”科目的借方余额为120元，“单位内部调剂”科目的借方余额为150元，“结转转入”科目的贷方余额为200元。年末结转时，该行政单位预算会计应编制的会计分录为：

借：财政拨款结余——年初余额调整　　200
　　　　　　　　——结转转入　　200
　贷：财政拨款结余——单位内部调剂　　150
　　　　　　　　　——累计结余　　250

年末，在冲销财政拨款结余有关明细科目后，该行政单位本年财政拨款结余的累计结余数额增加250元。本年增加的累计结余加上年初累计结余余额，即为本年末单位滚存的财政拨款结余资金数额。

单位的财政拨款结余应当按照财政部门的要求安排使用，未经财政部门批准，不能随意安排使用。

第五节　非财政拨款结转

一、非财政拨款结转的概念与核算科目设置

非财政拨款结转是指单位由财政拨款收支、经营收支以外各非同级财政拨款专项资金收支形成的结转资金。同级财政拨款的资金不形成非财政拨款结转资金，而形成财政拨款结转资金。非同级财政拨款的非专项资金也不形成非财政拨款结转资金，而形成非财政拨款结余资金。单位应当严格区分财政资金和非财政资金，对于非财政资金，应当进一步区分专项资金和非专项资金，对其分别进行会计核算。

为了核算非财政拨款结转业务，单位预算会计应设置"非财政拨款结转"总账科目。本科目核算单位除财政拨款收支、经营收支以外各非同级财政拨款专项资金的调整、结转和滚存情况。本科目应当设置下列明细科目：

(1) 年初余额调整。本明细科目核算因发生会计差错更正、以前年度支出收回等原因，需要调整非财政拨款结转的资金。年末结账后，本明细科目应无余额。

(2) 缴回资金。本明细科目核算按照规定缴回非财政拨款结转资金时，实际缴回的资金数额。年末结账后，本明细科目应无余额。

(3) 项目间接费用或管理费。本明细科目核算单位取得的科研项目预算收入中，按照规定计提项目间接费用或管理费的数额。年末结账后，本明细科目应无余额。

(4) 本年收支结转。本明细科目核算单位本年度非同级财政拨款专项收支相抵后的余额。年末结账后，本明细科目应无余额。

(5) 累计结转。本明细科目核算单位滚存的非同级财政拨款专项结转资金。本明细科目年末为贷方余额，反映单位非同级财政拨款滚存的专项结转资金数额。

本科目还应当按照具体项目以及《政府收支分类科目》中支出功能分类科目的相关科目等进行明细核算。

本科目年末贷方余额，反映单位滚存的非同级财政拨款专项结转资金数额。

二、非财政拨款结转的核算

(一) 从科研项目预算收入中提取项目管理费或间接费

按照规定从科研项目预算收入中提取项目管理费或间接费时，按照提取金额，借记"非财

政拨款结转——项目间接费用或管理费”科目，贷记“非财政拨款结余——项目间接费用或管理费”科目。

【例 12-21】 某事业单位按照规定从科研项目的预算收入中提取管理费 1 500 元。该事业单位应编制的会计分录为：

在财务会计中：

借：单位管理费用　　1 500
　贷：预提费用——项目间接费用或管理费　　1 500

同时，在预算会计中：

借：非财政拨款结转——项目间接费用或管理费　　1 500
　贷：非财政拨款结余——项目间接费用或管理费　　1 500

（二）会计差错更正和以前年度支出收回

因会计差错更正收到或支出非同级财政拨款货币资金，属于非财政拨款结转资金的，按照收到或支出的金额，借记或贷记“资金结存——货币资金”科目，贷记或借记“非财政拨款结转”科目（年初余额调整）。

因收回以前年度支出等收到非同级财政拨款货币资金，属于非财政拨款结转资金的，按照收到的金额，借记“资金结存——货币资金”科目，贷记“非财政拨款结转”科目（年初余额调整）。

【例 12-22】 某事业单位上一年发生一笔业务活动费用 300 元，款项已通过开户银行支付。但上一年记账时将金额错误的记录为 3 000 元，即多记录 2 700 元（3 000－300）。这一错误导致上一会计年度的费用和支出多记录了 2 700 元。该事业单位本年度对这一错误予以更正。该项资金属于以前年度非财政拨款专项资金。该事业单位应编制的会计分录为：

在财务会计中：

借：银行存款　　2 700
　贷：以前年度盈余调整　　2 700

同时，在预算会计中：

借：资金结存——货币资金　　2 700
　贷：非财政拨款结转——年初余额调整　　2 700

由于“业务活动费用”“单位管理费用”等费用在年末都转入本期盈余，因此，在退回以前年度发生的费用时，在增加银行存款数额的同时，应增加以前年度盈余调整的数额，而不是冲减当年的相关费用数额。同理，由于“行政支出”“事业支出”等支出科目年末都转入相关结转结余科目，因此，在退回以前年度支出时，在增加资金结存数额的同时，增加相关结转结余科目的余额，而不是冲减当年的支出数额。

（三）本年非财政拨款专项资金预算收支的结转

年末，将事业预算收入、上级补助预算收入、附属单位上缴预算收入、非同级财政拨款预算收入、债务预算收入、其他预算收入本年发生额中的专项资金收入转入“财政拨款结转”科目的贷方；将行政支出、事业支出、其他支出本年发生额中的非财政拨款专项资金支出转入“非财政拨款结转”科目的借方。

【例 12-23】 年末，某事业单位有关非财政拨款专项资金收入与非财政拨款专项资金支出本年发生额的情况：“事业预算收入——专项资金收入”科目 30 000 元，“上级补助预算收入——专项资金收入”科目27 800元，“其他预算收入——专项资金收入”科目5 600元；“事业支出——非财政拨款专项资金支出”科目56 500元，“其他支出——非财政拨款专项资金支出”5 500元。年末，将非财政拨款专项资金预算收支科目的本年发生额转入“非财政拨款结转——本年收支结转”科目。该事业单位预算会计应编制的会计分录为：

借：事业预算收入——专项资金收入	30 000	
上级补助预算收入——专项资金收入	27 800	
其他预算收入——专项资金收入	5 600	
贷：非财政拨款结转——本年收支结转		63 400

同时，

借：非财政拨款结转——本年收支结转	62 000	
贷：事业支出——非财政拨款专项资金支出		56 500
其他支出——非财政拨款专项资金支出		5 500

年末，在完成非财政拨款专项资金预算收支的本年发生额结转后，该事业单位“非财政拨款结转(本年收支结转)”科目的贷方余额为1 400元(63 400－62 000)。

(四) 按照规定缴回非财政拨款结转资金

按照规定缴回非财政拨款结转资金的，按照实际缴回资金数额，借记“非财政拨款结转”科目(缴回资金)，贷记“资金结存——货币资金”科目。

【例12-24】 某事业单位按规定应缴回非财政拨款结转资金1 000元，款项已通过银行存款缴回。该事业单位应编制的会计分录为：

在财务会计中：

借：累计盈余	1 000	
贷：银行存款		1 000

同时，在预算会计中：

借：非财政拨款结转——缴回资金	1 000	
贷：资金结存——货币资金		1 000

(五) 年末冲销本科目相关明细科目金额

年末，将“非财政拨款结转”科目的明细科目“年初余额调整”“项目间接费用或管理费”“缴回资金”“本年收支结转”的余额转入“非财政拨款结转”科目的“累计结转”明细科目。结转后，“非财政拨款结转”科目除“累计结转”明细科目外，其他明细科目应无余额。

【例12-25】 年末，某事业单位“非财政拨款结转”科目相关明细科目的余额如下：“项目间接费用或管理费”借方余额1 500元，“年初余额调整”贷方余额2 700元，“本年收支结转”贷方余额1 400元，“缴回资金”借方余额1 000元。该事业单位预算会计应编制的会计分录为：

借：非财政拨款结转——年初余额调整	2 700	
——本年收支结转	1 400	
贷：非财政拨款结转——项目间接费用或管理费		1 500
——缴回资金		1 000
——累计结转		1 600

年末，在冲销非财政拨款结转有关明细科目余额后，“非财政拨款结转——累计结转”科目为贷方余额1 600元(4 100－2 500)，表明该事业单位本年非财政拨款结转中的累计结转增加

1 600 元。本年增加的累计结转加上年初的累计结转，即为年末按规定转非财政拨款结余前的非财政拨款累计结转资金数额。

（六）非财政拨款专项剩余资金按规定转入非财政拨款结余

年末完成上述结转后，应当对非财政拨款专项结转资金各项目情况进行分析，将留归本单位使用的非财政拨款专项（项目已完成）剩余资金转入非财政拨款结余，借记“非财政拨款结转”科目（累计结转），贷记“非财政拨款结余”科目（结转转入）。

【例 12-26】 承[例 12-25]，年末，该事业单位“财政拨款结转——累计结转”科目的贷方余额为 1 600 元。经分析查明，甲项目已完成，项目剩余资金 300 元，按规定留归单位使用，将其转入非财政拨款结余。该事业单位预算会计应编制会计分录为：

借：非财政拨款结转——累计结转　　300

　　贷：非财政拨款结余——结转转入　　300

年末，在将留归本单位使用的非财政拨款专项剩余资金转入非财政拨款结余后，该事业单位本年非财政拨款结转中的累计结转余额为 1 300 元（1 600－300），即为年末该单位滚存的非财政拨款结转资金数额，应当在第二年按照专项资金的原规定用途继续使用。

第六节　非财政拨款结余

一、非财政拨款结余的概念和核算会计科目设置

非财政拨款结余是单位历年滚存的非限定用途的非同级财政拨款结余资金，主要为非财政拨款结余扣除结余分配后滚存的金额。

为了核算单位的非财政拨款结余业务，单位应设置“非财政拨款结余”总账科目。本科目应当设置下列明细科目：

（1）年初余额调整。本明细科目核算因发生会计差错更正、以前年度支出收回等原因，需要调整非财政拨款结余的资金。年末结账后，本明细科目应无余额。

（2）项目间接费用或管理费。本明细科目核算单位取得的科研项目预算收入中，按照规定计提的项目间接费用或管理费数额。年末结账后，本明细科目应无余额。

（3）结转转入。本明细科目核算按照规定留归单位使用，由单位统筹调配，纳入单位非财政拨款结余的非同级财政拨款专项剩余资金。年末结账后，本明细科目应无余额。

（4）累计结余。本明细科目核算单位历年滚存的非同级财政拨款、非专项结余资金。本明细科目年末贷方余额，反映单位非同级财政拨款滚存的非专项结余资金数额。

本科目还应当按照《政府收支分类科目》中支出功能分类科目的相关科目进行明细核算。

“非财政拨款结余”科目年末贷方余额，反映单位非同级财政拨款结余资金的累计滚存数额。

二、非财政拨款结余的核算

（一）从科研项目预算收入中提取项目管理费或间接费

按照规定从科研项目预算收入中提取项目管理费或间接费时，借记“非财政拨款结转——项目间接费用或管理费”科目，贷记“非财政拨款结余”科目（项目间接费用或管理费）。其核算

举例可参阅[例 12-21]。

(二) 事业单位实际交纳企业所得税

有企业所得税纳税义务的事业单位实际交纳企业所得税时,按照交纳金额,借记"非财政拨款结余"科目(累计结余),贷记"资金结存——货币资金"科目。其核算举例可参阅[例 12-5]。

(三) 会计差错更正和以前年度支出收回

因会计差错更正收到或支出非同级财政拨款货币资金,属于非财政拨款结余资金的,按照收到或支出的金额,借记或贷记"资金结存——货币资金"科目,贷记或借记"非财政拨款结余"科目(年初余额调整)。

因收回以前年度支出等收到非同级财政拨款货币资金,属于非财政拨款结余资金的,按照收到的金额,借记"资金结存——货币资金"科目,贷记"非财政拨款结余"科目(年初余额调整)。

在非财政拨款结余业务中,会计差错更正和以前年度支出收回业务的核算举例可参阅财政拨款结转或非财政拨款结转相关业务核算举例,可参阅[例 12-7]、[例 12-8]、[例 12-16]和[例 12-22]。

(四) 非财政拨款专项剩余资金转入非财政拨款结余

年末,对非财政拨款结转各明细项目执行情况进行分析,将留归本单位使用的非财政拨款专项(项目已完成)剩余资金转入"非财政拨款结余"科目。

【例 12-27】 年末,某事业单位"非财政拨款结转——累计结转"科目贷方余额为 1 850 元。对各项目执行情况进行分析后,当年非财政拨款预算目标已经完成的项目(M 项目)的余额为 1 250 元。按规定该项目专项剩余资金可留本单位使用,将其转入非财政拨款结余。该事业单位预算会计应编制的会计分录为:

借:非财政拨款结转——累计结转(M 项目)	1 250	
贷:非财政拨款结余——结转转入(M 项目)		1 250

(五) 冲销本科目相关明细科目余额

年末,将"非财政拨款结余"科目(年初余额调整、项目间接费用或管理费、结转转入)余额结转入"非财政拨款结余"科目(累计结余)。结转后,本科目除"累计结余"明细科目外,其他明细科目应无余额。

【例 12-28】 年末,某事业单位"非财政拨款结余"科目相关明细科目的余额如下:"年初余额调整"明细科目的贷方余额为 2 500 元,"结转转入"明细科目的贷方余额为 1 250 元,"项目间接费用或管理费"明细科目的借方余额为 1 000 元。年末冲销"非财政拨款结余"科目相关明细科目余额。该事业单位预算会计应编制的会计分录为:

借:非财政拨款结余——年初余额调整	2 500	
——结转转入	1 250	
贷:非财政拨款结余——项目间接费用或管理费		1 000
——累计结余		2 750

年末,在冲销非财政拨款结余有关明细科目余额后,该事业单位本年非财政拨款结余中的累计结余增加 2 750 元(2 500+1 250-1 000)。本年增加的累计结余加上年初累计结余,即为年末单位滚存的非财政拨款结余资金数额。

年末,"财政拨款结转""财政拨款结余""非财政拨款结转"和"非财政拨款结余"科目在冲销有关明细科目余额后，都是“累计结转”或“累计结余”明细科目有余额，其他明细科目无余额。

（六）其他结余和非财政拨款结余分配余额结转非财政拨款结余

年末，行政单位将“其他结余”科目余额转入非财政拨款结余。“其他结余”科目为借方余额的，借记“非财政拨款结余”科目（累计结余），贷记“其他结余”科目；“其他结余”科目为贷方余额的，借记“其他结余”科目，贷记“非财政拨款结余”科目（累计结余）。

年末，事业单位将“非财政拨款结余分配”科目余额转入非财政拨款结余。“非财政拨款结余分配”科目为借方余额的，借记“非财政拨款结余”科目（累计结余），贷记“非财政拨款结余分配”科目；“非财政拨款结余分配”科目为贷方余额的，借记“非财政拨款结余分配”科目，贷记“非财政拨款结余”科目（累计结余）。

其他结余和非财政拨款结余分配余额结转非财政拨款结余的举例可参阅[例 12-30]和[例 12-32]。

年末，行政事业单位将预算收入中的非同级财政、非专项资金收入以及预算支出中的非同级财政、非专项资金支出转入“其他结余”科目。不同的是，行政单位将“其他结余”科目余额转入“非财政拨款结余——累计结余”科目；事业单位将“其他结余”科目余额转入“非财政拨款结余分配”科目。事业单位在按规定对非财政拨款结余资金进行分配后，将“非财政拨款结余分配”科目余额转入“非财政拨款结余——累计结余”科目，形成事业单位非财政拨款累计结余的一种来源。非财政拨款累计结余的另一种来源是留归本单位使用的非财政拨款专项（项目已完成）剩余资金。

行政事业单位的年末财政拨款结转、财政拨款结余、非财政拨款结转、非财政拨款结余，即各项结转和结余资金是下一年单位预算资金的一种资金来源，安排用于开展专业业务活动及其辅助活动。

第七节　专用结余、经营结余、其他结余与非财政拨款结余分配

一、专用结余

专用结余是指事业单位按照规定从非财政拨款结余中提取的具有专门用途的资金。

为了核算专用结余业务，事业单位预算会计应设置“专用结余”总账科目。本科目应当按照专用结余的类别进行明细核算。本科目年末贷方余额，反映事业单位从非同级财政拨款结余中提取的专用基金的累计滚存数额。

专用结余的主要账务处理为：根据有关规定从本年度非财政拨款结余或经营结余中提取基金的，按照提取金额，借记“非财政拨款结余分配”科目，贷记“专用结余”科目。根据规定使用从非财政拨款结余或经营结余中提取的专用基金时，按照使用金额，借记“专用结余”科目，贷记“资金结存——货币资金”科目。

专用结余相关业务核算举例可参阅[例 11-3]、[例 11-7]和[例 12-32]。

二、经营结余

（一）经营结余的概念与核算科目的设置

经营结余是指事业单位本年度经营活动收支相抵后余额弥补以前年度经营亏损后的

余额。

为了核算经营结余业务，事业单位预算会计应设置“经营结余”总账科目。本科目可以按照经营活动类别进行明细核算。年末结账后，本科目一般无余额；如本科目为借方余额，反映事业单位累计发生的经营亏损。

(二) 经营结余的核算

年末，将经营预算收入本年发生额转入本科目，借记“经营预算收入”科目，贷记“经营结余”科目；将经营支出本年发生额转入本科目，借记“经营结余”科目，贷记“经营支出”科目。年末，完成上述结转后，如本科目为贷方余额，将本科目贷方余额转入“非财政拨款结余分配”科目，借记“经营结余”科目，贷记“非财政拨款结余分配”科目；如本科目为借方余额，反映事业单位累计发生的经营亏损，不予结转。

【例 12-29】 年末，某事业单位“经营预算收入”科目本年贷方发生额为 10 400 元，“经营支出”科目本年借方发生额为 8 400 元。将以上经营预算收支科目的发生额结转至“经营结余”科目。在完成上述结转后，“经营结余”科目的贷方余额为 2 000 元(10 400－8 400)，将其结转“非财政拨款结余分配”科目的贷方。该事业单位预算会计应编制的会计分录为：

(1) 结转经营预算收入本年贷方发生额时。

借：经营预算收入	10 400	
贷：经营结余		10 400

(2) 结转经营支出本年借方发生额时。

借：经营结余	8 400	
贷：经营支出		8 400

(3) 将“经营结余”科目贷方发生额转入“非财政拨款结余分配”科目时。

借：经营结余	2 000	
贷：非财政拨款结余分配		2 000

如果该事业单位年初“经营结余”科目有借方余额 500 元，为以前年度累计发生的经营亏损。当年实现经营结余 2 000 元，弥补以前年度经营亏损后累计实现经营结余 1 500 元(2 000－500)，表现为“经营结余”科目年末贷方余额为 1 500 元。此时，事业单位应当将“经营结余”科目的年末贷方余额 1 500 元转入“非财政补助结余分配”科目。

这里应当注意的是，事业单位的“经营预算收入”和“经营支出”科目都是按收付实现制核算的，因此，“经营结余”科目反映的结余或亏损数额也是按收付实现制核算的结果。

三、其他结余

(一) 其他结余的概念和核算科目设置

其他结余是指单位本年度除财政拨款收支、非财政专项资金收支和经营收支以外各项收支相抵后的余额。

为了核算单位的其他结余业务，单位应设置“其他结余”总账科目。年末，将非财政非专项资金预算收支结转至其他结余。而后将“其他结余”转入“非财政拨款结余”(行政单位)或“非财政拨款结余分配”(事业单位)。

行政事业单位本年度财政拨款收支相抵后的余额通过“财政拨款结转”科目核算，本年度非同级财政专项资金收支相抵后的余额通过“非财政拨款结转”科目核算，本年度经营收支相抵后的余额通过“经营结余”科目核算。

（二）其他结余的核算

1. 本年非财政拨款非专项资金预算收支结转

年末，将事业预算收入、上级补助预算收入、附属单位上缴预算收入、非同级财政拨款预算收入、债务预算收入、其他预算收入本年发生额中的非专项资金收入以及投资预算收益本年发生额转入本科目，借记“事业预算收入”“上级补助预算收入”“附属单位上缴预算收入”“非同级财政拨款预算收入”“债务预算收入”“其他预算收入”科目下各非专项资金收入明细科目和“投资预算收益”科目，贷记“其他结余”科目（“投资预算收益”科目本年发生额为借方净额时，借记“其他结余”科目，贷记“投资预算收益”科目）；将行政支出、事业支出、其他支出本年发生额中的非同级财政、非专项资金支出，以及上缴上级支出、对附属单位补助支出、投资支出、债务还本支出本年发生额转入本科目，借记“其他结余”科目，贷记“行政支出”“事业支出”“其他支出”科目下各非同级财政、非专项资金支出明细科目和“上缴上级支出”“对附属单位补助支出”“投资支出”“债务还本支出”科目。

2. 年末结转非财政拨款结余或非财政拨款结余分配

年末，完成相关收支结转后，行政单位将“其他结余”科目余额转入“非财政拨款结余——累计结余”科目；事业单位将“其他结余”科目余额转入“非财政拨款结余分配”科目。当“其他结余”科目为贷方余额时，借记“其他结余”科目，贷记“非财政拨款结余——累计结余”科目（行政单位）或“非财政拨款结余分配”科目（事业单位）；当“其他结余”科目为借方余额时，借记“非财政拨款结余——累计结余”科目（行政单位）或“非财政拨款结余分配”科目（事业单位），贷记“其他结余”科目。

【例 12-30】 年末，某行政单位结账前有关非财政拨款非专项资金的收支情况为：“其他预算收入——非专项资金收入”科目 5 000 元；“行政支出——其他资金支出”科目 3 800 元，“其他支出——其他资金支出”科目 1 150 元。年末结账时，该行政单位预算会计应编制的会计分录为：

（1）将非财政拨款非专项资金的收支结转“其他结余”科目时。

借：其他预算收入——非专项资金收入	5 000	
贷：其他结余		5 000

同时，

借：其他结余	4 950	
贷：行政支出——其他资金支出		3 800
其他支出——其他资金支出		1 150

（2）将“其他结余”科目余额 50 元（5 000－4 950）结转“非财政拨款结余——累计结余”科目时。

借：其他结余	50	
贷：非财政拨款结余——累计结余		50

在行政单位中，由非财政非专项资金预算收支形成的其他结余不进行分配，“其他结余”科目余额直接转入“非财政拨款结余”科目，而不转入“非财政拨款结余分配”科目。

单位的非财政专项资金结余也不进行分配，因此，由“非财政拨款结转”科目余额直接转入“非财政拨款结余”科目，而不转入“非财政拨款结余分配”科目。

【例 12-31】 年末，某事业单位于 20×9 年结账前，有关预算收支科目本期发生额中的非财政拨款非专项资金收支科目的本年发生额如表 12-1 所示。

表 12-1 非财政拨款非专项资金事业活动预算收支科目本年发生额

金额单位：元

非财政非专项资金事业活动相关预算收支项目	本年贷方发生额	本年借方金发生额
事业预算收入——非专项资金收入	125 000	
上级补助预算收入——非专项资金收入	16 000	
附属单位上缴预算收入——非专项资金收入	12 000	
其他预算收入——非专项资金收入	12 000	
事业支出——其他资金支出		123 000
上缴上级支出		10 000
对附属单位补助支出		12 000
其他支出——其他资金支出		10 000
合计	165 000	155 000

(1) 将非财政拨款非专项资金事业活动预算收入科目和预算支出科目的本年发生额转入“其他结余”科目。该事业单位预算会计应编制的会计分录为：

借：事业预算收入——非专项资金收入 125 000
　　上级补助预算收入——非专项资金收入 16 000
　　附属单位上缴预算收入——非专项资金收入 12 000
　　其他预算收入——非专项资金收入 12 000
　　贷：其他结余 165 000

同时，

借：其他结余 155 000
　　贷：事业支出——其他资金支出 123 000
　　　　其他支出——其他资金支出 10 000
　　　　上缴上级支出 10 000
　　　　对附属单位补助支出 12 000

(2) 在完成非财政非专项资金事业活动预算收入和预算支出的本年发生额结转后，该事业单位“其他结余”科目的贷方余额为 10 000 元(165 000－155 000)，将其全数转入“非财政拨款结余分配”科目的贷方。该事业单位预算会计应编制的会计分录为：

借：其他结余 10 000
　　贷：非财政拨款结余分配 10 000

在事业单位中，由非财政非专项资金预算收支形成的其他结余需要进行分配，“其他结余”科目余额应直接转入“非财政拨款结余分配”科目。

单位应当分别核算财政拨款资金、非同级财政专项资金、经营活动资金和其他资金。单位本年度财政拨款收支、非同级财政专项资金收支、经营收支以及上述收支以外的其他各项收支相抵后的余额分别通过“财政拨款结转”“非财政拨款结转”“经营结余”“其他结余”科目的核算。

四、非财政拨款结余分配

为了核算非财政拨款结余分配业务，事业单位预算会计应设置"非财政拨款结余分配"总账科目。本科目核算事业单位本年度非财政拨款结余分配的情况和结果。年末结账后，本科目应无余额。

【例12-32】 承[例12-30]与[例12-31]，年末，该事业单位按规定将"经营结余"和"其他结余"科目贷方余额结转后，"非财政补助结余分配"科目的贷方余额为12 000元(2 000+10 000)。该事业单位根据有关规定从本年非财政拨款结余和经营结余中提取专用基金(职工福利基金)1 200元。提取专用基金后，"非财政拨款结余分配"科目的贷方余额10 800元(12 000−1 200)转入非财政拨款结余。该事业单位应编制的会计分录为：

(1) 按有关规定提取专用基金(职工福利基金)时。

在财务会计中：

借：本期盈余分配	1 200	
贷：专用基金——职工福利基金		1 200

同时，在预算会计中：

借：非财政拨款结余分配	1 200	
贷：专用结余		1 200

(2) 年末，将"非财政拨款结余分配"科目余额转入非财政拨款结余。

在预算会计中：

借：非财政拨款结余分配	10 800	
贷：非财政拨款结余——累计结余		10 800

经过年末结转，事业单位"其他结余""经营结余"和"非财政拨款结余分配"科目均无余额，相应余额分别转入"非财政拨款结余——累计结余"和"专用结余"科目。其中，非财政拨款结余应当安排用于开展专业业务活动及其辅助活动，专用结余安排用于职工福利等专门用途。

复习思考题

1. 什么是行政事业单位的预算结余？主要包括哪些种类？
2. 行政事业单位的预算结余是按照什么会计基础进行核算的结果？
3. 什么是资金结存？具体包括哪些内容？
4. 什么是财政拨款结转？什么是财政拨款结余？两者有什么区别和联系？
5. 什么是非财政拨款结转？什么是非财政拨款结余？两者有什么区别和联系？
6. 什么是专用结余？专用结余与专用基金核算的内容有何不同？
7. 什么是其他结余？什么是经营结余？其他结余和经营结余在年末结账后是否还有余额？
8. 本年盈余分配和非财政拨款结余分配分别核算什么内容？

选择题

1. 下列项目中，不属于"资金结存"总账科目的明细账科目的是(　　)科目。

A. "零余额账户用款额度"　　　　B. "货币资金"

C. "财政应返还额度"　　　　D. "固定资产"

2. 下列项目中，不属于“非财政拨款结转”总账科目的明细科目的是(　　)科目。
A. “缴回资金”　B. “累计结转”　C. “本年收支结转”　D. “归集上缴”

3. 经财政部门批准对财政拨款结余资金改变用途，调整用于本单位基本支出或其他未完成项目支出时，借记“财政拨款结余”科目，贷记(　　)科目。
A. “财政拨款收入”　B. “财政拨款结转”
C. “财政拨款预算收入”　D. “以前年度盈余调整”

4. 下列项目中，行政事业单位按照规定上缴财政拨款结转结余时，可能使用的会计科目有(　　)科目。
A. “累计盈余”　B. “财政应返还额度”
C. “资金结存”　D. “财政拨款结转”

5. 下列项目中，只有事业单位使用、行政单位不使用的会计科目是(　　)科目。
A. “非财政拨款结余分配”　B. “财政拨款结转”
C. “非财政拨款结转”　D. “专用结余”

6. 下列项目中，属于“财政拨款结转”总账科目的明细账科目的是(　　)科目。
A. “年初余额调整”　B. “归集调入”
C. “归集调出”　D. “单位内部调剂”

练习题

(一) 某行政单位于20×9年发生如下经济业务：

(1) 按规定上缴财政拨款结转资金13 000元，具体通过注销财政应返还额度的方式完成。

(2) 年末，“财政拨款预算收入”科目本年贷方发生额308 000元，“行政支出——财政拨款支出”科目本年借方发生额302 000元，“其他支出——财政拨款支出”科目本年借方发生额4 500元，将财政拨款预算收支本年发生额转入“财政拨款结转”科目。

(3) 经财政部门批准对财政拨款结余资金改变用途，调整用于本单位其他未完成项目，批准的调剂金额为13 600元。

(4) 年末，“财政拨款结转”科目相关明细科目的余额如下：“本年收支结转”明细科目贷方余额1 500元，“单位内部调剂”明细科目贷方余额13 600元，“归集上缴”明细科目借方余额13 000元，冲销财政拨款结转有关明细科目余额。

(5) 年末，“财政拨款结转——累计结转”科目贷方余额为2 100元。经对各明细项目执行情况进行分析，其中，按照有关规定符合财政拨款结余性质的项目余额为400元，将其转入财政拨款结余。

(6) 年末，“财政拨款结余”科目相关明细科目的余额如下：“结转转入”明细科目贷方余额400元，“单位内部调剂”明细科目借方余额13 600元，冲销财政拨款结余有关明细科目余额。

要求：根据以上资料，为该行政单位编制有关的会计分录。

(二) 某事业单位于20×9年发生如下经济业务：

(1) 按规定从科研项目预算收入中提取项目管理费3 000元。

(2) 年末，有关非财政拨款专项资金预算收入和非财政拨款专项资金支出科目的本年发生额如下：“事业预算收入——专项资金收入”本年贷方发生额555 000元，“上级补助预算收入——专项资金收入”本年贷方发生额78 000元，“非同级财政拨款预算收入——专项资金收入”本年贷方发生额26 000元，“其他预算收入——专项资金收入”本年贷方发生额7 000元，专项收入合计666 000元；“事业支出——非财政专项资金支出”本年借方发生额658 500元，“其他支出——非财政专项资金支出”本年借方发生额3 500元，非财政专项资金支出662 000元。将非财政拨款专项资金预算收支本年发生额转入“非财政拨款结转”科目。

(3) 年末，“非财政拨款结转”科目相关明细科目的余额为：“本年收支结转”明细科目贷方余额4 000元，“项目间接费用或管理费”明细科目借方余额3 000元，冲销非财政拨款结转有关明细科目余额。

(4) 年末，“非财政拨款结转——累计结转”科目贷方余额为1 000元。经对各项目情况进行分析，其中，应留归本单位使用的非财政拨款专项(项目已完成)剩余资金数额为600元，将其转入非财政拨款结余。

(5) 年末,“非财政拨款结余”科目相关明细科目的余额为:“非财政拨款结余——结转转入”科目贷方余额600元,“非财政拨款结余——项目间接费用或管理费”科目贷方余额3 000元,将其转入“非财政拨款结余——累计结余”科目。

(6) 年末,有关非财政拨款非专项资金事业活动预算收支科目的本年发生额如下:“事业预算收入——非专项资金收入”本年贷方发生额9 500元,“其他预算收入——非专项资金收入”本年贷方发生额300元,非专项资金收入合计9 800元;“事业支出——其他资金支出”本年借方发生额9 200元,“其他支出——其他资金支出”本年借方发生额200元,非专项资金支出合计9 400元。将非财政拨款非专项资金事业活动预算收支本年发生额转入“其他结余”科目。之后,将“其他结余”科目贷方余额400元(9 800—9 400)转入“非财政拨款结余分配”科目。

(7) 年末,“经营预算收入”科目本年贷方发生额为4 000元,将其转入“经营结余”科目;“经营支出”科目本年借方发生额为3 100元,将其转入“经营结余”科目。在完成经营预算收入和经营支出的本年发生额结转后,“经营结余”科目的贷方余额为900元(4 000—3 100),将其转入“非财政拨款结余分配”科目。

(8) 年末,根据有关规定从本年度其他结余和经营结余中提取专用基金共计500元,具体为职工福利基金。提取专用基金后,将“非财政拨款结余分配”科目的贷方余额800元(400+900—500)转入非财政拨款结余。

要求:根据以上资料,为该事业单位编制有关的会计分录。

(三) 某事业单位于20×9年年末有关资料如下:

(1) 年末有关财政性资金收支科目的本年发生额如下:“财政拨款预算收入”科目114 900元,其中,人员经费52 800元,日常公用经费43 350元,项目支出(办公设备购置)18 750元;事业支出(财政拨款支出)113 850元,其中,人员经费51 300元,日常公用经费43 950元,项目支出(办公设备购置)18 600元。经查,“项目支出——办公设备购置”的专项购置任务已经完成。

(2) 年末有关事业活动过程中非财政专项资金收支科目的本年发生额如下:上级补助预算收入(甲项目)50 000元,其他预算收入(甲项目)25 500元;“事业支出——非财政专项资金支出”科目(甲项目)55 500元。年末结转将有关非财政专项资金收支科目的本年发生额转入“非财政拨款结转”科目。该项目没有年初余额,相应项目尚未完成,需要在次年继续按原定预算目标进行。

(3) 年末非财政非专项资金收支科目的本年发生额如下:“事业预算收入——基本支出”科目16 800元,“其他预算收入——基本支出”科目600元,“事业支出——其他资金支出”科目17 250元。年末结转将有关非财政非专项资金收支科目的本年发生额转入“其他结余”科目。并将“其他结余”结转“非财政拨款结余分配”科目。

(4) 有关经营活动收支科目的本年发生额如下:“经营预算收入——旅游商品销售部”科目2 250元,“经营支出——旅游商品销售部”科目1 650元。年末结转将有关经营收支科目的本年发生额转入“经营结余”科目。并将“经营结余”结转“非财政拨款结余分配”科目。

(5) 按规定计算交纳企业所得税50元,提取职工福利基金200元。之后,将“非财政拨款结余分配”科目贷方余额550元(150+600—200)转入“非财政拨款结余——累计结余”科目。

要求:根据以上资料,为该事业单位编制有关的会计分录,有关的结余科目要求列出明细账科目,并分别计算有关结余种类的数额。

第十三章　行政事业单位会计报表

第一节　行政事业单位财务报表

行政事业单位会计报表是反映行政事业财务状况、运行情况以及预算执行情况等信息的书面文件，由单位财务报表和预算会计报表构成。行政事业单位应当按照《政府会计制度——行政事业单位会计科目和报表》的规定编制并提供真实、完整的会计报表。下面先介绍财务报表。

财务报表是反映行政事业单位某一特定日期的财务状况和某一会计期间的业务活动成果、净资产变动以及现金流量等会计信息的文件，由会计报表及其附注构成。行政事业单位的会计报表至少应当包括资产负债表、收入费用表、净资产变动表、现金流量表以及报表附注。

一、资产负债表

(一) 资产负债表的性质和作用

资产负债表是指反映单位在某一特定日期的财务状况的报表。其中，财务状况是指单位在某一特定日期占有或者使用的资产、承担的负债以及剩余的净资产的数额及其结构和相互关系。

单位资产负债表的作用主要表现在以下几个方面：

(1) 提供某一特定日期资产总额及其构成情况的信息。例如，提供某一特定日期资产总额、流动资产总额、非流动资产总额等信息。

(2) 提供某一特定日期负债总额及其构成情况的信息。例如，提供某一特定日期负债总额、流动负债总额、非流动负债总额等信息。

(3) 提供某一特定日期净资产总额及其构成情况的信息。例如，提供某一特定日期净资产总额、累计盈余、专用基金数额、权益法调整的数额、无偿调拨净资产的数额、本期盈余的数额等信息。

(二) 资产负债表的格式

资产负债表以“资产＝负债＋净资产”的会计平衡等式为编制依据，采用账户格式，左边为资产，右边为负债和净资产，项目排列按流动性列示。行政事业单位资产负债表的格式如表13-1所示。

按照规定，行政事业单位的资产负债表应当按照月度和年度编制。月度资产负债表的“无偿调拨净资产”和“本期盈余”项目有余额。年终转账时，将两者余额转入“累计盈余”科目，转账后两科目没有了余额，故年度资产负债表中“无偿调拨净资产”和“本期盈余”两个项目没有余额。

表 13-1

资 产 负 债 表

编制单位：某事业单位　　20×9 年 12 月 31 日　　单位：元

资产	期末余额	年初余额	负债和净资产	期末余额	年初余额
流动资产：			流动负债：		
货币资金	44 000		短期借款	110 000	
短期投资	11 000		应交增值税	4 400	
财政应返还额度	0		其他应交税费		
应收票据	3 300		应缴财政款		
应收账款净额	13 200		应付职工薪酬		
预付账款	4 400		应付票据		
应收股利			应付账款	2 200	
应收利息			应付政府补贴款		
其他应收款净额	1 100		应付利息		
存货	50 600		预收账款	22 000	
待摊费用			其他应付款	4 400	
一年内到期的非流动资产			预提费用		
其他流动资产			一年内到期的非流动负债	44 000	
流动资产合计	127 600		其他流动负债		
非流动资产：			流动负债合计	187 000	
长期股权投资	44 000		非流动负债：		
长期债券投资			长期借款	176 000	
固定资产原值	770 000		长期应付款		
减：固定资产累计折旧	110 000		预计负债		
固定资产净值	660 000		其他非流动负债		
工程物资			非流动负债合计	176 000	
在建工程	220 000		受托代理负债		
无形资产原值	66 000		负债合计	363 000	
减：无形资产累计摊销	22 000				
无形资产净值	4 000				
研发支出					
公共基础设施原值					
减：公共基础设施累计折旧(摊销)					
公共基础设施净值					
政府储备物资					

（续表）

资产	期末余额	年初余额	负债和净资产	期末余额	年初余额
文物文化资产					
保障性住房原值					
减：保障性住房累计折旧			净资产：		
保障性住房净值			累计盈余	506 000	
长期待摊费用			专用基金	171 600	
待处理财产损溢			权益法调整	66 000	
其他非流动资产	11 000		无偿调拨净资产		
非流动资产合计			本期盈余		
受托代理资产			净资产合计	743 600	
资产总计	1 106 600		负债和净资产总计	1 106 600	

（三）资产负债表的编制方法

资产负债表“年初余额”栏内各项数字，应当根据上年年末资产负债表“期末余额”栏内数字填列。资产负债表“期末余额”栏各项目的填列方法如下所述。

1. 资产类项目的填列

（1）根据总账科目期末借方余额直接填列的资产项目。如短期投资、财政应返还额度、应收票据、预付账款、应收股利、应收利息、待摊费用、长期股权投资、固定资产原值、固定资产累计折旧、工程物资、在建工程、无形资产原值、无形资产累计摊销、公共基础设施原值、公共基础设施累计折旧(摊销)、政府储备物资、保障性住房原值、保障性住房累计折旧、文物文化资产、长期待摊费用、研发支出、待处理财产损溢(期末为贷方余额，以“－”号填列)等项目。

（2）根据总账科目期末借方余额计算合计填列的资产项目。如“货币资金”项目，应当根据“库存现金”“银行存款”“零余额账户用款额度”“其他货币资金”科目的期末余额的合计数填列(若单位存在通过“库存现金”“银行存款”科目核算的受托代理资产还应当按照前述合计数扣减“库存现金”“银行存款”科目下“受托代理资产”明细科目的期末余额后的金额填列)；“存货”项目，应当根据“在途物品”“库存物品”“加工物品”科目的期末余额的合计数填列；“受托代理资产”项目，应当根据“受托代理资产”科目的期末余额与“库存现金”“银行存款”科目下“受托代理资产”明细科目的期末余额的合计数填列；“其他流动资产”项目，反映单位期末其他流动资产的合计金额，应当根据有关科目期末余额的合计数填列。

（3）根据总账科目和明细科目的余额分析计算填列的资产项目。如“一年内到期的非流动资产”项目，反映单位期末非流动资产项目中将在 1 年内(含 1 年)到期的金额，如事业单位将在 1 年内(含 1 年)到期的长期债券投资金额。本项目应当根据“长期债券投资”等科目的明细科目的期末余额分析填列；“长期债券投资”项目，应当根据“长期债券投资”科目的期末余额减去其中将于 1 年内(含 1 年)到期的长期债券投资余额后的金额填列。

（4）根据有关资产总账科目与其备抵科目抵销后的净额填列的资产项目。如“应收账款净额”项目，应当根据“应收账款”科目的期末余额，减去“坏账准备”科目中对应收账款计提的坏账准备的期末余额后的金额填列。这些项目还有“其他应收款净额”“固定资产净值”“无形资产净值”“公共基础设施净值”“保障性住房净值”等。

2. 负债类项目的填列

(1) 直接根据总账科目期末贷方余额填列的负债项目。如短期借款、应缴财政款、应付职工薪酬、应付票据、应付账款、应付政府补贴款、应付利息、预收账款、其他应付款、预提费用、预计负债、受托代理负债、应交增值税(期末为借方余额,以"—"号填列)、其他应交税费(期末为借方余额,以"—"号填列)等项目。

(2) 根据总账科目期末贷方余额和明细科目的余额分析计算填列的负债项目。如"一年内到期的非流动负债"项目,应当根据"长期应付款""长期借款"等科目的明细科目的期末余额分析填列;"长期借款"项目和"长期应付款"项目,应当分别根据"长期借款"科目和"长期应付款"科目的期末余额减去其中将于1年内(含1年)到期的长期借款、长期应付款余额后的金额填列。

(3) 根据总账科目期末贷方余额计算合计填列的负债项目。如"其他流动负债"项目,反映单位期末其他流动负债的合计数,本项目应当根据有关科目的期末余额的合计数填列;"其他非流动负债"项目,反映期末单位其他非流动负债的合计数,本项目应当根据有关科目的期末余额合计数填列。

3. 所有者权益类项目的填列

(1) "累计盈余""专用基金"项目,分别根据"累计盈余"和"专用基金"科目的期末余额填列。

(2) "权益法调整"项目,根据"权益法调整"科目的期末余额填列。如期末为借方余额,以"—"号填列。

(3) "无偿调拨净资产"项目,仅在月度报表中列示,年度报表中不列示。月度报表中本项目应当根据"无偿调拨净资产"科目的期末余额填列;若期末为借方余额时,以"—"号填列。

(4) "本期盈余"项目,仅在月度报表中列示,年度报表中不列示。月度报表中本项目应当根据"本期盈余"科目的期末余额填列;如期末为借方余额时,以"—"号填列。

(5) "净资产合计"项目,根据本表中"累计盈余""专用基金""权益法调整""无偿调拨净资产"(月度报表)、"本期盈余"(月度报表)项目金额的合计数填列。

【例13-1】 某事业单位于20×9年12月31日结账后,资产、负债和净资产各科目的期末余额如表13-2所示。

表13-2　　某事业单位资产、负债和净资产科目的期末余额表

科目名称	借方余额	科目名称	贷方余额
库存现金	2 200	短期借款	110 000
银行存款	41 800	应交增值税	4 400
短期投资	11 000	应付账款	2 200
应收票据	3 300	预收账款	22 000
应收账款	13 600	其他应付款	4 400
预付账款	4 400	长期借款	220 000(其中1年内到期44 000)
其他应收款	1 100	累计盈余	506 000
在途物品	600	专用基金	171 600

（续表）

科目名称	借方余额	科目名称	贷方余额
库存物品	50 000	权益法调整	66 000
长期股权投资	44 000	坏账准备	400
固定资产	770 000	固定资产累计折旧	110 000
在建工程	220 000	无形资产累计摊销	22 000
无形资产	660 000		
其他非流动资产	11 000		
合计	1 239 000	合计	1 239 000

12 月 31 日编制年末资产负债表时，由于各项目口径没有变化，“年初余额”栏内各项数字，应当根据上年年末资产负债表“期末余额”栏内数字填列。“期末余额”栏各项目数字根据各科目的期末余额直接填列、合并填列或计算分析填列。几个重点项目的填列说明如下：

（1）货币资金＝库存现金＋银行存款＋其他货币资金＋零余额账户用款额度＝2 200＋41 800 ＝44 000（元）。

（2）应收账款净额＝应收账款－坏账准备＝13 600－400＝13 200（元）。

（3）存货＝在途物资＋库存物品＝600＋50 000＝50 600（元）。

（4）一年内到期的非流动负债＝44 000（元）。

（5）长期借款＝220 000－44 000＝176 000（元）。

其他项目可根据科目余额表直接填列。流动资产合计、非流动资产合计、资产总计、流动负债合计、非流动负债合计、负债合计、净资产合计、负债和净资产总计等项目的数额按其内容汇总后填列即可。据此编制完成的 20×9 年度资产负债表如表 13-1 所示。

二、收入费用表

（一）收入费用表的性质和格式

收入费用表是反映行政事业单位在某一会计期间内发生的收入、费用及当期盈余情况的报表。收入费用表可以提供某一会计期间收入总额及其构成情况、费用总额及其构成情况，以及本期盈余的信息。

按照规定，单位收入费用表应当按照月度和年度编制。

行政事业单位收入费用表采用单步式格式，即采用基本的计算公式：本期收入－本期费用＝本期盈余。该表就各个项目再分为“本月数”和“本年累计数”两栏分别列示。单位收入费用表的格式如表 13-3 所示。

表 13-3 收入费用表

编制单位：某事业单位　　20×9 年 12 月　　单位：元

项　　目	本月数	本年累计数
一、本期收入	430 000	
（一）财政拨款收入	250 000	
其中：政府性基金收入	0	

（续表）

项　　目	本月数	本年累计数
（二）事业收入	150 000	
（三）上级补助收入	6 000	
（四）附属单位上缴收入	4 000	
（五）经营收入	2 500	
（六）非同级财政拨款收入	7 000	
（七）投资收益	2 000	
（八）捐赠收入	4 000	
（九）利息收入	800	
（十）租金收入	2 200	
（十一）其他收入	1 500	
二、本期费用	426 000	
（一）业务活动费用	255 000	
（二）单位管理费用	152 000	
（三）经营费用	2 000	
（四）资产处置费用	9 000	
（五）上缴上级费用	3 000	
（六）对附属单位补助费用	2 900	
（七）所得税费用	100	
（八）其他费用	2 000	
三、本期盈余	4 000	

（二）收入费用表的编制方法

1. “本月数”栏与“本年累计数”栏的名称与反映内容

收入费用表“本月数”栏反映各项目的本月实际发生数。编制年度收入费用表时，应当将本栏改为“本年数”，反映本年度各项目的实际发生数。

收入费用表“本年累计数”栏反映各项目自年初至报告期期末的累计实际发生数。编制年度收入费用表时，应当将本栏改为“上年数”，反映上年度各项目的实际发生数。“上年数”栏应当根据上年年度收入费用表中“本年数”栏内所列数字填列。

如果本年度单位发生了因前期差错更正、会计政策变更等调整以前年度盈余的事项，还应当对年度收入费用表中“上年数”栏中的有关项目金额进行相应调整。

2. 收入费用表“本月数”栏各项目的内容和填列方法

（1）“本期收入”项目，反映单位本期收入总额。本项目应当根据本表中“财政拨款收入”“事业收入”“上级补助收入”“附属单位上缴收入”“经营收入”“非同级财政拨款收入”“投资收益”“捐赠收入”“利息收入”“租金收入”和“其他收入”项目金额的合计数填列。上述各收入项目应当根据各收入科目的本期发生额填列。

(2)“本期费用”项目,反映单位本期费用总额。本项目应当根据本表中“业务活动费用”“单位管理费用”“经营费用”“资产处置费用”“上缴上级费用”“对附属单位补助费用”“所得税费用”和“其他费用”项目金额的合计数填列。上述各费用项目应当根据各费用科目的本期发生额填列。

(3)“本期盈余”项目,反映单位本期收入扣除本期费用后的净额。本项目应当根据本表中“本期收入”项目金额减去“本期费用”项目金额后的金额填列;如为负数,以“－”号填列。

【例 13-2】 承[例 11-2],编制该事业单位 20×9 年 12 月的收入费用表时,省略本年累计数,“本月数”主要项目的填列说明如下:本期收入为本月各项收入合计 430 000 元,本期费用为本月各项费用合计 426 000 元,本期盈余 4 000 元(430 000－426 000)。编制完成的该事业单位 20×9 年 12 月份的收入费用表如表 13-3 所示。

三、净资产变动表

(一)净资产变动表的性质和格式

净资产变动表是反映单位在某一会计年度内净资产各项目增减变动情况的报表。净资产变动表不仅包括净资产总量的增减变动,还包括净资产增减变动的重要结构性信息,让报表使用者准确理解净资产增减变动的根源。按照规定,净资产变动表应当按照年度编制。

为了清楚地表明构成净资产的各组成部分当期的增减变动情况,净资产变动表以矩阵的形式列示:一方面,列示导致净资产变动的业务活动;另一方面,按照净资产各组成部分(包括累计盈余、专用基金、权益法调整等)及其总额列示业务活动对净资产的影响。此外,还需要提供比较净资产变动表,各项目再分为“本年数”和“上年数”两栏分别填列。净资产变动表的具体格式如表 13-4 所示。

表 13-4 **净资产变动表**

编制单位:某事业单位 20×9 年度 单位:元

项目	本年数				上年数			
	累计盈余	专用基金	权益法调整	净资产合计	累计盈余	专用基金	权益法调整	净资产合计
一、上年年末余额	20 000	16 000	12 000	48 000				
二、以前年度盈余调整(减少以“－”号填列)	0	—	—	0		—	—	
三、本年年初余额	20 000	16 000	12 000	48 000				
四、本年变动金额(减少以“－”号填列)								
(一)本年盈余	40 000	—	—	40 000		—	—	
(二)无偿调拨净资产		—	—			—	—	
(三)归集调整预算结转结余		—	—			—	—	
(四)提取或设置专用基金			—				—	
其中:从预算收入中提取	—		—		—		—	
从预算结余中提取			—				—	

（续表）

项目	本年数				上年数			
	累计盈余	专用基金	权益法调整	净资产合计	累计盈余	专用基金	权益法调整	净资产合计
设置的专用基金	—	70 000	—	70 000	—		—	
（五）使用专用基金			—				—	
（六）权益法调整	—	—	−2 000	−2 000	—	—		
五、本年年末余额	60 000	86 000	10 000	156 000				

注："—"表示单元格不需填列。

（二）净资产变动表编制方法

1. 净资产变动表"本年数"栏的名称与反映内容

净资产变动表"本年数"栏反映本年度各项目的实际变动数。本表"上年数"栏反映上年度各项目的实际变动数，应当根据上年度净资产变动表中"本年数"栏内所列数字填列。

2. 净资产变动表"本年数"栏各项目的内容和填列方法

（1）"上年年末余额"行，反映单位净资产各项目上年年末的余额。本行各项目应当根据"累计盈余""专用基金""权益法调整"科目上年年末余额填列。

（2）"以前年度盈余调整"行，反映单位本年度调整以前年度盈余的事项对累计盈余进行调整的金额。本行"累计盈余"项目应当根据本年度"以前年度盈余调整"科目转入"累计盈余"科目的金额填列；如调整减少累计盈余，以"－"号填列。

（3）"本年年初余额"行，反映经过以前年度盈余调整后，单位净资产各项目的本年年初余额。本行"累计盈余""专用基金""权益法调整"项目应当根据其各自在"上年年末余额"和"以前年度盈余调整"行对应项目金额的合计数填列。

（4）"本年变动金额"行，反映单位净资产各项目本年变动总金额。本行"累计盈余""专用基金""权益法调整"项目应当根据其各自在"本年盈余""无偿调拨净资产""归集调整预算结转结余""提取或设置专用基金""使用专用基金""权益法调整"行对应项目金额的合计数填列。

（5）"本年盈余"行，反映单位本年发生的收入、费用对净资产的影响。本行"累计盈余"项目应当根据年末由"本期盈余"科目转入"本年盈余分配"科目的金额填列；如转入时借记"本年盈余分配"科目，则以"－"号填列。

（6）"无偿调拨净资产"行，反映单位本年无偿调入、调出非现金资产事项对净资产的影响。本行"累计盈余"项目应当根据年末由"无偿调拨净资产"科目转入"累计盈余"科目的金额填列；如转入时借记"累计盈余"科目，则以"－"号填列。

（7）"归集调整预算结转结余"行，反映单位本年财政拨款结转结余资金归集调入、归集上缴或调出，以及非财政拨款结转资金缴回对净资产的影响。本行"累计盈余"项目应当根据"累计盈余"科目明细账记录分析填列；如归集调整减少预算结转结余，则以"－"号填列。

（8）"提取或设置专用基金"行，反映单位本年提取或设置专用基金对净资产的影响。本行"累计盈余"项目应当根据"从预算结余中提取"行的"累计盈余"项目的金额填列。本行"专用基金"项目应当根据"从预算收入中提取""从预算结余中提取""设置的专用基金"行的"专用基金”项目金额的合计数填列。

其中，“从预算收入中提取”行，反映单位本年从预算收入中提取专用基金对净资产的影响。本行“专用基金”项目应当通过对“专用基金”科目明细账记录的分析，根据本年按有关规定从预算收入中提取基金的金额填列。

“从预算结余中提取”行，反映单位本年根据有关规定从本年度非财政拨款结余或经营结余中提取专用基金对净资产的影响。本行“累计盈余”“专用基金”项目应当通过对“专用基金”科目明细账记录的分析，根据本年按有关规定从本年度非财政拨款结余或经营结余中提取专用基金的金额填列；本行“累计盈余”项目以“－”号填列。

“设置的专用基金”行，反映单位本年根据有关规定设置的其他专用基金对净资产的影响。本行“专用基金”项目应当通过对“专用基金”科目明细账记录的分析，根据本年按有关规定设置的其他专用基金的金额填列。

(9)“使用专用基金”行，反映单位本年按规定使用专用基金对净资产的影响。本行“累计盈余”“专用基金”项目应当通过对“专用基金”科目明细账记录的分析，根据本年按规定使用专用基金的金额填列；本行“专用基金”项目以“－”号填列。

(10)“权益法调整”行，反映单位本年按照被投资单位除净损益和利润分配以外的所有者权益变动份额而调整长期股权投资账面余额对净资产的影响。本行“权益法调整”项目应当根据“权益法调整”科目本年发生额填列；若本年净发生额为借方时，以“－”号填列。

(11)“本年年末余额”行，反映单位本年各净资产项目的年末余额。本行“累计盈余”“专用基金”“权益法调整”项目应当根据其各自在“本年年初余额”“本年变动金额”行对应项目金额的合计数填列。

(12)本表各行“净资产合计”项目，应当根据所在行“累计盈余”“专用基金”“权益法调整”项目金额的合计数填列。

【例 13-3】 20×8 年 12 月 31 日，某事业单位的累计盈余的余额为 20 000 元，专用基金的余额为 16 000 元，权益法调整的余额为 12 000 元。20×9 年年度，该事业单位增加的累计盈余的金额为 40 000 元，设置的专用基金的金额为 70 000 元，权益法调整的金额为－2 000 元，本年度没有发生以前年度调整事项。据此编制的该事业单位 20×9 年度的净资产变动表如表 13-4 所示。

四、现金流量表

(一) 现金流量表的性质和格式

现金流量表是反映单位在某一会计年度内现金流入和流出的信息的报表。从编制原则上看，现金流量表按照收付实现制原则编制，将权责发生制下的盈余信息调整为收付实现制下的现金流量信息，便于信息使用者了解单位盈余的质量；从内容上看，现金流量表被划分为日常活动、投资活动和筹资活动三个部分，每类活动又分为各具体项目，这些项目从不同角度反映单位业务活动的现金流入与流出，弥补了资产负债表和收入费用表提供信息的不足。通过现金流量表，报表使用者能够了解现金流量的各个影响因素。

在现金流量表中，现金是指单位的库存现金以及其他可以随时用于支付的款项，包括库存现金、可以随时用于支付的银行存款、其他货币资金、零余额账户用款额度、财政应返还额度，以及通过财政直接支付方式支付的款项。现金流量表所指的现金流量，是指现金的流入和流出。现金流量表的具体格式如表 13-5 所示。

表 13-5

现金流量表

编制单位：某事业单位　　20×9 年　　单位：元

项　　目	本年金额	上年金额
一、日常活动产生的现金流量：		
财政基本支出拨款收到的现金	100 000	
财政非资本性项目拨款收到的现金	40 000	
事业活动收到的除财政拨款以外的现金	800	
收到的其他与日常活动有关的现金	200	
日常活动的现金流入小计	141 000	
购买商品、接受劳务支付的现金	1 080	
支付给职工以及为职工支付的现金	40 000	
支付的各项税费	160	
支付的其他与日常活动有关的现金	0	
日常活动的现金流出小计	41 240	
日常活动产生的现金流量净额	99 760	
二、投资活动产生的现金流量：		
收回投资收到的现金	20 000	
取得投资收益收到的现金	400	
处置固定资产、无形资产、公共基础设施等收回的现金净额	10 000	
收到的其他与投资活动有关的现金	0	
投资活动的现金流入小计	30 400	
购建固定资产、无形资产、公共基础设施等支付的现金	1 600	
对外投资支付的现金	20 000	
上缴处置固定资产、无形资产、公共基础设施等净收入支付的现金	1 000	
支付的其他与投资活动有关的现金	0	
投资活动的现金流出小计	22 600	
投资活动产生的现金流量净额	7 800	
三、筹资活动产生的现金流量：		
财政资本性项目拨款收到的现金	100 000	
取得借款收到的现金	20 000	
收到的其他与筹资活动有关的现金	0	
筹资活动的现金流入小计	120 000	
偿还借款支付的现金	16 000	
偿还利息支付的现金	200	
支付的其他与筹资活动有关的现金	0	
筹资活动的现金流出小计	16 200	
筹资活动产生的现金流量净额	103 800	
四、汇率变动对现金的影响额		
五、现金净增加额	211 360	

(二)现金流量表编制方法与编制说明

编制现金流量表时,列报日常活动现金流量的方法有两种:一是直接法;二是间接法。在直接法下,一般是以收入费用表中的收入为起算点,调节与日常活动有关的项目的增减变动,然后计算出日常活动产生的现金流量;在间接法下,将本期盈余调节为日常活动现金流量,实际上就是将按权责发生制原则确定的本期盈余调整为现金净流入,并剔除投资活动和筹资活动对现金流量的影响。

采用直接法编报的现金流量表,便于分析单位日常活动产生的现金流量的来源和用途;采用间接法编报现金流量表,便于将本期盈余与日常活动产生的现金流量净额进行比较,了解本期盈余与日常活动产生的现金流量差异的原因。所以,我国政府会计准则规定单位应当采用直接法编报现金流量表,同时要求在附注中提供以本期盈余为基础调节到日常活动现金流量的信息。按照规定,行政事业单位的现金流量表应当按年编制。

现金流量表"上年金额"栏反映各项目的上年实际发生数,应当根据上年现金流量表中"本年金额"栏内所列数字填列。"本年金额"栏反映各项目的本年实际发生数。"本年金额"栏各项目的填列方法如下所述。

1. 日常活动产生的现金流量

(1)"财政基本支出拨款收到的现金"项目,反映单位本年接受财政基本支出拨款取得的现金。本项目应当根据"零余额账户用款额度""财政拨款收入""银行存款"等科目及其所属明细科目的记录分析填列。

(2)"财政非资本性项目拨款收到的现金"项目,反映单位本年接受除用于购建固定资产、无形资产、公共基础设施等资本性项目以外的财政项目拨款取得的现金。本项目应当根据"银行存款""零余额账户用款额度""财政拨款收入"等科目及其所属明细科目的记录分析填列。

(3)"事业活动收到的除财政拨款以外的现金"项目,反映事业单位本年开展专业业务活动及其辅助活动取得的除财政拨款以外的现金。本项目应当根据"库存现金""银行存款""其他货币资金""应收账款""应收票据""预收账款""事业收入"等科目及其所属明细科目的记录分析填列。

(4)"收到的其他与日常活动有关的现金"项目,反映单位本年收到的除以上项目之外的与日常活动有关的现金。本项目应当根据"库存现金""银行存款""其他货币资金""上级补助收入""附属单位上缴收入""经营收入""非同级财政拨款收入""捐赠收入""利息收入""租金收入""其他收入"等科目及其所属明细科目的记录分析填列。

(5)"日常活动的现金流入小计"项目,反映单位本年日常活动产生的现金流入的合计数。本项目应当根据本表中"财政基本支出拨款收到的现金""财政非资本性项目拨款收到的现金""事业活动收到的除财政拨款以外的现金""收到的其他与日常活动有关的现金"项目金额的合计数填列。

(6)"购买商品、接受劳务支付的现金"项目,反映单位本年在日常活动中用于购买商品、接受劳务支付的现金。本项目应当根据"库存现金""银行存款""财政拨款收入""零余额账户用款额度""预付账款""在途物品""库存物品""应付账款""应付票据""业务活动费用""单位管理费用""经营费用"等科目及其所属明细科目的记录分析填列。

(7)"支付给职工以及为职工支付的现金"项目,反映单位本年支付给职工以及为职工支付的现金。本项目应当根据"库存现金""银行存款""零余额账户用款额度""财政拨款收入""应付职工薪酬""业务活动费用""单位管理费用""经营费用"等科目及其所属明细科目的记录分析填列。

(8)“支付的各项税费”项目,反映单位本年用于缴纳日常活动相关税费而支付的现金。本项目应当根据“库存现金”“银行存款”“零余额账户用款额度”“应交增值税”“其他应交税费”“业务活动费用”“单位管理费用”“经营费用”“所得税费用”等科目及其所属明细科目的记录分析填列。

(9)“支付的其他与日常活动有关的现金”项目,反映单位本年支付的除上述项目之外与日常活动有关的现金。本项目应当根据“库存现金”“银行存款”“零余额账户用款额度”“财政拨款收入”“其他应付款”“业务活动费用”“单位管理费用”“经营费用”“其他费用”等科目及其所属明细科目的记录分析填列。

(10)“日常活动的现金流出小计”项目,反映单位本年日常活动产生的现金流出的合计数。本项目应当根据本表中“购买商品、接受劳务支付的现金”“支付给职工以及为职工支付的现金”“支付的各项税费”“支付的其他与日常活动有关的现金”项目金额的合计数填列。

(11)“日常活动产生的现金流量净额”项目。本项目应当根据本表中“日常活动的现金流入小计”项目金额减去“日常活动的现金流出小计”项目金额后的金额填列;如为负数,以“－”号填列。

2. 投资活动产生的现金流量

(1)“收回投资收到的现金”项目,反映单位本年出售、转让或者收回投资收到的现金。本项目应该根据“库存现金”“银行存款”“短期投资”“长期股权投资”“长期债券投资”等科目的记录分析填列。

(2)“取得投资收益收到的现金”项目,反映单位本年因对外投资而收到被投资单位分配的股利或利润,以及收到投资利息而取得的现金。本项目应当根据“库存现金”“银行存款”“应收股利”“应收利息”“投资收益”等科目的记录分析填列。

(3)“处置固定资产、无形资产、公共基础设施等收回的现金净额”项目,反映单位本年处置固定资产、无形资产、公共基础设施等非流动资产所取得的现金,减去为处置这些资产而支付的有关费用之后的净额。由于自然灾害所造成的固定资产等长期资产损失而收到的保险赔款收入,也在本项目反映。本项目应当根据“库存现金”“银行存款”“待处理财产损溢”等科目的记录分析填列。

(4)“收到的其他与投资活动有关的现金”项目,反映单位本年收到的除上述项目之外与投资活动有关的现金。对于金额较大的现金流入,应当单列项目反映。本项目应当根据“库存现金”“银行存款”等有关科目的记录分析填列。

(5)“投资活动的现金流入小计”项目,反映单位本年投资活动产生的现金流入的合计数。本项目应当根据本表中“收回投资收到的现金”“取得投资收益收到的现金”“处置固定资产、无形资产、公共基础设施等收回的现金净额”“收到的其他与投资活动有关的现金”项目金额的合计数填列。

(6)“购建固定资产、无形资产、公共基础设施等支付的现金”项目,反映单位本年购买和建造固定资产、无形资产、公共基础设施等非流动资产所支付的现金;融资租入固定资产支付的租赁费不在本项目反映,在筹资活动的现金流量中反映。本项目应当根据“库存现金”“银行存款”“固定资产”“工程物资”“在建工程”“无形资产”“研发支出”“公共基础设施”“保障性住房”等科目的记录分析填列。

(7)“对外投资支付的现金”项目,反映单位本年为取得短期投资、长期股权投资、长期债券投资而支付的现金。本项目应当根据“库存现金”“银行存款”“短期投资”“长期股权投资”“长期债券投资”等科目的记录分析填列。

（8）“上缴处置固定资产、无形资产、公共基础设施等净收入支付的现金”项目，反映本年单位将处置固定资产、无形资产、公共基础设施等非流动资产所收回的现金净额予以上缴财政所支付的现金。本项目应当根据“库存现金”“银行存款”“应缴财政款”等科目的记录分析填列。

（9）“支付的其他与投资活动有关的现金”项目，反映单位本年支付的除上述项目之外与投资活动有关的现金。对于金额较大的现金流出，应当单列项目反映。本项目应当根据“库存现金”“银行存款”等有关科目的记录分析填列。

（10）“投资活动的现金流出小计”项目，反映单位本年投资活动产生的现金流出的合计数。本项目应当根据本表中“购建固定资产、无形资产、公共基础设施等支付的现金”“对外投资支付的现金”“上缴处置固定资产、无形资产、公共基础设施等净收入支付的现金”“支付的其他与投资活动有关的现金”项目金额的合计数填列。

（11）“投资活动产生的现金流量净额”项目。本项目应当根据本表中“投资活动的现金流入小计”项目金额减去“投资活动的现金流出小计”项目金额后的金额填列；如为负数，以“－”号填列。

3. 筹资活动产生的现金流量

（1）“财政资本性项目拨款收到的现金”项目，反映单位本年接受用于购建固定资产、无形资产、公共基础设施等资本性项目的财政项目拨款取得的现金。本项目应当根据“银行存款”“零余额账户用款额度”“财政拨款收入”等科目及其所属明细科目的记录分析填列。

（2）“取得借款收到的现金”项目，反映事业单位本年举借短期、长期借款所收到的现金。本项目应当根据“库存现金”“银行存款”“短期借款”“长期借款”等科目记录分析填列。

（3）“收到的其他与筹资活动有关的现金”项目，反映单位本年收到的除上述项目之外与筹资活动有关的现金。对于金额较大的现金流入，应当单列项目反映。本项目应当根据“库存现金”“银行存款”等有关科目的记录分析填列。

（4）“筹资活动的现金流入小计”项目，反映单位本年筹资活动产生的现金流入的合计数。本项目应当根据本表中“财政资本性项目拨款收到的现金”“取得借款收到的现金”“收到的其他与筹资活动有关的现金”项目金额的合计数填列。

（5）“偿还借款支付的现金”项目，反映事业单位本年偿还借款本金所支付的现金。本项目应当根据“库存现金”“银行存款”“短期借款”“长期借款”等科目的记录分析填列。

（6）“偿付利息支付的现金”项目，反映事业单位本年支付的借款利息等。本项目应当根据“库存现金”“银行存款”“应付利息”“长期借款”等科目的记录分析填列。

（7）“支付的其他与筹资活动有关的现金”项目，反映单位本年支付的除上述项目之外与筹资活动有关的现金，如融资租入固定资产所支付的租赁费。本项目应当根据“库存现金”“银行存款”“长期应付款”等科目的记录分析填列。

（8）“筹资活动的现金流出小计”项目，反映单位本年筹资活动产生的现金流出的合计数。本项目应当根据本表中“偿还借款支付的现金”“偿付利息支付的现金”“支付的其他与筹资活动有关的现金”项目金额的合计数填列。

（9）“筹资活动产生的现金流量净额”项目。本项目应当根据本表中“筹资活动的现金流入小计”项目金额减去“筹资活动的现金流出小计”金额后的金额填列；如为负数，以“－”号填列。

4. 汇率变动对现金的影响额

“汇率变动对现金的影响额”项目反映单位本年外币现金流量折算为人民币时，所采用的现金流量发生日的汇率折算的人民币金额与外币现金流量净额按期末汇率折算的人民币金额之间的差额。

5. 现金净增加额

“现金净增加额”项目反映单位本年现金变动的净额。本项目应当根据现金流量表中“日常活动产生的现金流量净额”“投资活动产生的现金流量净额”“筹资活动产生的现金流量净额”和“汇率变动对现金的影响额”项目金额的合计数填列；如为负数，以“－”号填列。

【例 13-4】 某事业单位于 20×9 年发生的日常活动、投资活动、筹资活动中涉及现金流量变动的相关业务事项如表 13-6 所示。该事业单位无汇率变动影响。

表 13-6　某事业单位 20×9 年相关业务事项涉及现金流入与现金流出的情况　单位：元

序号	业务事项	金额	现金流入或流出
(1)	收到财政基本拨款	100 000	财政基本拨款收到的现金(流入)
(2)	支付职工薪酬	40 000	支付职工以及为职工支付的现金(流出)
(3)	从银行提现	2 000	不影响现金流量
(4)	收到财政非资本性项目拨款	40 000	财政非资本性项目拨款收到的现金(流入)
(5)	购入固定资产	1 600	购建固定资产支付的现金(流出)
(6)	事业活动收到现金	800	事业活动收到的除财政拨款以外的现金(流入)
(7)	收回应收账款	200	收到的其他与日常活动有关的现金(流入)
(8)	购买库存物品	1 080	购买商品、接受劳务支付的现金(流出)
(9)	支付相关税金	160	支付的各项税费(流出)
(10)	收到财政资本性项目拨款	100 000	财政资本性项目拨款收到的现金(流入)
(11)	购买政府债券	20 000	对外投资支付的现金(流出)
(12)	处置无形资产	10 000	处置无形资产收回的现金净额(流入)
(13)	取得投资收益	400	取得投资收益收到的现金(流入)
(14)	收回债券投资	20 000	收回投资收到的现金(流入)
(15)	上缴处置无形资产净额	1 000	上缴处置无形资产净收入支付的现金(流出)
(16)	取得银行短期借款	20 000	取得借款收到的现金(流入)
(17)	偿还借款利息	200	偿还利息支付的现金(流出)
(18)	偿还短期借款	16 000	偿还借款支付的现金(流出)

根据表 13-6 中的资料：日常活动的现金流入小计 141 000 元(100 000＋40 000＋800＋200)，日常活动的现金流出小计 41 240 元(1 080＋40 000＋160)，日常活动产生的现金流量净额 99 760 元(141 000－41 240)；投资活动的现金流入小计 30 400 元(20 000＋400＋10 000)，投资活动的现金流出小计 22 600 元(1 600＋20 000＋1 000)，投资活动产生的现金流量净额 7 800 元(30 400－22 600)；筹资活动的现金流入小计 120 000 元(100 000＋20 000)，筹资活动

的现金流出小计 16 200 元(16 000+200),筹资活动产生的现金流量净额 103 800 元(120 000−16 200)。该事业单位 20×9 年的现金流量表如表 13-5 所示。

五、附注

(一) 会计报表附注的概念与作用

附注是对在会计报表中列示的项目所作的进一步说明,以及对未能在会计报表中列示项目的说明。附注是财务报表的重要组成部分。

会计报表附注的作用主要表现在以下几个方面：可以对会计报表中数字的形成基础进行解释和说明;可以对会计报表中的重要项目作较为具体详细的信息披露;可以对未能在会计报表中列示的项目作出说明。

(二) 会计报表附注的主要内容

1. 单位的基本情况

单位应当简要披露其基本情况,包括单位主要职能、主要业务活动、所在地、预算管理关系等。

2. 会计报表编制基础

3. 遵循政府会计准则、制度的声明

4. 重要会计政策和会计估计

单位应当采用与其业务特点相适应的具体会计政策,并充分披露报告期内采用的重要会计政策和会计估计。主要包括以下内容：

(1) 会计期间。

(2) 记账本位币,外币折算汇率。

(3) 坏账准备的计提方法。

(4) 存货类别、发出存货的计价方法、存货的盘存制度以及低值易耗品和包装物的摊销方法。

(5) 长期股权投资的核算方法。

(6) 固定资产分类、折旧方法、折旧年限和年折旧率;融资租入固定资产的计价和折旧方法。

(7) 无形资产的计价方法;使用寿命有限的无形资产,其使用寿命估计情况;使用寿命不确定的无形资产,其使用寿命不确定的判断依据;单位内部研究开发项目划分研究阶段和开发阶段的具体标准。

(8) 公共基础设施的分类、折旧(摊销)方法、折旧(摊销)年限,以及其确定依据。

(9) 政府储备物资分类,以及确定其发出成本所采用的方法。

(10) 保障性住房的分类、折旧方法、折旧年限。

(11) 其他重要的会计政策和会计估计。

(12) 本期发生重要会计政策和会计估计变更的,变更的内容和原因、受其重要影响的报表项目名称和金额、相关审批程序,以及会计估计变更开始适用的时点。

5. 会计报表重要项目说明

单位应当按照资产负债表和收入费用表项目列示顺序,采用文字和数据描述相结合的方式披露重要项目的明细信息。报表重要项目的明细金额合计,应当与报表项目金额相衔接。

报表重要项目说明应包括但不限于下列内容：

(1) 货币资金的披露。
(2) 应收账款的披露。
(3) 存货的披露。
(4) 其他流动资产的披露。
(5) 长期投资(长期债券投资、长期股权投资)的披露。
(6) 固定资产披露。
(7) 在建工程的披露。
(8) 无形资产的披露。
(9) 公共基础设施的披露。
(10) 政府储备物资的披露。
(11) 受托代理资产的披露。
(12) 应付账款的披露。
(13) 其他流动负债的披露。
(14) 长期借款的披露。
(15) 事业收入的披露。
(16) 非同级财政拨款收入的披露。
(17) 其他收入的披露。
(18) 业务活动费用的披露。
(19) 其他费用的披露。
(20) 本期费用的披露。

以固定资产的信息披露为例，披露的格式如表 13-7 所示。

表 13-7 固定资产的披露 金额单位：元

项　　目	年初余额	本期增加额	本期减少额	期末余额
一、原值合计				
其中：房屋及构筑物				
通用设备				
专用设备				
文物和陈列品				
图书、档案				
家具、用具、装具及动植物				
二、累计折旧合计				
其中：房屋及构筑物				
通用设备				
专用设备				
家具、用具、装具				

（续表）

项　　目	年初余额	本期增加额	本期减少额	期末余额
三、账面价值合计				
其中：房屋及构筑物				
通用设备				
专用设备				
文物和陈列品				
图书、档案				
家具、用具、装具及动植物				

再以费用的信息披露为例，披露的格式如表 13-8 所示。

表 13-8　　本期费用的披露　　金额单位：元

项　　目	本年数	上年数
工资福利费用		
商品和服务费用		
对个人和家庭的补助费用		
对企业补助费用		
固定资产折旧费		
无形资产摊销费		
公共基础设施折旧（摊销）费		
保障性住房折旧费		
计提专用基金		
所得税费用		
资产处置费用		
上缴上级费用		
对附属单位补助费用		
其他费用		
本期费用合计		

注：单位在按照制度规定编制收入费用表的基础上，可以根据需要按照本表披露的内容编制收入费用表。

6. 本年盈余与预算结余的差异情况说明

为了反映单位财务会计和预算会计因核算基础和核算范围不同所产生的本年盈余数与本年预算结余数之间的差异，单位应当按照重要性原则，对本年度发生的各类影响收入（预算收入）和费用（预算支出）的业务进行适度归并和分析，披露将年度预算收入支出表中“本年预算收支差额”调节为年度收入费用表中“本期盈余”的信息。本年盈余与本年预算结余的差异情况如表 13-9 所示。

表 13-9 本年盈余与本年预算结余的差异情况 金额单位：元

项 目	金额
一、本年预算结余（本年预算收支差额）	
二、差异调节	
（一）重要事项的差异	
加：1. 当期确认为收入但没有确认为预算收入	
（1）应收款项、预收账款确认的收入	
（2）接受非货币性资产捐赠确认的收入	
2. 当期确认为预算支出但没有确认为费用	
（1）支付应付款项、预付账款的支出	
（2）为取得存货、政府储备物资等计入物资成本的支出	
（3）为购建固定资产等的资本性支出	
（4）偿还借款本息支出	
减：1. 当期确认为预算收入但没有确认为收入	
（1）收到应收款项、预收账款确认的预算收入	
（2）取得借款确认的预算收入	
2. 当期确认为费用但没有确认为预算支出	
（1）发出存货、政府储备物资等确认的费用	
（2）计提的折旧费用和摊销费用	
（3）确认的资产处置费用（处置资产价值）	
（4）应付款项、预付账款确认的费用	
（二）其他事项差异	
三、本年盈余（本年收入与费用的差额）	

7. 其他重要事项说明

（1）资产负债表日存在的重要或有事项说明。没有重要或有事项的，也应说明。

（2）以名义金额计量的资产名称、数量等情况，以及以名义金额计量理由的说明。

（3）通过债务资金形成的固定资产、公共基础设施、保障性住房等资产的账面价值、使用情况、收益情况及与此相关的债务偿还情况等的说明。

（4）重要资产置换、无偿调入（出）、捐入（出）、报废、重大毁损等情况的说明。

（5）事业单位将单位内部独立核算单位的会计信息纳入本单位财务报表情况的说明。

（6）政府会计具体准则中要求附注披露的其他内容。

（7）有助于理解和分析单位财务报表需要说明的其他事项。

根据《政府会计准则制度解释第 1 号》的规定，单位在按照债务人（债权人）对应收款项（应付款项）进行明细核算的基础上，应当在财务报表附注中按照债务人（债权人）分类对应收款项（应付款项）进行披露。债务人（债权人）类别主要分为本部门内部单位（指纳入单位所属部门财务报告合并范围的单位，下同）、本部门以外同级政府单位、本部门以外非同级政府单位和其他单位。

单位在按照收入来源(支付对象)对有关收入科目(费用科目)进行明细核算的基础上,应当在财务报表附注中按照收入来源(支付对象)分类对有关收入(费用)进行披露。收入来源(支付对象)主要分为本部门内部单位、本部门以外同级政府单位、本部门以外非同级政府单位和其他单位。

单位按照《政府会计制度》中财务报表附注所列格式分类对应收款项、应付款项、有关收入和费用进行具体披露时,应当遵循重要性原则。单位对重要性的判断,应当依据《政府会计准则第 9 号——财务报表编制和列报》,并考虑满足编制合并财务报表的信息需要,即相关合并主体能够基于单位所披露的信息,抵销合并主体与被合并主体之间、被合并主体相互之间发生的债权债务、收入费用等内部业务或事项对财务报表的影响。

第二节　行政事业单位预算会计报表

行政事业单位预算会计报表是反映单位预算执行结果等的书面文件,主要包括预算收入支出表、预算结转结余变动表和财政拨款预算收入支出表。

一、预算收入支出表

(一) 预算收入支出表的性质与格式

预算收入支出表是反映单位在某一会计年度内各项预算收入、预算支出和预算收支差额的情况的报表。该表可以提供某一会计年度内预算收入总额及其构成情况、预算支出总额及其构成情况,以及预算收支差额的信息。

按照规定,单位预算收入支出表应当按照年度编制。

预算收入支出表采用单步式格式,即采用基本的计算公式:本年预算收入－本年预算支出＝本年预算收支差额。预算收入支出表还就各项目再分为“本年数”和“上年数”两栏分别列示。预算收入支出表的格式如表 13-10 所示。

表 13-10　　　　预算收入支出表

编制单位:　　　　　　年　月　　　　　　单位:

项　目	本年数	上年数
一、本年预算收入		
(一) 财政拨款预算收入		
其中:政府性基金收入		
(二) 事业预算收入		
(三) 上级补助预算收入		
(四) 附属单位上缴预算收入		
(五) 经营预算收入		
(六) 债务预算收入		
(七) 非同级财政拨款预算收入		
(八) 投资预算收益		

（续表）

项　　目	本年数	上年数
（九）其他预算收入		
其中：利息预算收入		
捐赠预算收入		
租金预算收入		
二、本年预算支出		
（一）行政支出		
（二）事业支出		
（三）经营支出		
（四）上缴上级支出		
（五）对附属单位补助支出		
（六）投资支出		
（七）债务还本支出		
（八）其他支出		
其中：利息支出		
捐赠支出		
三、本年预算收支差额		

（二）预算收入支出表的编制方法

1. 预算收入支出表“上年数”栏反映的内容和填列方法

预算收入支出表“本年数”栏反映各项目的本年实际发生数。本表“上年数”栏反映各项目上年度的实际发生数，应当根据上年度预算收入支出表中“本年数”栏内所列数字填列。

2. 预算收入支出表“本年数”栏各项目的内容和填列方法

（1）“本年预算收入”项目，反映单位本年预算收入总额。本项目应当根据本表中“财政拨款预算收入”“事业预算收入”“上级补助预算收入”“附属单位上缴预算收入”“经营预算收入”“非同级财政拨款预算收入”“投资预算收益”和“其他预算收入”项目金额的合计数填列。本表中各预算收入项目金额应当根据各预算收入科目的本年发生额填列。

（2）“本年预算支出”项目，反映单位本年预算支出总额。本项目应当根据本表中“行政支出”“事业支出”“经营支出”“上缴上级支出”“对附属单位补助支出”“投资支出”“债务还本支出”和“其他支出”项目金额的合计数填列。本表中各支出项目金额应当根据各支出科目的本年发生额填列。

（3）“本年预算收支差额”项目，反映单位本年各项预算收支相抵后的差额。本项目应当根据本表中“本期预算收入”项目金额减去“本期预算支出”项目金额后的金额填列；如相减后金额为负数，以“－”号填列。

二、预算结转结余变动表

(一) 预算结转结余变动表的性质与格式

预算结转结余变动表是反映单位在某一会计年度内预算结转结余的变动情况的报表。例如,通过本表可以提供某一会计年度年初预算结转结余、年初余额调整、本年变动金额和年末预算结转结余等信息。

预算结转结余变动表采用的基本计算公式为:年初预算结转结余+年初余额调整+本年变动金额=年末预算结转结余。预算结转结余变动表还就各项目再分为"本年数"和"上年数"两栏分别列示。由此,预算结转结余变动表的格式如表 13-11 所示。

表 13-11　　　　预算结转结余变动表

编制单位:某事业单位　　　　20×9 年 12 月 31 日　　　　单位:元

项　　目	本年数	上年数
一、年初预算结转结余	50 400	
(一) 财政拨款结转结余	41 400	
(二) 其他资金结转结余	9 000	
二、年初余额调整(减少以"—"号填列)	9 900	
(一) 财政拨款结转结余	4 950	
(二) 其他资金结转结余	4 950	
三、本年变动金额(减少以"—"号填列)	35 100	
(一) 财政拨款结转结余	31 500	
1. 本年收支差额	0	
2. 归集调入	35 100	
3. 归集上缴或调出	−3 600	
(二) 其他资金结转结余	3 600	
1. 本年收支差额	4 050	
2. 缴回资金	−450	
3. 使用专用结余	0	
4. 支付所得税	0	
四、年末预算结转结余	95 400	
(一) 财政拨款结转结余	77 850	
1. 财政拨款结转	67 500	
2. 财政拨款结余	10 350	
(二) 其他资金结转结余	17 550	

（续表）

项　　目	本年数	上年数
1. 非财政拨款结转	11 700	
2. 非财政拨款结余	5 850	
3. 专用结余	0	
4. 经营结余(如有余额,以“—”号填列)	0	

（二）预算结转结余变动表编制说明

预算结转结余变动表中“本年数”栏反映各项目的本年实际发生数。预算结转结余变动表中“上年数”栏反映各项目的上年实际发生数，应当根据上年度预算结转结余变动表中“本年数”栏内所列数字填列。

预算结转结余变动表中“本年数”栏各项目的内容和填列方法如下所述。

1. “年初预算结转结余”项目

“年初预算结转结余”项目，反映单位本年预算结转结余的年初余额。本项目应当根据本项目下的“财政拨款结转结余”“其他资金结转结余”项目金额的合计数填列。

（1）“财政拨款结转结余”项目，反映单位本年财政拨款结转结余资金的年初余额。本项目应当根据“财政拨款结转”“财政拨款结余”科目本年年初余额合计数填列。

（2）“其他资金结转结余”项目，反映单位本年其他资金结转结余的年初余额。本项目应当根据“非财政拨款结转”“非财政拨款结余”“专用结余”“经营结余”科目本年年初余额的合计数填列。

2. “年初余额调整”项目

“年初余额调整”项目，反映单位本年预算结转结余年初余额调整的金额。本项目应当根据本项目下的“财政拨款结转结余”“其他资金结转结余”项目金额的合计数填列。

（1）“财政拨款结转结余”项目，反映单位本年财政拨款结转结余资金的年初余额调整金额。本项目应当根据“财政拨款结转”“财政拨款结余”科目下“年初余额调整”明细科目的本年发生额的合计数填列；如调整减少年初财政拨款结转结余，以“—”号填列。

（2）“其他资金结转结余”项目，反映单位本年其他资金结转结余的年初余额调整金额。本项目应当根据“非财政拨款结转”“非财政拨款结余”科目下的“年初余额调整”明细科目的本年发生额的合计数填列；如调整减少年初其他资金结转结余，以“—”号填列。

3. “本年变动金额”项目

“本年变动金额”项目，反映单位本年预算结转结余变动的金额。本项目应当根据本项目下的“财政拨款结转结余”“其他资金结转结余”项目金额的合计数填列。

（1）“财政拨款结转结余”项目，反映单位本年财政拨款结转结余资金的变动。本项目应当根据本项目下的“本年收支差额”“归集调入”“归集上缴或调出”项目金额的合计数填列。

① “本年收支差额”项目，反映单位本年财政拨款资金收支相抵后的差额。本项目应当根据“财政拨款结转”科目下“本年收支结转”明细科目本年转入的预算收入与预算支出的差额填列；差额为负数的，以“—”号填列。

② “归集调入”项目，反映单位本年按照规定从其他单位归集调入的财政拨款结转资金。

本项目应当根据“财政拨款结转”科目下“归集调入”明细科目的本年发生额填列。

③“归集上缴或调出”项目，反映单位本年按照规定上缴的财政拨款结转结余资金及按照规定向其他单位调出的财政拨款结转资金。本项目应当根据“财政拨款结转”“财政拨款结余”科目下的“归集上缴”明细科目，以及“财政拨款结转”科目下的“归集调出”明细科目本年发生额的合计数填列，以“－”号填列。

(2)“其他资金结转结余”项目，反映单位本年其他资金结转结余的变动。本项目应当根据本项目下的“本年收支差额”“缴回资金”“使用专用结余”“支付所得税”项目金额的合计数填列。

①“本年收支差额”项目，反映单位本年除财政拨款外的其他资金收支相抵后的差额。本项目应当根据“非财政拨款结转”科目下的“本年收支结转”明细科目、“其他结余”科目、“经营结余”科目本年转入的预算收入与预算支出的差额的合计数填列；如为负数，以“－”号填列。

②“缴回资金”项目，反映单位本年按照规定缴回的非财政拨款结转资金。本项目应当根据“非财政拨款结转”科目下的“缴回资金”明细科目本年发生额的合计数填列，以“－”号填列。

③“使用专用结余”项目，反映本年事业单位根据规定使用从非财政拨款结余或经营结余中提取的专用基金的金额。本项目应当根据“专用结余”科目明细账中本年使用专用结余业务的发生额填列，以“－”号填列。

④“支付所得税”项目，反映有企业所得税缴纳义务的事业单位本年实际交纳的企业所得税金额。本项目应当根据“非财政拨款结余”明细账中本年实际交纳企业所得税业务的发生额填列，以“－”号填列。

4. “年末预算结转结余”项目

“年末预算结转结余”项目，反映单位本年预算结转结余的年末余额。本项目应当根据本项目下的“财政拨款结转结余”“其他资金结转结余”项目金额的合计数填列。

(1)“财政拨款结转结余”项目，反映单位本年财政拨款结转结余的年末余额。本项目应当根据本项目下的“财政拨款结转”“财政拨款结余”项目金额的合计数填列。上述两项结余项目，应当分别根据两项结余科目的本年年末余额填列。

(2)“其他资金结转结余”项目，反映单位本年其他资金结转结余的年末余额。本项目应当根据本项目下的“非财政拨款结转”“非财政拨款结余”“专用结余”“经营结余”项目金额的合计数填列。上述四项结余项目，应当分别根据四项结余科目的本年年末余额填列。

【例13-5】 某事业单位于20×9年12月31日结转后，有关单位预算结转结余的年初数、年末数和本年变动数如表13-12所示。

表13-12　　单位预算结转结余科目余额与发生额

20×9年12月31日　　单位：元

项目	年初数	年末数	本年变动数(明细科目发生额)
财政拨款结转	36 000	67 500	31 500
——年初余额调整			
——归集调入			35 100
——归集调出			－1 350
——归集上缴			－2 250

（续表）

项目	年初数	年末数	本年变动数(明细科目发生额)
——单位内部调剂			
——本年收支结转			
——累计结转	36 000	67 500	31 500
财政拨款结余	5 400	10 350	4 950
——年初余额调整			4 950
——归集上缴			
——单位内部调剂			
——结转转入			
——累计结转	5 400	10 350	4 950
非财政拨款结转	6 750	11 700	4 950
——年初余额调整			1 350
——缴回资金			−450
——项目间接费用或管理费			
——本年收支结转			4 050
——累计结转	6 750	11 700	4 950
非财政拨款结余	2 250	5 850	3 600
——年初余额调整			3 600
——项目间接费用或管理费			
——结转转入			
——累计结余	2 250	5 850	3 600
专用结余	0	0	0
经营结余	0	0	0
合计	50 400	95 400	45 000

根据表13-12的资料，年初预算结转结余50 400元[(36 000＋5 400)＋(6 750＋2 250)]，年初余额调整9 900元(4 950＋1 350＋3 600)，本年变动数31 500元[(35 100－3 600)＋(4 050－450)]，年末预算结转结余95 400元[(67 500＋10350)＋(11 700＋5 850)]。编制完成的该单位的预算结转结余变动表如表13-11所示。

三、财政拨款预算收入支出表

（一）财政拨款预算收入支出表的概念

财政拨款预算收入支出表是指反映单位在某一会计期间财政拨款预算收入、支出及结转结余情况的报表。该表中的数据与预算结转结余变动表中的数据存在内在联系，是对预算结转结余变动表中的相关数据的详细展开。将该表中的数据与经批准的财政拨款预算收入支出预算数据进行比较，可以全面了解和评价单位财政拨款收支预算执行情况。按照规定，事业单位的财政拨款预算收入支出表应当按照年度编制。

（二）财政拨款预算收入支出表的格式

单位财政拨款预算收入支出表需要详细反映各项财政补助资金由年初数额变化为年末数额的有关内容，其中包括年初数额的调整、本年归集调入、本年上缴、本年财政拨款预算收入、本年财政补助支出等内容。单位财政拨款预算收入支出表的格式如表 13-13 所示。

表 13-13 财政拨款预算收入支出表

编制单位： 年 单位：

项　　目	年初财政拨款结转结余		调整年初财政拨款结转结余	本年归集调入	本年归集上缴或调出	单位内部调剂		本年财政拨款收入	本年财政拨款支出	年末财政拨款结转结余	
	结转	结余				结转	结余			结转	结余
一、一般公共预算财政拨款											
（一）基本支出											
1. 人员经费											
2. 日常公用经费											
（二）项目支出											
1. XX 项目											
2. XX 项目											
……											
二、政府性基金预算财政拨款											
（一）基本支出											
1. 人员经费											
2. 日常公用经费											
（二）项目支出											
1. XX 项目											
2. XX 项目											
……											
总计											

（三）财政拨款预算收入支出表编制方法

财政拨款预算收入支出表各栏及其对应项目的内容和填列方法如下：

（1）“年初财政拨款结转结余”栏中各项目，反映单位年初各项财政拨款结转结余的金额。本栏中各项目应当根据“财政拨款结转”“财政拨款结余”及其明细科目的年初余额填列。本栏中各项目的数额应当与上年度财政拨款预算收入支出表中“年末财政拨款结转结余”栏中各项目的数额相等。

(2)“调整年初财政拨款结转结余”栏中各项目,反映单位对年初财政拨款结转结余的调整金额。本栏中各项目应当根据“财政拨款结转”“财政拨款结余”科目下的“年初余额调整”明细科目及其所属明细科目的本年发生额填列;如调整减少年初财政拨款结转结余,以“－”号填列。

(3)“本年归集调入”栏中各项目,反映单位本年按规定从其他单位调入的财政拨款结转资金金额。本栏中各项目应当根据“财政拨款结转”科目下的“归集调入”明细科目及其所属明细科目的本年发生额填列。

(4)“本年归集上缴或调出”栏中各项目,反映单位本年按规定实际上缴的财政拨款结转结余资金,及按照规定向其他单位调出的财政拨款结转资金金额。本栏中各项目应当根据“财政拨款结转”“财政拨款结余”科目下的“归集上缴”科目和“财政拨款结转”科目下的“归集调出”明细科目及其所属明细科目的本年发生额填列,以“－”号填列。

(5)“单位内部调剂”栏中各项目,反映单位本年财政拨款结转结余资金在单位内部不同项目等之间的调剂金额。本栏中各项目应当根据“财政拨款结转”和“财政拨款结余”科目下的“单位内部调剂”明细科目及其所属明细科目的本年发生额填列;对单位内部调剂减少的财政拨款结余金额,以“－”号填列。

(6)“本年财政拨款收入”栏中各项目,反映单位本年从同级财政部门取得的各类财政预算拨款金额。本栏中各项目应当根据“财政拨款预算收入”科目及其所属明细科目的本年发生额填列。

(7)“本年财政拨款支出”栏中各项目,反映单位本年发生的财政拨款支出金额。本栏中各项目应当根据“行政支出”“事业支出”等科目及其所属明细科目本年发生额中的财政拨款支出数的合计数填列。

(8)“年末财政拨款结转结余”栏中各项目,反映单位年末财政拨款结转结余的金额。本栏中各项目应当根据“财政拨款结转”“财政拨款结余”科目及其所属明细科目的年末余额填列。

第三节　行政事业单位合并财务报表

一、合并财务报表的概念和构成

合并财务报表,是指反映合并主体和其全部被合并主体形成的报告主体整体财务状况与运行情况的财务报表。合并主体,是指有一个或一个以上被合并主体的政府会计主体。合并主体通常也是合并财务报表的编制主体。被合并主体,是指符合《政府会计准则第 9 号——财务报表编制和列报》规定的纳入合并主体合并范围的会计主体。

合并财务报表至少包括合并资产负债表、合并收入费用表和附注。

二、合并财务报表的分类和编制主体

合并财务报表按照合并级次分为部门(单位)合并财务报表、本级政府合并财务报表和行政区政府合并财务报表。

部门(单位)合并财务报表,是指以政府部门(单位)本级作为合并主体,将部门(单位)本级及其合并范围内全部被合并主体的财务报表进行合并后形成的、反映部门(单位)整体财务状况与运行情况的财务报表。部门(单位)合并财务报表是政府部门财务报告的主要组成部分。

本级政府合并财务报表，是指以本级政府财政作为合并主体，将本级政府财政及其合并范围内全部被合并主体的财务报表进行合并后形成的，反映本级政府整体财务状况与运行情况的财务报表。本级政府合并财务报表是本级政府综合财务报告的主要组成部分。

行政区政府合并财务报表，是指以行政区本级政府作为合并主体，将本行政区内各级政府的财务报表进行合并后形成的，反映本行政区政府整体财务状况与运行情况的财务报表。行政区政府合并财务报表是行政区政府财务报告的主要组成部分。

部门（单位）合并财务报表由部门（单位）负责编制；本级政府合并财务报表由本级政府财政部门负责编制。各级政府财政部门既负责编制本级政府合并财务报表，也负责编制本级政府所辖行政区政府合并财务报表。

三、合并程序

（一）一般合并程序

合并财务报表应当以合并主体和其被合并主体的财务报表为基础，根据其他有关资料加以编制。合并财务报表应当以权责发生制为基础编制。合并主体和其合并范围内被合并主体个别财务报表应当采用权责发生制基础编制，按规定未采用权责发生制基础编制的，应当先调整为权责发生制基础的财务报表，再由合并主体进行合并。编制合并财务报表时，应当将合并主体和其全部被合并主体视为一个会计主体，遵循政府会计准则制度规定的统一的会计政策。合并范围内合并主体、被合并主体个别财务报表未遵循政府会计准则制度规定的统一会计政策的，应当先调整为遵循政府会计准则制度规定的统一会计政策的财务报表，再由合并主体进行合并。

编制合并财务报表的程序主要包括以下环节：①根据上述有关编制基础和统一会计政策的要求，对需要进行调整的个别财务报表进行调整，以调整后的个别财务报表作为编制合并财务报表的基础。②将合并主体和被合并主体个别财务报表中的资产、负债、净资产、收入和费用项目进行逐项合并。③抵销合并主体和被合并主体之间、被合并主体相互之间发生的债权债务、收入费用等内部业务或事项对财务报表的影响。

在编制合并财务报表时，被合并主体除了应当向合并主体提供财务报表外，还应当提供以下有关资料：①采用的与政府会计准则制度规定的统一的会计政策不一致的会计政策及其影响金额。②其与合并主体、其他被合并主体之间发生的所有内部业务或事项的相关资料。③编制合并财务报表所需要的其他资料。

（二）报告期内被合并主体变动的处理

对于在报告期内因划转而纳入合并范围的被合并主体，合并主体应当将其报告期内的收入、费用项目金额包括在本期合并收入费用表的本期数中，合并资产负债表的期初数不作调整。对于在报告期内因划转而不再纳入合并范围的被合并主体，其报告期内的收入、费用项目金额不包括在本期合并收入费用表的本期数中，合并资产负债表的期初数不作调整。合并主体应当确保划转双方的会计处理协调一致，确保不重复、不遗漏，并在合并财务报表附注中对划转情况及其影响进行充分披露。

在报告期内，被合并主体撤销的，其期初资产、负债和净资产项目金额应当包括在合并资产负债表的期初数中，其期初至撤销日的收入、费用项目金额应当包括在本期合并收入费用表的本期数中，其期初至撤销日的收入、费用项目金额所引起的净资产变动金额应当包括在合并资产负债表的期末数中。

四、部门(单位)合并财务报表

(一) 合并范围

部门(单位)合并财务报表的合并范围一般应当以财政预算拨款关系为基础予以确定。有下级预算单位的部门(单位)为合并主体，其下级预算单位为被合并主体。合并主体应当将其全部被合并主体纳入合并财务报表的合并范围。部门(单位)所属的企业不纳入部门(单位)合并财务报表的合并范围。

(二) 合并程序

部门(单位)合并资产负债表应当以部门(单位)本级和其被合并主体符合上述有关编制基础和统一会计政策要求的个别资产负债表或合并资产负债表为基础，在抵销内部业务或事项对合并资产负债表的影响后，由部门(单位)本级合并编制。编制部门(单位)合并资产负债表时，需要抵销的内部业务或事项包括部门(单位)本级和其被合并主体之间、被合并主体相互之间的债权(含应收款项坏账准备，下同)、债务项目，以及其他业务或事项对部门(单位)合并资产负债表的影响。

部门(单位)合并收入费用表应当以部门(单位)本级和其被合并主体符合上述有关编制基础和统一会计政策要求的个别收入费用表或合并收入费用表为基础，在抵销内部业务或事项对合并收入费用表的影响后，由部门(单位)本级合并编制。编制部门(单位)合并收入费用表时，需要抵销的内部业务或事项包括部门(单位)本级和其被合并主体之间、被合并主体相互之间的收入、费用项目。

(三) 合并财务报表格式

部门(单位)合并资产负债表的格式参见《政府会计制度》规定的资产负债表格式。部门(单位)合并收入费用表中“本期收入”类项目的列示参见《政府会计制度》规定的收入费用表格式，但“本期费用”类项目应当按照费用的性质进行分类列示，具体可参见《政府会计制度》规定的财务报表附注中的“本期费用按经济分类的披露格式”。

复习思考题

1. 什么是行政事业单位会计报表？具体分成哪两大类？
2. 什么是行政事业单位资产负债表？其作用表现在哪几个方面？月报和年报的项目有何不同？
3. 什么是行政事业单位收入费用表？表中各项收入和各项费用与本期盈余之间的关系如何？
4. 什么是行政事业单位净资产变动表？其格式如何？
5. 什么是行政事业单位现金流量表？现金流量具体区分为哪三大种类？经营活动的现金流量有几种列示方法？
6. 什么是行政事业单位财务会计报表附注？其主要包括哪些内容？
7. 什么是行政事业单位预算收入支出表？表中本年预算收入、本年预算支出与本年预算收支差额之间的关系如何？
8. 什么是行政事业单位预算结转结余变动表？表中各大类项目之间的数量关系如何？
9. 什么是行政事业单位财政拨款预算收入支出表？表中主要包括哪些主要项目？
10. 行政事业单位年度预算收入支出表中的本年预算收支差额与年度收入费用表中的本年盈余有何不同？存在哪些差异？
11. 什么是行政事业单位的合并财务报表？具体分为几类？编制主体有哪几种？
12. 行政事业单位合并财务报表以什么为编制基础？编制程序主要包括哪几个环节？

13. 部门(单位)合并财务报表的合并范围和合并程序是如何规定的?

选择题

1. 下列项目中,在行政事业单位资产负债表的年报中,不需要列示的是(　　)项目。
A. “累计盈余”　　B. “专用基金”　　C. “权益法调整”　　D. “无偿调拨净资产”
2. 在收入费用表中,行政单位和事业单位都需要列示的项目是(　　)项目。
A. “业务活动费用”　　B. “投资收益”
C. “附属单位上缴收入”　　D. “对附属单位补助费用”
3. 在将年度预算收入支出表中的“本年预算收支差额”调节为年度收入费用表中的“本期盈余”时,调节增加的项目是(　　)项目。
A. “取得借款确认的预算收入”　　B. “应付款项、预付账款确认的费用”
C. “计提的折旧费用和摊销费用”　　D. “应收款项、预收账款确认的收入”
4. 在收入费用表中,可能为负数的项目是(　　)项目。
A. “财政拨款收入”　　B. “事业收入”　　C. “业务活动费用”　　D. “本期盈余”
5. 在行政事业单位资产负债表中,“货币资金”项目反映单位期末(　　)的合计数。
A. 库存现金　　B. 银行存款
C. 零余额账户用款额度　　D. 其他货币资金
6. 在收入费用表中,行政单位不需要列示的项目是(　　)项目。
A. “事业收入”　　B. “经营收入”
C. “上级补助收入”　　D. “单位管理费用”
7. 下列项目中,属于现金流量表所指的现金的是(　　)。
A. 库存现金　　B. 零余额账户用款额度
C. 银行存款　　D. 通过财政直接支付方式支付的款项
8. 下列项目中,不属于行政单位资产负债表的年报中的项目是(　　)项目。
A. “累计盈余”　　B. “专用基金”
C. “权益法调整”　　D. “无偿调拨净资产”

练习题

(一) 某行政单位于20×9年12月31日完成收支结转后,有关资产类、负债类与净资产类会计科目的余额如下:

(1) 资产类项目:库存现金420元,银行存款1 040元,财政应返还额度1 240元,应收账款320元,预付账款600元,其他应收款240元,库存物品880元,固定资产原值1 008 000元,固定资产累计折旧232 000元,在建工程54 000元,无形资产原值119 800元,无形资产累计摊销21 200元,公共基础设施原值744 000元,公共基础设施累计折旧80 800元,政府储备物资3 680元。

(2) 负债类项目:应缴财政款320元,应交增值税60元,其他应交税费20元,应付职工薪酬1 680元,应付账款680元,其他应付款360元,长期应付款3 600元。

(3) 净资产类项目:累计盈余1 232 680元,专用基金80元。在库存现金和银行存款余额中,没有属于受托代理的现金和银行存款余额。在长期应付款余额中,有500元将于一年内到期。

要求:根据上述资料,为该行政单位编制该年度的资产负债表。

(二) 某事业单位20×9年度有关收入类和费用类的本年发生额如下:

(1) 收入类项目:财政拨款收入250 000元,事业收入150 000元,上级补助收入6 000元,附属单位上缴收入4 000元,经营收入2 500元,非同级财政拨款收入7 000元,投资收益2 000元,捐赠收入4 000元,租金收入2 200元,利息收入800元和其他收入1 500元,合计430 000元。

（2）费用类项目：业务活动费用 255 000 元，单位管理费用 152 000 元，经营费用 2 000 元，资产处置费用 9 000 元，上缴上级费用 3 000 元，对附属单位补助费用 2 900 元和其他费用 2 000 元，合计 426 000 元。财政拨款收入全部为一般公共预算财政拨款，没有政府性基金预算财政拨款。

要求：根据上述资料，为该事业单位编制该年度的收入费用表。

（三）某事业单位 20×9 年有关预算收支会计科目的本年发生额情况如下：

（1）预算收入类项目：财政拨款预算收入 1 340 000 元，事业预算收入 348 250 元，上级补助预算收入 300 000 元，附属单位上缴预算收入 116 000 元，经营预算收入 34 000 元，非同级财政拨款预算收入 176 750 元，投资预算收益 60 000 元，其他预算收入 53 000 元（其中租金预算收入 20 000 元），合计 2 428 000 元。

（2）预算支出类项目：事业支出 1 331 500 元，经营支出 32 750 元、上缴上级支出 30 750 元，对附属单位补助支出 25 000 元，投资支出 670 000 元，债务还本支出 250 000 元，其他支出 39 500 元（其中利息支出 5 000 元，捐赠支出 10 000 元），合计 2 379 500 元。财政拨款收入全部为一般公共预算财政拨款，没有政府性基金预算财政拨款。

要求：根据上述资料，为该事业单位编制预算收入支出表。

（四）某事业单位 20×9 年度有关净资产及其变动情况的资料如下：上年年末净资产余额合计85 414 元，其中，累计盈余 85 370 元，专用基金 44 元；无以前年度调整情况；本年盈余－5 942 元；本年从预算结余中提取专用基金 8 元；本年使用专用基金 6 元，并非使用在购置固定资产或无形资产上。

要求：根据以上资料，为该事业单位编制 20×9 年度的净资产变动表。上年数省略。

（五）某事业单位 20×9 年度有关预算结转结余及其变动情况的资料如下：年初预算结转结余合计 960 元，其中，财政拨款结转结余 240 元，其他资金结转结余 720 元；本年无预算结转结余年初余额调整情况；本年财政拨款结转结余 3 180 元，均为本年收支差额；本年其他资金结转结余 1 320 元，其中，本年收支差额 1 500 元，使用专用结余 180 元；年末财政拨款结转结余 3 420 元，其中，财政拨款结转 3 300 元，财政拨款结余 120 元；年末其他资金结转结余 2 040 元，其中，非财政拨款结转 180 元，非财政拨款结余 480 元，专用结余 1 380 元。

要求：根据以上资料，为该事业单位编制 20×9 年度的预算结转结余变动表。上年数省略。

（六）某事业单位 20×9 年度有关一般公共预算财政拨款收支情况的资料如下：年初财政拨款结转结余合计 240 元，其中，结转数为 210 元（基本支出结转 60 元，项目支出结转 150 元），结余数为 30 元（为项目支出结余）；本年无财政拨款结转结余年初余额调整情况；本年单位内部将 30 元项目支出结余调整至另一项目支出结转；本年财政拨款收入 33 600 元，其中，基本支出拨款收入 23 400 元，项目支出拨款收入 10 200 元；本年财政拨款支出 30 420 元，其中，基本支出 23 280 元，项目支出 7 140 元；年末财政拨款结转结余 3 420 元，其中，基本支出结转 180 元，项目支出结转 3 120 元，项目支出结余 120 元。

要求：根据以上资料，为该事业单位编制 20×9 年度的财政拨款预算收入支出表。

第四篇

民间非营利组织会计

第四篇依据《民间非营利组织会计制度》，对民间非营利组织的资产、负债、收入、费用、净资产中相较于企业会计有特点的业务进行了介绍。与企业会计核算相比，民间非营利组织资产、负债、费用的会计核算比较简单，没有显明的特点，而民间非营利组织会计核算的特点主要体现在收入和净资产的核算方面，为此，本章对前者作了简要介绍，对后者作了较为详细的阐述。

第十四章　民间非营利组织会计

第一节　民间非营利组织会计概述

一、民间非营利组织及其会计的概念与特点

（一）民间非营利组织的概念与特点

民间非营利组织是指通过筹资社会民间资金举办的、不以营利为目的的，从事教育、科技、文化、卫生、宗教等社会公益事业，提供公共产品的社会服务组织。民间非营利组织作为与政府和企业并列的"第三部门"，是市场经济体系的有机组成部分。目前，我国的民间非营利组织主要包括依照国家法律、行政法规设立或登记的社会团体、基金会、社会服务机构、宗教活动场所、宗教院校和境外非政府组织代表机构等。

与企业以及国有事业单位相比较而言，民间非营利组织具有如下基本特征：①该组织为公益目的或者非营利目的成立，即不以营利为宗旨和目的，即民间非营利组织开展业务活动的目的和宗旨不是赚得利润。②该组织不向出资人、设立人或者会员分配所取得的利润，即资源提供者不取得经济回报，即资源提供者向民间非营利组织投入资源而不从该组织取得与投入资源相应的经济回报。③出资人对投入该组织的财产不保留或享有任何财产权利，即资源提供者不享有所有权，也即资源提供者不因为其向民间非营利组织投入了资源从而以所有者的身份在该组织中发挥作用。

（二）民间非营利组织会计的概念与特点

民间非营利组织会计是指核算、反映和监督民间非营利组织经济活动过程及其结果的专业会计。民间非营利组织适用财政部于2004年8月18日发布，自2005年1月1日起施行的《民间非营利组织会计制度》和《〈民间非营利组织会计制度〉若干问题的解释》。

民间非营利组织会计的主要特点包括：①以权责发生制为会计核算基础。这是由于权责发生制较收付实现制更有助于民间非营利组织加强资产、负债的管理，提高民间非营利组织会计信息的质量。②在采用历史成本计价的基础上，引入公允价值计量基础。借鉴国际经验，引入公允价值，丰富了民间非营利组织会计的计量基础，实现了对特殊业务活动取得资产的恰当计量，如通过接受捐赠等业务取得的资产，可能很难或者根本无法确定其实际成本，此时以历史成本原则就无法满足对资产计量的要求，而采用公允价值则可以解决资产计量问题。③会计要素不包括所有者权益和利润，而是设置了净资产这一要素。

二、民间非营利组织会计的核算原则

《民间非营利组织会计制度》要求民间非营利组织在进行会计核算时，应当遵循如下一般原则：客观性原则、相关性原则、一致性原则、可比性原则、及时性原则、明晰性原则、配比原

则、实际成本原则、权责发生制原则、谨慎性原则、合理划分费用支出和资本化支出原则、重要性原则。上述原则的表述和解释与事业单位会计、企业财务会计相关问题的表述与解释基本相同，在此不再赘述。

三、民间非营利组织的会计要素与会计科目

民间非营利组织的会计要素划分为反映财务状况的会计要素和反映业务活动情况的会计要素。前者包括资产、负债和净资产，其会计等式为：资产－负债＝净资产；后者包括收入和费用，其会计等式为：收入－费用＝净资产的变动额。

民间非营利组织的各会计要素类下设置相应的会计科目。各类民间非营利组织统一适用的会计科目表如表14-1所示。

表 14-1　　民间非营利组织会计科目表

编号	科目名称	编号	科目名称	编号	科目名称
	一、资产类	1502	累计折旧	2601	受托代理负债
1001	现金	1505	在建工程		三、净资产类
1002	银行存款	1506	文物文化资产	3101	非限定性净资产
1009	其他货币资金	1509	固定资产清理	3102	限定性净资产
1101	短期投资	1601	无形资产		四、收入费用类
1102	短期投资跌价准备	1701	受托代理资产	4101	捐赠收入
1111	应收票据		二、负债类	4201	会费收入
1121	应收账款	2101	短期借款	4301	提供服务收入
1122	其他应收款	2201	应付票据	4401	政府补助收入
1131	坏账准备	2202	应付账款	4501	商品销售收入
1141	预付账款	2203	预收账款	4601	投资收益
1201	存货	2204	应付工资	4901	其他收入
1202	存货跌价准备	2206	应交税金	5101	业务活动成本
1301	待摊费用	2209	其他应付款	5201	管理费用
1401	长期股权投资	2301	预提费用	5301	筹资费用
1402	长期债权投资	2401	预计负债	5401	其他费用
1421	长期投资减值准备	2501	长期借款		
1501	固定资产	2502	长期应付款		

各类民间非营利组织应当按照统一适用的会计科目设置和使用会计科目。对于统一规定的会计科目的编号，民间非营利组织不能随意打乱重编。民间非营利组织在不违反统一会计核算要求的前提下，可以根据需要自行设置有关会计科目的明细科目。

第二节 民间非营利组织的资产

一、民间非营利组织资产的概念和种类

资产是指由过去的交易或事项形成的由民间非营利组织拥有或者控制的资源，该资源预期会给民间非营利组织带来经济利益或者服务潜力。其有如下特征：①资产预期能够给民间非营利组织带来经济利益或者服务潜力。②资产是民间非营利组织拥有的或者控制的。③资产是指由过去的交易或事项形成的。

民间非营利组织的资产按照流动性可以区分为流动资产、长期投资、固定资产、无形资产和受托代理资产等。其中，流动资产是指预期可以在1年内变现或者耗用的资产，主要包括现金、银行存款、短期投资、应收款项、预付账款、存货、待摊费用等。除流动资产以外的其他资产，都属于非流动资产，如长期投资、固定资产、无形资产等。民间非营利组织的资产种类与营利性企业资产的种类基本相似，在此不再赘述。

二、民间非营利组织资产的确认和计量

民间非营利组织在取得一项资源时，若符合资产的定义和上述三个特征，而且其成本或者价值能够可靠计量，那么该项资源可确认为民间非营利组织的一项资产。

民间非营利组织的资产在取得时应当按照实际成本进行初始计量。定期或者至少于每年年度终了，对短期投资、应收款项、存货、长期投资等资产是否发生了减值进行检查。如果这些资产发生了减值，应当计提减值准备，确认减值损失，并计入当期费用。对于固定资产、无形资产等资产，如果发生了重大减值，也应当计提减值准备，确认减值损失，并计入当期费用。如果已计提减值准备的资产价值在以后会计期间得以恢复，则应当在该资产已计提减值准备的范围内部分或全部转回已确认的减值损失，冲减当期费用。

三、民间非营利组织资产的核算

为核算资产业务，民间非营利组织应设置有关的资产类总账科目，具体请参见表14-1。在以上有关的资产类总账科目中，有不少科目将在后面介绍民间非营利组织的收入和费用的核算时有所涉及，且与行政事业单位会计和企业会计的核算基本相同，故这里仅对民间非营利组织中比较特殊的两个资产类科目“文物文化资产”科目和“受托代理资产”科目的核算内容和核算方法作一简介，其他资产类项目的核算不再赘述。

（一）文物文化资产的核算

文物文化资产是指民间非营利组织用于展览、教育或研究等目的的历史文物、艺术品以及其他具有文化或者历史价值并作长期或者永久保存的典藏等。

为核算文物文化资产业务，民间非营利组织应设置“文物文化资产”总账科目。并应按照文物文化资产的类别等设置明细账，进行明细分类核算。本科目期末借方余额反映民间非营利组织期末文物文化资产的价值。

取得文物文化资产时，按照取得时的实际成本（包括买价、包装费、运输费、交纳的有关税金等相关费用，以及为使文物文化资产达到预定可使用状态前所必要的支出），借记“文物文化资产”科目，贷记“银行存款”“应付账款”“捐赠收入”等科目；盘盈文物文化资产时，按照其公允价值

借记“文物文化资产”科目，贷记“其他收入”科目；盘亏文物文化资产时，按照文物文化资产账面余额扣除保险赔款和个人赔款后的余额、可回收保险赔款和个人赔款分别借记“管理费用”“其他应收款”等科目，按照文物文化资产的账面余额贷记“文物文化资产”科目。处置文物文化资产时，按照处置文物文化资产的账面余额借记“固定资产清理”科目，贷记“文物文化资产”科目。

【例 14-1】 某基金会因开展业务活动的需要，以银行存款购买一项文物文化资产。该项文物文化资产的购买价为 8 500 元，发生运输费和装卸费共计 420 元，取得时发生的实际成本为 8 920 元（8 500＋420）。该基金会会计应编制的会计分录如下：

借：文物文化资产	8 920	
贷：银行存款		8 920

考虑到文物文化资产在持有期间一般不会像其他固定资产那样会发生损耗，因此文物文化资产不需要计提折旧。

（二）受托代理资产的核算

受托代理业务是指有明确的转赠或者转交协议，或者虽然无协议但同时满足以下条件的业务：①民间非营利组织在取得资产的同时即产生了向具体受益人转赠或转交资产的现时义务，不会导致自身净资产的增加。②民间非营利组织仅起到中介而非主导发起作用，帮助委托人将资产转赠或转交给指定的受益人，并且没有权利改变受益人，也没有权利改变资产的用途。③委托人已明确指出了具体受益人个人的姓名或受益单位的名称，包括从民间非营利组织提供的名单中指定一个或若干个受益人。

民间非营利组织接受委托方委托从事受托代理业务而收到的资产即为受托代理资产。民间非营利组织因从事受托代理业务、接受受托代理资产而产生的负债即为受托代理负债。民间非营利组织应当比照接受捐赠资产的原则确认和计量受托代理资产，同时应当按照其金额确认相应的受托代理负债。为此，民间非营利组织需要设置两个会计科目，即“受托代理资产”和“受托代理负债”科目，分别核算民间非营利组织接受委托方委托从事受托代理业务而收到的资产与因从事受托代理业务、接受受托代理资产而产生的负债。“受托代理资产”科目期末借方余额，反映民间非营利组织期末尚未转出的受托代理资产价值。“受托代理负债”科目的期末贷方余额，反映民间非营利组织尚未清偿的受托代理负债。民间非营利组织应当根据具体情况设置受托代理资产明细账，对受托代理资产进行明细核算。若收到代理资产为货币资金，可以通过“现金”“银行存款”科目下设置“受托代理资产”明细科目进行核算。

【例 14-2】 20×9 年 12 月 10 日，甲民间非营利组织与丙企业共同签订了一份捐赠协议，协议规定：丙企业将通过甲民间非营利组织向 10 家儿童福利院（附有具体的受赠福利院名单）捐赠全新的空调 60 台，每家福利院 6 台。每台空调的账面价值为 2 000 元。丙企业应当在协议签订后的 10 日内将空调运至甲民间非营利组织。甲民间非营利组织应当在空调运抵后的 20 日内派志愿者将空调送至各福利院，并负责安装。20×9 年 12 月 18 日，丙企业按照协议规定将空调运至甲民间非营利组织。假设截至 20×9 年 12 月 31 日，甲民间非营利组织尚未将空调送至各福利院。不考虑其他因素和税费。20×9 年 12 月 18 日，甲民间非营利组织收到空调时应编制的会计分录如下：

借：受托代理资产——空调	120 000	
贷：受托代理负债		120 000

20×9 年 12 月 31 日，甲民间非营利组织应当在资产负债表中单设“受托代理资产”和“受

托代理负债”项目，金额均为120 000元。同时，应当在会计报表附注中，披露该受托代理业务的情况。

【例14-3】 20×9年12月1日，甲基金会与乙企业签订了一份捐赠合作协议，协议规定：乙企业将通过甲基金会向丙希望小学捐款100 000元，乙企业应当在协议签订后的10日内将款项汇往甲基金会银行账户，甲基金会应当在收到款项后的10日内将款项汇往丙希望小学的银行账户。20×9年12月8日，乙企业按照协议规定将款项汇至甲基金会账户。20×9年12月15日，甲基金会按照协议规定将款项汇至丙希望小学账户。假设不考虑其他因素和税费。甲基金会会计应编制的会计分录如下：

(1) 20×9年12月8日，收到银行存款时。

借：银行存款——受托代理资产	100 000	
贷：受托代理负债		100 000

(2) 20×9年12月15日，转出银行存款时。

借：受托代理负债	100 000	
贷：银行存款——受托代理资产		100 000

民间非营利组织从事受托代理业务时发生的应归属于其自身的相关税费、运输费等，应当计入当期费用，借记“其他费用”科目，贷记“银行存款”等科目。

受托代理资产的入账价值应当按照以下方法确定：如果受托代理资产为现金、银行存款或其他货币资金，应当按照实际收到的金额作为受托代理资产的入账价值；如果受托代理资产为短期投资、存货、长期投资、固定资产和无形资产等非现金资产，应当视不同情况确定其入账价值：①如果委托方提供了有关凭据（如发票、报关单、有关协议等），应当按照凭据上标明的金额作为入账价值，如果凭据上标明的金额与受托代理资产的公允价值相差较大，受托代理资产应当以其公允价值作为入账价值。②如果捐赠方没有提供有关凭据，受托代理资产应当按照其公允价值作为入账价值。

第三节　民间非营利组织的负债

一、民间非营利组织负债的概念和种类

负债是指由过去的交易或事项形成的现时义务，履行该义务预期会导致含有经济利益或者服务潜力的资源流出民间非营利组织。

负债应当按照其流动性分为流动负债、长期负债和受托代理负债等种类。流动负债是指民间非营利组织在1年内需要偿还的负债，包括短期借款、应付票据、应付账款、预收账款、应付工资、应交税金、预提费用和预计负债等。长期负债是指民间非营利组织偿还期限在1年以上的负债，包括长期借款、长期应付款和其他长期负债。受托代理负债是指民间非营利组织因从事受托代理业务、接受受托代理资产而产生的负债。

各项流动负债和长期负债应当按照实际发生额确认和计量。受托代理负债应当按照相对应的受托代理资产的金额确认和计量。

二、民间非营利组织负债的核算

为核算负债业务，民间非营利组织应设置有关的负债总账科目，具体可参见表14-1。在

以上有关负债的总账科目中，有些科目在后面介绍收入和费用的核算时有所涉及，有的科目在前面介绍资产时已经涉及，如受托代理负债等。其中多数与企业会计和单位财务会计相同，这里对常用负债类科目“短期借款”“应付票据”“应付税金”等的核算内容和核算方法作一简介。

（一）短期借款的核算

短期借款是指民间非营利组织向银行或其他金融机构等借入的期限在1年以下的各种借款。

为核算短期借款业务，民间非营利组织应设置“短期借款”总账科目。本科目应按照债权人设置明细账，并按照借款种类及期限等进行明细分类核算。本科目期末贷方余额反映民间非营利组织尚未偿还的短期借款本金。

借入各种短期借款时，按实际借得的金额借记“银行存款”科目，贷记“短期借款”科目；发生短期借款利息时，借记“筹资费用”科目，贷记“预提费用”“银行存款”等科目；归还借款时，借记“短期借款”科目，贷记“银行存款”科目。

【例14-4】 20×9年1月1日，某民间非营利组织因开展业务活动的需要从银行取得短期借款100 000元，利率6%，期限6个月，款项已存入银行。20×9年7月1日，以银行存款归还到期短期借款本金100 000元，短期借款利息3 000元。该民间非营利组织会计应编制的会计分录如下：

(1) 20×9年1月1日，取得短期借款时。

借：银行存款	100 000	
贷：短期借款		100 000

(2) 20×9年7月1日，偿还短期借款时。

借：短期借款	100 000	
筹资费用	3 000	
贷：银行存款		103 000

民间非营利组织将短期借款的利息费用计入筹资费用，而企业会计一般计入财务费用，行政事业单位财务会计计入其他费用或利息费用。

（二）应付票据的核算

应付票据是指民间非营利组织因购买材料、商品和接受服务等而开出或承兑的商业汇票，包括银行承兑汇票和商业承兑汇票。

为核算应付票据业务，民间非营利组织应设置“应付票据”总账科目。本科目期末贷方余额反映民间非营利组织持有的尚未到期的应付票据本息。

因购买材料、商品和接受劳务等开出或承兑商业汇票时，借记“存货”等科目，贷记“应付票据”科目；以承兑商业汇票抵付应付账款时，借记“应付账款”科目，贷记“应付票据”科目；支付银行承兑汇票的手续费时，借记“筹资费用”科目，贷记“银行存款”科目；计算应付票据的应付利息时，借记“筹资费用”科目，贷记“应付票据”科目；收到银行支付到期票据的付款通知时，借记“应付票据”科目，贷记“银行存款”科目。

【例14-5】 某民间非营利组织20×9年10月1日，因购买材料开出面值为10 000元、期限6个月、利率为6%的商业汇票一张。20×9年12月31日计算应付票据的应付利息150元(10 000×6%÷12×3)。该民间非营利组织会计应编制的会计分录如下：

(1) 20×9年10月1日，开出商业汇票时。

借：存货 10 000

贷：应付票据 10 000

（2）20×9 年 12 月 31 日，计提应付票据利息时。

借：筹资费用 150

贷：应付票据 150

（三）应交税金的核算

应交税金是指民间非营利组织按照有关国家税法规定应当缴纳的各种税费，如增值税、消费税、城市维护建设税、资源税、教育费附加、房产税、城镇土地使用税、车船税、印花税、所得税、个人所得税等。

为核算应交税金业务，民间非营利组织应设置“应交税金”总账科目。本科目期末贷方余额反映民间非营利组织尚未缴纳的税费；期末借方余额反映民间非营利组织多缴纳的税费。

民间非营利组织在业务活动中发生消费税、城市维护建设税、资源税、教育费附加、房产税、城镇土地使用税、车船税、印花税等相关税费的纳税义务时，借记“其他费用”科目，贷记“应交税金”等科目；发生所得税纳税义务时，借记“其他费用”科目，贷记“应交税金”科目；发生个人所得税纳税义务时，借记“应付工资”等科目，贷记“应交税金”科目；缴纳有关税款时，借记“应交税金”科目，贷记“银行存款”科目。

民间非营利组织涉及的增值税业务，应当参照《增值税会计处理规定》（财会〔2016〕22号），在“应交税金”科目下设置相关明细科目，并进行账务处理。

【例 14-6】 某民间非营利组织于 20×9 年度发生车船税纳税义务，应纳车船税数额为 3 200 元。该民间非营利组织会计应编制的会计分录为：

（1）发生纳税义务时。

借：其他费用 3 200

贷：应交税金——应交车船税 3 200

（2）实际缴纳车船税时。

借：应交税金——应交车船税 3 200

贷：银行存款 3 200

第四节 民间非营利组织的收入

收入是指民间非营利组织在开展业务活动过程中取得的、导致本期净资产增加的经济利益或者服务潜力的流入。按照不同的分类标准，收入可以有不同的分类。按照收入的来源，分为捐赠收入、政府补助收入、会费收入、提供服务收入、商品销售收入、投资收益和其他收入等种类；按照收入的使用是否存在限制，分为限定性收入和非限定性收入；按收入的性质，分为非交换交易收入和交换交易收入。收入的分类与收入的核算密切相关。

一、非交换交易收入

非交换交易收入是指非交换交易（交换交易之外的交易）所形成的收入。在非交换交易中，民间非营利组织在取得资产、获得服务或者解除相关负债时，不需要向交易对方支付价值相当的现金，或者提供价值相当的物品或服务；或者交易对方在向民间非营利组织提供资产或者免除有关负债时，不能从民间非营利组织这里收到价值相当的现金，或者收到价值相关的物品或服务等。

民间非营利组织的非交换性交易所形成的收入，应当在同时满足下列条件时予以确认：①与交易相关的含有经济利益或者服务潜力的资源能够流入民间非营利组织并为其所控制，或者相关的债务能够得到解除。②交易能够引起净资产的增加。③收入的金额能够可靠地计量。

（一）捐赠收入

捐赠收入是指民间非营利组织接受其他单位或者个人捐赠所取得的收入。捐赠收入可以表示为资产的直接流入，也可以表现为负债的解除，还可以表现为劳务的取得。

按照捐赠人是否对捐赠资产附带时间或者用途限制条件，捐赠收入可以区分成限定性捐赠收入和非限定性捐赠收入。其中，前者是指捐赠人对捐赠资产的使用设置了时间限制或者用途限制条件的捐赠收入；后者是指除了限定性捐赠收入外的其他捐赠收入。限定性捐赠收入的限制条件一旦得到满足，即转换成为非限定性捐赠收入。

为了对捐赠进行正确的核算，民间非营利组织应当区分捐赠与捐赠承诺。捐赠承诺是指捐赠现金或其他资产的书面协议或口头约定等。捐赠承诺不满足非交换交易收入的确认条件。民间非营利组织对于捐赠承诺，不应予以确认，但可以在会计报表附注中作相关披露。

需要注意的是，劳务捐赠是捐赠的一种，即捐赠人自愿地向受赠人无偿提供劳务。民间非营利组织对于其接受的劳务捐赠，不予确认，但应当在会计报表附注中作相关披露。

民间非营利组织为了核算捐赠收入，应当设置“捐赠收入”总账科目，并在本科目下设置“限定性收入”和“非限定性收入”明细科目。在会计期末，应当将本科目中“非限定性收入”和“限定性收入”明细科目当期净发生额分别转入“非限定性净资产”和“限定性净资产”科目。结转后本科目应无余额。

（1）接受捐赠时，按照应确认的金额，借记“现金”“银行存款”“短期投资”“存货”“长期股权投资”“长期债权投资”“固定资产”“无形资产”等科目，贷记“捐赠收入——限定性收入”或“捐赠收入——非限定性收入”科目。

对于接受的附条件捐赠，如果存在需要偿还全部或部分捐赠资产或者相应金额的现时义务时（比如因无法满足捐赠所附条件而必须将部分捐赠款退还给捐赠人时），应当区分情况进行处理：①因管理不善造成的收入退回应当记入“管理费用”科目，按照需要偿还的金额，借记“管理费用”科目，贷记“其他应付款”等科目。②并非因管理不善造成的收入退回（比如具体捐助对象不再满足捐助条件、执行捐助项目节约资金等）应当按照收入退回的一般规定进行会计处理。即退回属于本年度的收入，借记“捐赠收入”科目，贷记“现金”“银行存款”等科目；退回属于以前年度的收入，借记“以前年度净资产调整”科目，贷记“现金”“银行存款”等科目。

（2）如果限定性捐赠收入的限制在确认收入的当期得以解除，应当将其转为非限定性捐赠收入，借记“捐赠收入——限定性收入”科目，贷记“捐赠收入——非限定性收入”科目。

（3）期末，将“捐赠收入”科目各明细科目的余额分别转入限定性净资产和非限定性净资产，借记“捐赠收入——限定性收入”科目，贷记“限定性净资产”科目，借记“捐赠收入——非限定性收入”科目，贷记“非限定性净资产”科目。

【例 14-7】 20×9 年 6 月 16 日，甲基金会与乙企业签订了一份捐赠协议。协议规定，自 20×9 年 7 月 1 日至 20×9 年 12 月 31 日，乙企业在此 6 个月的期间内每售出一件产品，即向甲基金会捐赠 1 元钱，以资助贫困人员医疗救治，款项将在每月底按照销售量计算后汇至甲基金会银行账户。同时，乙企业承诺，此次捐赠的款项不会少于 600 000 元，并争取达到 1 000 000 元。根据此协议，甲基金会在 20×9 年 7 月底收到了乙企业捐赠的款项 90 000 元。甲基金会的账务处理如下：

(1) 20×9 年 6 月 16 日，不满足捐赠收入的确认条件，不需要进行账务处理。

(2) 20×9 年 7 月 31 日，按照收到的捐款金额 90 000 元，确认捐赠收入。甲基金会应编制的会计分录如下：

借：银行存款　　90 000

　　贷：捐赠收入——限定性收入　　90 000

(3) 20×9 年 8 月至 12 月的每个月月底，分别按照收到的捐款金额，确认捐赠收入。甲基金会应编制的会计分录同 7 月 31 日。

【例 14-8】　20×9 年 9 月 12 日，某民间非营利组织与乙企业签订了一份捐赠协议。协议规定，乙企业将向该民间非营利组织捐赠 420 000 元，用于成立一项奖学金基金，款项将在协议签订后的 20 日内汇至该民间非营利组织银行账户，自第 2 年开始每年以基金利息奖励乙企业所在城市的前 10 名优秀学生，未经乙企业允许不得动用基金本金，具体奖励金额将由双方根据累积基金利息另行商定。根据此协议，20×9 年 9 月 30 日，该民间非营利组织收到了乙企业捐赠的款项 420 000 元。该民间非营利组织的账务处理如下：

(1) 20×9 年 9 月 12 日，不满足捐赠收入的确认条件，不需要进行账务处理。

(2) 20×9 年 9 月 30 日，按照收到的捐款金额，确认捐赠收入。其应编制的会计分录如下：

借：银行存款　　420 000

　　贷：捐赠收入——限定性收入　　420 000

年末结账时，将“捐赠收入”总账科目中的“限定性收入”和“非限定性收入”的贷方余额，分别转入“限定性净资产”和“非限定性净资产”科目。

(二) 政府补助收入

政府补助收入是指民间非营利组织接受政府拨款或者政府机构给予的补助而取得的收入。按照政府是否对其提供的补助在使用上提出限制条件，将政府补助收入区分成非限定性政府补助收入和限定性政府补助收入。若政府对其提供的补助在使用上提出时间或者用途等限制条件，则这种政府补助收入为限定性政府补助收入；否则，这种政府补助收入为非限定性政府补助收入。

民间非营利组织为核算政府补助收入业务，应设置“政府补助收入”总账科目。并在本科目下设置“限定性收入”和“非限定性收入”明细科目。在会计期末，应当将本科目中“非限定性收入”和“限定性收入”明细科目当期净发生额分别转入“非限定性净资产”和“限定性净资产”科目。期末结转后本科目应无余额。

政府补助收入的确认和核算方法与捐赠收入相同，这里不再重述。具体可参阅捐赠收入的核算。

【例 14-9】　20×9 年 2 月 10 日，某民间学术性组织(为民间非营利组织)收到政府补助收入 100 000 元，款项已存入银行。根据协议该款项用于某项研究，且研究成果归该民间非营利组织所有。20×9 年 8 月 10 日，按照政府提出的使用时间限制条件，已经到达限制可以使用政府补助收入 100 000 元的时间。该民间组织会计应编制的会计分录如下：

(1) 20×9 年 2 月 10 日，收到政府补助收入时。

借：银行存款　　100 000

　　贷：政府补助收入——限制性收入　　100 000

(2) 20×9 年 8 月 10 日，可以使用政府补助收入时。

借：政府补助收入——限定性收入　　100 000

　　贷：政府补助收入——非限定性收入　　100 000

根据《〈民间非营利组织会计制度〉若干问题的解释》的规定，民间非营利组织对于从政府取得的收入，应当区分交换交易所形成的收入和非交换交易所形成的收入。承接政府购买服务属于交换交易，取得的相关收入应记入"提供服务收入"等科目，不记入"政府补助收入"科目。

(三) 会费收入

会费收入是指民间非营利组织根据章程等的规定向会员收取的会费。一般情况下，民间非营利组织的会费收入为非限定性收入，除非相关资产提供者对资产的使用设置了限制条件。会费收入通常属于非交换交易收入。

民间非营利组织为核算会费收入业务，应设置"会费收入"总账科目。并在本科目下设置"非限定性收入"明细科目。如果存在限定性会费收入，还应当设置"限定性收入"明细科目；同时，按照会费种类（如团体会费、个人会费等），在"非限定性收入"或"限定性收入"科目下设置明细科目，进行明细核算。期末结账后，本科目应无余额。

向会员收取会费，确认会费收入时，借记"现金""银行存款""应收账款"等科目，贷记"会费收入——非限定性收入/限定性收入"科目；期末将本科目余额转入净资产科目时，借记"会费收入——非限定性收入/限定性收入"科目，贷记"非限定性净资产/限定性净资产"科目。

【例 14-10】 某社团组织按照会员代表大会通过的会费收缴办法的规定，该社团组织的单位会员应当按照上年度主营业务收入的 2‰交纳当年度会费，个人会员应当每年交纳 300 元会费，每年度会费应当在当年度 1 月 1 日至 12 月 31 日交纳；当年度不能按时交纳会费的会员，将在下一年度的 1 月 1 日自动取消会员资格。假设 20×8 年 1～12 月，该社团组织每月分别收到单位会员会费 210 000 元（均以银行转账支付），个人会员会费 6 000 元（均以邮局汇款支付）。该社团组织会计应编制的会计分录如下：

借：银行存款　　210 000

　　现金　　6 000

　　贷：会费收入——非限定性收入——单位会费　　210 000

　　　　　　　　　　　　　　　——个人会费　　6 000

【例 14-11】 某社团组织按照会员代表大会通过的会费收缴办法的规定，该社团组织的个人会员应当每年交纳 450 元会费，每年度会费应当在当年度 1 月 1 日至 12 月 31 日交纳。假设 20×6 年 1 月 1 日，该社会团体收到某个人通过邮局汇款支付的会费 1 800 元，该个人说明此款项是支付 20×6 年、20×7 年、20×8 年和 20×9 年四个年度的会费。该社团组织会计应编制的会计分录如下：

(1) 20×6 年 1 月 1 日，收到款项并确认当年的会费收入时。

借：现金　　1 800

　　贷：预收账款——××会员　　1 350

　　　　会费收入——非限定性收入——个人会费　　450

(2) 20×7 年、20×8 年和 20×9 年每年年初确认会费收入时。

借：预收账款——××会员　　450

　　贷：会费收入——非限定性收入——个人会费　　450

年终结账时，将“会费收入——非限定性收入/限定性收入”科目的贷方余额，转入“非限定性净资产/限定性净资产”科目。

二、交换交易收入

（一）商品销售收入

商品销售收入是指民间非营利组织销售商品如出版物、药品等所形成的收入。一般情况下，民间非营利组织的商品销售收入为非限定性收入，除非相关资产提供者对资产的使用设置了限制条件。

为核算商品销售收入业务，民间非营利组织应设置“商品销售收入”总账科目。本科目应按照商品的种类设置明细账，进行明细核算。期末结转后，本科目应无余额。

销售商品取得收入时，借记“现金”“银行存款”“应收票据”“应收账款”等科目，贷记“商品销售收入——非限定性收入”科目。因商品质量等原因发生的销售退回作为冲减商品销售收入处理时，借记“商品销售收入——非限定性收入”科目，贷记“银行存款”“应收账款”“应收票据”等科目；同时，借记“存货”科目，贷记“业务活动成本”科目。在资产负债表日后、财务报告批准报出日前发生的销售退回作为资产负债表日后事项的调整事项处理时，借记“非限定性净资产”科目，贷记“银行存款”“应收账款”“应收票据”等科目；同时，借记“存货”科目，贷记“非限定性净资产”科目。因尽快回笼资金的原因而发生的现金折扣作为筹资费用处理时，借记“银行存款”“筹资费用”等科目，贷记“应收账款”“应收票据”等科目。因商品质量等原因发生的销售折让作为冲减商品销售收入处理时，借记“商品销售收入——非限定性收入”“银行存款”等科目，贷记“应收账款”“应收票据”等科目。期末结转本科目余额时，借记“商品销售收入——非限定性收入”科目，贷记“非限定性净资产”科目。如果存在限定性商品销售收入业务时，期末应将“商品销售收入——限定性收入”科目的余额转入“限定性净资产”科目。

【例 14-12】　20×9 年 2 月 1 日，某民间非营利组织销售商品一批产品 300 件，成本为 3 000 元，售价为 6 000 元，款项存入银行。该民间非营利组织会计应编制的会计分录如下：

借：应收账款　　6 000

　　贷：商品销售收入——非限定性收入　　6 000

借：业务活动成本——商品销售成本　　3 000

　　贷：存货——××产品　　3 000

年末结账时，将“商品销售收入”总账科目中的“限定性收入”和“非限定性收入”的贷方余额，分别转入“限定性净资产”和“非限定性净资产”科目。

（二）提供服务收入

提供服务收入是指民间非营利组织根据章程等规定向其服务对象提供服务取得的收入，包括学费收入、医疗费收入、培训收入等。一般情况下，民间非营利组织的提供服务收入为非限定性收入，除非相关资产提供者对资产的使用设置了限制条件。

为核算提供服务收入业务，民间非营利组织应设置“提供服务收入”总账科目。本科目应当按照提供服务的种类设置明细账，进行明细分类核算。提供服务取得收入时，借记“现金”“银行存款”“应收账款”“预收账款”等科目，贷记“提供服务收入——非限定性收入/限定性收入”科目；期末将本科目余额转入净资产科目时，借记“提供服务收入——非限定性收入/限定性收入”科目，贷记“非限定性净资产/限定性净资产”科目。期末结账后，本科目应无余额。

【例14-13】 某法律事务所（为民间非营利组织）发生如下业务：

（1）已经完成向服务对象提供法律咨询服务计8 000元。该事务所在向服务对象提供服务前曾向服务对象预收咨询服务费用5 000元。服务完成时，其余3 000元尚未收到。咨询服务的开始和完成在同一会计年度。该法律事务所会计应编制的会计分录为：

借：应收账款	3 000	
预收账款	5 000	
贷：提供服务收入——非限定性收入		8 000

（2）年末，尚未完成某项向服务对象提供的服务。该事务所曾向服务对象预收了该项目的全部服务费用共计10 000元。根据已完成的工作量，可确认完工进度为60%。该法律事务所会计应编制的会计分录为：

借：预收账款	6 000	
贷：提供服务收入——非限定性收入		6 000

年末结账时，将“提供服务收入”总账科目中的“限定性收入”和“非限定性收入”的贷方余额，分别转入“限定性净资产”和“非限定性净资产”科目，借记“提供服务收入——非限定性收入/限定性收入”科目，贷记“限定性净资产/非限定性净资产”科目。

（三）投资收益

投资收益是指民间非营利组织因对外投资取得的投资净损益。一般情况下，民间非营利组织的投资收益为非限定性收入，除非相关资产提供者对资产的使用设置了限制条件。

投资收益属于交换性交易收入，应当在同时满足下列条件时予以确认：与交易相关的经济利益能够流入民间非营利组织；收入的金额能够可靠地计量。

为核算投资收益业务，民间非营利组织应设置“投资收益”总账科目。民间非营利组织投资收益的账务处理程序与前述第二篇事业单位的投资收益基本相同，这里不再详述。不同之处在于：应收未收的被投资单位宣告发放的现金股利或利润在“其他应收款”科目核算；年末将“投资收益”科目余额转入净资产时，借记“投资收益——非限定性收入/限定性收入”科目，贷记“非限定性净资产/限定性净资产”科目。期末结账后，本科目应无余额。

三、其他收入

其他收入是指民间非营利组织除了捐赠收入、会费收入、提供服务收入、商品销售收入、政府补助收入、投资收益等主要业务活动收入以外的其他杂项收入，如确实无法支付的应付款项、存货盘盈、固定资产盘盈、固定资产处置净收入、无形资产处置净收入等。一般情况下，民间非营利组织的其他收入为非限定性收入，除非相关资产提供者对资产的使用设置了限制条件。

为核算其他收入业务，民间非营利组织应设置“其他收入”总账科目。本科目应按其他收入的种类设置明细账，进行明细分类核算。期末结账后，本科目应无余额。

取得其他收入时，借记“现金”“存货”“固定资产”“文物文化资产”“固定资产清理”等科目，贷记“其他收入”科目；期末将本科目贷方余额转入净资产科目时，借记“其他收入”科目，贷记

"非限定性净资产"科目。如果存在限定性其他收入,期末应当将限定性其他收入的余额结转至"限定性净资产"科目。

【例 14-14】 某民间非营利组织对存货进行盘点,结果盘盈存货 150 元。经批准,该存货盘盈作为其他收入处理。该民间非营利组织会计应编制的会计分录如下:

借:存货　150
　贷:其他收入　150

【例 14-15】 某民间非营利组织处置一项不需用的固定资产。该项固定资产的原值为 6 500 元,累计折旧为 5 000 元,以现金支付清理过程中发生清理费用 200 元,残料出售获得银行存款收入 1 800 元。此次固定资产处置获得净收入 100 元[1 800－(6 500－5 000＋200)]。该民间非营利组织会计应编制的会计分录如下:

(1) 固定资产转入清理时。

借:固定资产清理　1 500
　累计折旧　5 000
　贷:固定资产　6 500

(2) 支付清理费用时。

借:固定资产清理　200
　贷:现金　200

(3) 取得变价收入时。

借:银行存款　1 800
　贷:固定资产清理　1 800

(4) 结转清理损益时。

借:固定资产清理　100
　贷:其他收入　100

年终,将"其他收入"科目的贷方余额结转非限定性净资产,借记"其他收入"科目,贷记"非限定性净资产"科目。

根据《〈民间非营利组织会计制度〉若干问题的解释》的规定,民间非营利组织取得的存款利息,属于在借款费用应予资本化的期间内发生的与购建固定资产专门借款有关的存款利息,应当冲减在建工程成本;除此以外的存款利息应当计入其他收入,不再冲减筹资费用。

对于境外非政府组织代表机构的总部拨款收入 ,执行《民间非营利组织会计制度》的境外非政府组织代表机构应当增设"总部拨款收入"科目,核算从其总部取得的拨款收入。境外非政府组织代表机构取得总部拨款收入时,按照取得的金额,借记"现金""银行存款"等科目,贷记"总部拨款收入"科目。期末,将本科目本期发生额转入非限定性净资产,借记"总部拨款收入"科目,贷记"非限定性净资产"科目。如果存在限定性总部拨款收入,则应当在本科目设置"限定性收入""非限定收入"明细科目,在期末将"限定性收入"明细科目本期发生额转入限定性净资产。

第五节　民间非营利组织的费用

一、民间非营利组织费用的概念、确认与计量

费用是指民间非营利组织为开展业务活动所发生的、导致本期净资产减少的经济利益或者服务潜力的流出。

费用应当在同时满足以下条件时予以确认：①含有经济利益或者服务潜力的资源流出民间非营利组织，或者承担了相关的负债。②能够引起当期净资产的减少。③费用的金额能够可靠地计量。

民间非营利组织在业务活动中发生的各项费用，应当在实际发生时按照其实际发生额计入当期费用。若某些费用属于多项业务活动，或者属于业务活动、管理活动和筹资活动等共同发生的，而且不能直接归属于某一类活动，则应当将这些费用按照合理的方法在各项活动中进行分配。

二、民间非营利组织费用的核算

民间非营利组织在对费用的会计核算中，按照费用功能的不同，将费用分为业务活动成本、管理费用、筹资费用和其他费用等种类。

(一) 业务活动成本

业务活动成本是指民间非营利组织为了实现其业务活动目标、开展其项目活动或者提供服务所发生的费用。民间非营利组织的业务活动成本应当在实际发生时按其发生额计入当期费用。

为核算业务活动成本业务，民间非营利组织应设置“业务活动成本”总账科目。如果民间非营利组织从事的业务活动项目或开展的业务活动种类较多，应当在“业务活动成本”科目下分别项目、服务或者业务大类进行明细核算和列报。比如，社会团体可以设置“提供服务成本”“商品销售成本”“研究项目成本”等明细项目；基金会可以设置“捐赠项目成本”“商品销售成本”“提供服务成本”等明细项目；民办学校可以设置“学生教育成本”“科研项目成本”“后勤服务成本”等明细项目；民办医院可以设置“医疗服务成本”“医药销售成本”等明细项目。期末结账后，本科目应无余额。

民间非营利组织发生业务活动成本时，借记“业务活动成本”科目，贷记“现金”“银行存款”“存货”“应付账款”等科目。期末将本科目借方余额转入净资产科目时，借记“非限定性净资产”科目，贷记“业务活动成本”科目。

【例 14-16】 20×9 年 8 月 5 日，某社会团体对外售出杂志 2 万份，每份售价 5 元，款项已于当日收到(假定均为银行存款)，每份杂志的成本为 4 元。假定销售符合收入确认条件，不考虑相关税费。该社会团体会计应编制的会计分录如下：

(1) 按照配比原则，在确认销售收入时，应当结转相应的成本。

借：银行存款	100 000	
贷：商品销售收入		100 000
借：业务活动成本——商品销售成本	80 000	
贷：存货		80 000

(2) 期末，将“业务活动成本”科目的借方余额 80 000 元结转到非限定性净资产。

借：非限定性净资产　　80 000
　　贷：业务活动成本　　80 000

民间非营利组织出资设立其他民间非营利组织，所设立民间非营利组织与实现本组织的业务活动目标相关的，相关出资记入“业务活动成本”科目；所设立民间非营利组织与实现本组织的业务活动目标不相关的，相关出资记入“其他费用”科目。

（二）管理费用

管理费用是指民间非营利组织为组织和管理其业务活动所发生的费用，包括民间非营利组织董事会或理事会或类似权力机构经费和行政管理人员的工资、奖金、福利费、住房公积金、住房补贴、社会保障费、离退休人员工资与补助，以及办公费、水电费、邮电费、物业管理费、差旅费、折旧费、修理费、租赁费、无形资产摊销费、资产盘亏损失、资产减值损失、因预计负债所产生的损失、聘请中介机构费和应偿还的受赠资产等。

民间非营利组织的管理费用应当在实际发生时按其发生额计入当期费用。

为核算管理费用业务，民间非营利组织应设置“管理费用”总账科目。本科目应当按照管理费用的种类设置明细账，进行明细分类核算。期末结账后，本科目应无余额。

以现金、银行存款支付管理费用时，借记“管理费用”科目，贷记“现金”“银行存款”科目；发生应归属于管理费用的应付工资等时，借记“管理费用”科目，贷记“应付工资”科目；提取行政管理用固定资产折旧时，借记“管理费用”科目，贷记“累计折旧”科目；无形资产摊销时，借记“管理费用”科目，贷记“无形资产”科目；存货盘亏并经批准时，借记“管理费用”科目，贷记“存货”科目；期末将本科目借方余额转入非限定性净资产科目时，借记“非限定性净资产”科目，贷记“管理费用”科目。

【例 14-17】 20×9 年 2 月 10 日，某民间非营利组织以银行存款支付管理费用 1 850 元，计算应支付给管理部门工作人员的工资计 2 630 元。该民间非营利组织会计应编制的会计分录如下：

（1）以银行存款支付管理费用时。

借：管理费用——水电费　　1 850
　　贷：银行存款　　1 850

（2）以银行存款支付工资时。

借：管理费用　　2 630
　　贷：应付工资　　2 630

【例 14-18】 20×9 年 8 月 24 日，某基金会与乙企业签订了一份捐赠协议。协议规定，乙企业将向该基金会捐赠 180 000 元，其中 160 000 元用于资助贫困地区的儿童；20 000 元用于此次捐赠活动的管理，款项将在协议签订后的 20 日内汇至该基金会银行账户。根据此协议，20×9 年 9 月 12 日，该基金会收到了乙企业捐赠的款项 180 000 元。20×9 年 10 月 9 日，该基金会将 160 000 元转赠给数家贫困地区的小学，并发生了 18 000 元的管理费用。20×9 年 10 月 14 日，该基金会与乙企业签订了一份补充协议，协议规定，此次捐赠活动节余的 2 000 元由该基金会自由支配。该基金会的账务处理如下：

（1）20×9 年 8 月 24 日，不满足捐赠收入的确认条件，不需要进行账务处理。

（2）20×9 年 9 月 12 日，按照收到的捐款金额，确认捐赠收入。该基金会会计应编制的会计分录如下：

借：银行存款　　180 000
　　贷：捐赠收入——限定性收入　　180 000

(3) 20×9 年 10 月 9 日，按照实际发生的金额，确认业务活动成本。该基金会会计应编制的会计分录如下：

借：业务活动成本　　160 000
　　管理费用　　18 000
　　贷：银行存款　　178 000

(4) 20×9 年 10 月 14 日，部分限定性捐赠收入的限制在确认收入的当期得以解除，将其转为非限定性捐赠收入。该基金会会计应编制的会计分录如下：

借：捐赠收入——限定性收入　　2 000
　　贷：捐赠收入——非限定性收入　　2 000

年终结账时，将“管理费用”科目的借方余额转入非限定性净资产，借记“非限定性净资产”科目，贷记“管理费用”科目。

(三) 筹资费用

筹资费用是指民间非营利组织为筹集业务活动所需资金而发生的费用，包括民间非营利组织为了获得捐赠资产而发生的费用以及应当计入当期费用的借款费用、汇兑损失(减汇兑收益)等。民间非营利组织为了获得捐赠资产而发生的费用包括举办募款活动费，准备、印刷和发放募款宣传资料费以及其他与募款或者争取捐赠资产有关的费用。

民间非营利组织的筹资费用应当在实际发生时按其发生额计入当期费用。

为核算筹资费用业务，民间非营利组织应设置“筹资费用”总账科目。本科目应当按照筹资费用的种类设置明细账，进行明细分类核算。发生筹资费用时，借记“筹资费用”科目，贷记“银行存款”“预提费用”“长期借款”等科目。期末将本科目借方余额转入非限定性净资产科目时，借记“非限定性净资产”科目，贷记“筹资费用”科目。期末结账后，本科目应无余额。

【例 14-19】 某基金会以银行存款支付募款活动费用 520 元。该基金会会计应编制的会计分录为：

借：筹资费用　　520
　　贷：银行存款　　520

根据《〈民间非营利组织会计制度〉若干问题的解释》，如果民间非营利组织专门为购建固定资产而进行长期借款，那么，该类长期借款的借款费用在规定的允许资本化的期间内，应当计入在建工程成本，而不能计入筹资费用。

对于民间非营利组织接受非现金资产捐赠时发生的应归属于其自身的相关税费、运输费等，应当计入当期费用，借记“筹资费用”科目，贷记“银行存款”等科目。

年终，将“筹资费用”科目的借方余额结转非限定性净资产，借记“非限定性净资产”科目，贷记“筹资费用”科目。

(四) 其他费用

其他费用是指民间非营利组织发生的、无法归属到业务活动成本、管理费用、筹资费用中的费用，包括固定资产处置净损失、无形资产处置净损失等。

民间非营利组织的其他费用应当在实际发生时按其发生额计入当期费用。

为核算其他费用业务，民间非营利组织应设置“其他费用”总账科目。本科目应当按照其他费用的种类设置明细账，进行明细分类核算。期末结账后，本科目应无余额。

发生处置固定资产净损失时，借记“其他费用”科目，贷记“固定资产清理”科目；发生处置无形资产净损失时，借记“其他费用”“银行存款”等科目，贷记“无形资产”科目；期末将本科目借方余额转入非限定性净资产科目时，借记“非限定性净资产”科目，贷记“其他费用”科目。

【例 14-20】 某民间非营利组织处置一项无形资产，其账面余额为 4 580 元，出售取得实际价款 4 220 元，处置损失为 360 元(4 580—4 220)。该民间非营利组织会计应编制的会计分录为：

借：银行存款	4 220	
其他费用	360	
贷：无形资产		4 580

年终，将“其他费用”科目的借方余额结转到非限定性净资产，借记“非限定性净资产”科目，贷记“其他费用”科目。

第六节 民间非营利组织的净资产

净资产是指民间非营利组织资产减去负债后的余额。按照是否受到条件限制，净资产区分为限定性净资产和非限定性净资产两类。

一、限定性净资产

(一) 限定性净资产的概念

在民间非营利组织中，如果资产或者资产所产生的经济利益(如资产的投资收益和利息等)的使用受到资产提供者或者国家有关法律、行政法规所设置的时间限制或(和)用途限制，则由此形成的净资产即为限定性净资产。国家有关法律、行政法规对净资产的使用直接设置限制的，该受限制的净资产也为限定性净资产。所谓时间限制，是指资产提供者或者国家有关法律、行政法规要求民间非营利组织在收到资产后的特定时期之内或特定日期之后使用该项资产，或者对资产的使用设置了永久限制。所谓用途限制，是指资产提供者或者国家有关法律、行政法规要求民间非营利组织将收到的资产用于某一特定的用途。

如果限定性净资产的限制条件已经解除，应当对净资产进行重新分类，将限定性净资产转为非限定性净资产。民间非营利组织存在下列情况之一时，可以认为限定性净资产的限制条件已经解除：①限定净资产的限制时间已经到期。②限定净资产规定的用途已经实现，或者规定的目的已经达到。③资产提供者或者国家有关法律、行政法规撤销了所设置的限制条件。

如果限定性净资产受到两项或两项以上条件的限制，那么，民间非营利组织应当在最后一项限制条件解除时，才能认为该项限定性净资产的限制条件已经解除。否则，该项净资产仍然属于限定性净资产。

(二) 限定性净资产的核算

为核算限定性净资产业务，民间非营利组织应设置“限定性净资产”总账科目，并可根据本单位的具体情况和实际需要，在本科目下设置相应的二级科目和明细科目。

1. 期末结转限定性收入

民间非营利组织限定性净资产的主要来源是获得了限定性收入(主要是限定性捐赠收入和政府补助收入)。期末，将各收入科目中属于“限定性收入”明细科目的贷方余额转为限定性净资产时，借记“捐赠收入——限定性收入”“政府补助收入——限定性收入”等科目，贷记“限定性净资产”科目。

【例 14-21】 某捐资举办的民办学校是民间非营利组织，20×8 年 11 月获得两笔款项，其中一笔为捐款 100 000 元，捐赠人要求该款项用于奖励 20×9 年度作文比赛的前十名学生；另一笔为政府补助款 100 000 元，该政府补助要求用于资助贫困学生。该民办学校会计应编制的会计分录如下：

（1）20×8 年 11 月，收到捐款和政府补助款时。

借：银行存款	200 000	
贷：捐赠收入——限定性收入		100 000
政府补助收入——限定性收入		100 000

（2）20×9 年 12 月 31 日，将捐赠收入和政府补助收入结转限定性净资产时。

借：捐赠收入——限定性收入	100 000	
政府补助收入——限定性收入	100 000	
贷：限定性净资产		200 000

2. 限定性净资产的重分类

如果限定性净资产的限制条件解除，应当对净资产进行重新分类，将限定性净资产转为非限定性净资产，借记“限定性净资产”科目，贷记“非限定性净资产”科目。资产提供者或者国家有关法律、行政法规对以前期间未设置限制的资产增加限制时，应当将相关非限定性净资产转为限定性净资产，借记“非限定性净资产”科目，贷记“限定性净资产”科目。

【例 14-22】 承[例 14-21]，假定该民办学校在 20×9 年 5 月将 20×8 年 11 月收到的 100 000 元捐款已现金的形式奖励给了作文比赛的前十名学生。该民办学校会计应编制的会计分录如下：

借：业务活动成本	100 000	
贷：现金		100 000

同时，

借：限定性净资产	100 000	
贷：非限定性净资产		100 000

根据《〈民间非营利组织会计制度〉若干问题的解释》的规定，民间非营利组织应当区分以下限制解除的不同情况，确定将限定性净资产转为非限定性净资产的金额：

（1）对于因资产提供者或者国家有关法律、行政法规要求在收到资产后的特定时期之内使用该项资产而形成的限定性净资产，应当在相应期间之内按照实际使用的相关资产金额转为非限定性净资产。

（2）对于因资产提供者或者国家有关法律、行政法规要求在收到资产后的特定日期之后使用该项资产而形成的限定性净资产，应当在该特定日期全额转为非限定性净资产。

（3）对于因资产提供者或者国家有关法律、行政法规设置用途限制而形成的限定性净资产，应当在使用时按照实际用于规定用途的相关资产金额转为非限定性净资产。其中，对固定资产、无形资产仅设置用途限制的，应当自取得该资产开始，按照计提折旧或计提摊销的金额，分期将相关限定性净资产转为非限定性净资产。在处置固定资产、无形资产时，应当将尚未重分类的相关限定性净资产全额转为非限定性净资产。

（4）如果资产提供者或者国家有关法律、行政法规要求民间非营利组织在特定时期之内或特定日期之后将限定性净资产用于特定用途，应当在相应期间之内或相应日期之后按照实际用于规定用途的相关资产金额转为非限定性净资产。其中，要求在收到固定资产、无形资产后的某个特定时期之内将该项资产用于特定用途的，应当在该规定时期内，对相关限定性净资产金额按期平均分摊，转为非限定性净资产。要求在收到固定资产、无形资产后的某个特定日期之后将该项资产用于特定用途的，应当在特定日期之后，自资产用于规定用途开始，在资产预计剩余使用年限内，对相关限定性净资产金额按期平均分摊，转为非限定性净资产。与限定性净资产相关的固定资产、无形资产，应当按照制度规定计提折旧或计提摊销。

（5）对于资产提供者或者国家有关法律、行政法规撤销对限定性净资产所设置限制的，应当在撤销时全额转为非限定性净资产。

3. 调整以前期间限定性收入项目

如果因调整以前期间限定性收入而涉及调整限定性净资产的，应当按需要调整的金额，借记或贷记有关科目，贷记或借记“限定性净资产”科目。

【例14-23】 20×8年4月，某人将一文物捐献给某民办博物馆，没有相关凭据，但协议规定只能做展览用。当年该文物的公允价值无法可靠计量。20×9年4月，该博物馆对该文物确定的公允价值为50 000元。根据上述资料，有关账务处理如下：

（1）20×8年4月，在辅助账内进行相关登记，并在会计报表附注中进行相关披露。

（2）20×9年4月，文物的公允价值可以可靠计量时。

借：文物文化资产	50 000	
贷：限定性净资产		50 000

会计期末，“限定性净资产”科目的贷方余额，反映民间非营利组织历年积存的限定性净资产。

二、非限定性净资产

（一）非限定性净资产的概念

非限定性净资产是指民间非营利组织中除限定性净资产之外的其他净资产。也就是说，如果净资产的使用不受资产提供者或者国家有关法律、行政法规的限制，那么该净资产即为非限定性净资产。尽管非限定性净资产没有明确而直接的使用限制条件，但非限定性净资产的使用仍然需要与民间非营利组织的使命或运行目的或总体目标相符合，而不能随意使用在不符合民间非营利组织运行目的的活动上。

概括地说，非限定性净资产变动的情况有以下三种：一是获得非限定性收入、发生业务活动成本和其他当期费用；二是限定性净资产与非限定性净资产的重分类；三是对以前期间非限定性收入和费用项目的调整。

（二）非限定性净资产的核算

为核算非限定性净资产业务，民间非营利组织应设置“非限定性净资产”总账科目，并可以根据本单位的具体情况和实际需要，在本科目下设置相应的二级科目和明细科目。

1. 期末结转非限定性收入和成本费用项目

期末结转各收入科目中属于“非限定性收入”明细科目的余额时，借记各收入科目的“非限定性收入”明细科目，贷记“非限定性净资产”科目；期末结转各费用类科目的余额时，借记“非限定性净资产”科目，贷记“业务活动成本”“管理费用”“筹资费用”“其他费用”等科目。

【例14-24】 期末，某民间非营利组织各收入科目中属于“非限定性收入”明细科目的贷方发生额为138 000元，其中，“捐赠收入——非限定性收入”科目50 000元，“会费收入——非限定性收入”科目12 000元，“提供服务收入——非限定性收入”科目2 000元，“政府补助收入——非限定性收入”科目60 000元，“商品销售收入——非限定性收入”科目8 000元，“投资收益——非限定性收入”科目5 000元，“其他收入——非限定性收入”科目1 000元；各成本费用的借方发生额为120 600元，其中，“业务活动成本”科目90 000元，“管理费用”科目21 000元，“筹资费用”科目9 000元，“其他费用”科目600元。该民间非营利组织会计应编制的会计分录如下：

（1）期末结转各项非限定性收入时。

借：捐赠收入——非限定性收入	50 000	
会费收入——非限定性收入	12 000	
提供服务收入——非限定性收入	2 000	
政府补助收入——非限定性收入	60 000	
商品销售收入——非限定性收入	8 000	
投资收益——非限定性收入	5 000	
其他收入——非限定性收入	1 000	
贷：非限定性净资产		138 000

（2）期末结转成本费用时。

借：非限定性净资产	120 600	
贷：业务活动成本		90 000
管理费用		21 000
筹资费用		9 000
其他费用		600

2. 限定性净资产的重分类

若限定性净资产的限制已经解除，应当对净资产进行重分类。即限定性净资产的限制条件解除时，借记“限定性净资产”科目，贷记“非限定性净资产”科目。

【例14-25】 某基金会取得一项捐款12 000元，捐赠人限定将该款项用于购置医疗设备。在确认捐赠收入的次年，按照捐赠人提出的限制条件将捐赠款项购买医疗设备一台计12 000元，款项已以银行存款支付。该基金会会计应编制的会计分录如下：

借：固定资产	12 000	
贷：银行存款		12 000

同时，

借：限定性净资产	12 000	
贷：非限定性净资产		12 000

3. 调整以前期间非限定性收入、费用项目

如果因调整以前期间收入或费用项目而需要调整非限定性净资产的，应当就需要调整的金额，借记或贷记有关科目，贷记或借记“非限定性净资产”科目。

【例14-26】 某基金会发现上一年度的一项管理用的固定资产累计折旧8 000元未记录。

经调查后发现，这应追溯调整上一年度业务活动表中的管理费用（调增 8 000 元），但上一年度的管理费用年终已结转至非限定性净资产，故本年应减少非限定性净资产期初数 8 000 元。该基金会会计应编制的会计分录如下：

借：非限定性净资产（期初数）　　8 000

　贷：累计折旧　　8 000

会计期末，“非限定性净资产”科目贷方余额，表示民间非营利组织历年积存的非限定性净资产。

根据《〈民间非营利组织会计制度〉若干问题的解释》的规定，本解释施行前出资设立其他民间非营利组织并将出资金额记入“长期股权投资”科目的，应当自本解释首次施行日，将原“长期股权投资”科目余额中对其他民间非营利组织的出资金额转入“非限定性净资产”科目，借记“非限定性净资产”科目，贷记“长期股权投资”科目。

第七节　民间非营利组织的财务报告

一、民间非营利组织财务会计报告的构成及其编制意义

《中华人民共和国会计法》规定，任何单位，包括民间非营利组织，都必须定期编制财务会计报告，并要求财务会计报告必须真实、完整。财务会计报告由会计报表、会计报表附注和财务情况说明书构成。为了向民间非营利组织财务会计报告使用者提供对其决策有用的信息，真实、完整地反映民间非营利组织的财务状况、运营成果和现金流量，《民间非营利组织会计制度》规定，民间非营利组织的会计报表至少应当包括资产负债表、业务活动表和现金流量表三张基本报表，同时民间非营利组织还应当编制会计报表附注和财务情况说明书。

由于民间非营利组织的资金来源主要来自捐赠人的捐赠、会员交纳的会费、向服务对象收取的服务费等，对象较广，涉及公众较多。而且这些资金提供者在提供资金以后不再享有所有权（如资产处置权、受益权、分配权等）。所以，民间非营利组织的捐赠人、会员以及管理部门等都迫切需要了解民间非营利组织控制的资源状况、负债水平、资金的使用情况及其效果、现金流量等信息，而这些要求在很大程度上必须通过编制能够反映这些信息的财务会计报告来实现。财务会计报告成为沟通民间非营利组织与资金提供者和社会公众的重要桥梁，有助于民间非营利组织的健康、规范发展。

具体而言，民间非营利组织编制财务会计报告具有如下几个方面的重要意义：①如实反映民间非营利组织的经济资源、债务情况、收入、成本费用和现金流量情况。②解脱民间非营利组织管理层的受托责任。③为捐赠人、会员、债权人、政府监管部门和民间非营利组织自身等会计信息使用者提供决策有用的信息。④提高民间非营利组织的透明度，增强其社会公信力。

二、民间非营利组织财务会计报告的编制

（一）资产负债表

资产负债表是反映民间非营利组织某一会计期末全部资产、负债和净资产的情况，或者说它反映的是民间非营利组织在某一特定日期的财务状况。资产负债表的基本格式如表 14-2 所示。

表 14-2　　资 产 负 债 表

编制单位：　　　　　　　　年　月　日　　　　　　　　单位：元

资产	年初数	年末数	负债和所有者权益（或股东权益）	年初数	年末数
流动资产：			流动负债：		
货币资金			短期借款		
短期投资			应付账款		
应收款项			应付工资		
预付款项			应交税金		
存货			预收款项		
待摊费用			预提费用		
一年内到期的长期债权投资			预计负债		
其他流动资产			一年内到期的长期负债		
			其他流动负债		
流动资产合计			流动负债合计		
长期投资：			长期负债：		
长期股权投资			长期借款		
长期债权投资			长期应付款		
长期投资合计			其他长期负债		
			长期负债合计		
固定资产：					
固定资产原价			受托代理负债：		
减：累计折旧			受托代理负债		
固定资产净值			负债合计		
在建工程					
文物文化资产					
固定资产清理			净资产：		
固定资产合计			非限定性净资产		
无形资产：			限定性净资产		
无形资产			净资产合计		
委托代理资产：					
委托代理资产					
资产总计			负债和净资产总计		

资产负债表“年初数”栏内各项数字，应当根据上年年末资产负债表“年末数”栏内数字填列。如果本年度资产负债表规定的各个项目的名称和内容同上年度不相一致，应对上年年末

资产负债表各项目的名称和数字按照本年度的规定进行调整，填入本表“年初数”栏内。

资产负债表各项目“年末数”的数据来源，一般可以通过以下几种方式取得：

(1) 直接根据总账科目的余额填列。如资产负债表中的固定资产原价、累计折旧、固定资产清理、短期借款、应付工资、应交税金、非限定性净资产和限定性净资产等项目。

(2) 根据几个总账科目的余额计算填列。如资产负债表中的“货币资金”项目，应当根据“现金”“银行存款”“其他货币资金”科目的期末余额合计分析填列(但应当扣除受托代理形成的货币资金部分)。再如“应收款项”项目应当根据“应收账款”“应收票据”“其他应收款”等科目的余额计算填列；“应付款项”项目应当根据“应付账款”“应付票据”“其他应付款”等科目的余额计算填列等。

(3) 根据有关明细科目的余额计算填列。如“应交税金”项目，应当根据本科目所属明细科目期末贷方余额的合计填列。

(4) 根据总账科目和明细科目的余额分析计算填列。如“长期借款”项目，应当根据“长期借款”总账科目余额扣除“长期借款”科目所属的明细科目中反映的将于一年内到期的长期借款部分分析计算填列。这些项目有长期债权投资、长期借款、长期应付款等。

(5) 根据有关资产科目与其备抵科目抵销后的净额填列。如“短期投资”项目，应当根据“短期投资”科目的期末余额减去“短期投资跌价准备”科目的期末余额后的金额填列。这些项目有应收款项、存货、长期股权投资、长期债权投资、固定资产、无形资产等。

(二) 业务活动表

业务活动表是反映民间非营利组织在一定会计期间运营绩效的报表，它反映的是民间非营利组织在某一会计期间内开展业务活动的实际情况，又被称为绩效报表。该表是按照各项收入、费用及其构成分项编制而成的。业务活动表主要包括四个部分，基本格式如表 14-3 所示。

表 14-3　　业务活动表

编制单位：　　年度　　单位：元

项目	本月数			本年累计数		
	非限定性	限定性	合计	非限定性	限定性	合计
一、收入						
其中：						
捐赠收入						
会费收入						
提供劳务收入						
商品销售收入						
政府补助收入						
投资收益						
其他收入						
收入合计						

（续表）

项目	本月数			本年累计数		
	非限定性	限定性	合计	非限定性	限定性	合计
二、费用						
（一）业务活动成本						
其中：A项目						
B项目						
C项目						
（二）管理费用						
（三）筹资费用						
（四）其他费用						
费用合计						
三、限定性净资产转为非限定性净资产						
四、净资产变动						
五、期初净资产						
六、期末净资产						

按照我国民间非营利组织业务活动表的格式要求，业务活动表采用矩阵式，栏目较多，内容较为丰富。各有关栏目与项目的填列方法如下所述。

1. “本月数”“本年累计数”“非限定性”“限定性”栏目所反映的内容及其填列方法

“本月数”栏反映各项目的本月实际发生数。在提供上年度比较报表时，应当增设可比期间栏目，反映可比期间各项目的实际发生数。“本年累计数”栏反映各项目自年初起至报告期末止的累计实际发生数。“非限定性”栏反映本期非限定性收入的实际发生数、本期费用的实际发生数和本期由限定性净资产转为非限定性净资产的金额。“限定性”栏反映本期限定性收入的实际发生数和本期由限定性净资产转为非限定性净资产的金额（以“－”号填列）。在提供上年度比较报表项目金额时，限定性和非限定性栏目的金额可以合并填列。

2. 业务活动表具体项目的填列方法

业务活动表的编制方法，总体来说是以收入、费用和净资产科目的本期发生额为基础，按照报表格式的要求进行分析后填列。其中：①各收入项目可以直接根据各收入科目的本期发生额填列。②各费用项目可以直接根据各费用科目的本期发生额填列。“业务活动成本”项目下可按专业业务活动项目分别列示。③“限定性净资产转为非限定性净资产”项目根据“限定性净资产”“非限定性净资产”科目的发生额分析填列。④“净资产变动”项目应根据“收入合计”项目的金额减去“费用合计”项目的金额，再加上或减去“限定性净资产转为非限定性净资产”项目的金额填列。

在业务活动表中，“限定性”栏目没有费用，所有的费用项目都属于“非限定性”栏目；“期末净资产”栏目的数额与资产负债表中“净资产”栏目的数额存在勾稽关系。

《〈民间非营利组织会计制度〉若干问题的解释》规定，境外非政府组织代表机构应当在业务活动表收入部分“投资收益”项目与“其他收入”项目之间增加“总部拨款收入”项目。本项目应当根据“总部拨款收入”科目的本期发生额填列。

(三) 现金流量表

现金流量表是反映民间非营利组织在某一会计期间内现金和现金等价物流入和流出的信息的报表。其中,现金是指民间非营利组织的库存现金以及可以随时用于支付的存款,包括现金、可以随时用于支付的银行存款和其他货币资金;现金等价物是指民间非营利组织持有的期限短、流动性强、易于转换为已知金额现金、价值变动风险很小的投资。

我国民间非营利组织会计的现金流量表格式和编制方法与企业会计基本相同,在此不再赘述。

(四) 会计报表附注与财务情况说明书

会计报表附注是为了方便会计报表使用者理解会计报表的内容而对会计报表的编制基础、编制依据、编制原则和方法及主要项目等所作的解释。具体内容与前述单位财务报表的附注相同,在此不再详述。

财务情况说明书是对民间非营利组织一定会计期间内业务活动以及财务、收入、成本费用和净资产变动情况等的综合性说明,是财务会计报告的组成部分。至少应当对下列情况作出说明:民间非营利组织的宗旨、组织结构以及人员配备等情况;业务活动基本情况,年度计划和预算完成情况,产生差异的原因分析,下一会计期间业务活动计划和预算等;对业务活动有重大影响的其他事项。

复习思考题

1. 什么是民间非营利组织会计?民间非营利组织会计适用于哪些种类的组织?这些种类的组织具有哪些共同的基本特征?
2. 民间非营利组织在进行会计核算时应当遵循哪些一般原则?
3. 民间非营利组织有哪五个会计要素?
4. 什么是民间非营利组织的资产?分为哪几个种类?如何确认和计量资产?
5. 民间非营利组织应当如何核算文物文化资产和受托代理资产?
6. 什么是民间非营利组织的负债?分成哪几个种类?应当如何确认和计量负债?
7. 什么是民间非营利组织的收入?主要有哪些种类?
8. 什么是民间非营利组织的捐赠收入?捐赠收入可以分为哪两个种类?应当如何确认捐赠收入?
9. 什么是民间非营利组织的会费收入?会费收入一般属于非限定性收入还是限定性收入?
10. 什么是民间非营利组织的提供服务收入?提供服务收入应当如何确认?
11. 什么是民间非营利组织的商品销售收入?商品销售收入应当如何确认?
12. 什么是民间非营利组织的政府补助收入?政府补助收入应当如何确认?民间非营利组织的政府补助收入与捐赠收入有什么共同特征?
13. 什么是民间非营利组织的投资收益?投资收益应当如何确认?
14. 什么是民间非营利组织的费用?一般可以分为哪几个种类?
15. 什么是民间非营利组织的业务活动成本?应当如何核算业务活动成本?
16. 什么是民间非营利组织的管理费用、筹资费用?为什么需要将业务活动成本与管理费用、进行区分?为什么需要又将筹资费用与管理费用进行区分?
17. 什么是民间非营利组织的其他费用?应当如何核算其他费用?
18. 什么是民间非营利组织的净资产?可以分为哪几个种类?
19. 民间非营利组织的限定性净资产在什么情况下可以认为限制条件已经解除?

20. 民间非营利组织期末结账时，费用类科目的余额应当转入什么种类的净资产科目？
21. 民间非营利组织在使用限定性净资产时，应当如何进行会计核算？
22. 什么是民间非营利组织的会计报表？主要包括哪几种会计报表？
23. 民间非营利组织如何编制资产负债表、业务活动表和现金流量表？
24. 民间非营利组织的会计报表附注至少应当披露哪些内容？
25. 民间非营利组织的财务情况说明书应对哪些情况作出说明？

选择题

1. 下列项目中，属于民间非营利组织的基本特征的是(　　)。
A. 业务活动成本需要从业务活动收费中得到补偿
B. 业务活动不以营利为目的
C. 业务活动盈余可以向资源提供者进行分配
D. 资源提供者可以按资源提供数额享受所有者权益
2. 下列项目中，不属于民间非营利组织的会计要素的是(　　)。
A. 负债　　B. 费用　　C. 收入　　D. 利润
3. 下列项目中，属于依照国家法律、行政法规登记的民间非营利组织的是(　　)。
A. 社会团体　　B. 基金会　　C. 民办非企业单位　　D. 事业单位
4. 下列项目中，符合民间非营利组织的文物文化资产描述特点的是(　　)。
A. 应当计提折旧　　B. 应当分类确定是否需要计提折旧
C. 不需要计提折旧　　D. 应当区分情况确定是否需要计提折旧
5. 下列项目中，与民间非营利组织“受托代理负债”总账科目对应的科目是(　　)科目。
A. “受托代理资产”　　B. “现金”　　C. “银行存款”　　D. “存货”
6. 按照《民间非营利组织会计制度》规定，民间非营利组织借记“筹资费用”科目，贷记的科目可以有(　　)科目。
A. “预提费用”　　B. “应付票据”　　C. “应交税金”　　D. “长期借款”
7. 下列收入项目中，基金会非营利组织最主要的收入种类是(　　)。
A. 捐赠收入　　B. 会费收入　　C. 提供服务收入　　D. 投资收益
8. 下列收入项目中，最有可能存在用途限定条件的是(　　)。
A. 商品销售收入　　B. 会费收入　　C. 捐赠收入　　D. 提供服务收入
9. 民间非营利组织董事会或者理事会等权力机构发生的费用属于下列(　　)项目。
A. 管理费用　　B. 业务活动成本
C. 筹资费用　　D. 其他费用
10. 下列项目中，应计入民间非营利组织其他费用的是(　　)。
A. 固定资产处置净损失　　B. 无形资产处置净损失
C. 所得税费用　　D. 存货盘亏或毁损
11. 民间非营利组织当年取得的限定性收入在当年按照要求全部使用后，期末净资产(　　)。
A. 增加　　B. 减少
C. 既不增加，也不减少　　D. 可能增加，也可能不增加
12. 民间非营利组织当年取得的限定性收入在当年尚未使用，期末净资产(　　)。
A. 增加　　B. 减少
C. 可能增加，也可能不增加　　D. 既不增加，也不减少
13. 民间非营利组织当年使用去年取得的限定性收入时，当年年末的(　　)。
A. 非限定性净资产减少　　B. 非限定性净资产增加
C. 限定性净资产减少　　D. 限定性净资产增加

14. 在民间非营利组织中，与限定性净资产科目相对应的科目可以是(　　)科目。
A. “业务活动成本”　B. “管理费用”　C. “非限定性净资产”　D. “筹资费用”
15. 下列项目中，“限定性净资产”总账科目的对应科目可以是(　　)。
A. “捐赠收入”　B. “政府补助收入”　C. “投资收益”　D. “非限定性净资产”
16. 下列各项中，不属于民间非营利组织会计报表的是(　　)。
A. 资产负债表　B. 利润表　C. 业务活动表　D. 现金流量表
17. 在民间非营利组织的资产负债表中，资产、负债或净资产的项目中不包括(　　)。
A. “受托代理负债”　B. “累计盈余”　C. “文物文化资产”　D. “限定性净资产”
18. 在民间非营利组织的业务活动表中，不会引起限定性净资产数额发生增减变动的项目是(　　)。
A. “业务活动成本”　B. “限定性净资产转为非限定性净资产”
C. “捐赠收入”　D. “投资收益”
19. 民间非营利组织获得的非限定性固定资产捐赠收入，在资产负债表中反映在(　　)项目中。
A. “限定性净资产”　B. “受托代理负债”
C. “非限定性净资产”　D. “受托代理资产”
20. 下列项目中，需要在民间非营利组织的业务活动表中单独列示的信息包括(　　)。
A. 非限定性捐赠收入　B. 限定性捐赠收入
C. 每个具体项目的业务活动成本　D. 限定性净资产转为非限定性净资产

练习题

(一) 某民间非营利组织于20×9年发生如下经济业务：
(1) 以银行存款12 750元购买一台办公设备。
(2) 接受捐赠一项文物资产，计价2 400元。
(3) 对外捐出一批物资，计价1 800元。
(4) 外购一项文物文化资产，款项7 500元以银行汇票支付，并以现金300元支付运输费等相关费用。
(5) 收到一批受托代理物资，计价1 320元。
(6) 购买一批商品5 700元，款项尚未支付。
(7) 以银行存款支付职工工资12 390元，同时代扣个人所得税510元。
要求：根据以上资料，为该民间非营利组织编制有关的会计分录。
(二) 某民间非营利组织于20×9年发生如下经济业务：
(1) 收到捐赠的救灾款项67 800元和救灾物资18 300元，款项存入开户银行，物资验收入库。
(2) 收到捐赠的帮助残疾人项目援助款项8 400元，款项存入开户银行。
(3) 收到捐赠的医疗器械一台，计价5 700元，限定用于贫困农村医疗援助项目。
(4) 收到一笔贫困母亲援助项目现金捐赠款项750元。
(5) 收到一笔捐赠款项24 750元，捐赠人没有对捐赠款项作使用项目的限定。
(6) 收到一笔政府补助的款项9 300元，由组织根据需要安排使用。
(7) 销售慈善出版物，取得现金销售收入210元。
(8) 处置一台办公设备。该办公设备的固定资产原值为5 400元，已计提累计折旧4 800元，获得处置收入现金720元。

要求：根据以上资料，为该民间非营利组织编制有关的会计分录，有关的收入科目要求列出明细分类科目。

(三) 某民间非营利组织于20×9年发生如下经济业务：
(1) 向灾区捐赠救灾物资6 750元，捐赠救灾款项11 700元，用于灾区救灾工作。
(2) 向残疾人康复机构捐赠康复器材一台，计价5 100元，用于帮助残疾人身体康复。
(3) 以银行存款支付行政管理部门的日常办公费用840元。

(4) 以银行存款支付筹资部门举办筹资晚会的相关费用1 260元。

(5) 应计职工工资福利共9 015元。其中,行政管理部门人员工资福利2 280元,项目管理部门人员工资福利5 325元,筹资部门人员工资福利1 410元。在项目管理部门人员工资福利5 325元中,救灾项目人员工资福利1 170元,帮助残疾人项目人员工资福利840元,助医援助项目人员工资福利735元,孤儿援助项目人员工资福利765元,孤老援助项目人员工资福利675元,贫困母亲援助项目人员工资福利480元,甲公司特设阳光普照慈善基金人员工资福利660元。

(6) 以银行存款2 100元向抚养和培养孤儿的机构,包括孤儿院和孤儿学校,提供抚养和培养援助。

(7) 以现金720元向符合条件的贫困母亲提供生活、劳动技能学习和抚养孩子的援助。

(8) 使用甲公司阳光普照慈善基金,向贫困农村小学援助教学楼修缮资金1 305元,款项以银行存款支付;同时,向灾区就业弱势人群提供职业技术培训援助资金930元,款项以银行存款支付。

(9) 民间非营利组织对固定资产计提折旧总计13 425元。分配情况如下:行政管理部门3 720元,项目管理部门8 025元,筹资部门1 680元;在项目管理部门累计折旧8 025元中,救灾项目1 425元,帮助残疾人项目1 320元,助医援助项目1 140元,孤儿援助项目690元,孤老援助项目585元,贫困母亲援助项目990元,甲公司特设阳光普照慈善基金项目1 875元。

要求:根据以上资料,为该民间非营利组织编制有关的会计分录,有关的业务活动成本科目需要列出明细分类科目。

(四) 某民间非营利组织于20×9年发生如下经济业务:

(1) 按照限制性条件使用上年度政府补助收入购买办公设备15 000元,款项以银行存款支付。

(2) 按照捐赠人提出的使用时间限制条件,已经到达限制可以使用上年度收到的捐赠收入的时间。使用该捐赠收入,发生筹资费用2 600元,款项以银行存款支付。

(3) 年末结转“限定性收入”科目贷方余额。其中,“捐赠收入——限定性收入”217 500元,“政府补助收入——限定性收入”123 000元,“投资收益——限定性收入”18 000元。

(4) 年末结转“非限定性收入”科目贷方余额。其中,“捐赠收入——非限定性收入”429 000元,“政府补助收入——非限定性收入”67 500元,“提供服务收入——非限定性收入”24 000元,“商品销售收入——非限定性收入”4 500元,“投资收益——非限定性收入”102 000元,“其他收入——非限定性收入”7 500元。

(5) 年末结转费用类科目借方余额。其中,“业务活动成本”331 500元,“管理费用”141 000元,“筹资费用”64 500元,“其他费用”3 000元。

要求:根据以上资料,为该民间非营利组织编制有关的会计分录。